KB053314

제국의 변호인
박유하에게
묻다

제국의 변호인 박유하에게 묻다

제국의 거짓말과 '위안부'의 진실

손종업 양징자 황진미 고은광순 이나영 외 14인

제국의 변호인, 그리고 거짓말

1. 일본 우익이 좋아하는 위안부 사진과 '동지적 관계'

『제국의 위안부』 뒤표지 하단에는 본문 33쪽 사진 우측의 위안부 모습을
실루엣 처리한 이미지가 나온다. 의미심장한 메시지다. "사진을 찍으려 하자
하얀 이를 드러내며 웃었다."라는 사진캡션이 붙은 사진 속 이 위안부는 바
로 일본 사람이 원하는 일본군과 '동지적 관계'의 조선인 위안부를 상징한다.
최근 일본 우익단체는 『제국의 위안부』에 나오는 이 사진과 박유하 교수가
고안한 '동지적 관계'라는 말을 적절히 배합해서 선전물을 만든다고 한다.
그들이 전단지에 넣기 좋아하고, 강변하는 핵심 주장은 이렇다.

    -종군위안부는 돈 벌러 자발적으로 간 매춘부다.
    -강제연행은 날조다.
    -성노예는 거짓말이다.

일본 우익의 위안부 관련 집회에는 '거짓말'(lie, 噓), '날조'(사실이 아닌 것을 사실인 양 거짓으로 꾸밈)라는 단어가 자주 등장한다. 그런데 이 거짓말(噓, 허)은 『제국의 위안부』 일본어판에서도 중요하게 다루고 있다.

2. 일본판에만 있는 〈민족의 거짓말〉

일본어판 제1부 제1장 5절에는 한국어판에 나오지 않는 〈식민지의 거짓말〉(植民地の〈噓〉)이라는 제목의 글이 있다.

위안부를 매춘의 틀에서 파악하고 있는 박유하는 업자, 가족, 딸 모두가 거짓말에 가담하게 되는데, "거기에 개재된 거짓말은 위안부가 될 운명의 여성들 자신이나 주위 사람들, 나아가 가족들을 그 구조로 들어서기 쉽게 하는, 무의식 속에서 공모한 것 〈거짓말〉이기도 했다."라고 쓴다. 그 거짓말은 종국엔 "그렇게 해서 이루어지는 마지막 단계에서의 민족적인 차별을 정시(正視)하지 않기 위해서도 필요했던" 민족의 거짓말로 완성된다는 것이다.

한 여성학자는 일본어판에만 있는 '민족의 거짓말(民族の噓)'이란 표현을 보고 "이것은 일본의 조선에 대한 식민지주의적 인식-불온한 사기집단-을 교묘히 뒷받침하고 있다고 생각한다."라는 의견을 밝혔다.

3. 박유하의 허-거짓말

박유하는 보통의 학자들은 잘 안 쓰는 '거짓말'이라는 표현을 곧잘 사용한다.

그는 페이스북에서 정대협 등의 시민단체를 향해 "내가 그들에게 한 일은 비판일 뿐 폄훼가 아니다. 그런데 그들은 "토론"으로 답하지 않고 거짓을 섞은 "모함"으로 답했다."라고 했고, 김 아무개 교수를 향해서는 "명민한 김○ 선생이 고작 지원단체의 거짓말이나 확산시키고 있었다니 실망스럽군요. 타자에 대한 비판은 쉽고 자기비판은 어렵습니다."라고 썼다.

박유하는 '민족의 거짓말'이란 교묘한 표현을 하고, 신망 있는 시민단체에 '거짓말'쟁이 낙인을 쉽게 찍는다. 거짓말의 사전적 의미는 "사실이 아닌 것을 사실처럼 꾸며서 말함"이다. 그런데 "사실이 아닌 것을 사실처럼 꾸며서 말"하는 데는 박유하 교수도 수준급으로 보인다. 문제는 직설적인 거짓말을 하지 않고, "그런 의미에서는 '강간적 매춘' 혹은 '매춘적 강간'이었다"(『제국의 위안부』 120쪽)라는 말처럼 종잡을 수 없는 화법을 즐겨 사용해서 거짓말의 단서를 파악하기가 쉽지 않다는 것이다.[1] 나름 독해의 고수라 할 수 있는 이 책의 필자들이 『제국의 위안부』에서 간파한 '구조적 거짓말'의 유형을, '거짓말 같은 말장난' 혹은 '말장난 같은 거짓말'을 열거해본다.

첫째, 정신적 변검술(가면 바꾸기)

"그러나 이러한 서술을 통해 그녀는 자기 글 속에 '과도한 주장'과 '변론'을 동시에 포함하게 된다. 실은 말이 안 되는 진술들임에도 불구하고 이러한 정신의 변검술을 통해, 박유하는 모든 비판에 대해 선택적으로 반박할 수 있게 된다." (손종업 교수)

---

[1] 2016년 4월 18일 서울동부지법에서 열린 형사재판에서 명예훼손혐의로 기소된 박유하 교수는 검찰이 위안부의 강제성 부인, 매춘부, 동지적 관계라는 세 가지 거짓말을 한 혐의로 자신을 기소했다며, 이에 관해 하나하나 반론을 폈다.
첫째, 강제성 부정한 적 없다. 궁극적으로 물리적 강제성 부인했지만 구조적 강제성 부인하지 않았다. 사기, 납치, 인신매매는 일본군이 지시한 것이 아니며 있다 해도 매우 예외적인 일이다. 둘째, 매춘은 학문적인 용어로 이해해야 한다. 강간적 매춘은 사실적으로는 거짓말이 아니고 전혀 나쁜 의미로 쓴 게 아니다. 오늘 할머니들이 나오셨다면 이 말을 꼭 전하고 싶었다. 셋째, 동지적 관계라는 말은 일본의 책임을 묻기 위해 쓴 말이다. 지원단체가 강제연행만 강조해서 일본 사람과 거리가 생겼기에 다른 방식으로 일본에게 책임을 묻기 위해 쓴 말이다. 이에 대해 검사는 피고가 '의도적'으로 역사사실을 왜곡하고, '교묘하게' 역접과 비약을 섞어서 허위사실을 적시했다고 반박했다.

둘째, 없는 증거 만들기

"예를 들면 우에노 씨가 조선인 '위안부'의 대부분은 소녀가 아니었다란 말은 하지 않았는데, 박유하 씨는 '증거'를 만들어내면서까지 소녀상 부정으로 들어갔다는 것이다." (김부자 교수)

셋째, 복화술

"박 교수는 위안부 동원이 일본이나 일본군의 '국가 범죄'가 아니며, 설혹 범죄라고 하더라도 그것이 주로 '업자의 범죄'라고 한다. 동시에 박 교수는 업자의 책임도 크지만 일본 정부의 책임도 있다고 언급한다. (……) 책임에 관한 이러한 식의 복화술은 책임을 실제로 허구화한다." (이재승 교수)

넷째, 곡예적 사고회로

"이 책의 특징은 정당한 지적이 부당한 귀결을 낳는 곡예적인 사고 회로에 있다. 예를 들어, '위안부' 강제의 직접적인 실행자가 주로 민간 업자였다는 것은 당연한 인식이고 옳다. 그렇다면 민간 업자의 책임을 물을 필요가 있지만, 저자는 그렇게 하지 않는다. 민간 업자를 강조하는 것은 전적으로 일본 정부의 책임을 해제하기 위해서이기 때문이다." (마에다 아키라 교수)

다섯째, 예외의 일반화

많은 이들에 의해 지적되었듯이, 부분의 전체화, 예외의 일반화, 자의적인 해석과 인용, 극단적인 난삽함, 근거 없는 가정에서 출발한 과도한 주장 등등, 수많은 문제점으로 가득 찬 『제국의 위안부』는 이미 학술서로서의 기본을 갖추고 있는지 의심스러운 책이다. (김창록 교수)

이처럼 박유하 교수는 지능적으로, 다양한 방식의 화법으로 "사실이 아닌 것을 사실처럼 꾸며서" 말한다. 그런데 때로는 어이없는 거짓말을 하기도 한다.

그녀는 판검사, 기자, 학자, 대중을 향해 수십 번에 걸쳐서, 논란이 된 '자발적 매춘부'라는 말을 한 적이 없다고 해명했다. 『제국의 위안부』 삭제판 서문에는 "고소장에는 내가 위안부 할머니를 '자발적인 매춘부'라고 말했다고 쓰여 있었다. 하지만 이 책에서 확인할 수 있듯이, 나는 그렇게 쓴 적이 없다. 지적된 내용은 대부분 기초적인 독해력 부족이나 의도적인 왜곡이 만든 것들이었다. 하지만 재판부는 이 부분도 삭제해야 할 곳으로 인정했다." 라고 쓰면서 항변했다.

그런데 여러 명의 연구자가 제국의 위안부를 읽은 뒤 박유하가 일본군 위안부를 여러 대목에서 '자발적 매춘부'로 규정했다고 판단했고, 재판부는 '자발적으로 간 매춘부'라는 구절을 삭제하라고 명령했다.

> 그리고 '자발적으로 간 매춘부'라는 이미지를 우리가 부정해온 것 역시 그런 욕망, 기억과 무관하지 않다. (박유하, 『제국의 위안부』 296쪽, 삭제)

설마 '자발적으로 간 매춘부'와 '자발적 매춘부'는 다르다고 항변한 것인가? 본인이 '자발적으로 간 매춘부'라고 써 놓고도 쓴 적이 없다고 시치미 떼면서 다른 이들이 오독한 것이라고 주장하는 '자폐적 사고회로'는 누가 설계한 것인지 궁금하다. 피해자, 대다수 독자와 학자, 재판부가 그렇게 읽는데도, 가해자인 박유하는 2015년 12월 2일 기자회견문에서 "고발 당시의 주장 〈위안부는 자발적인 매춘부〉라고 말하는 〈거짓말〉을 쓴 책이라는 보도는 지금도 돌아다니면서 가끔씩 저를 공격하는 자료로 사용되곤 합니다."라며 억울한 심정을 밝혔다.

4. 왜, 무엇을 위해? 식민지근대화론 위안부 편!

그렇다면 박유하는 무엇을 위해, 누구를 위해 친일파라는 소리를 들어가며 정신적 변검술을 펼치고 언어의 변주곡을 울리는 걸까.

"박유하의 저작이 문제적인 이유는 그의 파상공세가 단순히 한국사회의 자성을 끌어내는데 초점을 두는 것이 아니라, 궁극적으로 일본 정부의 책임을 흐리는데 목표를 두기 때문이다."(황진미 영화평론가)

"즉, '식민지시기에 근대화가 진행되었다.'는 것을 말하기 위해서가 아니라 '식민지시기에 근대화가 되었으니 식민지가 꼭 나쁜 것만은 아니다.'라는 메시지를 전달하기 위해 만들어진 것이 '식민지근대화론'이다. 그러므로 박유하의 주장에 '식민지 근대화론 위안부편'이라는 이름을 붙인다고 해도 과하지 않을 것 같다는 생각이 들었다."(김수지 역사평설가)

오래 전부터 '친일파', '식민지 근대화론자' '역사 수정주의자' 소리를 듣고 있지만 박유하 본인은 한일 간의 '화해'를 위하여, 그리고 "위안부 문제의 진정한 해결을 위하여!"임을 강조한다. 그 해결을 위한 전제 조건의 하나로 "위안부의 고통에 대해 책임을 묻는다면, 의식되지 않았던 '죄'와 이미 존재하는 법에 저촉되는 '범죄'를 구별해서 물어야 한다."(『제국의 위안부』 뒤표지)를 제시한다.

제국의 변호사 눈에는 전쟁범죄 가해자인 일본군에게 용서할 죄는 있지만 법적 책임을 물을 '범죄'는 없다고 보는 것 같다. 그런데 박유하가 일본제국의 범죄에는 관대한 편이지만, 누구나의 범죄적 언행에 그리 너그러운 것은 아니다.

5. 범죄의 기억

박유하 교수는 『역사문제연구』 34호(2015년)에 자신의 책을 비판한 젊은 역사학자들을 향해 "오독과 곡해 그리고 적의로 가득한 내용이었던 것과 한 학자의 고민에 대한 기본적인 존중조차 찾아볼 수 없었던 거친 말들", "이들의 비판은 유감스럽게도 정영환에 못지않게 악의적이고 그 왜곡 수준이 범죄적"이라고 독설을 퍼부었다.

젊은 학자들이 학술서적에서 서평 좌담회를 한 것을 읽으며 '적의'와 '악의'를 느끼고, 학자 간의 비평을 '범죄적'이라 여긴 박유하 교수는 한 번쯤이라도 생각해봤을까. 명예훼손으로 고소한 일본군 '위안부' 할머니들의 심정을. 재판에서 유죄 선고를 받고도, '범죄' 사실에 대해 반성하기는커녕 34곳을 복자 처리한 뒤 '삭제판'을 만들어 서점에 배포하는 학자의 정신상태가 궁금하다.

심지어 2016년 2월 1일 온라인 판에 『제국의 위안부』를 무료로 배포하면서 박유하 교수는 "고통스런 '위안부' 경험을 하셔야 했던 분들과 전 세계에 계신 한국 분들께, 이 책을 바칩니다."라는 인사말까지 덧붙였다. 삭제판 발행 소식을 듣고 "우리를 두 번 죽이는 일"이라며 분통을 터트렸던 할머니들의 심정을 눈꼽만치라도 헤아렸다면 이런 말을 할 수 있었을까.

그런 점을 놓고 볼 때 박유하 교수는 분명 '제국의 변호인'이라는 호칭이 어울려 보인다. 이 책에 기고한 글의 제목을 '제국의 변호사'라고 단 손종업 교수의 설명을 들어본다.

"내가 이 글의 제목을 '제국의 변호인'이라고 쓴 것에 대해서 그것은 지나치게 폭력적인 게 아닌가 비판하는 분들이 있으리라고 생각한다. 당연히 그래야 하지 않겠는가. 또한 그런 분들이라면 너무도 당연히 '제국의 위안부'

11

라는 제목이 얼마나 경솔하고 비학문적이며 어느 누군가에게는 지나치게 폭력적이고 모욕적인 언어인가를 느끼게 되지 않을까 싶다."(손종업)

젊은 학자의 학문적 비판에는 '범죄적' 운운하며 날을 세워 반발하는 박유하 교수, 헌데 일본의 반인륜적 전쟁범죄인 일본군 성노예제에 대해서는 온갖 논리를 만들어 변론을 한다. 홀로코스트 재판으로 유명한 미국의 베리 피셔 변호사 "일본군 성노예 제도는 인류 어떠한 전쟁사에도 존재하지 않았고, 나치도 실행에 옮기지 않았던 만행"이라 단언한다. 박유하는 일본군을 위한 변론에 몰입하다 보니 '저항을 일삼는 민족의 딸'이 가해자이고 전범은 피해자로 여기게 되는 모양이다. 그러다 보니 헛발을 내딛기도 하고.

"범죄를 저질렀으면 인정하고, 사죄하고, 배상하고, 진상규명하고, 위령하고, 역사교육하고, 처벌해야 한다. 이것이 상식이다. 일본 정부는 그 상식의 토대를 허물려고 한다. 유감스럽게도 『제국의 위안부』는 일본 정부보다 한 걸음 더 나아간 위치에 서 있다."(김창록)

6. '제국의 위안부', 고맙다!

그래도 마지막으로 박유하 교수에게 감사의 말을 전하고 싶다. 『제국의 위안부』가 아니었다면 일본의 지식인들이 벌이는 위안부 논쟁에(서경식과 와다 하루키 논쟁 같은) 관심을 두지도 않았을 것이다. '제국의 위안부'가 아니었다면 수요집회에 나가지 않았을 것이다. 1991년 8월 14일 한국정신대문제대책협의회 사무실에서 김학순 할머니가 첫 번째로 공개 실명 증언을 하고, 할머니들이 1992년 1월 8일 첫 수요집회 연 이후 2015년 12월 28일 졸속 한일합의를 할 때까지 1,210회의 집회를 여는 동안, 나는 단 한 번도 집회에 참석하지 못했다. 깊이 반성할 일이다. 김복동, 길원옥, 이용수 할머니의 이름, 그리고 이제는 돌아가신 김학순, 강덕경, 황금자 할머니의 이름 석 자를 이제야 외우게 됐고 그 삶을 들여다보고 아픔에 공감하게 됐다. 깊이 뉘우친다. 이게 다 그 시절 잘난 체 하던 가부장 남자들이 못나서 외적을 물리치지 못하고, 나라를 뺏긴 데서 생긴 고통 아니던가. 같은 남자로서 부끄럽고 죄스러울 따름이다.

일본 정부에 사죄를 요구하기 전에 대한민국 남자들이 할머니들에게 무릎 꿇고 사죄할 일이다. 그런 점에서 '제국의 위안부'의 공이 크다. 마치도 안데르센 동화에 나오는 거짓말 하는 양치기 소년과도 같다. 거짓말을 한 양치기 소년이 있었기에 지금은 전 세계 어린이들이 거짓말의 위험성을 쉽게 배우고 있지 않은가. '제국의 위안부', 고맙다!

이런 역설적 감정은 나만의 느낌은 아닌 듯하다. 이재승 교수도 '수정주의자' 박 교수에게 다음과 같이 감사를 표한다.

"박 교수는 네오나치 이론가 데이비드 어빙(David Irving) 같은 철저한 부인주의자에 해당한다고 보기는 어렵지만, 한국의 역사학자들에게는 이제 피할 수 없는 수정주의자로 자리를 잡았다. 박 교수의 저작은 본의 아니게 한국의 학계에 그간 20여 년간의 위안부 문제에 대한 성과와 통찰을 학술적으로나 정치적으로 종합하는 계기를 만들어주었다."

✻ 덧붙이는 말
할 말이 많다 보니 중요한 말을 빠트렸습니다.
귀한 원고를 보내주신 일본, 미국과 국내의 필자 여러분에게 감사의 마음을 전합니다. 그리고 이 책 한 권이 일본군 '위안부' 할머니들이 겪은 상상하기조차 힘든 고통의 20만 분의 1만큼이라도 위로가 되기를 바랍니다.

5부 법학자와 페미니스트 눈으로 바라본 『제국의 위안부』

전쟁과여성인권박물관

제1부

학문의 자유와 명예훼손

제국의 변호인

− 박유하 사건과 학문의 자유 문제

손종업 선문대 교수 · 국문학

1. 기이한 논쟁

처음 이 글을 청탁받았을 때 당연하게도 '거절'하려 했다. 차라리 법리학자라든가 이 분야의 전문가가 맡아서 써야 옳지 않겠는가. 물론 나는 문학자이자 대학교수로서 학문의 자유 또는 표현의 자유에 대해 말할 권리와 의무를 지닌다. 또한 최근의 소위 '테러방지법' 사태에서 확인된 것처럼 이러한 자유는 한 개인의 삶에서도 소중한 권리다. '거절'의 보다 큰 이유는 차라리 피로감 때문이라 할만하다. 박유하의 『제국의 위안부』에서 촉발된 길고 소모적인 사회 논쟁을 보며 나는 한때 인터넷을 떠돌던 드레스 색깔 논쟁 속의 '푸른옷 노란옷 여인'이 떠오르곤 했다. 인간의 뇌 구조 차이 때문에 동일한 대상이 착시를 불러일으킨다는 것이었는데, 기나긴 논쟁에도 불구하고 우리 사회의 '색목'(色目) 현상은 요지부동이었던 것이다. 철도 선로처럼 결코 만날 수 없는 평행선을 이루며 동어반복을 통해 지루하게 이어지는 논쟁은 내게 그런 느낌을 주었다.[1]

그러나 이 기이한 여인의 깊은 이중성을 읽어내는 데에는 어느 정도 문학적인 사유가 필요하리라는 생각이 결국에는 이 청탁을 수락하게 하였다. 단순한 법리적 접근으로는 결코 말할 수 없는 무엇이 이 논쟁 속에 잠재해 있다는 게 나의 판단이다. 박유하는 자신의 페이스북에서 법의 언어 앞에 소환된 곤혹스러움을 표명한 바가 있다. '한 마디로' 말할 것을 추궁하는 검사 앞에서 그렇게 쉽게 말할 수 있는 게 아니라고 말하는 그녀의 곤경이 안타깝다. 법의 판단은 최종적인 것일 수 없다. 그것은 언제든지 학문의 힘으로 보완되어야 할 것이다. 또한, 이 논쟁에서 그녀를 비판하는 일이 마녀사냥인가의 여부와는 별개로 "서로 존중하는 모습을 보여주었으면 좋겠다. 모든 폭력은, 존중하는 마음을 잃는 순간 시작된다"와 같은 그녀의 말에 진심으로 공감한다. 누군가가 설령 마녀라 할지라도 폭력이 정당화될 수는 없다.

2. 고발당한 자로서 법 앞에 선 그녀의 언어들

박유하 사건과 연관된 헌법은 제21조 제1항인 "모든 국민은 언론·출판의

---

1 내 생각으로는 박유하를 지지하기 위해서라면 서경식이 「화해라는 이름의 폭력」에서 제기한 의문들에 저자나 지지자들이 어떤 형태로든 답변을 하지 않으면 안 된다. 그러나 대부분의 글들은 기묘한 방식으로 동어반복에 이르고 만다. 이런 난감함이 저자로 하여금 와다 하루키에게 공개서신을 보내게 했다고 판단된다. 서경식, 「화해라는 이름의 폭력」, 『언어의 감옥에서』, 돌베개, pp.322~364. 서경식, 「와다 하루키에게 묻는다」, 「한겨레」 2016. 3. 12.

자유와 집회 결사의 자유를 지닌다."와 제4항 "언론 출판은 타인의 명예나 권리 또는 공중도덕이나 사회윤리를 침해하여서는 아니 된다. 언론·출판이 타인의 명예나 권리를 침해할 때에는 피해자는 이에 대한 배상을 청구할 수 있다." 그리고 제22조 1항인 "모든 국민은 학문과 예술의 자유를 가진다."라고 할 수 있다. 결국 표현의 자유가 특정인의 명예나 권리 등을 침해하였을 경우 법이 이를 어떻게 판단해야 하는가의 문제가 제기될 수밖에 없다. 이에 대해서 대법원은 다음과 같은 판례를 남기고 있어서 눈길을 끈다.

> 형사상이나 민사상으로 타인의 명예를 훼손하는 경우에도 그것이 진실한 사실로서 오로지 공공의 이익에 관한 때에는 그 행위에 위법성이 없다고 할 것인데 여기서 '오로지 공공의 이익에 관한 때'라 함은 적시된 사실이 객관적으로 볼 때 공공의 이익에 관한 것으로서 행위자도 공공의 의식을 위하여 그 사실을 적시한 것이어야 하며, 이 경우에 적시된 사실이 공공의 이익에 관한 것인지의 여부는 그 적시된 사실의 구체적인 내용, 그 사실의 공표가 이루어진 상대방의 범위, 그 표현의 방법 등 그 표현 자체에 대한 제반 사항을 고려함과 동시에 그 표현에 의하여 훼손되거나 훼손될 수 있는 명예의 침해 정도 등을 비교·고려하여 결정되어야 한다.[2]

최근에 법원은 이 판례를 인용하여 다른 학자를 '식민사학자'라고 비판한 재야사학자의 글이 '명예훼손'에 해당한다고 판결할 바 있다. 굳이 실명을 밝히지 않는 것은 복잡미묘한 사건을 또 하나 끌어들이고 싶지 않기 때문이다. 이 사건은 우리에게 하나의 참조점이 되어준다. 법률이 아무리 그 자체로 완전무결한 형태를 취하고 있다고 하더라도 '표현'이나 '학문'의 자유를 침해할 수 있는 사안에 대해서는 언제나 신중하게, 최소한으로 개입해야 한다는

---

[2] 대법원 2006.12.22. 선고 2006다15922

▌ 2016년 1월 29일, 일본군 '위안부' 피해자의 명예를 훼손한 혐의로 불구속 기소된 박유하 교수가 서울동부지방법원에서 두 번째 공판 준비기일을 끝낸 뒤 기자들의 질문에 답변하고 있다. ⓒ 말+

생각을 나는 지지한다. 그것이 인식공격에 해당하는 요소를 지녔을 때라도 학자는 법의 힘을 빌기보다는 자신의 논박을 통해 그 비난에 대한 정당한 비판을 개진해야 한다. 법에 의지하는 것은 학자에게는 대단히 불명예스러운 일이 아닐 수 없다.

그러나 학문의 자유라는 명목으로 학자들이 모든 형태의 발언에 대해 면책특권을 지니는 것은 절대로 아니다. 이를 소설가 손아람은 박유하와의 논쟁 속에서 이렇게 표현한다.

저는 학문적 표현의 자유를 옹호하며 사법적 제재에 반대합니다만, 명백한 결함이 있고 파괴적인 논증 효과를 불러일으킬 논증을 단지 볼테르적 양심으로 옹호할 만큼의 윤리계량주의자는 아닙니다.

박유하 사건이 법정으로 가는 과정은 우리를 착잡하게 하는데, 우리 학문이나 토론문화의 무능을 반증하는 것이기 때문이다. 그런데 이러한 사태의 주요한 원인이 박유하의 모호하고 이중적인 언술에서 기인한다.

손아람의 발언에 대한 답변에서도 동일한 발언을 반복하지만 『역사문제연구』에 게재된 「젊은 역사학자들, 『제국의 위안부』를 말하다」란 대담을 반박하면서 그녀는 이렇게 말한다.

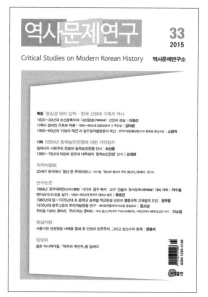

■『역사문제연구』 33호(2015년)에는 「젊은 역사학자들 『제국의 위안부』를 말하다」라는 제목의 집담회 정리 글이 실렸다. 박유하 교수는 이같은 젊은 학자들의 비판에 대해 『역사문제연구』 34호에 "오독과 곡해 그리고 적의로 가득한 내용이었던 것과 한 학자의 고민에 대한 기본적인 존중조차 찾아볼 수 없었던 거친 말들", "이들의 비판은 유감스럽게도 정영환에 못지않게 악의적이고 그 왜곡 수준이 범죄적"이라며 반론을 실었다.

> 또 나는 『제국의 위안부』의 비판에 대한 반박에 '표현의 자유'(543) '학문의 자유'(543, 572, 575)라는 단어를 사용한 적이 없다. 표현의 자유라는 이름으로 옹호해야 하는 문제적인 기술 자체를 하지 않았으니 당연한 일이다. 이처럼 이들은 하지도 않은 행위를 한 것처럼 말하면서 허위에 입각한 비방에 치중한다.[3]

그녀가 과연 '표현의 자유' '학문의 자유'라는 단어를 사용하지 않았는지는 논란의 여지가 있다. 나아가 '표현의 자유라는 이름으로 옹호해야 하는 문제적인 기술 자체를 하지 않았다'는 지적 오만함을 지적해야 한다. 그녀의 말

---

3 박유하, 「젊은 역사학자들, 『제국의 위안부』에 답하다」, 『역사문제연구』 34호, pp.546~547.

이 사실이라면 법 또한 그녀의 유죄를 입증할 수 없다. 그녀의 글에 대한 비판이 허위에 입각한 비방으로 원천 봉쇄되는 셈이다. 젊은 학자들의 비판에 대해서는 "오독과 곡해 그리고 적의로 가득한 내용이었던 것과 한 학자의 고민에 대한 기본적인 존중조차 찾아볼 수 없었던 거친 말들", "이들의 비판은 유감스럽게도 정영환에 못지않게 악의적이고 그 왜곡 수준이 범죄적"[4]이라고 비난하면서 문제적인 기술 자체를 부인하는 사람과 학술적인 논의가 가능할까?

그렇다고 해서 그러한 태도로 일관하는 것도 아니다. 다른 글에서 그녀는 정영환에게 이렇게 말하고 있다. "비판을 하고 싶다면 소송을 기각하라는 목소리가 먼저 있어야 하는 것 아닐까. 그것이야말로 '법정으로 보내진 학술서'에 대해 취해야 했던, '학자'로서의 할 일이 아닐까?"[5] 그녀가 감사를 표하면서 자신의 페이스북에 링크한 성명서는 '사상과 표현의 자유'를 주장한다.[6] 당연히 법정에서는 "학문의 자유에 해당해 제재받아서는 안 된다"는 주장과 "역사적 인물이 생존하고 있는 경우라면 그들의 인격권에 대한 보호가 학문의 자유에 대한 보호보다 상대적으로 더 중시될 수 있다"는 주장이 충돌한다. 「정의의 태만」이라는 글을 통해 드러나는 박유하의 입장은 다음과 같다.

---

4 박유하, 위의 논문, p.546.

5 박유하, 「일본군 위안부 문제와 1965년 체제」, 『역사비평』, 2015.8. p.463. 페이스북에서의 손아람과의 논쟁에서는 이렇게 말한다. "비판하고 싶은데 비판을 막는 거냐고 말하고 싶겠지요. 그런 상황을 만든 것이 소송입니다. 저의 반론을 "재판과 국민의 비난"이라는 장이 아닌 공론장에서 들을 수 있도록 힘쓰는 게 "글"을 업으로 사는 작가로서의 도리는 아닐까요?" 「정영환/손아람 씨에게」, 2016년 2월 11일자.

6 "한 학자가 내놓은 주장의 옳고 그름을 사법적 판단의 대상으로 삼으려는 발상은 너무나 시대착오적""사상과 표현의 자유를 지키고자 하는 모든 시민들과 함께 박 교수에 대한 기소사태를 깊이 우려한다." 이러한 미묘한 불일치는 이 논쟁을 기이한 형태로 만들어 놓는다. 이 성명서의 참가자들은 학술 및 표현의 자유를 지지하는데 박유하는 이를 자기 논지의 무결함의 증거로 삼는다는 점이다.

판사든 검사든 변호사든, 이 문제에 대해서 〈판단〉하려면 길윤형 기자처럼 결국 학자들 얘기에 의존해야 한다. 그런데 학자들 간의 공방을 왜 법정에서, 그것도 "대리"로 해야 하는 걸까. 나는 기존학자들과 "다른" 생각을 내놓았을 뿐이다. 비판이 있다면 학자들에게, 그리고 앉아서 듣고 싶다. 이 근본적인 아이러니를, 학자도 법원도 언론도, 해소하려고는 하지 않는다.[7]

소송이 진행 중인 상황에서 학자들의 논의가 불리한 증거가 될 수 있다고 그녀는 지적한다. 학술적인 논의가 자신에 대한 '마녀사냥'의 무기가 될 수 있다고 겁박한다. 그렇지만 의문이 남는다. 그녀가 누누이 주장하는 것처럼 그녀의 저작이 학술서이며 '문제적인 기술 자체'가 없다면, 법 앞에서 그녀가 두려워할 것이 무엇이란 말인가. 그녀가 허위로 가득하다고 비난한 바로 그 좌담에서 백승덕은 '학문의 장'에 대한 '권력의 임의적인 개입'[8]에 대한 우려에도 불구하고 "학자의 대중서를 통해 자신의 정체성이나 역사성이 규정되는 사람이 거기에 반론을 할 수 없을 경우에 이러한 원칙론은 문제가 됩니다. 어떠한 주장에 대해 되물을 수 있는 구조에서나 민주적인 것이지요."[9]라고 지적한다.

『제국의 위안부』라는 책을 통해 일본군 '위안부' 피해자들의 명예가 심각하게 훼손되었고, 이를 다른 방법으로 회복할 수 없을 때에 법에 의지하는 것은 보장되어야 할 헌법적 권리라는 주장이다. 반성이나 사과에 이르지 않은 채 피해 당사자가 제기한 권리를 '국가폭력'으로 정의하는 것은 지나치다. 자신의 유리한 판결을 위해 학문적 비판마저 중단하라는 주장은 과도하다. 철의 여인과 마녀사냥에 내몰린 가련한 여인의 이미지 사이에서 학문적 태

---

7 박유하, 「정의의 태만」, 페이스북 2016년 1월 23일.
8 백승덕, 「젊은 역사학자들, 『제국의 위안부』를 말하다」, 『역사문제연구』 제33호, p.576.
9 백승덕, 위의 좌담, p.572.

도는 상실되고 몇 개의 과열된 감정들만이 남겨지는 것이다.

3. 박유하를 위한 변명과 정신의 변검술

이제 나는 박유하를 읽는 하나의 구체적인 텍스트를 통해서 왜 이 논쟁이 이토록 길고 소모적일 수밖에 없었는가를 살펴보기로 하겠다. 그 글은 「'박유하'를 위한 변명, '경계인 포용' 못하는 한국사회」[10]라는 제목을 달고 있다. 문제의 글은 박유하 측이 『제국의 위안부』 재판에서 패소한 후에 "공공의 이익을 목적으로 한, 진실에 기반한 것(저술)이기에 명예훼손이 성립되지 않는다"고 주장하며 인터넷을 통해 문제의 책을 배포하고 국민참여재판을 신청한 시기에 씌어졌다. 글 속에서 김재중은 10년 전쯤에 있었던 박유하와의 인터뷰를 떠올린다.[11] 그 인터뷰에서 박유하는 '친한파'와 같은 맥락에서 자신은 '친일파'라고 말했다. 그런 의미의 친일파로서 그녀는 "한국과 일본이 독도를 공유하는 것이 훨씬 더 경제적"이라거나, "일본의 야스쿠니 신사 참배는 우리가 국립묘지를 참배하는 것과 본질적으로 같은 행위"같은 발언들을 쏟아낸다. 말하자면 이런 방식의 '다른 생각'[12]이 오랜 시간에 걸쳐 반복 심화되어 나타난 것이 『제국의 위안부』인 셈이다. 한국사회가 그런 '경계인'을 포용하지 못하는 사회였던가.

---

10 김재중, 「'박유하'를 위한 변명, '경계인 포용' 못하는 한국사회」, 「세종포스트」, 2016. 1. 22.

11 김재중, 「일제가 박은 쇠말뚝은 없다－『반일민족주의를 넘어서』 저자 박유하 교수 인터뷰」, 『월간 말』, 2006. 1. pp.82~87.

12 이 글에서 박유하는 총독부 건물 철거에 대해서 "수천억 원이 실체없는 자존심 복구를 위해 날아갔을 뿐"이라며 "이전의 역사를 파괴하기 좋아하는 민족임이 다시 한 번 증명된 셈"(p.84)이라고 비판한다.

선별적인 선택과 자기주장만 하는 박유하 지지자들

하지만 조금 당혹스러운 것은 바로 다음의 진술이다. "정작 『제국의 위안부』 안에 어떤 내용이 기술돼 있으며, 어떤 맥락으로 그런 표현이 나왔는지 살펴보려는 이는 거의 없다." 어쩌면 지극히 상식적이고 타당해 보이는 이러한 진술은 대부분의 박유하 비판이 무지에 근거한 것이라는 느낌이 들게 한다. 표절사태 때에도 이러한 발언들을 우리는 자주 만났다. 그런데 이런 반론도 가능하지 않을까? 그렇다면 당신이 읽은 『제국의 위안부』는 도대체 무엇인가를 구체적으로 밝혀야 하지 않는

가라고. 물론, 그 짧은 글에 그러한 내용이 들어있을 리 없다. "우리 안의 '반일 민족주의'가 한 학자의 학문적 양심을 포용하지 못하는 것에 대해서는 심히 유감스럽다"는 선언적 주장만 담겨 있을 뿐이다. 심지어 그 짧은 글은 그다지 동의하기 어려운 다음과 같은 말로 끝맺고 있다. "'경계인' 송두율 교수의 모습이 중첩돼 떠오른다. 오히려 박교수의 처지가 더 곤궁해 보인다. 내편과 네편을 가르는 사회, 가장 강력한 경계선은 이념보다 민족인 까닭이다."

모든 박유하 비판을 우리 안의 반일 민족주의로 몰아가는 것은 논리적이지 못하다. 그녀의 기소에 반대하는 사람들이 다양한 스펙트럼을 지니는 것처럼

▍법원의 삭제 명령을 받은 34곳을 빼고 제2판으로 발간한 『제국의 위안부』 표지. 박유하 교수는 이 수정본에 대해서 "34곳이 삭제되었지만 저의 취지를 이해하시는 데에는 문제가 없다고 생각합니다."라고 밝혔다. 필자 손종업 교수는 "이는 지나치게 선정적이라는 판단에 의해 제한상영 판정을 받은 감독이 그 장면들을 모두 삭제한 영화를 대중들에게 배포하면서 과연 이러한 영화가 선정적인가를 묻는 일처럼 어리석다."라고 비판한다.

『제국의 위안부』를 비판하는 주장 안에도 다양한 입장들이 존재한다. 그런 의미에서 길게 인용하고 있는 글의 필자가 미처 다루지 못한 그 실제 작업- 꼼꼼히 읽고 맥락을 살피기-이 중요하게 여겨진다. 그런데 그 실제 작업이 실은 박유하를 지지하는 사람들에게서 거의 발견되지 않는다. 오히려 그들은 장정일이나 김규항의 경우처럼 몇 가지 문장에 대한 선별적인 선택과 자기 주장만을 담고 있다.

법원이 삭제 명령 한 34곳에 관한 구체적인 반박은 못하고 삭제판 살포

요컨대 법원이 '109곳의 허위 지적 주장과 34곳의 삭제'를 명령했다면, 그들은 이러한 법원의 명령이 왜 구체적으로 (무엇이) 잘못되었는지를 반박 해야 한다. 그런데 법원의 결정에 대한 박유하 측의 대응은 어떠했던가? 그들은 법원이 명시한 사항들을 모두 삭제한 수정본을 인터넷을 통해 대중들에게 살포하고 평가를 받겠다고 말한다. 박유하는 이 수정본에 대해서 "34곳이 삭제되어있긴 하지만 저의 취지를 이해하시는 데에는 문제가 없다고 생각합니다."[13]라고 말한다. 이는 지나치게 선정적이라는 판단에 의해 제한 상영 판정을 받은 감독이 그 장면들을 모두 삭제한 영화를 대중들에게 배포 하면서 과연 이러한 영화가 선정적인가를 묻는 일처럼 어리석다. 그런데 이런 일들이 아무렇지도 않게 슬쩍 수행되는 곳에 일종의 '정신적 변검술'[14]이 존재한다.

『제국의 위안부』는 실제로 수많은 얼굴들을 감추고 있는 책이다. 이 책에서 박유하가 한국과 일본의 '화해'를 위해 제기한 물음은 '군 위안부' 문제에 있

---

13 박유하, 「제국의 위안부 삭제판 다운로드 사이트」, 페이스북, 2016년 1월 31일자.
14 변검은 중국 전통예술의 일종으로 영화 「패왕별희」를 통해 널리 알려졌다. 춤을 추는 동안 에 가면이 바뀌는 춤의 일종으로 그 비결은 비밀리에 전수된다고 한다.

▌변검은 중국 전통예술의 일종으로 영화 「패왕별희」를 통해 널리 알려졌는데 춤을 추는 동안에 가면이 바뀐다. 필자는 박유하와 『제국의 위안부』에서 일종의 '정신적 변검술'이 존재한다고 말한다. 박유하는 자기 글 속에 '과도한 주장'과 '변론'을 동시에 포함한다. 실은 말이 안 되는 진술들임에도 불구하고 이러한 '정신의 변검술'을 통해, 박유하는 모든 비판에 대해 선택적으로 반박할 수 있게 된다.

어서 일본국가에는 '법적 책임'이 있는가 하는 점이다. 소위 '순결적 민족주의'에 폐쇄된 상황을 해결하기 위해서 그녀는 '상식들'에 도전한다. 그녀의 관점으로 화해를 가로막는 것은 "우리 안의 견고한 기억들"이며, 『제국의 위안부』는 "화해를 지향하는 균열"을 목표로 하는 책인 셈이다.

상습적인 박유하의 자기 모순적 기술과 변검술

그 목적을 달성하기 위해 그녀가 새롭게 제시한 자료는 거의 없다. 다만 '고노 담화'(1993)마저 부정하는 일본 내 역사수정주의의 관점들로 그간의 역사를 다시 읽어낼 뿐이다. 그러기 위해서 그녀는 일본군 '위안부' 희생자들을 모욕하는 한편, 조선인 청부업자들에게 죄를 떠넘김으로써 제국에 면죄부를 주고자 한다. 그에 대한 반박에는 식민지 지배의 '구조적인 책임'을 물었다고 주장한다. 그런데 그 '구조적인 책임'에는 '법적 책임'이나 '사과나 반성'은 없고 '재정지원'의 윤리적인 의무만 있다. 다음 구절은 책임을 제국으로부터 청부업자에게 떠넘기기 위해 그녀가 사용한 방식이다.

"이제까지 문제를 해결하려 했던 이들이 업자들의 '범죄'를 물은 적은 한 번도 없었다. 군인이 직접 끌어간 것은 아니라는 사실이 조금씩 알려지면서 최근에는 업자 등의 중간매개자들의 존재가 대중매체에 공개되기도 했지만(2012년에 방영된 드라마 「각시탈」 등), 거기에서 업자들은 어디까지나 조선총독부와 일본군의 지시에 따른 수동적인 존재로 그려지고 있다."(강조-인용자)[15]

이 진술은 그 자체로 많은 문제점을 지니고 있다. 과장과 왜곡, 심지어는 허위적인 내용들도 존재한다. 업자들의 존재에 대한 증언이나 연구, 기록들은 그 이전에도 다양하게 존재한다. 2004년에 발표된 유미리의 『8월의 저편』에서도 소녀를 데리고 가는 존재는 업자로 그려진다. 업자들의 '범죄'가 해결책이라고 본 최초의 시도가 박유하라는 것만이 사실이다. '군인이 직접 끌어간 것은 아니'라는 단정도 근거가 없다. 그런데 『제국의 위안부』가 이러한 비판에서 벗어나는 방식을 보면 다음과 같다.

군인이 직접 끌어간 것은 아니라는 말은 조금 앞에서 본인이 기술하고 있기도 한 "사실, 몇 권의 증언집 속에서 '일본군에게 강제로 끌려'갔다고 말하는 위안부는 오히려 소수다."[16]라는 기술과 충돌한다. 이는 다시 그보다 뒤에 나오는 "물론 군인이나 헌병에 의해 끌려간 경우도 없지 않은 것으로 보이고, 개별적으로 강간을 당하는 경우도 적지 않았다."[17]와 완벽하게 모순된다.

이러한 사실을 명확히 해두는 것은 박유하 비판을 위해 정말로 중요한 출발점이다. 『제국의 위안부』에는 이런 자기 모순적인 기술들이 적지 않다. 『제국의 위안부』는 엄밀한 논증에 기반한 학술서라기보다는 대중적인 정치 서사에 가깝다. 실제로 많은 연구자에 의해 이 책은 "부분의 전체화, 예외의

---

15 박유하, 『제국의 위안부』, p.27.
16 박유하, 『제국의 위안부』, p.25.
17 박유하, 『제국의 위안부』, p.38.

일반화, 자의적인 해석과 인용, 극단적인 난삽함, 근거 없는 가정에서 출발한 과도한 주장 등등 수많은 문제점으로 가득 찬"[18] 것으로 학술서로서의 기본을 갖추고 있는지 의심스러운 책으로 평가된다.

그런데 저자는 이러한 혼란 속에서 선택적이고 자의적으로 자신에게 유리한 증거를 제출한다. 이러한『제국의 위안부』는 다시 일본어판, 수정 삭제판들로 분화된다. 이들 분화된 각각의 텍스트는 원래의 텍스트와 다르고 이는 박유하 본인도 인정하는 바다. 그것이 어떻게 활용되는가는 별도로 따져봐야 할 문제다. 게다가 여기에 끊임없이 박유하의 '말'이 개입한다.[19] 평론가 김요섭의 다음과 같은 비판은 이러한 상황에서 어느 쪽이든 깊이 숙고해야 할 주장이라고 판단된다.

> 『제국의 위안부』를 옹호하면서도 그 주장의 파편만을 임의로 가져오는 글을 나는 신뢰하지 않는다. '일본군의 동지인 위안부', '위안부의 기억을 왜곡하는 우리'라는 파편으로 그 책을 말하지 말라. "제국의 일원인 위안부-매춘을 만드는 국가구조-제국의 합법"이란 논리의 흐름과 "한국의 위안부 인식을 왜곡한 배후권력인 정대협"이라는 전체주장을 가져와서 그에 대해 항변하라.[20]

『제국의 위안부』에 대한 변명은 비판에 대한 다른 정황 제시로 이어진다. 자신의 또 다른 저서『내셔널 아이덴티티와 젠더』(2011)라는 책이 정당성의 증거로 사용되는 것이다. 그러나 이 책은 학문적인 관점에서 볼 때『제국의

---

18 김창록, 「국가책임 이해 못하는 '뒤틀린 법 논리'」, 「한겨레」, 2016. 2. 19.

19 백승덕은 그래서 다음과 같은 고민을 토로하기도 한다. "그래서 우리는 이책 이후의 저자의 말이 아니라 이 책 안의 저자하고만 대화해야 할 것 같아요. 그렇지 않으면 논의가 너무 헛돌아요." 위의 대담, p.571.

20 김요섭, 「김규항은 박유하의 전부를 말했는가-「더러운 여자는 없다」에 대한 반론」, 「뉴스페이퍼」, 2016. 2. 3.

위안부』의 문제점을 공유한다. 여기서는 두 가지 문제점을 지적하려 할 뿐이다. 그 하나가 이 책 속에 편입되면서 원래 논문 속에 있다가 사라진 다음과 같은 구절이다.

> 그런 의미에서는 '탈식민'이란, 이른바 식민사관의 거부나 '친일'과 '청산' 이전에, 제국에 가담하고 제국의 '적'을 함께 가해하도록 만들었던 식민성의 구조 자체를 이해하는 일에서부터 시작되어야 할 것이다.[21]

과도한 주장과 변론을 동시에 포함, 모든 비판에 선택적으로 반박

이러한 생각의 연장선상에 『제국의 위안부』가 놓여있음은 물론이다. 그런데 이 구조는 근대성에 대한 착종된 이해로 나아간다. 근대주의자로서 그녀는 제국주의를 제대로 비판할 수 없다. 그래서 결국에는 소세키가 "식민지 지배를 긍정적으로 받아들이고 있었다."라는 일본인 학자의 주장은 마지못해 시인하면서도 오히려 "식민지 지배의 정치적 무력적 측면을 긍정적으로 받아들이고 있었던 것은 아니다. 소세키는 어디까지나 '문명'적 측면을 받아들이고 있었다."[22]라는 선에 머문다. "최근의 사건 중에 가장 고마운 일은 왕비 -명성왕후-의 살해와 하마 시게루(배임용의자였던 회사 사람)의 구속이네"라는 그의 편지를 인용하고 있음에도 불구하고 말이다.

끊임없이 다른 얼굴들을 통해 변명을 늘어놓는 이러한 '정신의 변검술'에 대해서는 「박유하를 위한 변명」에서 인용한 사례를 다시 들 수 있다. 그녀는 대중선동의 방식으로 '일제가 박은 쇠말뚝은 없다'고 선언한다. 얼마나 강렬한 선언인가. 하지만 곧 그것은 확인된 사실이 아님이 드러난다. 다만 진실

---

21 박유하, 「식민성과 젠더」, 『서강인문논총』24호, 2008. 12. p.81.
22 박유하, 『내셔널 아이덴티티와 젠더』(김석희 옮김), 문학동네, 2011. p.153.

▌변검술에 능한 박유하이지만 일본군, 일본제국주의를 변호하려 한다는 일관성도 있다. 필자는 "그녀는 일본 제국주의에 불리한 증거들은 가능한 한 기피한다. 번역가로서 오에의 소설 『만엔원년의 풋볼』을 번역하면서 그녀는 각주 137에서 「해군비행 예과연습생」에 대해 설명하면서 통상적으로 쓸 수 있는 가미카제라는 단어 대신에 '특공대원으로 전사'(137쪽)라는 표현을 사용한다."라고 지적한다. 사진은 박유하가 번역한 오에 겐자부로의 『만엔원년의 풋볼』 일어판과 한국어판.

로 입증되지 못했다는 것이다. 만약에 그런 것이 있다면 '측량목적'이었을 것이라는 추측이 동원된다. 이러한 추측을 뒷받침하는 것은 그녀 특유의 근대성론에 근거한 다음과 같은 추론이다.

> 일본인 중 누군가 진짜로 조선의 지맥을 끊기 위해 쇠말뚝을 박았다면 그것은 그것대로 대단히 흥미로운 일이다. 일본의 제국주의란 것이 '근대화'라는 커다란 틀을 가지고 진행된 것인데, 그것에 반하는 행위 아닌가. 그렇다면 그것대로 연구할만한 가치가 있는 일이라고 생각한다.[23]

섣부르게 어떤 주장을 했다는 비판은 피할 수 없게 된다. 그러나 이러한 서술을 통해 그녀는 자기 글 속에 '과도한 주장'과 '변론'을 동시에 포함하게 된다. 실은 말이 안 되는 진술들임에도 불구하고 이러한 정신의 변검술을 통해, 박유하는 모든 비판에 대해 선택적으로 반박할 수 있게 된다.

『제국의 위안부』 전체가 이같은 착종된 논리 속에서 기술되고 있다는 점

---

23 김재중, 「일제가 박은 쇠말뚝은 없다–『반일민족주의를 넘어서』 저자 박유하 교수 인터뷰」, 『월간 말』, 2006. 1. p.84.

은 강조되어야 한다. "위안부 문제를 제대로 보려면 구조적인 강제성과 현실적인 강제성의 주체가 각각 누구였는지를 보아야 한다."24는 주장에 대해서 이의가 있을 리 없다. 그러나 『제국의 위안부』는 두 개의 '강제성'이라는 공을 교묘하게 돌리며 대중의 시선을 끄는 광대처럼 보인다. 그리고 집요하게 '현실적인 강제성(조선인 협력자)'을 통해 '구조적인 강제성(일본제국)'을 지우려고 한다. 복권되는 것은 일본제국이고 면책되는 것은 식민주의 침략의 역사다. 심지어 그녀는 일본군 '위안부'로 끌려간 이들에 대해서 "'가라유키상의 후예'. '위안부'의 본질은 실은 바로 여기에 있다."고 지적한다. 이 경박한 언어를 누가 학문이라 하는가.

조선인 협력자에게 책임 전가, 끌려간 소녀에겐 가라유키상 이미지 부여

소위 '해결'을 위해 그녀는 지속해서 두 가지 작업을 하고 있는데 다른 쪽으로 책임을 전가하는 일, 그리고 소녀들이 지닌 순결 이미지를 비판하여 그녀들에게 '낭자군'으로서의 이미지를 부여하는 일이다. 이러한 태도는 명백히 학자의 것이 아니라 변호인의 것이다. 그리고 이때 그녀의 옆에 앉은 자들은 일본의 군대, 또는 제국주의다. 변호인으로서 그녀는 그들의 무죄를 입증하는 것이 아니라 그들이 폐기한 증거를 제시할 것을 요구하며 정황을 유리하게 만들어가려 한다.

일본군 '위안부'는 군대나 당국에 의해 강제로 동원된 게 아니다.(구체적인 증거가 없다) 일본군 '위안부'는 일본의 가라유키상의 전통 속에 놓여있는 것이며, 이들 일본군 '위안부'들은 업자들의 꾐에 빠져 끌려간 것(자발적인 경우도 있음)이며 돈을 받았고 전쟁에서 다른 역할도 했는데, 심지어는 동지적 관계

---

24 박유하, 『제국의 위안부』, p.27.

에 있었다. 그래서 '제국의 위안부'라고 그녀는 부른다. 그런데 이렇게 주장하는 새로운 근거는 거의 없다. 모든 빈곤한 사료는 그나마 선택적으로 사용된다.[25] 구술사가로서의 그녀의 태도는 위험하기 짝이 없다.[26]

그녀는 의뢰인에게 유리한 정황을 찾기 위해 피해자에게 접근하여 증거를 찾는 위험한 변호인이다. 증언의 절대적 가능성은 허구다. 증언할 수 있는 사람만이 자신이 체험한 것을 말할 수 있다. 사실들이나 체험이 곧장 증언으로 변환되는 것은 아니다. 그러므로 증언에는 입장이 선행되며 먼저 언어화되어야 한다. 때로 비극적 체험은 '벌거벗은 신체'만을 남긴다. 무지에 기반한 증언을 자신에게 유리한 쪽으로 이용하려는 유혹은 어느 쪽에서든 일어날 수 있다. 그러므로 우리는 증언 앞에서 보다 신중할 필요가 있다. 게다가 이 침묵의 역사 앞에서 우리는 예외 없이 변호인이 아니라 '죄인'이다.

물론 우리는 과거에 얽매여 살아갈 수는 없고 그래서도 안 된다. 한국과 일본의 화해와 우정을 꿈꾸는 일은 결코 중단될 수 없다. 그러나 『제국의 위

---

[25] 그런데 그러한 언어선택이 언제든 임의적인 것은 아니다. 그녀는 일본 제국주의에 불리한 증거들은 가능한 한 기피한다. 번역가로서 오에의 소설 『만엔원년의 풋볼』을 번역하면서 그녀는 각주 137에서 「해군비행 예과연습생」에 대해 설명하면서 그녀는 통상적으로 쓸 수 있는, 카미카제라는 단어 대신에 '특공대원으로 전사'(137쪽)라는 표현을 사용한다. 또한 '위안부'라는 용어는 군대 측의 완곡어법으로서 성노예에 지나지 않는 실상을 은폐하는 억압자의 용어라는 비판(우에노 지즈코, 『위안부를 둘러싼 기억의 정치학』(이선이 옮김), 현실문화, 2014, p.272.)에 따라 인용부호를 써서 "규 위안부"로 표기된 정영환의 논문에 대한 반박에서도 일관되게 위안부라는 표현으로 바꿔쓰고 있음을 볼 수 있다.

[26] 구술기록, 특히 강제동원의 경험을 분석할 때 다음과 같은 점을 유의해야 한다고 지적된 바 있다. "구술은 현재의 사회성을 반영한다. 구술은 과거의 그대로가 아니다. 그래서 힘든 경험도 되돌아보면, 추억으로 여겨지기도 한다. 시대와 사람에 대한 평가도 일면적이고 주관적이다. 구술자 개인이 경험한 점이 중심이므로 전체 구조를 이해하기 어렵기 때문이다. 또한 구술은 읽는 이의 상황, 감정, 받아들일 수 있는 폭과 깊이에 따라 달라진다. 힘든 경험을 힘들다고 해도, 백번 천번 강조하지 않는다면 읽는 이에게는 가볍게 전달되기도 한다. 읽는 이가 읽을 때마다 달리 느낄 때도 있다. 이와 같이 말하는 사람과 읽는 사람의 상태와 감정, 경험과 지식의 폭과 넓이 등에 따라 다른 모습으로 다가서는 것이 구술기록이다." 일제강점하 강제동원피해진상규명위원회, 「해제」, 『지독한 이별』, 강제동원 구술기록집8권, 2007. p.25) 그러므로 이러한 구술기록을 통해 자신이 얻고자 하는 바만을 채택하는 한 구술사는 실패할 수밖에 없다. 하물며 질문자가 원하는 답을 추구한다면, 구술사는 왜곡될 수밖에 없다.

안부』는 해결책이 되기는커녕 분란의 씨앗이 되어 버렸다. '쌍방과실'은 이 사태를 얼마나 손쉽게 여기는 관점인지. 그 끝에 한일정부의 '불가역적인' 협정이 있다. 그런데 그것은 정말로 해결책이 되는가.

4. 결론 : 학자의 길과 변호인의 자리

한나 아렌트가 『예루살렘의 아이히만』에서 말하고자 하는 것은 '평범한 악'이 아니다. 아이히만에 대한 면책을 주장했던 것도 아니다. 그녀는 그토록 '평범한 악'이 어떻게 끔찍한 전체주의적 악몽으로 귀결되었는가를 보고자 한 것이며 이를 위해 인간존재의 내면을 파고든 것이다. 한나 아렌트는 절대로 아이히만을 변호한 게 아니다. 그의 '죄'는 가벼워지지 않는다. 해결책을 모색한 것도 아니다. 한나 아렌트와 박유하의 공통점은 자신이 속한 집단(민족)의 관점에 동조하지 않았다는 점인데, 한나 아렌트가 '진리'에 대한 다이몬27의 호소에 따른 결과였던 반면에 박유하는 '해결책'을 찾은 것이라는 점이 크게 다르다.

그럼에도 불구하고 그 '해결책'이 화해를 가져올 수 있다면 의미 있는 일이 아니겠느냐고 반문할 수 있다. 그러나 피해자를 침묵하게 하면서 강자의 논리로 맺은 화해는 결코 불가역적인 것일 수 없다. 논리적으로도 그렇고 현실적으로도 그렇다. 그녀는 자신의 저서가 일본에서 높게 평가받고 있다는 점을 통해 이러한 '해결책'의 유효성을 주장하려 하지만, 불행히도 그녀의

---

27 나치즘하에서의 전체주의를 경험하면서 '죄의 문제'에 천착했던 카를 야스퍼스는 "스스로 유죄임을 인정하는 것이 정치적 자유를 실현하는 내적 변혁의 시작"이라고 주장(p.153)한다. 이는 다시 다이몬의 인간 (der dämonische Mensch)과 연결된다. 다이몬의 인간은 소크라테스나 키르케고르처럼 어떻게 살아야 하는지를 끝도 없이 캐묻고 다이몬의 응답에 따라 행동하는 사람이다. 카를 야스퍼스, 『죄의 문제』(이재승 옮김), 앨피, 2014. p.19.

'해결책'을 반기는 쪽은 거품경제 이후의 불황20년(1997), 고베대지진(1995), 일본대지진(2011)의 위기를 통해 보수화하는 일본이며 그녀가 내민 화해의 손길을 잡은 건 아베정권이라는 점을 외면할 수 없다. 니시노 루미코의 다음과 같은 비판에 대해서 그녀는 도대체 어떤 답변을 준비했는가.

> 거듭 말하지만 이 책(『화해를 위해서』-인용자)이 논단상을 받은 2007년은 아베의 '위안부' 강제연행 부정 발언이 국제사회를 당혹스럽게 만들었던 때다. 미 하원 의회가 일본 정부를 향해 사죄를 요구하는 결의를 채택하고 뒤이어 네덜란드 하원, 캐나다 하원, 유럽연합회의 등 국제사회가 차례차례 결의서를 내놓았던 때도 2007년이다. 그 뒤로도 「아사히신문」을 필두로 「마이니치신문」도 예외 없이 박유하를 종종 지면에 등장시켰다. 이러한 화해론의 표출이 '위안부' 문제 해결에 혼란을 준 점은 부인할 수 없다.[28]

주지하는 바와 같이 김수영의 시 「김일성 만세」는 의도적으로 한국 사회의 커다란 금기 두 개를 배치하고 이에 대한 열광마저도 허용되는 것이 언론의 자유가 성취되는 순간이라고 주장한다. 김수영은 어떠한 신화화에도 철저히 의심의 시선을 보냈던 시인이다. 박유하와는 달리, 한국의 지성인들을 내가 신뢰하는 이유이기도 하다.

요컨대, 박유하가 어느 민족이나 국가의 편익을 추구하는가는 중요하지 않다. 다만 그녀의 책이 어떤 보편적인 가치를 추구하는가가 문제일 따름이다. 학문은 '해결책'이 아니라 '진실' 또는 '사실'을 통해 기존의 패러다임과 맞서야 한다. 학문의 자유를 논하기 위해서는 그가 학자로서의 태도를 끝까지 관철하는가가 동시에 무겁게 물어져야 한다. 그러나 이미 많은 논자가 지

---

28 니시노 루미코, 「피해자 부재의 화해론을 비판한다」, 『그들은 왜 일본군 '위안부'를 공격하는가』(김경원 외 옮김), 휴머니스트, 2014. p.163.

적하고 있는 것처럼 박유하의 『제국의 위안부』는 여러 면에서 학문적 엄밀성을 얻는 데 실패한다. 그가 대학교수이기에 학자라고 말해선 안 된다. 학문은 결코 폭력적인 언사들도 보호되어야 하는 '소도'일 수 없다. 해결책에의 조급증은 학자가 아니라 정치가나 변호인의 것이다.

마지막으로 내가 이 글의 제목을 '제국의 변호인'이라고 쓴 것에 대해서 그것은 지나치게 폭력적인 게 아닌가 비판하는 분들이 있으리라고 생각한다. 당연히 그래야 하지 않겠는가. 또한 그런 분들이라면 너무도 당연히 '제국의 위안부'라는 제목이 얼마나 경솔하고 비학문적이며 어느 누군가에게는 지나치게 폭력적이고 모욕적인 언어인가를 느끼게 되지 않을까 싶다.

손종업

1963년 충남 논산 출생. 1995년 「동아일보」 신춘문예 평론 당선.
저서로는 『극장과 숲』, 『분석가의 공포』 등이 있음. 현재 선문대 국문과 교수.

위안부 문제와
『제국의 위안부』 논쟁이라는 현상

김요섭 문학평론가

1. 명예훼손과 학문적 가치

한국사회에서 일본군 위안부는 논쟁의 대상이었던 적이 없었다. 해방 이후 40년 이상의 무관심과 망각을 견디어 낸 위안부는 정대협을 중심으로 한 운동을 통해서 점차 한국사회의 중요한 문제로 인식되어갔다. 망각과 침묵을 목소리로 바꾸는 지난한 과정을 통해 공감과 기억의 대상이 된 위안부 문제는 2014년을 기점으로 전혀 다른 상황에 놓이게 된다. 박유하의 『제국의 위

▌2016년 1월 29일 서울대 법학전문대학원 서암홀에서 열린 〈일본군'위안부'연구회〉 설립 총회 및 기념 심포지엄. ⓒ말+

안부』에 의해 위안부 문제가 논쟁의 대상이 된 것이다. 박유하 기소 이후 활동가와 역사학자뿐 아니라 김규항, 장정일 같은 다른 분야의 지식인과 작가들이 개입하며 사회적 논쟁으로 비화한다. 현재 진행되고 있는 『제국의 위안부』 논쟁은 그런 점에서 기존의 위안부 논의와는 다른 맥락에 놓여있으므로 사태를 '논쟁'이라는 측면에서 점검해야 할 필요가 있다.

논쟁의 쟁점, 명예훼손죄와 학문적 검증

『제국의 위안부』 논쟁의 쟁점은 크게 두 가지로 나뉜다. 하나는 위안부 피해자들의 명예를 훼손했다는 혐의로 학문적 연구가 국가에 의해서 처벌받을 수 있는가, 즉 명예훼손죄라는 형사법과 학문과의 관계에 대한 문제다. 다른 하나는 정대협과 '위안부 소녀상'으로 대표되는 한국의 위안부 인식에 대한 박유하의 비판이 유효한가 하는 학문적 검증의 문제다. 『제국의 위안부』 논쟁이 본격화된 것은 박유하가 위안부 피해자들로부터 고발을 받은 직후, 즉 전자의 쟁점이 촉발된 직후다. 이후 박유하의 책에 대한 관심이 고조되면서 그의 주장에 대한 적극적인 지지와 반박이 새로운 쟁점으로 등장한다.

『제국의 위안부』의 학문적 성과에 대한 논쟁은 명예훼손 소송의 결과물이다. 책이 발간된 직후 신문지면을 통해 박유하의 책이 주목을 받은 바 있으나 소송이 있기 전까지 이에 대한 본격적인 논쟁은 이루어지지 않았다. 이에 대해 장정일은 '역사가들의 책임방기에 가까운 무관심'[1]이 원인이었다고 주장한다. 그는 소송 이전 전문역사가에 의해 『제국의 위안부』가 언급된 사례가 윤해동의 「'제국의 위안부'를 읽는 법」(2014)이 유일했다는 점을 근거로 든다.(「정리」, 185쪽) 하지만 『제국의 위안부』에 대한 학문적 논쟁이 제대로 전개되지 않은 것이 단지 무관심 때문인 것인가? 주목해야 하는 것은 『제국의 위안부』에 대한 학계의 반응이 윤해동 이외에 전무했던 것이 아니란 점이다.

장정일은 학문적 논쟁의 범위를 '역사학'으로 좁혀 단 한 편의 글이 있었을 뿐이라 주장하지만 국가범죄 문제를 연구해온 법학자 이재승의 「감정의 혼란과 착종」이 『제국의 위안부』가 출간된 직후인 2013년 9월 발표되기도 했다. 한 편이나 두 편이나 큰 차이가 없어 보일지 모른다. 그러나 주목해야 할 것은 비교적 이른 시점에 제기된 반론에 대한 오랜 침묵이다. 역사학자인 윤해동의 비판과 국가범죄 문제를 연구해온 법학자 이재승의 비판에 대해 박유하 본인의 반론이 제기되지 않은 상태에서 논쟁으로 확대될 수 없기 때문이다.

---

1 장정일, 「『제국의 위안부』를 설명하는 세 가지 정리」, 『말과 활』 10호, 일곱번째숲, 2015, 185쪽. 이 글은 박유하와 장정일, 김규항의 글을 분석대상으로 한다. 이 글에서 인용할 박유하의 글은 『제국의 위안부』(뿌리와 이파리, 2013), 「일본군 위안부 문제와 1965년 체제」(이하 「체제」, 『역사비평』 112호, 역사문제연구소, 2015), 「젊은 역사학자들의 『제국의 위안부』 비판에 답하다」(이하 「답하다」, 『역사문제연구』 34호, 역사문제연구소, 2015)이다.
장정일의 글은 「『제국의 위안부』를 설명하는 세 가지 정리」(이하 「정리」), 「그 소식에 나는 부끄러웠다」(이하 「소식」)(『시사인』 355호, 시사인, 2014.), 「'강제연행 프레임'을 거부하다」(이하 「거부」)(『시사인』 393호, 시사인, 2015), 「박유하 논란에서 우리가 깨달아야 할 것」(이하 「논란」, 『한겨레』, 한겨레신문사, 2015. 3. 12.), 「일본군 '위안부' 문제와 한겨레」(이하 「한겨레」, 『한겨레』, 한겨레신문사, 2016. 1. 14.),
김규항의 글은 「역사의 거울 앞에서」(이하 「거울」, 『경향신문』, 경향신문사, 2015. 3. 9.), 「더러운 여자는 없다」(이하 「여자」, 『경향신문』, 경향신문사, 2016. 2. 1.) 이후 이 글들을 인용할 때는 제목과 쪽수만 표기하며 인터넷 출처인 경우 제목만 표기한다.

학계의 무관심? 박유하의 침묵!

박유하가『제국의 위안부』논쟁에 대해서 학술지면을 통해서 반박한 것은 4년간 2회 뿐이다. 2015년에 각각『역사비평』과『역사문제연구』에 같은 해에 발표된 정영환 교수와 일군의 젊은 역사학자들의 글에 대한 반박으로 2013년과 2014년에 제기된 이재승과 윤해동의 비판에 대해서는 여전히 답을 하고 있지 않다. 이런 오랜 침묵에 주목해야 하는 이유는 두 가지다. 첫째로 학술지면을 통해서 윤해동이『제국의 위안부』를 비판한 것은 2014년 5월이나 실제로 윤해동의 비판은 책의 출간 직후 박유하 본인에게 직접 전달되었다. 2013년 10월 4일 푸른역사 아카데미에서 박유하가 참석한『제국의 위안부』서평회가 진행될 때 이때 토론자가 윤해동이었다.[2] 이 자리에서 윤해동은 "(박유하는 위안소가-인용자) '제도'로 정착된 게 아니라 '제도적으로 실시'되었을 뿐이라고 주장한다. 이런 인식은 일본 국가의 책임을 면죄할 가능성을 가진 줄타기 행위임이 분명하다."[3]고 강력하게 비판한다. 학술지면을 통한 반박은 이때의 주장을 정리하여 발표한 것이다. 이처럼 책의 출간 직후부터 반복적으로 재기된 비판에 대해서 박유하가 침묵함으로써 학문적 논쟁은 전개되지 못했다.

또 하나 눈길을 끄는 지점은 박유하가 이재승의 비판에 대해 침묵하는 이유로 국가문제를 법적 처벌근거로 판단하려는 법학자적 태도[4]를 문제 삼고 있다는 점이다.『국가범죄』를 통해서 위안부 문제의 법리적 접근을 논한 바

---

2 김범수,「"위안부 또 다른 시각? 일본에 면죄부 주는 줄타기 행위"」,『한국일보』, 한국일보사 , 2013. 10. 6.

3 김범수, 앞의 글

4 https://www.facebook.com/parkyuha/posts/935937056433209 박유하는 자신의 SNS를 자기 입장을 발표하는 주요 창구로 사용하고 있으며, 이재승의 문제 제기에 대한 그의 입장을 확인할 수 있는 유일한 텍스트이므로 이를 참고하고자 한다.

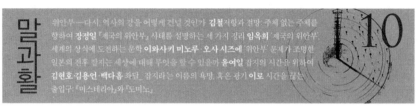

■ 격월간 『말과활』 10호(2016년 1~2월호)는 「위안부–다시, 역사의 강을 어떻게 건널 것인가」라는 제목의 특집을 다뤘다. 여기에 장정일은 「『제국의 위안부』 사태를 설명하는 세 가지 정리」라는 글을 써서 형법상의 명예훼손죄로 기소당한 박유하 교수의 입장을 변론했다.

있는 법학자가 『제국의 위안부』에서 핵심주제 중 하나인 법적 책임의 문제를 제기했다고 이를 무시하는 박유하의 태도는 학문적 논쟁의 부재가 어디서 기인했는가를 잘 보여준다.

표현의 자유를 너머 내용의 진리성까지 옹호하는 지지자들

장정일이 주장하는 것과 달리 『제국의 위안부』에 대한 학계의 무관심의 원인은 학계의 배타성보다 논쟁을 기피한 박유하의 태도에 원인이 있다. 몇 차례에 걸친 반박에 저자 자신이 침묵하고 있는 이상 추가적인 논쟁이 이어지기 어렵기 때문이다. 오히려 일부 언론사 기자들을 제외하면 위안부 문제와 관련된 학자들보다 다른 지식인과 작가들이 『제국의 위안부』에 무관심했다. 실상 『제국의 위안부』의 성과에 대한 상찬은 기소 이후에 발생한다. 이 논쟁에서 "표현의 자유를 옹호하면서 내용의 진리성까지 옹호하는 것은 문제적 태도"가 보인다는 이재승의 비판[5]이 유효한 것은 이러한 맥락 때문이다.

『제국의 위안부』에 대한 상찬이 명예훼손 소송과 학문의 자유라는 맥락과 함께 형성된 것이라면 그에 대해 면밀하게 분석할 필요가 있다. 명예훼손과

---

5 신진아, 「박유하 '제국의 위안부' 사태, 엄격한 학문적 자세 필요」, 『뉴시스』, 2015. 12. 10.

학문적 성과라는 별개의 문제가 결합됨으로써 객관적이지 않은 평가와 비판이 전개되었을 가능성이 있기 때문이다. 『제국의 위안부』를 가장 적극적으로 지지하고 있는 장정일과 김규항을 중심으로 소송과 연구 성과의 옹호가 어떻게 결합되었는가를 비판적으로 검토하고자 한다.

2. 기억의 다양성과 증언의 특권화

> 나는 '다른' 목소리를 절대화하지 않았고, 정영환의 말처럼 그저 "귀 기울였을" 뿐이다. 그런 목소리가 그동안 나오지 못했던 이유는, 다른 목소리를 허용하지 않는 억압이 이들에게도 의식되었기 때문이다.(「체제」, 469쪽)

지난해 박유하와 정영환이 『역사비평』의 지면을 통해서 벌였던 논쟁에서 박유하는 자신이 가진 문제의식을 이와 같이 제시한 바 있다. '다른' 목소리의 발견과 그것이 억눌리는 억압을 인식하고 이를 극복하기 위해서 어떤 목소리도 절대화하지 않는다는 방법을 통해 다른 기억을 억압하는 주체와의 대결의식을 분명히 한다고 말한다. 역사적 기억의 다양성을 복원한다는 박유하의 태도는 『제국의 위안부』를 긍정하는 주된 논거로 제시된다. 『제국의 위안부』를 "알량한 역사의식과 지배체제로부터 주입된 민족의식과 전근대적인 여성관을 위안부 소녀상을 내세워 은폐하려"(「여자」)하는 한국사회의 습관을 "적확하게 비판하거나 해체하려"(「거울」)는 시도로 판단하는 김규항이나 "민족의 역사는 자신의 가장 영광스럽고 순수한 기억만 보존하고 거기에 맞지 않는 것은 억압"하는 한국사회와 "군 위안부를 착취한 일본군의 "하나가 아닌" "다양"한 사례를 제시하려는"(「소식」) 박유하의 대립을 상정한 장정일의 예에서 그와 같은 경향을 확인할 수 있다.

다양한 기억의 회복? 사실은 조선인과 일본인 위안부를 제국의 위안부로 단일화

장정일과 김규항의 예에서 볼 수 있듯이 『제국의 위안부』는 민족주의적 역사인식에 의해서 위안부 소녀상이라는 단일한 형태로 억압된 위안부들의 다양한 기억을 복원했다는 점에서 긍정된다. 그러나 박유하의 주장처럼 "'다른' 목소리를 절대화"하지 않고 위안부의 다양한 기억을 복원하고 있는가? 재일 역사학자 정영환은 "조선인과 일본인 '위안부'는 '제국의 위안부'라는 의미에서 비슷했다는 명제를 전제로 사료를 해석"[6]한다며 박유하를 비판한다. 『제국의 위안부』를 다양한 기억의 회복이라고 보는 입장도 하나의 논쟁의 대상인 것이다.

박유하는 억압된 목소리를 강조하며 다양한 목소리에 "귀 기울였다."라고 강조하지만, 『제국의 위안부』는 곳곳에서 위안부의 모습을 단일화시키는 논리를 보여준다. 그 한 사례가 정영환이 지적한 조선인 위안부와 일본인 위안부를 동일시하는 논리 전개다. 박유하는 위안부들이 군인들의 정신적 위안을 국가로부터 요구받았고 이를 통해 국가에 봉사하는 '긍지'라는 심리적 탈출구를 찾을 수 있었다고 주장한다.(『제국의 위안부』, 61쪽) 그 근거로 "이런 몸이 된 나도 군인들을 위해 일할 수 있다, 나라를 위해 몸 바칠 수 있다고 생각하고 그네들은 기뻐하고 있었습니다."(『제국의 위안부』, 62쪽)라는 업자의 증언이 제시된다. 하지만 업자의 증언 속 위안부는 조선인이 아니라 일본인이다.

조선인 위안부의 인식을 일본인 위안부를 통해 확인할 수 있는 근거는 무엇인가? 박유하는 조선인 위안부가 "어리면 어릴수록 일본인 의식이 강했을 터"이고 "조선인 위안부 역시 '일본 제국의 위안부'였던 이상 기본적인 관계

---

6 정영환, 「일본군 '위안부' 문제와 1965년 체제의 재심판－박유하의 『제국의 위안부』 비판」, 『역사비평』 111호, 역사문제연구소, 2015, 474쪽.

가 같"(『제국의 위안부』, 62쪽)으므로 일본인을 통해 조선인의 의식을 확인할 수 있다고 주장한다. 그러나 위안부들의 자기 인식은 '어릴수록 일본인 의식'이 강하다는 식으로 정의할 수 없는 것이었다.

조선인 위안부들은 일본군 위안소에 도착한 직후 지속적인 민족차별을 경험하며 그 속에서 조선이란 민족성을 의식하게 된다. 그 대표적인 예가 조선인 위안부들을 부르던 멸칭인 '조센삐'다. 조선 여성의 성기를 뜻하는 이 단어[7]는 조선인 위안부들에게 가해진 폭력이 민족차별과 '창녀화'의 결합임을 보여준다.[8]

조선인 위안부들은 유사 일본인으로서의 정체성이 강요되었지만 그 과정에서 민족적 차별을 경험함으로써 오히려 민족정체성을 강화하기도 한다. 조선인 위안부들이 일본인 의식이 강했다는 추정과는 모순된다.[9] 위안부들이 놓였던 유사 일본인 되기의 과정은 '일본인의 우월성과 조선인의 열등성을 재확인'[10]하는 '열등한 조선인됨(Koreanness)'[11]의 과정이므로 지속적으로 민족 격차를 자각하게 만든다. 위안부로서의 삶을 애국의 기회로 인식했던 일본인 위안부의 조건과 조선인 위안부의 조건이 '제국의 위안부'라는 개념으로 동질화될 수는 없던 것이다.[12]

---

7 안연선, 위의 책, 247쪽.

8 안연선, 『성노예와 병사 만들기』, 삼인, 2003, 218쪽.

9 민족정체성을 확인하는 중요한 수단은 언어다. 일본군의 말을 제대로 이해할 수 없는 상황에 처했을 때나 심각한 위협에 직면했을 때 일본어 대신에 모국어가 나왔다는 증언은(안연선, 위의 책, 108~109쪽.) 주로 가난한 여성이 위안부가 될 수 밖에 없었다는 박유하의 주장과 일본인으로서의 자의식이 강했으리란 인식이 어긋나는 지점도 언어다. 가난해서 교육받지 못한 여성은 일본어를 배울 기회가 제한되어 언어로 표상되는 민족 차이에 더 민감할 수밖에 없기 때문이다.

10 안연선, 위의 책, 249쪽.

11 안연선, 위의 책, 245쪽.

12 안연선, 위의 책, 251쪽.

정대협은 배제, 일본군과 업자 증언은 신뢰

또 다른 문제는 피해자들에게 가해진 비판이다. 박유하는 『제국의 위안부』에서 정대협을 중심으로 한국의 위안부 인식을 비판의 표적으로 설정한다. 그런데 이 과정에서 정대협뿐 아니라 위안부 피해자들 역시 또 다른 비판의 대상이 된다. 그는 점차 강제연행 쪽으로 증언이 바뀌어가는 익명의 사례를 제시하며 일본군의 폭력성을 듣고자 하는 청자의 요구에 반응하여 상처의 기억만을 말함으로써 순종의 기억을 배제했다고 비판한다.(『제국의 위안부』, 131~134쪽) "70세가 되어가도록 그 이전의 자신의 모습을 직시할 수 없다면 그건 과거의 상처가 깊어서라기보다는 상처를 직시하고 넘어서는 용기가 부족"(『제국의 위안부』, 134쪽)한 것이라는 비판[13]의 방식은 동지적 관계였기에 가능했던 일본군과의 사랑과 평화의 기억을(『제국의 위안부』, 67쪽) 보편적 체험으로 가정하고 있음을 보여준다. 극심한 폭력을 증언하는 피해자의 경험에서도 일본군과의 행복한 시간이 존재했을 것이란 가정은 특정한 증언을 보편적 사례로 설정했음을 보여준다. 모든 위안부가 행복의 기억을 가졌으리란 관점으로는 극단적인 고통 속에서 '정신을 놓아버리게' 된 위안부들의 체험[14]을

---

[13] 위안부 피해자들을 향한 비판의 문제는 『역사문제연구』 지면을 통해서 논쟁이 오간 바 있다. 최우석은 박유하가 위안부 피해자들에게 비판을 집중한다고 지적하는데(최우석 외, 「젊은 역사학자들, 『제국의 위안부』를 말하다」, 『역사문제연구』 33호, 역사문제연구소, 2015, 550쪽.) 이에 박유하는 오독으로 점철되어 있다며 맹비난한다. 그런데 박유하가 자신의 글을 오독한다는 점을 주목해야 한다. "해방 후 70년이라는 시기에 할머니가 70세라면, 해방 무렵에 태어났다는 이야기가 된다. 당연히 위안부 체험을 했을 리도 없다. 이 집담회는 이런 식의 웃지 못 할 오독으로 점철되어 있다."(「답하다」, 546쪽) 박유하는 위안부 피해자들을 비판하기 위해서 "70세가 되어가도록 그 이전의 자신의 모습을 직시할 수 없"는 자들이라는 수사를 사용했지만 「답하다」에서는 그 대상은 위안부가 아니라고 주장한다. 박유하의 불성실과 오독은 『제국의 위안부』 논쟁이 소모적인 차원에서 전개되고 있는 한 이유이다.

[14] 안연선, 앞의 책, 113쪽. 극도의 고통으로 인한 실성상태는 위안부의 특수한 경험이 아니다. 오히려 강제수용소의 반복적인 폭력과 수치의 체험에서 보편적으로 발견되는 현상이다. 유태인 수용소의 수감자 중 자신의 정신을 유지하지 못해 살아있는 시체가 된 자들,

설명할 수 없다.

박유하는 명확한 기준 없이 증언의 신빙성에 각기 다른 무게를 둔다. 위안부 피해자들의 증언은 비판의 대상이 되는 반면 위안부 제도를 유지하고 이용했던 업자와 일본군들은 신뢰할 수 있는 증언자로 설정된다. (일본인) 위안부들이 "나라를 위해 몸 바칠 수 있다고 생각하고 그네들은 기뻐하고 있었"(『제국의 위안부』, 62쪽)다는 증언은 '범죄의 주체이자 법적 책임을 져야 하는'(『제국의 위안부』, 26쪽) 업자의 말이라는 점에서 자기변호를 위해 왜곡되었을 여지가 있다. 그러나 위안부와 달리 업자의 증언에 대해서는 비판적 점검을 시도하지 않는다.

일본군의 증언과 기록 역시 신뢰할 수 있는 증언으로 제시되는데 특히 일본군 출신 작가의 소설 속 위안부 묘사를 중요한 근거로 활용한다. 그 때문에 "개별적인 증언문학 작품의 묘사를 패치워크처럼 짜맞추"[15]고 있다는 비판을 받았다. 정영환의 비판에 대해 박유하는 "소설이 허구의 형태를 빌려 때로 진실 이상의 진실을 드러"(『체제』, 469쪽)낼 수 있다고 반박한다. 하지만 위안부와 일본군의 증언이 동일한 시기를 각기 다른 방식으로 설명한다는 점에서[16] 두 증언은 보완적 관계만으로는 설명될 수 없다. 때로 두 증언은 충돌하기도 하며 일본군의 증언도 역시 하나로 설명될 수 없다. 일본군이 전후에 어떤 상황에 놓였는가에 따라 증언의 내용이 달라지기 때문이다.[17]

이처럼 『제국의 위안부』는 "'다른' 목소리를 절대화하지"않는다는 박유하의 주장과 달리 특정한 증언과 사례들이 특권화 되어 있다. 자신의 논리에

'무젤만'(이슬람교도)이 대표적이다. 이들 무젤만이 예외적 사례가 아니라 수용소체계를 이해하는 핵심으로 설명(조르조 아감벤, 『아우슈비츠의 남은 자들』, 새물결, 2012, 123~124쪽.)된다는 점을 기억할 필요가 있다.

15 정영환, 앞의 책, 474쪽.
16 안연선, 앞의 책, 133쪽.
17 안연선, 위의 책, 129~130쪽.

부합하지 않는 증언자들은 용기의 부족과 미성숙으로 비판받는데 반해 '사랑과 평화'의 기억을 뒷받침해주는 증언은 검증의 과정 없이 긍정된다. 그렇다면 편향성에도 불구하고『제국의 위안부』를 억압된 역사를 복원하려는 시도로 긍정하는 주장들이 나타난 이유는 무엇인가? 이는『제국의 위안부』가 취한 담론전략과 이후 형성된 사회적 맥락을 통해 설명해야 한다.

3.『제국의 위안부』가 맞서는 것

『제국의 위안부』가 구축하는 위안부 이미지는 분명 단일하지 않다. 윤해동이 지적하듯이 "'평화'와 '비참', '지옥'과 '연민'이 하나의 문단 속에서 엇갈"리는 "역접 혹은 부정의 구조"[18]로 직조된 혼란스러운 서술을 통해서 다양한 이미지를 강박적으로 제시한다. 하지만 다양한 이미지를 열거함에도 불구하고 앞서 보았던 것처럼 일부 증언을 강조하는 방식을 통해 일정한 방향성을 형성한다. 바로 정대협의 위안부 논리를 탈구축하기[19]라는 목표를 향해 논의를 정비한 것이다. 이를 위해서 정대협의 논리를 뒷받침하는 위안부의 증언은 비판하지만 그와 대립되는 증언들은 쉽게 긍정된다. '제국의 위안부'란 결국 위안부 소녀상의 이미지를 반박함으로써 성립되는 대타적 개념인 것이다.

민족주의 상징하는 소녀상과 '제국의 위안부'를 대결 구도로 설정

위안부 소녀상에 맞서는 대타적 개념의 설정은『제국의 위안부』가 기억의

---

18 윤해동, 「'제국의 위안부'를 읽는 법」,『사이閒SAI』 16호, 역락, 2014, 264쪽.
19 윤해동, 위의 책, 270쪽.

다양성을 복원하는 시도로 평가받는 맥락을 설명해준다. 박유하가 민족주의에 의해 모든 문제가 민족 간의 문제로 은폐되고 있는 상황을 적확하게 비판한다는(「거울」) 김규항의 주장은 이를 잘 보여준다. 위안부 소녀상으로 상징되는 민족주의의 관점이 위안부의 모습을 단일화시키고 있다. 그러므로 위안부 소녀상의 이미지를 해체하는 작업을 통해 위안부 다양한 모습이 복원될 수 있다는 것이다. 즉 위안부 소녀상이란 하나의 이미지와 맞서는 대결구도 속에서 '제국의 위안부'는 다양성이란 가치를 획득한다.

『제국의 위안부』와 위안부 소녀상의 대립구도는 박유하에게는 위안부 문제해결의 방향을 제시하고 김규항과 장정일에게는 민족주의의 역사인식을 극복한다는 데서 중요성을 가진다. 박유하는 위안부 소녀상을 만든 정대협을 위안부 문제해결에 있어서 최대의 문제로 파악한다. 민족을 대표하는 힘과 권력을 지니게 된 정대협에 의해서 한국사회는 정대협과는 다른 의견을 가질 수 없도록 되었기 때문이다.(『제국의 위안부』, 210~215) 한국뿐 아니라 세계의 위안부 인식 역시 정대협의 논리에서 자유롭지 못하다고 주장한다.(『제국의 위안부』, 238~240) 그러므로 위안부 문제를 해결하기 위해서 정대협의 힘을 극복해야만 한다는 것이 박유하의 인식이다. 위안부 소녀상을 민족주의의 산물로 파악하는 김규항과 장정일의 입장도 정대협을 극복해야 한다는 박유하의 주장과 쉽게 결합된다. 하지만 견고해 보이는 이 관계에는 어떤 균열이 내재되어 있다.

김규항, 장정일은 민족주의적 역사관을 해체할 수 있는 가능성을 『제국의 위안부』에서 찾는다. 하지만 박유하의 다음과 같은 진술은 민족주의 대 『제국의 위안부』라는 구도가 완고한 것이 아님을 보여준다.

이들은 이 책을 민족주의에 대한 비판으로 보고 있지만, 이 책은 구 일본제국에 대해 한민족의 후예의 한 사람으로서의 책임을 묻고 있는 책이다. 그러니 굳이 민족

에 대한 거리를 묻는다면 오히려 민족주의적인 책이다.(「답하다」, 547쪽)

박유하는 『제국의 위안부』가 민족주의를 비판하는 것이 아니라고 설명한다. 그렇다면 그가 자신의 책에서 비판하고 있는 다른 기억을 말살하는 민족담론(『제국의 위안부』, 134쪽)은 무엇인가? '민족주의를 이용했거나 사로잡혀 있는 진보좌파'(「답하다」, 547쪽)라고 설명한다. 이는 곧 정대협을 표적으로 하는 것이다.

정대협, 진보좌파, 좌파민족주의가 표적

이렇게 명확하게 설정된 비판의 표적은 민족주의 비판이라는 차원으로 이해하는 김규항, 장정일의 인식과는 차이가 있다. 김규항은 위안부 문제가 진보운동이 민족주의와 모순되게 결합되어 있다고 비판한다.(「거울」) 그러나 그 대상이 진보진영 일반으로 확대된다는 점에서 정대협을 표적으로 한 박유하와 간극을 보인다. 장정일의 경우 비판의 대상을 '민족·국가·남성'으로 구성된 한국의 역사학(「정리」, 188쪽)으로 설정하면서 민족주의 비판에 나선다는 점에서 차이를 보인다. 『제국의 위안부』 논쟁이 형성한 전선은 단일한 듯 보이지만 실상 각기 다른 지점을 조준하고 있는 셈이다.

박유하와 김규항, 장정일이 설정한 비판 대상의 차이는 『제국의 위안부』 논쟁에서 이들이 각기 다른 상황에 위치하게 되는 원인이 된다. 이들 사이에서 전개되는 주장과 논쟁의 양상에 여러 차이가 발견되는데 이를 정영환과 이재승의 비판을 통해서 확인할 수 있다. 정영환과 이재승의 박유하 비판에서 중요한 쟁점 하나가 위안부 문제의 법적 책임론이다.

박유하는 위안부 문제에서 법적 책임(범죄)의 주체와 구조적 책임(죄)의 주체를 각각 업자와 일본제국으로 구분한다.(『제국의 위안부』, 27쪽) 제국의 법률

을 위반한 것은 위안소 업자들인데 반해서 일본제국은 자국의 법률을 위반하지 않았기 때문에 일본에 대해 법적인 책임을 물을 수 없으며 구조적 책임만을 물을 수 있다고 주장한다.(『제국의 위안부』, 191쪽) 이러한 법적 책임과 구조적 책임의 구분은 정대협이 설정한 위안부 문제의 해결 방안을 비판하는 논거로 사용된다. 이재승은 구조적 책임 개념이 법적 책임을 무화시키고 책임을 모호하게 하는 개념이라며 위안부 문제는 국제법적으로 인도에 반한 범죄

▌『장정일, 작가 : 43인의 나를 만나다』에는 박유하를 소개하는 「'진실'에는 '진실'이란 값어치가 있다」라는 글이 실려있다. 표현의 자유에 관심이 많은 장정일은 언론 지면을 통해 박유하를 변론하는 대표적인 논객이다.

(crime against humanity)에 해당하므로 법적 책임을 물을 수 있다고 반박한다.[20] 정영환은 박유하의 한일협정 인식을 비판하며 이를 통해 박유하가 제시한 해결의 방향을 반박한다.[21]

법적 책임 무화시키는 박유하의 구조적 책임 개념

반면 김규항과 장정일의 논의에서는 법적 책임의 문제를 주목하지 않는다. 『제국의 위안부』에서 한일관계와 해결의 문제를 다루고 있는 분량이 전체의 절반 수준인데도 불구하고 책임의 설정과 해결의 방향에 대한 논쟁에는 가담하지 않는다. 이들은 『제국의 위안부』 논쟁을 한국의 위안부 인식과 이를 형

---

20 이재승, 「감정의 혼란과 착종 : 위안부에 대한 잘못된 키질」, 『아포리아』, 2013. 9. 28.
   http://www.aporia.co.kr/bbs/board.php?bo_table=rpb_community&wr_id=39
21 정영환, 앞의 책, 480~490쪽.

성해오거나 그 담론에 기댄 단체, 지식인, 학계를 비판하며, 박유하에 의해서 위안부의 진실에 대한 이해가 확장될 수 있었음을 강변한다. 한국의 민족주의와 진보의 결합이 너무나 견고한 나머지 디아스포라에 천착한 재일 지식인이나 계급주의에 충실한 진보지식인 조차 이를 수용하게 만든다고 비판하는 김규항의 주장(「거울」)이나 위안부 모집의 강제성 주장에 대해 충분한 검증이 없었다며 「한겨레」를 비판하는 장정일의 주장(「한겨레」)은 이들의 비판이 향하는 지점을 잘 보여준다. 이러한 논쟁을 진행하는 방향의 차이가 『제국의 위안부』를 민족주의의 대항논리로 파악하는 김규항, 장정일과 오히려 더 민족주의적인 책이라고 파악하는 박유하의 간극을 설명하는 단서를 제공한다.

4. 법적 책임이라는 쟁점과 논쟁의 맥락

> 박유하의 『제국의 위안부』는 민족 · 국가 · 남성 주변을 맴돌았던 기존의 위안부 연구가 이제는 더 이상 가능하지 않다고 말한다.(「정리」, 188쪽)

위와 같은 장정일의 주장은 『제국의 위안부』 논쟁의 맥락을 어떻게 파악하고 있는가를 보여준다. 장정일에게는 이 논쟁이 위안부 문제에 대한 역사 연구의 중요한 전환점으로 파악한다. 그렇기 때문에 역사학계의 대응을 중심으로 논쟁을 정리한다.(「정리」, 185쪽) 하지만 박유하가 비판의 표적으로 삼고 있는 것은 어디까지나 민족을 대표하는 힘과 권력을 쥐었다는 정대협에 집중되며 학계의 경향에 중요성을 두지는 않는다. 이를 잘 보여주는 사례가 헌재의 판결이나 유엔 보고서 등을 비판할 때마다 자주 쓰이는 '정대협의 주장을 받아들여'(『제국의 위안부』, 238쪽)라는 표현이다. 유엔이나 헌재의 결정에도 정대협의 위안부 인식이 영향을 끼치고 있으므로 자신이 비판하는 위안부

인식은 역사학계의 인식이기 이전에 '정대협의 논리'인 것이다. 그러므로 학계의 인식과 논리를 재검토하고 비판하기 보다는 정대협의 홍보와 행보에 집중한다. 정대협의 권력이 대통령의 의지를 좌절시킬 만큼 강력하다고 판단하기 때문이다.(『제국의 위안부』, 213쪽)

박유하가 법적 책임과 구조적 책임을 구분한 이유

박유하에게 학계는 중요한 대결의 대상이 아니다. 학계가 정대협의 의지를 거스를 수 없다는 인식으로 인해 그들은 부차적인 문제다. 법적 책임과 구조적 책임의 구분, 이를 위해서 법적인 책임의 주체가 될 업자를 강조하는 『제국의 위안부』의 논리는 학계 대신에 정대협을 반박하기 위해 제시된 것이다. 법적 책임과 구조적 책임의 구분은 일본이 아닌 위안소 업자들에게만 범죄를 한정시킨다. 이를 통해 일본이 시도했던 아시아여성기금이라는 해결방식을 재평가하고 아시아여성기금을 비판했던 정대협의 논리를 해체하려 한다.(『제국의 위안부』, 217쪽) 법적 책임의 문제가 중요한 논쟁 대상으로 설정된 것은 이 논리가 박유하에게 있어 정대협 비판의 핵심 논거였기 때문이다.

반면에 김규항과 장정일의 경우 법적 책임과 구조적 책임을 둘러싼 논쟁의 맥락을 인식하지 못한다. '구조적인 강제성은 결코 희석되지 않는다'는 박유하의 주장을 단순히 일본 우익에 대한 반박으로 제시하는 김규항(「여자」)이나, 업자의 법적 책임을 주장하는 일이 일본의 책임을 희석시킨다는 비판에 대해 박유하는 '구조적 강제성'을 인정한다고 반박하는 장정일(「정리」, 188쪽) 모두 법적 책임이라는 논쟁의 핵심을 놓치고 있다. 오히려 업자의 문제를 통해 학계가 침묵하려고 했던 금기를 깨뜨렸다는 점에서 역사 연구의 전환점이라 주장한다.(「정리」, 188쪽) 박유하에게 있어 정대협이 형성한 한국의 위안부 문제 해결방법론을 극복하려는 논리가 김규항과 장정일에게는 역사 연구의 전환점으로 파악되는 것이다.

법적 책임과 구조적 책임의 구분이 박유하와 김규항, 장정일 사이에 전혀 다른 방식으로 사용되고 있다. 그런데 이러한 접근법이 장정일의 주장처럼 연구사의 전환점이 되었을 뿐 아니라 박유하의 의도처럼 위안부 문제 해결을 위한 설득력 있는 전략이 되는 이중의 효과를 얻은 것은 아닐까? 하지만 박유하의 논리가 그러한 결과를 성취했을 가능성은 매우 낮다. 이재승의 비판에 박유하가 침묵으로 일관해야 했던 것처럼 법적 책임과 구조적 책임을 구분하는 논리가 엄정한 학문적 검증을 견딜 수 있을 만큼 견고한 것이 아니기 때문이다.

박유하가 업자의 발견을 통해서 법적 책임과 구조적 책임의 구분이라는 논리를 이끌어 낼 수 있었던 것은 법의 범위를 일국적 차원으로 한정하고 있기 때문이다. 군을 위한 성적착취가 당시 일본에서 법적으로 금지되어 있지 않았으며, 강간과 폭행은 허용하지 않는 체제를 만들었으므로 범죄행위는 개개의 업자와 군인만이 해당되므로 일본은 구조적 책임으로 한정된다는 것이 법적 책임과 구조적 책임을 구분하는 논리이다.(『제국의 위안부』, 191쪽) 이때 법적 책임의 문제는 종합적인 행위의 양상이 아니라 이를 억제하는 해당 주권국의 법률을 위반했느냐를 통해 판단한다. 당시 일본제국에게 위안소 운영은 합법[22]이었고 폭행과 강간, 납치는 일본의 법률을 위반한 개인의 행위[23]였기에 법적 책임을 물을 대상은 업자라는 것이다.

---

[22] 반면 요시미 요시아키 등은 일본군의 위안소 운영이 당시 일본이 가입하고 있던 국제협약에 위반한 것이라고 주장한다. 요시미 요시아키, 『일본군 군대 위안부』, 소화, 2006, 104~107쪽.

[23] 이재승은 실제 일본군의 재판 과정에서 폭력과 강간 등의 행위에 책임을 묻지 않았다는 것을 지적하며 조항의 존재만으로 판단할 수 없음을 지적한다.(이재승, 앞의 글) 경찰과 정보기관에 의해 고문과 살인이 만연했던 한국의 독재 시기에도 고문과 살인을 방지하는 법률이 있었음을 기억해야 한다.

■ "자국의 합법적인 명령을 집행해온 것이라 호소한 아이히만을 단죄했던 아이히만 재판에서 볼 수 있듯이 인도에 반한 죄는 합법적 행위가 내포한 폭력성을 불법으로 규정하고 단죄하는데 활용되어 왔다." 오토 아돌프 아이히만(1906. 3. 1.~1962. 6. 1. 사형 집행)은 제2차 세계대전 홀로코스트의 전범으로 유태인 박해의 실무 책임자였다. 1961년 4월 17일 자 『뉴스위크』 표지와 나치 군복을 입은 아이히만.

전범 책임자 아이히만 재판과 인도에 반한 죄

하지만 하나의 주권국의 법률에 근거해 법적 책임 여부를 판단하려는 논리에는 한계가 명확하다. 이재승이 박유하를 비판하기 위해 인도에 반한 범죄라는 국제법 논리에 의해 단일 국가의 법률에 의존한 법적 책임문제는 쉽게 반박된다. 홀로코스트처럼 해당 국가의 합법적인 법 집행을 통해서 이루어진 반인륜적인 범죄행위에 대해 인도에 반한 죄로 책임을 묻는 국제법 전통에서는 "당시에 법적으로 금지되어 있지 않았"(『제국의 위안부』, 191쪽)다는 것이 문제가 되지 않는다.

자국의 합법적인 명령을 수행했을 뿐이라고 호소한 아이히만을 단죄했던 아이히만 재판에서 볼 수 있듯이 인도에 반한 죄는 합법적 행위가 내포한 폭력성을 불법으로 규정하고 단죄하는데 활용되어 왔다. 이를 의식한 듯 박유하는 홀로코스트에서 유태인들의 협력이 조선인 협력자들에 비해 매우 제한적이었다며 양자의 구분을 시도한다. 그러나 홀로코스트에서 유태인 공동체가 나치의 말단 수행기관으로 동원과 약탈, 수송에 광범위하게 관여해왔음은 주지의 사실이다.[24]

이재승의 비판에서 볼 수 있듯이 법적 책임과 구조적 책임의 분리라는 논리는 설득력이 없다. 더욱이 김규항과 장정일이 주장하듯이 새로운 학문적 발견이라 할 수도 없다. 조선인과 일본인 업자들의 존재는 학계에 있어서 새로운 사실도 아닐 뿐더러 일본제국에 동원된 하위 수행자이기 때문에 위안부 문제의 성격을 결정짓는 요소가 아니기 때문이다. 예를 들어, 박유하는 업자들이 위안부 귀국의 책임을 지고 있다고 주장하지만(『제국의 위안부』, 94쪽) 조선에서 일본군 전선으로 위안부를 배치를 관리[25]하고 이송에 필요한 장비를 동원한 것은 일본군이었다.[26]

박유하가 업자의 존재 발견?

김규항과 장정일이 사용하는 업자의 발견이라는 논리가 자기모순에 직면한다는 점을 주목해야 한다. 장정일은 학계가 외면해온 사실을 박유하가 밝히고 있다고 주장한다. 하지만 동시에 "박유하는 위안부 연구자나 역사가들이 대략의 합의를 본 연구 성과를 바탕으로 『제국의 위안부』를 서술하고 있다"(「정리」, 187쪽)고 말한다. 박유하의 성과가 학계의 금기를 넘어섰다고 말하

---

24 라울 힐베르크, 『유럽 유대인의 파괴 1,2』(개마고원, 2008)와 지그문트 바우만, 『현대성과 홀로코스트』(새물결, 2013)참고. 특히 유대인 협력의 문제를 실명하는 지그문트 바우만의 논리는 박유하가 업자를 일본 제국으로부터 분리되어 단독적인 책임을 짊어지는 존재로 바라보는 것이 얼마나 빈약한 논리인가를 잘 보여준다. "합리적인 존재로서 관료적 간수들이 장려하는 행동 원칙들-효율성, 더 많은 결과 더 적은 비용-을 따라야만 했다. 나치가 게임의 규칙과 판돈에 대한 완전하고 이론의 여지가 없는 결정권을 갖고 있었기 때문에 그들은 그러한 유대인들의 합리성을 (유대인 학살이라는-인용자)그들 자신의 목표를 추구하는 데 있어서 자원으로 활용할 수 있었다."(지그문트 바우만, 『현대성과 홀로코스트』, 새물결, 2013, 222쪽.) 유대인 공동체가 더 많은 이들을 살린다는 논리로 낮은 계층의 유대인을 우선적으로 희생시키고 이들의 동원에 협력했던 것과 위안부 모집이라는 제국의 정책에 동원된 조선인들의 협력은 모두 게임의 규칙을 쥐고 있던 지배권력과의 연결 속에서 이해되어야 한다.

25 요시미 요시아키, 앞의 책, 51쪽.

26 요시미 요시아키, 위의 책, 87쪽.

면서 동시에 기존 논의의 연장선에 있다고 주장하는 것이다. 이러한 혼란은 『제국의 위안부』가 새로운 사료의 발굴 없이 기존 학계의 자료에 전적으로 의존해서 쓰여졌다는 사실에 기인한다. 박유하가 제시하는 위안부 증언은 모두 정대협과 한국정신대연구소에서 발간한 증언집에 수록된 것이다. 2003년에 출판된 안연선의 연구에서도 조선인 업자에 대한 기술을 찾을 수 있는 것처럼 박유하의 책의 토대가 되어준 학계의 연구에서 업자의 존재는 오래전부터 인지되어 왔다.

학계의 침묵이라는 논리는 『제국의 위안부』를 학문적 성과로 평가하는 인식과는 다른 기반에서 내려진다. 침묵은 연구의 차원에서 내려진 평가가 아니라 대중과의 관계에서 내려진 평가다. "일반 대중에게는 모른 체하고 가르치지 않는다."(「정리」, 189쪽)라는 비판은 증언집의 사례처럼 출판 행위를 대중에게 말하는 것으로 보지 않는다는 것을 전제한다. 박유하처럼 정대협의 대중운동과 대립했을 때 대중에게 말하는 것이 가능해지는 것이다.

2014년 초까지 박유하 역시 출판의 단계에 머물렀으므로 침묵을 깨는 행위란 명예훼손 소송이라는 맥락을 통해서 가능해진다. 소송을 통해서 정대협과는 다른 주장이 대중 사이로 확산됨으로써 박유하의 책이 침묵하는 학계와는 다른 지점에 설 수 있었던 것이다. 그렇다면 박유하에 대한 상찬이란 엄밀하게 그 연구의 성과에 대한 검토를 통해 내려진 것이 아니라 논쟁이 발생한 상황적 맥락에서 내려진 것이다.[27] 이재승이 지적했던 "표현의 자유를 옹호하면서 내용의 진리성까지 옹호하는" 문제가 여기서 확인된다.

---

27 장정일의 역사학계 비판이 박유하의 논의를 잘못된 맥락에 위치시키는 다른 사례를 찾는 것은 어렵지 않다. 장정일은 박유하를 '민족·국가·남성'으로 구성된 한국의 역사학(「정리」, 188쪽)에 대립하는 국면에 놓으나 실상 앞서 안연선의 연구를 통해 반박했듯이 페미니즘적 관점과도 대립한다. 박유하에게 나름의 연구사적 흐름과 대타항을 제공하기 위해 학계의 구도를 왜곡하고 있는 것이다.

5. 『제국의 위안부』가 서 있는 자리

『제국의 위안부』 논쟁에서 박유하의 목표와 그를 지지하는 논의들 사이의 간극을 확인했다. 하지만 여전히 박유하가 스스로 민족주의적 관점에 입각했다고 주장한 이유가 설명되지 않았다. 그는 왜 『제국의 위안부』가 민족주의적인 책이라고 말했으며, 반대로 김규항과 장정일은 왜 민족주의에 대한 비판으로 이해한 것일까? 이는 『제국의 위안부』의 역할을 상이한 맥락에서 접근하고 있기 때문이다.

박유하가 『제국의 위안부』를 민족주의적인 책이라 말하는 이유

박유하는 『제국의 위안부』를 위안부 문제에 대처하는 한국이란 국가의 정책을 변화시키는 과정으로 이해한다. 정대협이 최고 권력자인 대통령을 압도하며 위안부 문제를 결정하고 있다는 주장은 곧 정대협의 논리를 극복할 때 국가가 위안부 문제에 임하는 방식을 바꿀 수 있다는 점을 의미한다. 위안부 문제가 일본의 여론과 정치세력에 끼치는 영향을[28] 주목하는 이유도 한국과 일본이라는 국가의 관계에 자신의 주장이 개입할 수 있다고 보기 때문이다. 민족 권력으로 지칭된 정대협의 논리가 박유하에 의해 해체된다 해도, 국가 행위에 집중하는 『제국의 위안부』의 방식은 또 다른 국가적 판단을 만들어낼 뿐이다. 그러므로 정대협의 극복을 주장하는 박유하는 위안부 문제에 대한 국가의 대응방식을 자신의 논리로 새롭게 짜려 했던 것으로 이해해야 한

---

28 박유하는 일본극우의 형성에 정대협이 아시아여성기금에 반대하며 형성된 반감이 중요한 영향을 끼쳤다고 주장한다. (『제국의 위안부』, 120쪽.) 이에 대해 윤해동은 일본 내 인종주의와 위안부 문제의 결합은 논리적 비약이라고 비판한다. (윤해동, 앞의 책, 270쪽)

다. 박유하가 『제국의 위안부』를 민족주의적인 책이라고 말할 수 있는 것은 그 책이 취한 관점 때문이 아니다. 자신이 개입하는 지점을 학문이 아니라 민족국가의 행위로 파악하고 있기 때문이다. 박유하가 국민국가의 상상을 넘어서자고 말하지만 실상 다시 그 범주에 귀착하고 있다는 백승덕의 지적은[29] 『제국의 위안부』가 가진 모순을 잘 짚어준다.

『제국의 위안부』를 민족주의에 대한 비판으로 바라보는 김규항, 장정일의 관점은 위안부 피해자들의 소송 이후 형성된 국면을 통해 논쟁의 양상을 왜곡한 것이다. 『제국의 위안부』는 분명 민족담론을 비판의 대상으로 설정하고 있다. 그러나 그것이 김규항과 장정일의 판단처럼 민족담론에 의해 억압된 기억을 복구하는 차원이 아니다. 오히려 민족국가의 행위에 개입하기 위한 논리전개이며 이 과정에서 자기 논리에 부합되지 않는 개별적인 체험들을 배제한다. 이 배제의 과정에서 위안부 피해자들에게 가해진 비판과 왜곡이 명예훼손 소송의 원인임을 김규항과 장정일은 이해하지 못한다. 그들에게 박유하가 대립하고 있는 전선은 민족주의와 진보가 견고하게 결합한 한국학계와 지식인사회의 폐쇄성이기 때문이다. 위안부 해결의 방법이란 차원과 결합되어 있는 법적 책임과 구조적 책임 논쟁을 이들이 제대로 포착하지 못하는 원인은 이 논쟁의 맥락을 오독한데 있다.

김규항과 장정일이 이해하지 못하는 것

박유하와 김규항, 장정일의 간극은 논쟁을 소모적인 방향으로 이끌고 있다. 피해자들의 소송과 학문적 판단이 뒤엉키면서 학문적 검증을 견디지 못한 주장이 무비판적으로 확산되고 있기 때문이다. 한일 양국의 복잡한 역사

---

[29] 최우석 외, 앞의 책, 563쪽.

관계로 인해 위안부 문제에 대한 접근은 면밀한 검토를 거쳐야 하지만 소송 국면은 엉뚱하게 검증 없는 '진리성의 옹호'라는 결과를 낳고 있다. 장정일은 국민적 관심사가 된 경우도 학문적 판단을 결코 대중에게 유보해서는 안 된다고 주장한다.(「정리」, 198쪽) 그러나 이 국면을 통해 검증을 중단하려는 것은 다름 아니라 박유하다.

박유하는 정영환의 비판에 대해 '자신에게 가해진 모든 비판은 직간접적으로 고발에 가담하는 것'(「체제」, 463쪽)이라고 주장한다. 이재승의 서평조차 기소의 근거로 쓰이고 있다고 지적(「체제」, 463쪽)한다는 점에서 학문적 검증과 소송을 강하게 연결한다. 하지만 장정일이 말했듯이 국민적 관심거리가 되었다 해서 학문적 검증을 유보할 수 없는 일이다. 논쟁의 맥락을 오독한 쟁점이나 학계에 대한 감정적 반감을 거둬내고 학계의 검증을 통해 이 지난한 '국가적 소모'[30]를 끝내는 것이 위안부 피해자들이 긴 세월 기다려온 해결에 한발 다가서는 일이 아닐까? 이 혼란스러운 논쟁의 맥락을 검토했던 이유도 피해자들이 견뎌낸 세월이 함부로 단정될 수 있는 것이 아니었기 때문이다.

---

30 '국가적 소모'는 박유하가 정대협의 운동을 평가하며 사용한 표현이다.(『제국의 위안부』, 320쪽)

박유하 전체 주장 가져와서 그에 대해 항변하라

김규항의 「더러운 여자는 없다」에 대한 반론

김요섭 문학평론가

2014년 6월 미군 위안부 122명이 국가를 상대로 손해배상 소송을 제기했다. 그들이 위안부가 된 경로 역시 다양했다. 인신매매로 끌려온 소녀도 있고 가족에 의해 팔려온 사람도 있고 돈을 벌기 위해 온 경우도 있다. 그들에게 '애국교육'을 하고 미군의 건강을 위해 성병 관리를 하고 도망치면 경찰을 통해 잡아오기까지 했던 한국 정부는 그 모든 사실을 부인한다. 우리 가운데 일본군 위안부와 그들을 동등하게 지지하거나 연대하는 사람은 그리 많지 않다. 그들은 순결한 처녀들이 아니라 '양갈보들'인 것이다. 그럼에도 그들은 우리에게 말한다. "저희가 괜히 나섰다가 일본 우익들만 좋은 일 시키는 거 아닐까, 고민했습니다."

－김규항, 「김규항의 혁명은 안단테로－더러운 여자는 없다」

김규항은 박유하의 『제국의 위안부』를 옹호하기 위해 한국의 위안부 인식이 국내에서 발생한 유사한 국가 폭력인 '미군 위안부' 문제와 분리되어 있다고 주장한 바 있다. 이러한 주장이 박유하를 옹호하기 위해 배치된 것은 『제국의 위안부』가 위안부 문제를 가부장적 국가의 구조적인 폭력성에 의해서 '합법적'이지만 폭력적인 성적 착취가 발생했다고 보기 때문이다. 이때 이러한 성적 착취가 발생하는 방식은 민족 집단에 대한 차별적 폭력의 위계를 설정한 '제국'이라는 주체에서 기인한 것이 아니라 '가부장적인 국민국가' 일반의 특성이다.

식민지 폭력성 보다 가부장적 국민국가 특성 강조

　　그러므로 일본 '제국'만의 문제도 아니고 식민지적 폭력성에서 기인하는 문제도 아니다. 박유하가 '제국'이란 개념을 동원하는 방식은 오직 '식민 지배가 오래되었으므로 스스로 일본인이라고 인식했을 것'이라며 조선인 위안부와 일본인 위안부의 경험을 일치시키려는, 초민족적 국민국가를 불러내기 위함이다. 김규항이 이러한 박유하적 '제국-국민국가'의 전유를 긍정하는 근거로 '민족'이란 피해의식이 내부의 문제를 구조적으로 묵인하고 있다는 것을 들었다. 이 과정에서 제국=국민국가의 개념상 혼동도, 법적 책임의 소거를 위한 구조적 강제성이란 모호한 개념의 창출도 묵인된다. 실상 박유하에 대한 비판의 주된 논거가 방법론적 모호성과 사료의 취사선택과 왜곡, 법적 책임을 제거하려는 명백한 정치적 목적성이란 것은 의도적으로 지워진다. 그런데 과연 김규항의 주장대로 기존 위안부에 대한 논의는 국내 문제를 지워 왔던가?

넷째, 일본군 '위안부' 할머니들은 '미군 위안부' 할머니들을 외면하지 않았다. 정신대 문제대책협의회와 기지촌 여성인권 단체들의 연대체인 기지촌인권연대(2012년)가 만들어지자, 피해 당사자들이 두 손 마주 잡고 만나는 역사가 있었다. 일본군 '위안부' 할머니들은 "당신들 잘못이 아니다, 국가의 책임이다"라며 기지촌 할머니들에게 용기를 북돋아 주었다. 이들 간 상호 공감과 지지가 없었다면, '양갈보'라 손가락질 받던 이들이 공적 공간에 얼굴을 드러내고 수요시위 등에 참석해 연대발언을 할 수 있었겠는가.(이나영 교수, 「지겹다, 위선적 '진보' 지식인의 자기변명」, 『경향신문』, 2016. 2. 3.)

다수가 침묵할 때 미군 위안부와 연대한 일본군 위안부와 정대협

실상 한국에서 일본군 위안부에 대한 논의가 없었다면 미군 위안부 문제는 과연 공론화될 수 있었을까? 일본군 위안부와 미군 위안부 문제의 활동가로 "'미군 위안부'의 국가대상 손해배상청구 소송의 후원자이자 법정 증인'이기도 한 이나영 교수의 말은 김규항의 주장과 전혀 다르다. 오히려 대다수가 침묵하고 외면하는 미군위안소 문제를 공론화할 수 있게 자신들이 구축한 발언의 장소(수요집회)와 관심을 나누고 협력체계를 구축했다. 이것이 과연 '순결한 소녀'로, 민족의 상처란 방식으로 위안부의 기억을 단일하게 만들었다는 그 '정대협'의 행위인가? 김규항-박유하의 논리는 '소녀상'이란 이미지에 집착하며 실제 사건의 공론화 방향을 제대로 파악하고 있지 못하다.[1]

오히려 주목해야 하는 것은 한국의 위안부 문제가 전시 강간과 국가적 성폭력의 공론화에 있어서 선도적인 위상을 점하고 있다는 것이다. 한국처럼

---

[1] 김규항이 그리도 애처롭게 떠받드는 『제국의 위안부』가 한국의 위안부 인식을 분석하기 위해 선택한 소재가 고작 정대협의 인터넷 홍보용 '플래시 애니메이션'이며, 한국의 모든 연구는 정대협에 종속적이라며 배제했다는 걸 김규항의 독자들은 알고 있을까?

▌ 2015년 7월 22일 서울 일본대사관 앞 수요집회에 참가한 아시아 아프리카의 여성인권활동가들. "위안부를 대상화하는 그런 위선적 태도는 위안부 문제가 국제 사회에서 폭넓은 설득력을 갖지 못"한다는 김규항의 주장과 달리 한국의 일본군 '위안부' 문제는 전시 강간과 국가적 성폭력의 문제를 국제적으로 공론화하는 데 있어서 선도적인 위상을 점하고 있다.

여성의 성에 있어 억압적인 사회에서 성폭력의 희생자를 중심에 놓은 사회적 논의를 찾기 어렵다. 대부분의 국가폭력 문제에서 여성의 성적 희생은 주변화되거나 망각된다. 4·3과 여순사건, 보도연맹학살 과정에서 발생한 한국군과 민병대의 강간은 학살의 처참한 순간을 꾸미는 비극적 삽화에 불과하며 광범위하게 자행된 성적 폭력을 중심으로 한 연구나 서사를 찾아볼 수 없다.

2차대전기 학살에 대한 연구도 크게 다르지 않다. 전쟁지역에서 (연합군과 추축군, 소련군을 가리지 않고)광범위하게 자행된 강간과 최대 피해자가 수백만에 달한다고 알려진 패전 후 소련 주둔군의 독일인 강간 문제는 일본군 위안부 문제에 비해 공론화되지도, 정치적 상징성을 확보하지도 못했다.

일본군 위안부 문제는 한국의 피해자들과 그들을 지원하는 각국의 활동가, 학자들의 노력을 통해서 전시 강간 문제가 국제적으로 중요한 문제로 부상한 극히 드문 사례다.

현실과 동떨어진 김규항-박유하의 배제 논리

"위안부를 대상화하는 그런 위선적 태도는 위안부 문제가 국제 사회에서 폭넓은 설득력을 갖지 못"하다는 김규항의 주장과 다르게 대량학살과 전쟁/국가폭력의 '삽화'가 아니라 핵심이슈로 전시 강간이 논의되는 극도로 예외적인 경우가 '일본군 위안부' 문제다. 이 지점에 주목해야 하는 것은 정대협으로 대표되는 한국의 주요 위안부 희생자 단체와 운동이 위안부들의 이미지를 오히려 협소하게 만든다거나 공적 기억에서 다른 목소리를 배제하는 것이 아니라 정반대의 작용을 하고 있다는 점이다. 이들에 의해서 '화냥년'과 '양갈보'로, 괴롭고 수치스러워서 침묵해야 했던 희생자들이 자신들의 목소리로 말하고 연대할 수 있는 정치적 주체화가 이루어졌다는 것이다.

일본군 위안부 문제가 희생자들의 목소리를 구조적으로 억압했다는 김규항-박유하의 주장과는 달리 위안부 문제의 공론화 이전까지 한국에서 이들은 완벽히 배제되어왔다. 매춘/강간과 연결되었던 여성은 정치적인 발화자였던 적이 없었다. 그들이 취할 수 있는 최대의 정치성은 "나는 몸을 파는 더러운 년일지 언정 정신(혹은 나라)을 팔지는 않았다."는 반성의 대타항일 뿐이었다. 이런 정치적 발언에서 매춘 혹은 강간은 회복될 수 없는 수치와 타락의 증표이며 이에 대한 인정 없이는 어떤 문제제기도 불가능했다. 위안부 문제에 대한 극히 초기의 서사화 사례인 조갑상의 『다시 시작하는 끝』(1990)에 수록된 단편 『살아있는 사람들』에서 위안부 문제는 '다시 말해져서는 안 되고 기억되기에 너무 고통스러운 것' 그 이상을 넘어서지 못했다. 수요 집회로 대표되는 일본군 위안부 문제의 해결 노력 이전까지 전시 강간/매춘에 희생된 여성은 정치적 주체가 되었던 적이 없다. 김규항-박유하가 주장하는 배제와 단일화의 논리는 현실에서 이처럼 동떨어져 있다.

박유하가 위안부의 다른 기억을 불러오는 목적

박유하의 주장과 달리 한국의 일본군 위안부 논의가 희생자들을 정치적 주체화하고 공적 기억의 영역을 확대하는 노력이란 점을 설명했다. 그렇다면 여기에 김규항의 글을 매혹적으로 읽은 몇몇 독자들은 의문을 가질 것이다. 박유하의 글은 일본군과 동지적 관계를 맺었던 일부 위안부들의 기억 역시도 인정하자는 것이 아닌가? 일본군 위안부들에 대한 공적 기억을 확장하는 데 이를 포용하는 것이 의미가 있지 않겠는가? 이러한 의문은 김규항의 글에서 파편적으로 박유하의 논리를 접한 이들이라면 가질 법한 의문이다.

하지만 김규항이 박유하의 논리를 기억의 다양성을 중심으로 재구성한 것과 달리 박유하의『제국의 위안부』에서 '동지적 관계'를 맺고 일본군과 연애도 하고 함께 살았다는 위안부의 기억을 이야기하는 목적은 전혀 다른 곳에 있다. 이는 제국 일본에 의한 민족차별과 전시강간/국제적 인신매매를 '구조적 책임'이란 모호한 영역으로 배치함으로써 '일본에는 어떤 법적 책임도 없다'는 결론에 도달하기 위한 준비 작업일 뿐이다. '홀로코스트는 위안부 문제와 달리 협력자 문제가 없다'(법원에 의해 삭제된 문구)라는 왜곡에 매달리면서까지[2] 법적 책임을 지우고 싶어 했다는 것[3]을 김규항은 주목하고 있지 않다.

---

2 홀로코스트 과정에서 유태인 공동체는 나치가 학살에 임할 수 있도록 보조하는 말단 행정 기관으로 재편성되어 있었다. 강압을 통한 광범위한 협력관계가 구축되어 있었고 일부의

실상 기억의 다양화라는 표면적인 목적은 일본의 법적 책임을 면제하자는 주장을 위한 한 단계에 불과하다.

기억의 다양화 강조하면서 또 다른 목소리는 배제

박유하의 논리를 거부하는 또 다른 이유는 기억을 다양화하는 것이란 표면적인 주장과 달리 정대협과 평화집회에 참여하는 위안부 희생자들의 목소리를 배제하려는 시도이기 때문이다. 『제국의 위안부』에서 박유하는 한국의 위안부 이미지를 구축한 권력단체로 정대협을 지목하며 이들에 의해서 위안부의 기억이 단일해졌다고 주장한다. 이 과정에서 적극적으로 발언하는, 정치적 주체가 된 위안부 희생자들의 목소리는 배후 권력인 '정대협'에 의해서 왜곡되고 구성된 목소리라 주장한다. 다시 위안부 희생자들의 목소리를 배제하려고 하는 것이다. 이러한 행위가 초래하는 것은 희생자들의 목소리가 다양화되는 것도, 그들의 기억을 확대하는 것도 아니다. 오히려 여성 피해자들을 정치적 주체로 만들어낸 기반을 공격하고 이들이 가졌던 주체성을 부정하는 것이다.

김규항이 박유하의 논리를 빌려오면서도 『제국의 위안부』가 설정한 "한국의 위안부 인식=정대협"이라는 틀을 자신의 글(「더러운 여자는 없다」)에서는 불분명하고 모호한 "우리=한국의 위안부 인식"이란 틀로 교체한 것은 희생자들의 주체성을 부정하는 박유하의 논리를 드러내기 부담스러웠던 것 아닌가? 『제국의 위안부』를 옹호하면서도 그 주장의 파편만을 임의로 가져오는

이권을 보장해주기도 했다.

3 홀로코스트와 위안부 문제의 구분은 아이히만 재판이나 뉘른베르크 전범재판에 적용되었던 '인류에 대한 죄'라는 법적인 문제를 회피하기 위함이다.

글을 나는 신뢰하지 않는다. '일본군의 동지인 위안부', '위안부의 기억을 왜곡하는 우리'라는 파편으로 그 책을 말하지 말라. "제국의 일원인 위안부-매춘을 만드는 국가구조-제국의 합법"이란 논리의 흐름과 "한국의 위안부 인식을 왜곡한 배후권력인 정대협"이라는 (박유하의) 전체 주장을 가져와서 그에 대해 항변하라.

※ '김규항은 박유하의 전부를 말했는가?-「더러운 여자는 없다」에 대한 반론'(「뉴스페이퍼」, 2016. 2. 3.)을 일부 수정해서 실은 글입니다.

김요섭

1988년 경기도 부천 출생. 문학평론가.
2015년 제 22회 창비신인평론상으로 등단. 주요 평론으로 「역사의 눈과 말해지지 않은 소년: 조갑상의 『밤의 눈』과 한강의 『소년이 온다』에 대하여」가 있음.

'위안부' 문제와 학문의 폭력

- 식민주의와 헤이트 스피치

마에다 아키라 前田朗. 도쿄조케이대학 교수·법학과

번역·이선희

1. 머리말

이 글에서는 위안부 문제의 한일 합의 비판과 '박유하 현상'에 대한 비판을 전제로, 박유하의 『제국의 위안부』를 치켜세우는 일본 매스컴과 일부 지식인들의 논의를 비판적으로 검토하고자 한다.

박유하가 한국에서 명예훼손 혐의로 기소되자마자 일본 매스컴에서는 표현의 자유와 학문의 자유를 부르짖으며 서울동부지방검찰청에 대한 비난의

합창이 펼쳐졌다. 또한 2015년 11월 26일, 일본과 미국 등의 작가와 학자 54명이 한국 검찰을 비난하는 항의성명을 발표했다.(이하 '항의성명'이라고 한다.) 기자회견에는 고모리 요이치(小森陽一, 도쿄대 교수), 우에노 지즈코(上野千鶴子, 도쿄대 명예교수), 나카자와 게이(中沢けい, 호세이대 교수), 와카미야 요시부미(若宮啓文, 전 아사히신문 주필) 등이 참석했다고 한다.(「아사히신문」, 2015년 11월 27일자) 고모리 요이치나 우에노 지즈코 등의 항의성명은 사실 오류에 근거하고 있으며, 일본에서 헤이트 스피치(Hate speech : 특정 인종이나 국적의 사람들에 대한 증오를 선동하는 발언-편집자)에 대한 이해가 왜 진행되지 않는지 생각하게 만드는 귀중한 소재다. 지금부터 그들의 항의성명을 비판적으로 살펴보기로 한다. 또한 항의성명에 이름을 올린 사람들 중에는 일본인이 아닌 사람도 포함되어 있지만, 여기에서는 일본인을 대상으로 비판하기로 한다.

▌ 헤이트 스피치, 인종혐오 발언 반대를 외치며 시위하는 일본 시민들.

2. 허위 사실에 의한 명예훼손

1) '허위 사실'에 대하여

항의성명은 "검찰청의 기소문은 이 책(『제국의 위안부』)의 한국어판에 대해 '허위 사실'이 있다고 단언하면서 구체적인 사례를 열거하고 있지만, 그것은 박유하의 의도를 순수하게 이해하려고 하지 않고 예측과 오해로 인한 판단이라고 생각하지 않을 수 없습니다."라고 단정했다. 그러나 허위 사실이냐 아니냐는 저자의 의도와 아무런 관계가 없다. 일본 형법의 명예훼손죄에서도 사실의 적시와 저자의 의도는 차원이 다른 개념이다. 저자의 의도나 고의가 무엇인가 하는 것과 사실을 적시했느냐 하지 않았느냐는 직접적인 관련이 없는 것이다. '고의'로 사실을 적시해서 피해자의 사회적 평가를 내리면 명예훼손이 성립한다. 진실성의 증명을 생략하고 저자의 의도를 거론해도 범죄를 정당화할 수는 없다.

『제국의 위안부』의 허위 기술이나 사실 오류에 관해서는 이미 많은 지적이 있었다. 『제국의 위안부』는 중요한 곳에서 사실이라고 인정할 때, 일본 남성작가의 소설을 근거로 삼고 있다. 박유하는 "사료에 기초했다."라고 하지만 도저히 그렇다고 할 수 없다. 일본 남성작가의 글에서 알 수 있는 것은 "일본 남성작가가 위안부를 어떻게 생각했는가?"란 것이다. 그런데 박유하는 "일본 남성작가가 이렇게 말했기 때문에 위안부는 이런 존재였다."라든지 "위안부는 이렇게 생각했을지도 모른다."라고 추론한다. 이것은 제대로 된 역사학의 방법이 아니다(마에다 아키라 「식민지 해방투쟁을 축소화하는 전략」, 『사회평론』180호, 2015년 봄, 92쪽 이하, 참조).[1]

페미니스트라고 하는 인물이 박유하의 『제국의 위안부』를 치켜세우고 있지만 '성차별주의 페미니스트'에 불과하다는 사실을 드러내고 있다.

2) 피해에 대해서 – 명예와 인간의 존엄

항의성명에서는 "무엇보다 이 책에 의해 예전 위안부 분들의 명예가 손상되었다고 생각하지 않는다."라고 단정했다. 즉 피해를 부정하는 것이다. 더구나 이유는 하나도 제시하지 않았다. 긴 성명의 다른 곳에서도 피해에 대해 언급한 곳은 없다. 그러나 이 건은 위안부가 된 피해 여성들이 명예훼손의 피해를 입었다고 고소하면서 시작되었다. 고소를 접수한 검찰은 명예훼손의 혐의가 있다고 판단했다. 그럼에도 불구하고 항의성명은 이유조차 제시하지 않고 피해를 부정했다.

예전부터 한국 내에서는 박유하의 저술이 피해자에 대한 명예훼손이자 모욕이라는 지적이 있어 왔다. 민사재판에서도 명예훼손이 논란이 되었다. 일

---

1 이 책(『제국의 위안부』)의 특징은 정당한 지적이 부당한 귀결을 낳는 곡예적인 사고 회로에 있다.
　예를 들어, '위안부' 강제의 직접적인 실행자가 주로 민간 업자였다는 것은 당연한 인식이고 옳다. 그렇다면 민간 업자의 책임을 물을 필요가 있지만, 저자는 그렇게 하지 않는다. 민간 업자를 강조하는 것은 전적으로 일본 정부의 책임을 해제하기 위해서이기 때문이다.
　이 책은 '위안부'문제를 전쟁 범죄에서 분리하여 식민지 지배의 문제로 대체한다. 식민지이든 점령지이든 교전지역이든 군사 성폭력이 붙어 다친 점에서는 같지만, 식민지이기 때문에 '위안부' 정책을 관철할 수 있었다는 점에서 본서도 옳다. 그렇다면 식민지 지배의 책임을 물어야 하는데, 저자는 그렇게 하지 않는다. 식민지에 협력한 '애국적' 노력을 권장하기 때문이다. 식민지의 현실을 살아야 하기 때문에 '애국적'으로 식민지 지배에 협력할 수밖에 없는 경우도 있다. 그러나 그 체험과 기억을 근거로 역사를 재단하면, 카리브 해에서도 알제리에서도 나미비아에서도 세계는 '좋은 식민지'로 덮이게 된다.
　'법'을 부인하는 본서는 '인도에 반하는 죄로서의 성노예제'에 대한 법적 고찰을 방기하고 식민지 해방 투쟁의 이론과 실천이나, 유엔 국제법위원회에서 심의된 '식민지 범죄'론이나, 인종 차별 반대 더반(Durban) 세계회의에서 논의된 '식민지 책임'론도 탈색해 버린다. 식민지 지배의 책임을 묻는 법 논리가 나오지 않는다.
　출전 : 前田朗(마에다 아키라)Blog:「親日」こそ生きるべき道なのか？2015. 6. 18. / 번역 재수록,
　http://east-asian-peace.hatenablog.com '東アジアの永遠平和のために'

본에서도 명예훼손과 모욕 혐의는 예전부터 거듭 지적되었다. 2016년 1월, 서울동부지방법원 민사판결에서도 명예훼손을 인정했다. 그런데 항의성명은 피해 여성들에게 "피해를 받았느냐 받지 않았느냐는 피해자가 판단하는 게 아니다. 일본 지식인이 판단하는 것이다."라고 말한 것이나 다름없다. "그런 말은 하지 않았다."라는 변명은 통하지 않는다. "그렇게밖에 말하지 않았기" 때문이다. 위안부 문제에 관해 자신들이 가해 측의 한 사람이라는 사실조차 잊어버린 오만함이다. 피해자의 고소와 고발이 있고 일정한 혐의가 있으면 기소하는 것은 자연스러운 일이다. 물론 위안부가 된 여성들이 피해를 느껴도 일본 형법의 보호법익(保護法益: 어떤 법의 규정이 보호하려고 하는 이익)에서는 '피해감정'은 아니다. 따라서 법적으로 보호해야 할 피해가 있었느냐 없었느냐는 법원이 법률에 따라 판단할 것이다.

다음으로 중요한 사실은 "피해란 무엇인가?"이다. 일본 형법에서는 ① 공공연하게 ② 사실을 적시해서 ③ 인간의 사회적 평가를 내리는 것을 명예훼손이라고 한다. 위안부 피해자를 반인도적 범죄의 피해자나 성노예제의 피해자가 아니라 일본 군인과 동지적 관계에 있었다든지 매춘부라고 비난하는 것은 '인간의 사회적 평가를 내리는 것'에 해당한다. 그러나 검토해야 할 것은 사회적 평가만이 아니다. 이 건에서 논의해야 할 것은 '인간의 존엄'이다. 위안부 피해 여성들은 20년이 넘게 '존엄의 회복'을 추구하며 싸워 왔다.

인간의 존엄은 국제 인권법의 기본개념이다. 1945년 국제연합헌장 전문은 제2차 대전의 전쟁의 참해(慘害)를 언급하면서 기본적 인권과 인간의 존엄을 내세웠다. 1948년 세계인권선언 전문에서는 "인류 사회 모든 구성원의 고유한 존엄"이라고 표현했다. 이 선언문 1조에는 "모든 사람은 (……) 존엄과 권리에 있어서 평등하다."라고 되어 있다. 여성차별 철폐조약과 고문 등 금지조약, 어린이 권리조약, 장애자 권리조약 등 모두 인간의 존엄을 내세우고 있다. 위안부 문제는 1990년대 UN 인권위원회 등의 인권기관에서 논의하면서 인간의 존엄 회복을 요구했다. 피해 여성 자신이 일관적으로 존엄의 회복을 호소해 왔다. 한국의 지원단체도, 일본의 수많은 시민단체도 존엄의 회복을 외쳤다. 그러나 항의성명에서는 인간의 존엄에 대해서는 한마디도 하지 않고 피해를 부정했다.

위안부 문제에 대해 그렇게 많은 말을 하면서, 인간의 존엄에 대해 한마디도 하지 않는 것은 도대체 무엇 때문일까. 그런 그들이 위안부 문제 같은 역사적으로 중대한 인권침해 문제에 대해 발언할 자격이 있는가.

3. '학문의 자유', '언론의 자유'라는 폭력

항의성명에서는 "이번에 더 큰 충격을 받은 것은 검찰청이라는 공권력이 특정한 역사관을 근거로 학문과 언론의 자유를 봉압하는 행동에 나섰기 때문입니다. 무엇을 사실로 인정하고, 역사를 어떻게 해석하느냐는 학문의 자유에 관한 문제입니다. 특정한 개인을 비방하거나 폭력을 선동하는 것은 별도로 치고 언론에는 언론으로 대항해야 하고, 학문의 장에는 공권력이 개입하지 말아야 하는 것은 근대 민주주의의 기본원리가 아닐까요? 학문과 언론의 활발한 전개야말로 건전한 여론 형성의 중요한 재료를 제공하고 사회에 자양분을 안겨주기 때문입니다."라고 했다. 도저히 믿을 수 없는 폭론(暴論)이다.

1) 학문의 폭력

너무도 난폭한 주장이라서 눈을 의심했다. 우선 학문의 자유가 무엇인지 살펴보기로 하자.

첫째, 허위 사실을 통해 명예를 훼손하고, 인간의 존엄을 해치는 행위를 학문의 자유라고 하면서 정당화할 수는 없다. 항의성명은 '근대 민주주의의 기본원리'라고 했지만, 인간의 존엄을 폄하하는 학문이야말로 '근대 민주주의의 기본원리'에 위반된다.

▌학문의 폭력에 대해 다루고 있는 책. 우에키 데쓰야(植木哲也)『학문의 폭력- 아이누 묘지는 왜 파헤쳐졌는가』(슌푸샤, 春風社), 우에키 데쓰야『식민학의 기억-아이누 차별과 학문의 책임』(료쿠후출판)

둘째, 항의성명의 주장이 옳다면 나치의 우생학도, 과거 일본의 식민학도 학문의 자유가 된다. "학문과 언론의 활발한 전개야말로 건전한 여론 형성의 중요한 재료를 제공하고 사회에 자양분을 안겨주기 때문입니다."라고 했는데, 핵무기의 개발이나 투하된 핵무기의 효과 측정(의학 등)과 같은 학문에 과연 사회에 자양분을 안겨줄까?

셋째, 누가 누구를 향해 "학문의 자유를 침해하지 마라."라고 주장하는가. 피해 여성들이 고소했기 때문에 검찰이 움직인 것이다. 피해 여성들은 식민지 지배로 인해 교육을 제대로 받을 수 없었다. 뿐만 아니라 민족의 말과 문화를 빼앗겼다. 더구나 위안부가 될 수밖에 없었다. 그들이 고난의 인생을 거쳐 반세기 후에 "내 존엄을 돌려 달라."라고 필사적인 심정으로 일어선 것이다. 그 피해자를 향해 항의성명은 "학문의 자유를 침해하지 마라."라고 공언했다. 그들 대부분이 대학교수와 저명한 작가이고 일본 사회에서 특권적 엘리트 지위를 차지하고 있다. 그들의 학문적 자유가 얼마나 타인을 상처 입혔는지 아는가. 이것을 폭력이 아니라 무엇이라고 말하라('학문의 폭력'에 대해서는 우에키 데쓰야(植木哲也)『학문의 폭력- 아이누 묘지는 왜 파헤쳐졌는가』슌푸샤(春風社), 우에키 데쓰야『식민학의 기억-아이누 차별과 학문의 책임』료쿠후출판 참조).

■ 2015년 4월 11일에 열린 삼일서방 창업 70주년 기념으로 간행된 마에다 아키라 교수의 『헤이트스피치법 연구서설』 출판기념회 광고. 이 행사는 재일본 한국 YMCA에서 열렸다.

2) 언론의 자유와 책임

다음은 언론의 자유와 책임이다.

첫째, 서구에서는 집단명예훼손과 집단모욕의 처벌은 당연하다.

(1) 허위 사실에 의거하여 위안부가 된 여성들의 명예를 훼손하고, 인간의 존엄을 손상하는 행위를 언론의 자유라는 이름으로 정당화할 수는 없다.

(2) 서구 제국의 형법에서는 저서, 논문, 신문기사, 인터넷상의 글, 공개연설 등 전부 명예훼손죄가 성립한다. 형법 전문가가 아니더라도 조금 조사해보면 알 수 있다. 예를 들어, 히틀러의 『나의 투쟁』 출판을 범죄로 보는 나라가 있다. 프랑스에서는 장마리 르 펜(Jean-Marie Le Pen. 프랑스 극우 민족주의자로 극우파 민족주의 정당인 국민전선의 창립자) 전 국민전선 당수의 부정발언이 형사사건이 되고, 딸인 마린 르 펜 현 국민전선 당수의 이슬람 차별 발언이 물의를 일으켰다고 일본에서도 보도했다. 이탈리아 정치가가 선거 연설에서 "최근 외국인 유입이 늘어나서 곤란하다. 이 지역 젊은이들이 취직할 수 없다."라는 취지의 발언을 해서 유죄판결을 받았다. 서구에서는 당연한 일이다.

(3) 항의성명은 '특정한 개인을 비방한' 경우는 별도로 치고 형사 규제를 할 수 없는 것은 '근대 민주주의의 기본원리'라고 했다. 그러나 서구 제국에

서는 특정 개인뿐만 아니라 '집단'에 대한 명예훼손죄를 인정하는 것이 일반적이다. 독일 형법의 조문은 일본과 마찬가지로 '사람'에 대한 모욕으로 되어 있는데, 사람에게는 일정한 집단이 포함된다고 해석한다(집단모욕죄). 일본 형법의 '사람'도 집단으로 해석할 수 있는데, 우연히 개인으로 해석해 왔을 뿐이다. '특정한 개인을 비방한' 경우 이외에는 형사 소추할 수 없다는 특수한 일본적 이해를 '근대 민주주의의 기본원리'라고 볼 수 있을까.

둘째, 헤이트 스피치(차별선동범죄) 처벌은 유럽 국가들의 상식이다. 집단명예훼손과 집단모욕의 처벌과 함께 차별과 폭력의 선동을 처벌하는 것이 헤이트 스피치 처벌규정이다. 압도적으로 많은 국가의 형법전에 헤이트 스피치 처벌규정이 있고, 살인과 방화, 절도 등과 똑같이 기본적 범죄로 되어 있다. 개인을 특정하지 않고 집단에게 하더라도 헤이트 스피치다. 폭력을 선동하지 않아도 차별을 선동하면 헤이트 스피치다. 국제자유권규약에서도, 인종차별철폐조약에서도 헤이트 스피치의 처벌을 요구하고 있다. EU 회의에서는 모든 가맹국에 헤이트 스피치 처벌을 요청했다. 개인을 특정하지 않고 폭력을 선동하지 않아도 헤이트 스피치를 처벌한 사례는 독일, 프랑스, 스위스, 오스트리아, 룩셈부르크, 벨기에, 네덜란드, 리히텐슈타인, 스페인, 포르투갈, 이탈리아, 아일랜드, 노르웨이, 스웨덴, 핀란드, 덴마크, 아이슬란드 등에서 볼 수 있다. 동중(東中) 유럽 국가에서도 다수의 사례가 있다. 헤이트 스피치 처벌법이 있는 나라는 120개국이 넘는다[마에다 아키라 『헤이트 스피치법 연구서설』(산이치쇼보:三一書房)]. 구체적인 사례는 이 책에 많이 소개되어 있다.

고모리 요이치나 우에노 지즈코의 항의성명에서는 '특정한 개인을 비방하거나 폭력을 선동하는 것은 별도로 치고' 처벌하지 않는 것이 '근대 민주주의의 기본원리'라고 했다. 명백한 거짓말을 늘어놓으며 사람을 속이는 비열한 행위는 그만두어야 한다.

셋째, '아우슈비츠의 거짓말'을 처벌하는 형법이 있다. '홀로코스트 부정'

범죄라고도 하는데, 독일에서는 공공연하게 "아우슈비츠에는 가스실이 없었다."라든지 "유태인 박해가 좋았다.", "유태인 학살은 극히 소수에 불과했다."라고 말하면 범죄가 된다(자세한 내용은 본 장의 제5절 이하 참조). 『제국의 위안부』를 읽기 위해서는 아우슈비츠의 거짓말에 대한 올바른 인식이 필요하다.

넷째, 항의성명은 언론의 자유만을 주장하고 언론의 책임에 대해서는 한마디도 하지 않았다. 모든 시민에게 언론의 자유와 책임이 있지만, 특히 학자나 저명한 작가는 언론의 책임을 가져야 한다. 그런데 항의성명은 반대로 언론의 책임을 무시했다.

(1) 서구 각국에서는 언론의 책임을 자각하며, 형사재판이나 민사재판 모두 장기에 걸쳐 논의가 이루어져 왔다.

(2) 국제인권법에서는 언론의 책임을 명시하고 있다. 국제자유권 규약(시민적 정치적 권리에 관한 국제규약) 제19조 2항에서는 표현의 자유 보장을 명기하고, 3항에는 "2의 권리 행사에는 특별한 의무와 책임이 따른다. 그리하여 이 권리의 행사에는 일정한 제한을 가할 수 있다. 단, 그 제한은 법률로 정하고, 또한 다음 목적을 위해 필요한 경우에 한정한다. (a) 다른 사람의 권리와 신용의 존중, (b) 국가의 안전, 공공질서와 공중의 건강 혹은 도덕의 보호"라고 되어 있다.

(3) 일본국 헌법 제21조에서는 언론·표현의 자유 보장을 명기하고, 일본국 헌법 제12조에서는 "이 헌법이 국민에게 보장하는 자유와 권리는 국민의 끊임없는 노력에 의해 유지해야 한다. 또한 국민은 이것을 남용해서는 안 되고, 항상 공공의 복지를 위해 이용할 책임을 진다."라고 되어 있다. 일본국 헌법에서 언론·표현의 자유 제약원리를 확실히 제시하고 있는 것이다. 이것이 언론·표현의 책임이다. 그럼에도 불구하고 항의성명에서는 언론의 책임에 대한 자각을 전혀 찾아볼 수 없다.

4. 식민지 해방투쟁과 헤이트 스피치

고야마 요이치와 우에노 지즈코의 항의성명을 읽어보면 일본 사회가 헤이트 스피치에 대해 거의 이해하지 못하는 이유가 보인다. 일부 배외주의자(외국 사람이나 외국 문물 따위를 배척하는 사람)는 별도로 치고 많은 헌법학자나 저널리스트들이 헤이트 스피치를 논하는 자세는 마치 자신이 중립적이라든지 학문적이라는 착각에 빠져 있기 때문이다.

거기에는 여러 가지 이유와 원인이 있지만 재일 한국인이나 중국인에 대한 헤이트 스피치에 대해서 말하면, 역사적으로 형성된 식민지주의와 차별의식이 밑바탕에 깔려 있다. 그런데 헤이트 스피치 논의에서는 이것이 빠져버린 것이다. 항의성명은 위안부 문제에 대해 논의하고 있음에도 일본의 한국 식민지 지배나 중국 침략에 대한 의식이 너무도 희박하다. 역사를 모를 리는 없을 테고, 식민지 지배를 정당화하는 것도 아니다. 그들은 식민지 지배를 비판할 것이다. 그럼에도 불구하고 논의의 방법은 그들이 식민지주의에서 자유로울 수 없다는 것을 부각시키고 있다. '내적인 식민지주의'라는 말이 있는데, 그들은 그야말로 "내적인 식민지주의를 향하는 일이 없이 자신의 식민지주의를 극복하지 못했다". 다시 한 번 살펴보자.

첫째, 항의성명은 위안부 피해를 받은 할머니들의 피해를 부정했다. 즉 할머니들의 주체성을 부정했다.

둘째, 항의성명은 식민지시대에 빼앗긴 인간 존엄의 회복을 추구하는 할머니들에게 식민지 지배를 한 나라의 특권적 엘리트들이 자신의 학문적 자유와 언론 자유의 우위를 주장했다.

셋째, 항의성명은 근대 민주주의의 신병 불구속 원칙을 존중하지 않는 일본 형사사법을 비판하지 않고, 신병 불구속 원칙에 맞게 처리한 한국검찰을

비난했다. 또한 서울지검
이 박유하를 체포하지 않
고 자택에서 절차를 밟은
것에는 침묵했다. 일본이
라면 어떠했을지 묻는 일
조차 없다. 더구나 서울
지검은 박유하에게 '형사
조정'의 기회를 주었음에
도 합의에 실패했기 때문

▌재일 한국인이나 중국인에 대한 일본인의 헤이트 스피치에는
역사적으로 형성된 식민지주의와 차별의식이 밑바탕에 깔려 있
다. '일한 단교'라고 쓴 글자판을 들고 시위를 벌이는 일본의 우
익 시위대.

에 소추에 이른 것이다. 항의성명은 이런 중요한 사실을 은폐했다. 거듭 말
하지만 그들을 식민지주의자라든지 인종주의자라고 말할 생각은 없다. 이론
적으로 식민지주의나 인종주의를 비판했다고 생각하고 있을 그들이, 실은 식
민지주의에서 자유로워지지 못한 것이다.

국제인권포럼에서는 1990년대 이후 4반세기에 걸쳐 위안부 문제를 논의
했다. 그곳에서 밝혀진 것은 위안부 문제의 해결을 추구하는 싸움은 세계적
인 식민지 해방투쟁의 중요한 일부이자 여성 해방투쟁의 중요한 일부라는
사실이다. UN 인권위원회 등의 UN 인권기관에서 노예제와 성노예제 반인도
적 범죄, 여성에 대한 폭력 등을 주제로 논의하면서, 이 문제가 식민지 해방
투쟁과 여성 해방투쟁의 일부라는 사실이 분명해졌다.

2001년 8월에서 9월 사이에 남아프리카 더반에서 개최된 인종차별에 반
대하는 세계회의에서도 위안부 문제를 둘러싸고 논의가 이루어졌다. 더반회
의의 성과물인 더반선언에서는 "식민지시대의 노예제는 반인도적 범죄였다."
라고 UN 역사상 처음으로 인정했다. 아프리카 제국과 카리브 제국을 선두로
식민지 해방투쟁과 여성 해방투쟁의 분위기가 가장 뜨거워진 것이 더반회의
였다.

또 한 가지 주의해야 할 것은 1990년대 초반에 UN 국제법위원회에서 '식민지 지배 범죄'를 둘러싸고 논의가 벌어진 적이 있었다. 후의 국제형사재판소 규정으로 이어진 논의 도중에 침략죄, 제노사이드(Genocide : 집단 학살), 반인도적 범죄, 전쟁범죄와 나란히 식민지 지배 범죄를 국제법상 범죄로 규정하자는 제안이 있었다. 결국 식민지 지배 범죄 규정은 삭제되었지만 더반회의에서는 이것을 반인도적 범죄로 해석하고 논의한 것이다.

이러한 국제무대의 논의에 위안부 피해를 입은 할머니들도 동참했다. 그 결과 할머니들의 투쟁과 한국정신대문제대책협의회의 투쟁이 폭넓은 국제적 지지를 얻을 수 있었다. 그런데 박유하의 『제국의 위안부』는 국제적인 식민지 해방투쟁을 폄하했다. 또한 『제국의 위안부』를 옹호하는 고모리나 우에노의 항의성명은 잇달아 허위 사실을 늘어놓으며 식민지 해방투쟁에 대해 냉담함을 드러냈다. 자신의 식민지주의에 눈을 향하지 않고 자신이 속한 국가와 민족이 과거에 식민지 지배한 상대에게 근거 없는 비방을 함으로써 세계의 식민지 해방투쟁에 등을 돌린 것이다.

일본 헤이트 스피치의 피해자들은 하나둘이 아니고 헤이트의 내용도 제각기 다르지만, 최대 피해자가 재일 한국인임은 말할 필요도 없다. 재일 한국인의 인권 획득 투쟁은 지금도 식민지 해방투쟁의 일환이다. 일본인이 일본사회에서 헤이트 스피치를 근절하려면 일본 사회의 식민지주의를 극복해야 한다. 이것이 식민지 지배 책임을 진 적이 없는 일본사회의 최대 과제가 아닐까.

5. '아우슈비츠의 거짓말'이란 무엇인가

주지하는 바와 같이 독일과 프랑스에는 '아우슈비츠의 거짓말'을 처벌하는 형벌규정이 있다. 공공연하게 "유태인 학살은 없었다." "아우슈비츠에는 가스실이 없었다."라는 말을 하면 범죄가 된다. 독일과 프랑스의 사례는 일본에서도 몇 번이나 보도된 만큼, 이 건에 관심이 있는 사람이라면 모를 리가 없다. 그럼에도 항의성명은 이런 사실을

▌미국 공화당 대통령 후보 트럼프의 반무슬림 헤이트 스피치에 항의하는 시민.

무시한다. 독일과 프랑스뿐 아니라 서구 여러 나라에서 '아우슈비츠의 거짓말'이 범죄라는 사실이 일본에 충분히 알려져 있다고는 하기 어렵다. 뿐만 아니라 헤이트 스피치를 둘러싸고 헌법학자가 "헤이트 스피치는 표현의 자유다."라고 주장하는 것처럼, 타인의 명예나 존엄을 부정하고 손상하는 표현 행위를 표현의 자유라고 강변하는 이상한 사례가 끊이지 않는다. 항의성명은 이런 무지와 무책임 위에 떡하니 자리 잡고 있다. 여기에서는 아우슈비츠의 거짓말 처벌규정에 관한 기초정보를 소개하고, 일본에서 어떻게 논의할지 생각해보기로 하자.

▌독일─민중선동죄

독일 형법에는 민중선동죄라는 범죄유형이 있는데, '아우슈비츠의 거짓말' 범죄라고 한다[자세한 것은 사쿠라바 오사무(桜庭総), 『독일의 민중선동죄와 과거의 극복』, 후쿠무라 출판, 2012년 참조]. 아우슈비츠의 거짓말 규정에는 역사적 변천이 있고 죄질(어떤 범죄로 이해하느냐)에 대해서도 논의가 이루어졌지만, '민중선동죄'라는 명칭에서도 알 수 있듯이 차별과 폭력을 부추기는 헤이트 스피치의 일환으로 정착되었다.

나치 독일의 유태인 박해 역사는 유태인 근절을 노린 대규모이자 계통적인 반인도적 범죄였다. 이 수난의 역사가 현재를 사는 유태인의 역사적 아이덴티티가 되고 있다. 때문에 역사의 사실을 부정하는 발언은 유태인의 아이덴티티에 대한 공격이 된다. 아우슈비츠의 거짓말은 독일의 역사적 사회에 분단을 가져오고 공공의 평온을 해치는데다가 유태인의 인간 존엄을 침해한다. 따라서 아우슈비츠의 거짓말은 범죄로 간주한다. 그러나 아우슈비츠의 거짓말 범죄는 독일만의 특수한 사례는 아니다. 다음 사례에서 알 수 있듯이 서구에서는 일반화하고 있다.

▌프랑스-반인도적 범죄에 의문을 갖는 행위

프랑스에서는 2004년 법률에 의해, 1881년 법률에 제65-3조가 삽입되었다. "반인도적 범죄에 의문을 품다."라는 제목(아우슈비츠의 거짓말을 포함하는 규정)으로, 차별과 증오, 인종주의, 또는 종교적 폭력 교사, 반인도적 범죄에 의문을 갖는 행위, 인종주의적 성질의 비방 또는 인종주의적 성질의 모욕은 여타 미디어 관련 범죄에서 인정하는 시효인 3개월 대신에 시효를 1년으로 한다는 내용이다. 시효는 인터넷 등 어떤 미디어에 의한 것이든 범죄가 행해진 시기부터 시작되는 것으로 한다.

▌스위스-공공질서 범죄

스위스 연방최고재판소는 나치 독일이 인간 섬멸에 가스실을 사용한 것에 의문을 가지는 것은 홀로코스트의 중대한 과소평가라고 판단했다. 1998년에 아르가우 지방법원이 내린 유죄판결을 유지하고, 역사수정주의자에게 15개월의 형사시설 수용과 8천 프랑의 벌금을 확정했다. 또한 아르메니아 제노사이드 사실을 부정한 사안으로 최고재판소는 해당 범죄는 공공질서 범죄라고 했다. 따라서 개인의 법적 권리는 간접적으로 보호받을 뿐으로, 개인 피해자가 그곳에 없어도 범죄가 성립한다. 형벌은 형사시설 15개월 수용과 벌금 8천 프랑이다.

▌ 스페인-제노사이드 정당화 처벌

2007년 11월 7일, 헌법재판소는 형법 제607조 2항의 합헌성에 대해 판결을 내렸다. 서점 주인이 유태인 커뮤니티에 대한 박해와 제노사이드를 거듭 부정하는 다큐멘터리 사진 출판물을 판매하고 배포한 사안으로, 2000년 바르셀로나 고등재판소에서는 형법 제607조 2항을 적용하여 제노사이드 범죄를 부정·정당화한 관념을 유포했다는 이유로 서점 주인을 유죄로 판결했지만, 같은 조항의 위헌성 문제가 제기되면서 헌법재판소에 상정된 것이다. 헌법재판소에서는 제노사이드의 부정이 의견 및 관념의 단순한 전달일 경우, 그 관념이 인간의 존엄에 심각하게 반하는 것이라 할지라도 범죄로 분류할 수는 없다고 보았다. 따라서 헌법재판소는 형법 제607조 2항 제1문의 '부정' 조항은 위헌이라고 판단했다. 그러나 '정당화'란 범죄 실행을 간접적으로 선동하고 피부색과 인종, 국민적·민족적 출신에 따라 정의되는 집단의 증오를 유발하는 관념의 공공연한 유포로, 제노사이드의 정당화는 틀림없는 범죄라고 보고 '정당화' 조항을 합헌이라고 판단했다.

▌ 포르투갈-헤이트 스피치 처벌

2007년에 개정한 형법 제240조 '인종, 종교 또는 성적 차별' 1항은 헤이트 스피치 처벌규정이고, 2항은 '공개 집회, 문서 배포에 의해, 기타 형태의 미디어 커뮤니케이션에 의해, 또는 공개되도록 설정된 컴퓨터 시스템'에 의한 헤이트 스피치 규정으로, '(b) 인종, 민족적 또는 국민적 출신, 종교, 성별 또는 성적 지향에 따라, 특히 전쟁범죄 혹은 평화에 반하는 범죄 및 반인도적 범죄의 부정을 통해 개인 또는 집단을 비방하거나 모욕한 자'를 6개월 이상 5년 이하의 형사시설에 수용한다.

▌슬로바키아-네오나치 표명은 범죄

형법 제122조 제2항에 따르면 헤이트 스피치는 서면에 의한 경우는 물론이고 인쇄물이나 사진, 라디오, TV, 컴퓨터 네트워크 기타 동등한 효과를 가진 수단을 사용해 유포하거나 또는 동시에 2인 이상의 사람들 앞에서 행해진 경우를 기수(既遂: 범죄를 시도한 사람이 범죄에 성공했거나 범죄의 구성 요건을 완전히 갖춘 상태로 실행한 범죄를 말한다-편집자)로 한다. 네오나치나 기타 운동에 대한 공감을 공공연히 표명할 뿐만 아니라 홀로코스트를 의문시, 부정, 용인, 또는 정당화하는 것도 범죄다.

▌마케도니아-전쟁범죄 용인 처벌

형법 제407 (a)조 '제노사이드, 반인도적 범죄, 전쟁범죄의 용인 혹은 정당화'에 따르면 형법 제403조~제407조에 규정된 범죄를 정보 시스템을 통해 공공연히 부정, 심각한 축소, 용인, 혹은 정당화한 자는 1년 이상 5년 이하의 형사시설에 수용한다. 부정, 축소, 용인, 정당화가 그 국민과 민족, 인종적 출신 혹은 종교로 인해 개인 또는 집단에 대한 증오와 차별, 폭력을 선동하려는 의도를 가진 경우에는 4년 이상의 형사시설에 수용한다.

▌루마니아-파시스트 상징법

파시스트 상징법 제6조에 따르면 어떤 수단이든 공공장소에서 홀로코스트나 제노사이드, 반인도적 범죄 또는 그 귀결을 의문시하고, 부정하고, 시인하고, 정당화하는 행위는 6개월 이상 5년 이하의 형사시설에 수용하거나 일정한 권리를 정지하거나 벌금을 부과한다. 또한 2006년 법률 107호는 1933년에서 1945년 동안의 홀로코스트 정의에 집시(roma) 주민을 포함하기로 했다. 따라서 홀로코스트란 국가의 지지를 받은 조직적 박해, 나치 독일과 그 동맹자 및 협력자에 의한 유럽 유태인의 근절이다. 제2차 대전 당시 루마니아 국내에 거주한 집시 주민 일부가 강제이동과 근절의 대상이 된 것도 이에 포함된다.

▌알바니아–제노사이드 정당화 문서 배포 처벌

2008년에 개정된 형법 제74조는 제노사이드나 반인도적 범죄에 호의적인 글을 컴퓨터상에서 배포하고, 제노사이드나 반인도적 범죄에 해당하는 행위(사실)를 부정하고 축소하며 용인하고 또는 정당화하는 문서를 컴퓨터 시스템을 이용해 일반에게 제공하거나 배포한 자는 3년 이상 6년 이하의 형사시설에 수용한다.

▌이스라엘–인종주의 선동 출판물 발행 금지

형법 제144조 A는 인종주의를 선동하려는 의도를 가지고 출판물을 발행한 자는 5년 이하의 형사시설에 수용하는 것으로 되어 있다. 형법 제144조 A~E는 인종주의를 선동하려는 의도로 출판이나 물품의 배포를, 설령 그것이 결과를 초래하지 않았더라도 금지하고 있다. 형법 제144조 D1항은 인종주의적 동기 없이 개인이나 개인의 자유, 재산에 대해 범죄를 저지른 자를 처벌한다고 되어 있다. 여기에는 협박과 강요, 훌리거니즘(Hooliganism), 공공질서범 등이 포함되는데, 아우슈비츠의 거짓말에는 이 규정으로 대처하고 있다. 아우슈비츠의 거짓말에 특별한 규정이 있는 것이 아니라 폭력의 선동과 인종주의 선동을 정한 규정의 해석으로써 아우슈비츠의 거짓말을 처벌할 수 있다는 것이다. 아우슈비츠의 거짓말이 통상의 헤이트 스피치 처벌규정에 포함된다는 뜻이다.

6. 아우슈비츠의 거짓말을 왜 범죄로 봐야 하는가

아우슈비츠의 거짓말을 범죄로 보는 것은 독일뿐만 아니라 프랑스와 스위스, 스페인, 포르투갈 등 수많은 국가에서 공통적인 현상이다. 그렇다면 그렇게 말하는 근거는 무엇인가. 스위스에서는 아르메니아 제노사이드를 부정한 사실에 대해 최고재판소가 해당 범죄를 공공 질서범죄로 규정했다. 스페인에서는 인간의 존엄에 반하는지 여부를 따졌으며, 단순한 전달은 인간의 존엄에 반하기는 해도 범죄가 되지 않는다고 범죄 성립범위를 한정하고 있다.

한편 사쿠라바 오사무는 독일에 대해 주도면밀하게 연구를 했다(前揭書: 전게서). 사쿠라바에 따르면 민중선동죄의 보호법익에 대해 독일에서는 두 가지 견해가 있다고 한다.

첫째, 보호법익을 '공공의 평온'으로 이해한다. 그 이유는 형법 제130조가 형법전 각칙 제7장 '공공질서에 대한 죄'에 위치하기 때문이다.

둘째, 보호법익을 '인간의 존엄'으로 보는 견해다. 민중선동죄는 일차적으로 인간의 존엄을 보호하는 것으로, 공공의 평온은 간접적으로 보호된다고 보는 것이다.

실제로는 수많은 학자들이 인간의 존엄과 공공의 평온을 모두 보호하는 것이라고 보는 듯하지만 어느 쪽을 우선해서 이해하느냐에 따라 여러 견해로 나뉘고 있다. 사쿠라바는 반인도적 범죄에 주목했다.

"민중선동죄의 '인간의 존엄에 대한 공격'에서 '과거의 극복'을 읽어내는 또 다른 방법이 있다. 나치 범죄의 전형인 '반인도적 범죄'의 연장선상에 놓는 방법이다. 즉 '인간의 존엄에 대한 공격' 개념 중 '공동체의 동등한 인격으로서의 생존권을 부정하고 가치가 낮은 존재로 취급한다'는 부분에 주목해서, 민중선동죄를 나치 범죄인 '반인도적 범죄'의 제1단계를 방지하는 규정

으로 이해하는 것이다."(사쿠라바, 전게서 171쪽)

7. 아우슈비츠의 거짓말에 해당하는 위안부의 거짓말

아우슈비츠의 거짓말 처벌은 반인도적 범죄라는 역사적 중대범죄의 경험
을 근거로 유럽 각국의 형법에 도입되었다. 피해 측에 주목하면 유태인 박해
의 역사는 유태인의 아이덴티티가 되었으므로 역사의 사실을 부정하는 것은
유태인의 인간 존엄에 대한 침해가 된다. 한편 가해 측에 주목하면, 과거에
반인도적 범죄라는 역사적 중대 범죄를 저지른 독일사회에서 다시는 이런
범죄를 되풀이하지 않도록 반인도적 범죄의 제1단계를 방지할 필요가 있다.

그런데 일본은 어떠한가? 일본 정부는 샌프란시스코 강화조약에 의해 도
쿄재판 판결을 받아들여서 아시아 각국과의 사이에 충분하지는 않지만 화해
의 방법을 강구해 왔다. 그러나 아베 신조 수상을 비롯한 정치가는 역사의
사실을 부정하고 개찬(改竄)하며 책임도피를 도모해 왔다. 또한 아우슈비츠의
거짓말에 해당하는 위안부 거짓말이나 남경대학살 거짓말을 소리 높여 외치
고 있다. 인터넷상에서도, 대중 매체에서도 표현의 자유란 이름하에 역사의
사실을 부정·개찬하고, 피해자를 다시 모욕하면서 존엄의 회복을 방해하고
있다. 우익 정치가나 헤이트 단체뿐 아니라 일부 지식인들이 여기에 참여하
고 있다. 고모리 요이치나 우에노 지즈코 등의 항의성명은 표현의 자유와 학
문의 자유를 주장함으로써, 피해자의 인간의 존엄 회복 추구를 정면으로 부
정한다. 근대 민주주의의 기본원리를 날조하고 개찬한다.

나치 독일의 유태인 박해는 반인도적 범죄로써의 살인, 반인도적 범죄로
써의 박해에 해당하는 역사적 중대 범죄였다. 일본군의 위안부 문제는 반인
도적 범죄로써의 노예제, 반인도적 범죄로써의 성노예제에 해당하는 역사적

중대 범죄였다. 유럽 전역에서 대규모로 유태인을 박해한 것처럼, 아시아 태평양의 광대한 지역에서 일본군의 위안부 정책이 실시되었다. 피해는 한반도뿐만 아니라 중국, 타이완, 필리핀, 인도네시아, 동티모르, 뉴기니아, 미얀마 등에서 발생하고, 네덜란드 여성도 피해자에 포함된다.

전시 성폭력의 고통을 견뎌낸 피해 여성들은 반세기의 침묵을 극복하며 피해 사실을 알리고, 인간 존엄의 회복을 추구하는 주체로써 일어섰다. 표현의 자유와 학문의 자유를 짊어진 사람에게 필요한 것은 피해 여성들의 고발에 대응하여 역사의 사실을 해명하고, 그 원인이나 배경을 세상에 드러내서 책임 소재를 밝히는 것이다. 인간 존엄의 회복을 추구하는 피해 여성을 모욕하거나 피해 회복을 방해하기 위해 허위 사실을 늘어놓는 행위를 표현의 자유나 학문의 자유를 핑계로 정당화해서는 안 된다.

학문을 가장한 위안부에 관한 거짓말을 날카롭게 확인하는 것이 미디어와 학문의 임무이자 책임이다.

※ 마에다 아키라 교수의 이 글은 2016년 4월 산이치쇼보(三一書房)에서 펴낸
『'위안부' 문제의 현재-박유하 현상'과 지식인』에 실린 것을 필자의 허락을 받아 수록한 것입니다.

마에다 아키라(前田朗)

도쿄 조케이대학(東京造形大學) 교수(전쟁범죄론).
일본 민주법률가협회 이사.
저서 『반인도적 범죄』, 『헤이트 스피치법 연구서설』, 『위안부·강제·성노예』,
『전시 성폭력을 어떻게 재판할 것인가-유엔 맥두걸 보고 전역』.

말과 말, 허(噓)와 진실

- 키워드로 본 『제국의 위안부』 논쟁

편집부

| 자발적 매춘부 | 동지적 관계 | 강제연행
| 20만 명 | 민간인 업자 | 일본군 '위안부' 나이
| 소녀상 | 기억을 위한 투쟁-배제 | 민족주의
| 서평 | 표현의 자유와 명예훼손 | 일본 독자
| 복자(○○○) 처리 | 온라인 무료 배포 | 재판
| 거짓말 | 화해 |

1. 자발적 매춘부(1)

문제점을 지적할 때에는 자신의 해석이 개입된다. '매춘부여서는 안 된다'라거나 '자발적이어서는 안 된다'는 관념이 있다. 물론 나는 '자발적인 매춘'이라는 말을 사용하지 않았다.

전체적으로 그런 식으로 받아들여지기 쉬운 서술방식이었는지는 모른다. 하지만 나는 그것이 중요한 포인트가 아니라고 말하는 것이다. 모든 것은 독해, 해석의 문제이다. 나는 전공이 문학이라서 텍스트 읽기를 계속해 왔다. 그만큼 독해에 인내가 필요한 서술을 하고 있을지 모른다. A라고 쓰고 아니 동시에 A'이기도 하다는 식으로, 일본과 한국의 지원자와 비판자 모두에게 쓰고 있기 때문이다. (문제점을) 분석한 사람은 그곳을 인내하며 읽지 않은 것이라고 생각한다.

박유하, 「마이니치신문(每日新聞)」, 2015. 12. 3.

"모든 것은 독해, 해석의 문제"일 리가 없을 것이다. 당연히 사실이 문제이지 않은가. 박유하는 명백히 '자발적'인 '매춘'이었다는 것은, 조선인 '위안부'의 중요한 특징이라고 주장하고 있다. 이것은 사실의 문제이다. 그에 입각하여 '해석'의 차원에서 우파를 '비판'하고 있을 뿐이다. 그렇기 때문에 박유하의 사실 이해가 비판받고 있는 것이다. A와 A' 운운하는 것도 완전히 터무니없다. 『제국의 위안부』에는 명백히 양립할 수 없는 A와 B가 제멋대로 나열되어 있어서 독자가 혼란스러워한다고 말하고 있는 것이다. 독자의 '인내'력 부족에 책임을 전가해서는 안 된다. 박유하는 종종 발뺌하기 위해 '문학' 연구를 이용하지만, 본래 '문학' 연구자야말로 그러한 악용을 비판해야 할 것이다(고모리 요이치는 내용을 평가하고 있지만). 박유하는 스스로의 저작이 비판받는 원인을 비판하는 측의 속성이나 능력 탓으로 하는 근시안적인 '반론'을 이제 적당히 그만두어야 한다.

메이지가쿠인(明治學院)대학 정영환 준교수 블로그, 2015. 12. 8.

2. 자발적 매춘부(2)

『제국의 위안부』(뿌리와이파리, 2013)가 출간되었을 때부터 검찰에 기소된 지금까지 나는 이 책과 지은이에 대한 일관된 지지자다. 이 책은 지은이를 기소한 검찰이나 비판자들이 오해하는 것처럼, 위안부를 '자발적인 매춘부'로 규정한 적이 없다. 이 책은 일제의 총칼에 '강제 납치된 어린 소녀'라는 고정된 위안부 상에 이의를 제기하면서, 위안부 문제의 실체를 일제의 '조선 식민지 지배 성격'과 연관하여 설명한다. 자발적 매춘은커녕, 이 책은 시종일관 조선인 위안부가 인신매매에 넘어간 것이라는 사실을 반복해서 제시하고 있다.
장정일, 「'표현의 자유' 함부로 차지 마라,」, 「시사인」, 2015. 12. 18.

여기에서 이번 사건의 본질인 '자발적 매춘부' '일본군의 동지'라는 표현의 타당성을 살펴보자. 박 교수와 그 지지 세력은 한결같이 "공론장에서 그 가치를 인정받았다"거나 "자발적 매춘부라는 말은 저자 자신의 것이 아니라 위안부의 존재 자체를 부정하는 일본 우익 인사들을 비판하기 위해 저자가 그들의 발언 중에서 인용한 것이며, 동지적 관계라는 말은 제국주의 전쟁에 동원된 식민지 조선인의 사정을 그 전쟁의 객관적 상황에 의거해 기술하려는 의도"라고 주장했다.

그러나 그는 "그런 유의 업무에 종사하던 여성이 스스로 희망해 전쟁터로 위문하러 갔다"든가 "여성이 본인의 의사에 반해 위안부를 하게 되는 경우는 없었다"는 일본 극우파 기무라 사이조의 발언을 "사실로 옳을 수도 있다"고 하면서 경제적 어려움과 가부장 사회에 대한 혐오에서 "자발적으로 갔다고 생각할 수 있다"고 기술했다.

일본군 위안부 연구자 대부분은 이게 일본 우익을 비판했다거나 객관적 상황을 기술했다는 주장에 동의하지 않는다. 오히려 역사 왜곡을 넘어 일본 극우 세력의 논리를 퍼트리는 것으로 판단하고 있다.
신운용, 「학문을 빙자한 폭력은 안 된다」, 「중앙일보」, 2015. 12. 16.

3. 자발적 매춘부(3)

"이처럼 막상 경험하게 되는 현실은 정반대인데도, '한국에서는 언제부터인가 표현의 자유가 절대화 되었다'고 목청을 높이는 머저리들이 있다. 슬프게도 저런 말을 하고 있는 사람들이 진보 '먹물'이라니, 우습지도 않다."

장정일은 표현의 자유 같은 소리 말라고 일갈한다. 그러나 정작 문제는 그 표현이라는 게 박유하의 표현이 아니라는 사실이다. 이를테면 박유하는 '위안부는 자발적 매춘부'라는 표현을 하지 않았다. 위안부 자체를 부인하는 일본 극우세력을 비판하기 위해 그들의 말을 인용한 것이다. 그걸 모종의 세력이 박유하의 말처럼 유포하여 인민재판이 벌어지고 기소까지 되었다. 명색이 지식인이라면 그런 거짓말의 사회적 구조와 맥락부터 살필 일이다.
김규항 페이스북, 하지도 않은 표현의 자유?, 2015년 12. 11.

그리고 '자발적으로 간 매춘부'라는 이미지를 우리가 부정해온 것 역시 그런 욕망, 기억과 무관하지 않다.
박유하, 『제국의 위안부』 296쪽, 삭제

4. 동지적 관계

또한 '동지적 관계'라는 말을 쓴 두 번째 이유는, 조선인 위안부를 징병되었던 조선인들과 같은 틀로 간주하게 되면, 즉 '제국'에 성과 신체를 동원당한 개인으로 간주하게 되면 일본에 대한 사죄와 보상 요구 이유가 더 명확해지기 때문입니다. 앞서 말한 대로 그들에게조차 보장되었던 법의 보호가 없었다는 것을 일본을 향해 말하기 위해서였습니다. 즉 그들이 말하는 단순한 '매춘부'가 아니라는 것을 말하고자 했던 것입니다.
박유하, 『제국의 위안부』 기소에 대한 입장, 2015. 12. 2.

그러나 지금까지 검토한 바에 따르면, 오히려 '새로운 기억'을 만들어 내고 있는 것은 박 자신이 아닐까라고 생각하지 않을 수 없다. 만약 '다른 기억'을 강조하고 싶은 것이라면, 증언과 증언자의 고유성에 철저하게 입각하여, 안이하게 "그녀들은…" "조선인 위안부는…"이라고 일반화해서는 안 될 것이다. 증언과 자료를 짜깁기하고 그 짜깁기한 자료군에서조차 이끌어 낼 수가 없는, 근거 없는 해석―그것도 전 '위안부'들이 일본군에게 '동지의식'

을 가지고 있었다는 중대한 해석─을 전개하는 것이야말로 '하나의 폭력'이
아닌가.

정영환, 「박유하 『제국의 위안부』의 '방법'에 대하여」, 2014. 6. 21.

5. 강제연행

이미 '일본군에 의한 조선 부녀자 강제 연행'이라는 단 한 줄로 군 위안부에 대한 상식이
완성된 터에, 그것과 다른 접근이나 그 어떤 보충도 친일파라는 지탄을 피하기 힘들다.

장정일, 「그 소식에 나는 부끄러웠다」, 「시사인」, 2014. 7. 3.

아베 총리는 일본군과 관헌의 폭행이나 협박을 동원한 연행은 없었다고
말한다. 폭행이나 협박을 동원한 연행을 형법에서는 '약취(略取)'라고 하는데,
과연 일본군과 관헌의 약취는 없었을까. 고노 담화는 "위안부 모집에 관해서
는 (……) 감언, 강압 등에 의한 본인의 의사에 반해 모집된 사례가 많고, 더
욱이 관헌 등이 직접 이에 가담한 일도 있었다는 사실이 분명히 밝혀졌다"
고 확실하게 인정하고 있다. (……)고노 담화는 피해자의 증언뿐 아니라 일본
군의 강제연행을 뒷받침할 확실한 사건을 전제로 작성된 것인데 아베 내각
은 이를 전면 부인하고 있다.

전쟁과 여성 대상 폭력에 반대하는 연구행동센터, 「고노 담화, 그 의의와 문제점」 32~33쪽, 「그들은
왜 일본군 '위안부'를 공격하는가─강제연행, 고노 담화, 국민기금을 둘러싼 논쟁의 핵심을 말한다」,
2014.

6. 20만 명

하지만 군 위안부의 복잡성은 아직 그 숫자마저 명확하지 않다는 것만으로도 미루어 짐작
할 수 있다. 한국인은 '20만 명'설을 선호하고, 일본 연구자는 5만~7만 명으로 추산하며,
만주에 주둔했던 한 일본군 병사는 "사단 군인 2만 명에 50명" 정도라고 증언한다.

요시미 요시아키의 두 책은 물론이고, 박유하의 『제국의 위안부』를 놓고 비판적인 집담회를 벌였던 네 명의 젊은 역사가들 역시 20만 명 설은 과장이라고 말한다. 사실을 확인하려는 노력과, 그 끝에 얻어진 확실한 의견 표명 없이는 정론지가 될 수 없다.
장정일, 「일본군 '위안부' 문제와 한겨레」, 「한겨레」, 2016. 1. 14.

　도대체 얼마나 많은 여성들이 일본군의 위안소에 모였는지, 조선인 위안부의 비율은 어느 정도였는지 얼마나 많은 사람들이 전장에서 돌아오지 못했는지에 대해서는 지금도 확실한 답변을 얻을 수 있는 조사는 불가능합니다.
　우선 위안부의 총수를 알 수 있는 총괄적인 자료는 존재하지 않습니다. 총수에 대한 다양한 의견은 모두 연구자의 추산입니다.
　추산 방법은 일본군의 병력 총수를 잡고 위안부 1인당 병사 수의 매개 변수로 이를 나누어 위안부의 총수를 추정하는 방법이 있습니다. 이 경우 교체율, 귀환에 의한 교대 정도가 고려됩니다.

연구자들의 추산

연구자	발표한 해	병사 총수	매개 변수	교체율	위안부수
하타 이쿠히코 (秦郁彦)	1993	300만명	병사50명중 1명	1.5	9만명
요시미 요시아키 (吉見義明)	1995	300만명	병사100명중 1명	1.5	4만5000명
(同)	–	–	병사30명중 1명	2	20만명
蘇智良 (Su Zhiliang)	1999	300만명	병사30명중 1명	3.5	36만명
(同)	–	–	–	4	41만명
하타 이쿠히코 (秦郁彦)	1999	250만명	병사150명중 1명	1.5	2만명

[출처] 慰安婦推定数20万人は別におかしくありません – 誰かの妄想 · はてな版
– 위안부 추정 수 20만 명은 결코 이상하지 않습니다. http://asianpeace.blog.me에서 재인용.

7. 민간인 업자

　군이 필요로 하여 모집한 것은 분명하지만, 납치나 거짓을 군이 공식적으로 허가했다는 증언이나 자료는 아직 발견되지 않았다.
　그리고 거짓말까지 하며 강제적으로 데려가거나, 병이 났을 때까지 강제적으로 일하게 하거나, 도망치지 못하게 감시하거나, 낙태를 시키거나 한 것은 거의 대부분의 경우 일본인 혹은 조선인 업자였다.

박유하, 「특별기고-위안부 문제 제대로 이해하기」, 『미래한국』, 2015. 4. 13.

일본군위안부 피해자 e역사관(www.hermuseum.go.kr)에 올라온 자료 중에 『일본군 '위안부' 증언 통계 자료집』이 있어요. 위안소 주인 중 29.2%가 일본인 민간인, 조선인 민간인이 17.7%, 모르겠다가 33.9%, 부대가 16.6%로 나오는데, 부대와 일본인이 거의 50%에 가까운 것이죠. 가장 낮은 단계에 있던 위안부들은 50%가 일본인과 군이 직접 관여했다고 인식하고 있다는 거죠. 이것을 무시합니다. 따라서 조선인 업자가 더 많은 것처럼 이야기하는 것은 문제죠.

최우석, 「젊은 역사학자들, 『제국의 위안부』를 말하다」, 『역사문제연구』 제33호, 2015.

8. 일본군 '위안부' 나이

소녀상은 분명 성노동을 강요당한 '위안부'를 상정하는 상일 텐데 성적 이미지와는 무관해 보이는 어린 '소녀'의 모습이다. 말하자면 대사관 앞에 서 있는 것은 위안부가 된 이후의 실제 '위안부'가 아니라 위안부가 되기 이전의 모습이다. 혹은 앞에서 살펴본 위안부의 평균 연령이 25세였다는 자료를 참고한다면, 실제로 존재한 대다수의 성인 위안부가 아니라 예외적인 존재였던 위안부만을 대표하는 상이다. 그런 의미에서는 대사관 앞 소녀상이 실제 위안부를 상징하는 상일 수는 없다. 그러나 소녀상은 마치 '위안부'의 대부분이 소녀였던 것으로 생각하도록 만들고, '소녀 위안부'의 기억을 강화시켜 나간다.

『제국의 위안부』 204쪽

버마 미치나에서 포로가 된 조선인 '위안부' 20명='평균 연령 25세'설로 보더라도, 실제 자료로 작성한 【표 1】(본서 134쪽 참조)에서 명확히 알 수 있듯이, 미군에 포로로 잡혔을 때는 '평균 23세', 2년 전에 조선에서 징집=연행되었을 때는 '평균 21세'였고, 게다가 20명 가운데 미성년이 12명으로 과반

수가 소녀였다.

김부자, 「일본의 새로운 역사수정주의와 『제국의 위안부』 사태」, 본서 133쪽

9. 소녀상

갈등은 민족주의를 동원할 수 있게 해주는 자산이다. 현재의 한일 정부에게는 소녀상이 필요하다.

2011년 12월 14일 처음 세워진 일본 대사관 앞의 평화의 소녀상(위안부 소녀상)은 커다란 일을 했다. 이 동상이 있었기에 위안부 문제 해결을 위한 수요집회가 탄력을 받았고, 해외로까지 동상 건립이 이어졌다. 하지만 적당한 계기에 이 동상은 다른 곳으로 옮겨야 한다. 이렇게 말하면 나도 이제부터 친일파가 되는 것일까? 제대로 된 사회라면 더 많은 이견을 환대해야 한다.

「장정일 칼럼-『제국의 위안부』 기소에 부쳐」, 「한국일보」, 2015. 11. 27.

『제국의 위안부』는 정대협(한국정신대문제대책협의회)으로 대변되는 기존의 위안부 문제 활동에 대한 비판을 담고 있다. 정대협의 활동은 '위안부 소녀상'으로 요약된다. 그러나 소녀상이 담은 '순결한 소녀'라는 정체성은 사실관계와 문제의 본질을 동시에 거스른다.

「김규항의 혁명은 안단테로-역사의 거울 앞에서」, 「경향신문」, 2015. 3. 9.

국민세뇌는 국정교과서만 하는 건 아니다. 전시관도 기념비도, 대개는 "하나의 기억"을 주입한다. 그리고 중요한 건 "하나의 기억"인지 여부가 아니라, "어떤" 기억인지, 배경에 대해 생각하게 만드는 기억인지 여부에 있다.

1970년대 이후, 전국 곳곳에는 "공산당이 싫어요."라고 말했다는 9살짜리 이승복의 동상이 세워졌었다. 이제는 80퍼센트 이상이 철거되었다는데, 그로부터 40년 후, 2010년대에는 위안부 "소녀"상이 곳곳에 세워지고 있다. 그 상들은 어떤 운명을 걷게 될까.

문제는 상 자체가 아니라, 당사자를 넘어선 "생각과 욕망"들이 상에 담기면서 영웅화되고, 그럼으로써 오히려 고요한 추모와 슬픔이 자리할 공간이 사라진다는 데에 있다. 그곳에 있는 건, 희생된 소년/소녀들의 아픔이 아니라 형해화된 어른들의 욕망일 뿐이다. 교과서든 기념비든. 국가든 민간이든.

박유하 페이스북, 2015. 10. 27.

"소녀상은 저희 손을 빌어 만들어지긴 했지만 온전히 저희 것은 아니다. 할머니들이 이어온 20여 년의 수요 집회가 없었다면 (소녀상은) 만들어지지 않았을 거다. 할머니들의 수십 년 고통이 없었으면 만들어질 수 없었을 거다. 소녀상을 철거하라는 건 조형물을 철거하는 정도가 아니라 국민의 마음을 모욕하는 것과 같다. 국민 자존심을 묵살하는 처사다. 일본이 제대로 사과하고 반성한다고 하면 저 소녀상을 '일본에 세우겠다' 오히려 이렇게 이야기해야 한다. 같이 보호하고 보전해야 한다고 말하는 게 맞다. 부화뇌동, 아니 (철거하자고) 앞장서는 정부가 (우리는) 어이가 없는 거다."

「평화의 소녀상 작가 "소녀상과 달리 조금 더 화나신 모습"」, 「오마이뉴스」, 2016. 1. 6.

10. 기억을 위한 투쟁-배제

한 개인으로서의 '위안부'의 또 다른 기억이 억압되고 봉쇄되어온 이유도 거기에 있다. 일본 군인과 '연애'도 하고 '위안'을 '애국'하는 일로 생각하기도 했던 위안부들의 기억이 은폐된 이유는 그녀들이 언제까지고 일본에 대해 한국이 '피해민족'임을 증명해주는 이로 존재해주어야 했기 때문이다. '위안부'들에게 개인으로서의 기억이 허용되지 않았던 것도 그 때문이다. 그녀들은 마치 해방 이후의 삶을 건너뛰기라도 한 것처럼, 언제까지고 '15살 소녀 피해자'이거나 '싸우는 투사 할머니'로 머물러 있어야했다.

『제국의 위안부』, 190쪽

그런데 저자가 집단 주체를 『제국의 위안부』란 개념으로 재구성할 때 배제하는 위안부 생존자들이 지금 열심히 활동하고 있는 분들이죠. 저자도 앞서 설명한 것처럼 집단 주체를 설정할 때 언제나 배제가 있을 수밖에 없는데, 거기에서 나눔의 집에서 활동하고 증언하는 생존자들을 배제하니까 깔끔한 집단 주체가 나올 수 있는 것이죠. 저자는 위안부 피해자 개별의 얼굴을 다 드러내야 한다고 하지만 수요집회에서 참여하고 있는 할머니들은 배제하고 있습니다.

백승덕, 「젊은 역사학자들, 『제국의 위안부』를 말하다」, 『역사문제연구』 제33호, 2015

흥미로운 것은 정대협을 좋아하는 다수의 위안부 할머니를 배제하고, 다수의 일본인 포주를 배제하고, 다수의 폭력적이었던 일본인 군인들을 배제해 버린다는 겁니다. 소수를 가지고 다수를 배제하고 있어요.

김헌주, 「젊은 역사학자들, 『제국의 위안부』를 말하다」, 『역사문제연구』 제33호, 2015

11. 민족주의

이들은 이 책을 민족주의에 대한 비판으로 보고 있지만, 이 책은 구 일본제국에 대해 한민족의 후예의 한 사람으로서 책임을 묻고 있는 책이다. 그러니 굳이 민족에 대한 거리를 묻는다면 오히려 민족주의적인 책이다. 정대협에 대한 비판은, 민족주의 비판 자체가 아니라 민족주의를 이용했거나 사로잡혀 있는 진보좌파에 대한 비판이다.

박유하, 젊은 역사학자들의 『제국의 위안부』 비판에 답한다, 『역사문제연구』, 제33호, 2015

저 개인도 민족주의를 비판하는 논문을 썼고, 매우 큰 관심을 가지고 있었기 때문에 책을 읽기 전에는 부당하게 탄압을 받는다고 생각했어요. 하지만 책을 읽고 나서 많은 문제를 느꼈고, 동시에 이 책을 둘러싼 상황을 보면서 두 가지 면을 고민하게 되었습니다. 지식인의 서술 범위는 때로 권력이 될 수도 있는데, 그 서술 범위, 다시 말해 표현의 자유는 어디까지 가능할까 하는 문제가 하나고요. 다른 하나는 이 책을 한마디로 정리하면 식민주의가 소거된 민족주의 비판이라고 생각했는데, 그런 해방적이고 진보적인 문제의식이 없는 민족주의 비판이 얼마나 위험할까 하는 것이었어요. 역으로 저 자신을 반성할 수 있게 해 준 책이었습니다.

김헌주, 「젊은 역사학자들, 『제국의 위안부』를 말하다」, 『역사문제연구』 제33호, 2015.

12. 서평

사실과 진실은 다르다는 출발에서 시작한다. 우리는 간혹 이를 혼동하거나 구분하기를 거부한다. 이 책 (『제국의 위안부』)을 둘러싼 논쟁의 이면에는 역사에 대한 판단과 학자의 양심과 주장이라는 복잡한 구조를 지극히 단선적 이해로 규정하려는 음모가 숨어 있다.
출판기획자 이홍, 「프레시안」 선정 2015년 올해의 주목할 만한 책 추천사

 박유하 교수가 그려 내고자 했던 위안부의 모습은 중일전쟁 이전, 평균연령 25세의 못 배우고 못살아 "단독으로 찾아가" 대부분 자발적으로 위안부가 된 수천 명의 직업여성들이었다. 지난 20년간 일본 정부에 사죄와 배상을 요구한 '국가 폭력에 의거한 전쟁범죄'로서 우리가 기억하는 1939년 중일전쟁 이후 일본 국가와 군부가 기획한 위안부 문제와 이 책이 기억하고자 하는 위안부는 전혀 다른 것임이 분명해졌다. 박유하 교수의 머리에서 만들어진 '욕망하는 주체로서의 조선인 위안부' 상은 결과적으로 중일전쟁 이전 그러한 식으로 있어 주기를 바라는 박유하 교수의 욕망을 위안부에 투사한 것이다. '『제국의 위안부』'는 그래서 소설이다.
최형익 한신대 국제관계학부 교수, 「'『제국의 위안부』'는 소설이다」, 「서울신문」 2015. 12. 24.

13. 표현의 자유와 명예훼손(1)

먼저 『제국의 위안부』의 비판자들은 '박유하가 허위 사실과 부정확한 연구를 해놓고, 표현의 자유 뒤에 숨으려고 한다'는 듣기 지겨운 비방을 그쳐야 한다.
'진실 대 허위' '엄정한 학문 대 학문의 자유' '위안부 할머니의 고통 대 개인의 명예'라는 구도는 대중을 비판자들의 편으로 만들면서 저자를 악마화한다. 하지만 박유하는 표현이나 학문의 자유를 쟁점 삼아 자신을 지키려고 한 적이 없다. 대부분이 역사가들인 비판자들에게는 표현의 자유가 아니라 명예훼손죄가 쟁점이어야 한다.
장정일, 「『제국의 위안부』 저자 박유하 교수 기소를 어떻게 볼 것인가」, 「중앙일보」, 2015. 12. 16.

'사회적 피해자의 인권을 침해하고 있는 책이 누릴 수 있는 자유의 수준은 어디까지인가'를 두고 3개월여 간 고민한 끝에 '인권'에 대한 문제로 접근해야 한다는 결론을 내렸다. 공권력이 표현의 자유를 억압한 것도 아니고, 피해자가 직접 아픔과 명예훼손을 호소하며 고소를 했는데, 이를 취하하라고 요구하는 것은 바람직하지 않다고 생각한다.

나눔의 집 고문변호사 박선아 교수, 「머니투데이」, 2016. 1. 31.

14. 표현의 자유와 명예훼손(2)

작년부터, 한국에서 이 책이 명예훼손의 민사재판에 휘말리게 된 것에 대해 우리는 우려의 눈길을 보내왔습니다만, 이번에 더욱 큰 충격을 받게 된 것은 검찰청이라는 공권력이 특정 역사관을 기반으로 학문과 언론의 자유를 억압하는 행동을 취했기 때문입니다. 무엇을 사실로 인정하고, 역사를 어떻게 해석할지는 학문의 자유에 관한 문제입니다. 특정 개인에 대한 비방이나 폭력 선동을 제외하고, 언론에 대해서는 언론을 통해 대항해야 하며, 학문의 장에 공권력이 발을 들여놓아서는 안 된다는 것은 근대 민주주의의 기본 원리라고 여겨집니다. 학문과 언론의 활발한 전개야말로 건전한 여론 형성을 위한 중요한 재료를 제공하고, 사회에 자양분을 공급하기 때문입니다.

와카미야 요시부미(若宮啓文) 전 「아사히(朝日)신문」 주필 등 일본 지식인 54인, 「박유하 교수 기소에 대한 항의성명」, 2015. 11. 26.

이렇게 볼 때, 최근에 벌어진 일련의 사건들에 대한 '표현의 자유'의 외침은 그것이 비록 과거 억압기구로서 국가에 대해 투쟁해서 얻은 것이라는 상징성이 있을지언정, 그런 본래의 취지와는 방향이 상당히 어긋나 있음을 알 수 있다. 가령 댓글 판사나 대북 전단 살포자들이 국가의 제재에 대항해 '표현의 자유'를 주장한다면 그것은 억압기구에 대한 저항이라기보다는 국가의 공익적 기능에 대한 구조조정을 목표로 하는 행위에 가깝다.

마찬가지로 『제국의 위안부』에 대한 소송과 법원의 가처분 결정에 대해

"표현의 자유"를 탄압하는 것이라 주장하는 것 역시 실체로서 존재하지 않는 억압기구의 허상을 세워두고 타격하는 것이라 미덥지 않다. 연구에 동원되는, 혹은 연구결과의 공표가 앞으로의 삶에 영향을 끼칠 수 있는 사람들에 대한 보호를 담당하는 공공기구가 존재하지 않는 현실에서 국가(법원)는 소극적 공공 장치로서 소환된 것일 뿐, 이를 억압적 국가기구의 탄압이라 규정하는 것은 과장이다.

김한상, 「『제국의 위안부』와 '표현의 자유' 소고」 중에서 , 역사문제연구소 블로그.

15. 표현의 자유와 명예훼손(3)

다음으로 저자는 정말 할머니들의 명예를 훼손했을까. 설령 책 내용 중에 오해를 불러일으킬 수 있는 표현이 있다 하더라도 서술의 일부분을 감정적으로 가져와 단락적으로 문제시하는 것은 저자의 진짜 의도를 알맞게 파악했다고 보기 어렵다. 전체적으로 식민지 지배하에서 일본인의 일원으로 병사를 위로하는 역할을 강요당한 여성들의 구조적인 문제를 논하고 있다는 점에서, 저자가 할머니 한 분 한 분의 명예에 상처를 입힐 의도가 없다는 것은 분명하다. 나는 그 책을 읽고 할머니들에 대한 모독은커녕 도리어 할머니들의 고통과 비애가 마음에 와 닿았다. 그런 독자가 많다는 것을 할머니들이 알아주셨으면 좋겠다.

와카미야 요시부미 전 아사히신문 주필, 「박유하 교수 기소에 대한 항의에 담은 마음」, 「조선일보」, 2015. 12. 21.

우선 저희가 헌법을 아는 사람의 입장으로서 표현의 자유라는 것이 있고, 학문의 자유라는 것이 있기 때문에 이것이 대학교수라고 하는 학자에 의해서 쓰인 역사서라고 보고 있습니다. 그래서 학문적 영역 내이고 그것이 학자적 양심에 의한 의견과 판단해석이라고 한다면, 과연 그 부분에 있어서 일부 피해자들의 인권을 침해하는 부분이 있더라도 그것을 학문적으로 풀어가는 것이 바람직하다고 생각합니다. 그러나 그것이 현저히 벗어나서, 명백하게 허위사실을 기술하고 도저히 묵과할 수 없을 정도의 피해자들의 명예를 훼손하고 있다면 아무리 학자가 쓴 글이라고 하더라도 법의 심판을 받는 것이 마땅하다고 생각해서, 저희가 그 한계선상에서 굉장히 많은 고민을 하였습니다.

그 책이 전반적으로 위안부 피해자들에 대해서 동지적인 관계를 맺고 있었다든가, 일본군의 협력자라고 한다든가, 매춘의 틀 안에서 이해할 수 있다는 그러한 내용들, 그리고 일본의 창기의 고통과 다르지 않다는 것들이 개별적인 서술이고요. 아까 사회자님이 출판사 대표가 전체적인 맥락과 의도를 고려하지 않았다는 말씀했다고, 사실은 저희가 전체적인 맥락과 의도 같은 경우에는 추정되는 의도, 그러니까 책을 읽어보고 객관적인 일반인으로서 느껴지는 맥락과 의도라는 것은 더욱더 위험하다고 봤습니다.

과연 이것이 어떠한 목적에서 쓰여 있는 건지. 지금 일본군 위안부 문제는 전 세계적으로, 전시 성폭력 문제, 성노예 문제라는 것이 여러 가지 보고서에 의해서 확인이 되고 국제사회의 연대를 얻어놓은 입장인데, 과연 그 부분에 있어서 그중에서 지금 일본이 강제성을 부인하는 논거로 사용되는 부분을 전체적인 것인양 하고 이 책을 작성한 것이 과연 이 문제의 해결을 위한 것인지, 어떠한 의도인지 심히 의심스러웠습니다.
한양대 법학전문대학원 박선아 교수, 「YTN」 라디오 '신율의 출발 새아침', 2014. 6. 17.

16. 일본 독자

내 책을 높이 평가해준 건 대표적인 진보매체 「아사히신문」과 진보적인 학자들, 그리고 식민지배에 대한 사죄의식을 가진 선량한 시민들이었다.
박유하, 『제국의 위안부』, 318쪽

일본 리버럴에선 이 동아시아의 위기 상황을 극복하려면 한국의 반일 자체를 깨야 한다고 말한다. 즉 한일의 화해가 필요하다는 것이다. (……) 중국이나 북한에 대항하기 위해 한일 간에 역사적인 화해가 필요하다는 주장이다. 그래서 결국 일본 우파의 안보 강경론과 리버럴의 한일 화해론이 거의 비슷한 얘기를 하고 있는 꼴이 된다. 이들에게 문제는 한국의 민족주의다. 박유하 교수의 『제국의 위안부』를 일본 리버럴들이 환영하는 배경에는 이런 맥락이 있다. 현재 일본에선 일본의 '혐한'과 한국의 '반일'을 동일시하는 담론이 대세다. 혐한류와 한국정신대문제대책협의회(정대협)가 (한일 화해를 가로막는다는 점에서) 비슷하다는 것이다. 한국의 '일베'와 일본의 '혐한류'가 같다는 게 아니라 혐한류와 정대협이 같다는 것이다.

정영환, 「과거 얽매이지 말자는 '한-일 화해론', 중국과 대립 부를 위험」, 「한겨레」, 2015. 8. 11.

17. 복자(○○○) 처리

박유하의 『제국의 위안부』(뿌리와이파리, 2013)는 2015년 2월 법원으로부터 34곳을 삭제하라는 판결을 받고, 6월에 복자(伏字) 처리가 된 삭제판을 냈다. 그런데 처음에 지은이를 고소했던 위안부 관련 단체는 '복자 처리'가 자신들을 농락한 것이라며, 출판 중지를 요구했다. 일제 강점기에 복자 처리된 책이 꽤 나왔으나, 일제 경찰도 그것마저 트집 잡지는 않았다.

「장정일 칼럼 – '제국의 위안부' 기소에 부쳐」, 「한국일보」, 2015. 11. 27.

박유하 교수는 한국 여성 아닌가요? 폐기처분할 책을 어떻게 삭제판으로 다시 내놓을 생각을 했나요? 지식인이라는 사람이 양심이 있다면 이럴 수는 없지요. 한국어판뿐 아니라 일본어판도 당장 절판시켜야 해요. 지난해 11월 나온 『제국의 위안부』 일본어판은 삭제되지 않은 원문 그대로의 내용이 담겨 있습니다. 박 교수는 일본 현지에선 영웅 대접을 받고 있다고 해요. 일본의 역사 왜곡에 이 책이 논리적 근거를 대줬으니까요.

이미 법원에서 34곳이나 삭제하라는 결과가 나왔으면 절판해야 되는 것 아니냐. 이 책 파는 게 다가 아니잖아. 억울하고 원통한 마음에 겨우 생명을 부지하고 있는 할머니들을 두 번 죽이는 일……. 박 교수가 한국 여성으로 태어나 한국의 어머니 밑에서 자랐다면 그런 책을 팔겠다고 나서면 안 되지요."
유희남 할머니, 「『제국의 위안부』 삭제판 출간 논란 재점화」, 「여성의 신문」 2015. 4. 15.

18. 온라인 무료 배포

약속드린 대로, 책을 무료 배포합니다. 34곳이 삭제되어 있긴 하지만 저의 취지를 이해하시는 데에는 문제가 없다고 생각합니다.
위안부문제의 진정한 해결에 도움이 되기를 바라면서 이 책을 썼습니다. 그 마음엔 여전히 변함이 없습니다.
보잘 것 없는 사고의 흔적이지만, 한일합의를 넘어선 국민 간 합의가 만들어지는 데에 기여할 수 있었으면 합니다.
고통스러운 '위안부' 경험을 하셔야 했던 분들과 전 세계 한국 분들게, 이 책을 바칩니다.
많이 공유해 주시면 감사하겠습니다. (박유하. 2016.2.1.)

PARKYUHA.ORG - 제국의 위안부: 법정에서 광장으로
박유하 제국의 위안부 본문 공개

PARKYUHA.ORG | 작성자: "PARKYUHA.ORG"

"법원의 결정을 겸허히 수용해 위안부 피해 할머니들에게 사죄해야 한다. 일본어판도 당장 절판해야 하는 마당에 되레 한국어 삭제판을 낸 것은 잘못"
"이는 사법적 판결을 외면한 비도덕적인 행동이다. 저자 스스로 책을 절판시키는 게 학자로서 해야 할 최소한의 양심"
안신권 소장, 「『제국의 위안부』 삭제판 출간 논란 재점화」, 『여성의 신문』, 2015. 4. 15.

19. 재판

고소장에는 내가 위안부 할머니를 '자발적인 매춘부'라 말했다고 쓰여 있다. 하지만 이 책에서 확인할 수 있듯이, 나는 그렇게 쓴 적이 없다. 지적된 내용은 대부분 기초적인 독해력 부족이나 의도적인 왜곡으로 만든 것들이었다. 하지만 재판부는 이 부분도 삭제해야 할 곳으로 인정했다.

박유하, 『제국의 위안부』 제2판 서문 「식민지의 아이러니」 중

채무자들이 집필하였거나 출판한 이 사건 도서 중 별지 2 '인용목록'의 밑줄 친 부분(이하 '이 사건 인용부분'이라 한다)은 일본군에 의한 위안부 강제동원 사실을 부정함으로써 일본군 위안부 모집에 있어서 영리성이나 비강제성을 강조하거나, 일본군 위안부들이 본인의 의사에 반하여 강제적으로 동원되어 성행위를 강요당한 '성노예'에 다름없는 '피해자'라는 본질은 외면한 채 일본군 위안부를 19세기 후반 해외 성매매에 종사한 일본국 여성들을 가리키는 '가라유키상의 후예'라고 하거나 일본군 위안부의 고통이 일본인 창기의 고통과 다르지 않고, 일본군 위안부의 본질이 '매춘'에 있으며, 일본군 위안부들은 모집에 응하여 '자발적으로 간 매춘부'라고 표현하고 있으며, 일본군 위안부들이 일본제국의 일원으로서 일본국에 대한 '애국심' 또는 위안부로서의 '자긍심'을 가지고 일본인 병사들을 정신적으로 위안하여 주는 위안부로서의 생활을 하였고, 이를 통해 일본군과 함께 전쟁을 수행하는 '동지'의 관계에 있었으며, '일본인'으로서 일본군에 '협력'하였다는 등의 내용이다.

서울동부지법 민사21부, 「출판금지 가처분 결정」 중에서, 2015. 2. 17.

20. 거짓말

강제연행은 거짓말이다

아베 신조(安倍晋三) 수상을 비롯한 정치가는 역사의 사실을 부정하고 개찬 (改竄: 고침)하며 책임도피를 도모해 왔다. 또한 아우슈비츠의 거짓말에 해당하는 위안부 거짓말이나 남경대학살 거짓말을 소리 높여 외치고 있다. 인터넷 상에서도, 대중 매체에서도 표현의 자유란 이름하에 역사의 사실을 부정·개찬하고, 피해자를 다시 모욕하면서 존엄의 회복을 방해하고 있다. 우익 정치가나 헤이트 단체뿐 아니라 일부 지식인들이 여기에 참여하고 있다.

마에다 아키라, 「위안부 문제와 학문의 폭력-식민주의와 헤이트 스피치」, 본서 89쪽

21. 화해

그렇기 때문에도 우리는 뒤늦게나마 말해야 하고 들어야 합니다. 우선은 각 세력에 의해 오랫동안 인질이 되었던 위안부 할머니들을 위해서. 연로하신 할머니들이 이제는 반복과 불화가 아니라 용서와 화해의 주체로 거듭날 수 있도록 돕기 위해서.

박유하, 「위안부 문제, 다시 생각해야 하는 이유」, 『제국의 위안부』, 340쪽

제가 박유하 씨가 말하는 '화해'를 비판하는 근거 중 하나는, 제가 '미안해 요, 베트남' 운동을 해왔기 때문입니다. (……) 우리들은 '미안해요, 베트남' 운동을 시작한 초기에는 '화해'라는 말을 사용했지만 점점 쓰지 않게 되었습니다. 우리가 해야 할 몫은 사실을 인정하고 고백하고 용서를 구하는 것일 뿐이고, 화해란 베트남 사람들이 우리의 사죄를 받아들인 다음에 베트남 사람들이 먼저 제안할 수 있는 것이라는 점을 깨달았기 때문입니다

한홍구, 「자국의 가해 역사를 직시한다」, 『Q&A '위안부' 문제와 식민지 지배 책임』

제2부

일본의 역사수정주의와
『제국의 위안부』

일본 리버럴 지식인은 왜 박유하를 지지할까

길윤형 「한겨레」 도쿄 특파원

2015년 11월 26일 도쿄 지요다구 일본 프레스센터 9층. 잔뜩 흐린 날씨 때문인지 무겁게 가라앉은 공기를 뚫고, 우에노 지즈코 도쿄대 명예교수, 고모리 요이치 도쿄대 교수, 와카미야 요시부미 전 「아사히신문」 주필 등이 연단에 올랐다.

이날 기자회견은 최근 일본에선 좀처럼 열린 적이 없는 희귀한 행사였다. 일본 지식인들이 1973년 김대중 납치사건 이후 한국의 군사정권을 공개 비판하는 회견을 연 적은 많았지만, 민주화가 이뤄진 뒤 이 같은 행사를 연 적은 사실상 없었기 때문이다. 특히 이 성명엔 고노 요헤이 전 관방장관과 무라야마 도미이치 전 총리까지 참여해 상당한 무게가 실렸다.

우에노 명예교수 등이 기자회견을 연 직접적인 계기는 '문제적 저서' 『제국의 위안부』(2013년) 저자인 박유하 세종대학교 교수에 대한 한국 검찰의 기소 결정이었다. 이들은 성명에서 "서울동부지검이 박 교수를 '명예훼손죄'로 기소한 것에 대해 커다란 놀라움과 깊은 우려를 금할 수 없다"고 운을 뗀 뒤 "검찰청이라는 공권력이 특정 역사관을 기반으로 학문과 언론의 자유를 억압하는 행동을 취했다는 사실에 큰 충격을 받았다"고 지적했다.

일본 지식인들이 박유하 지지 성명을 낸 이유

그동안 한국에서도 박 교수의 저서를 둘러싸고 두 차례 치열한 논쟁이 진행돼왔다. 1차 논쟁은 2014년 6월 위안부 피해 할머니들이 이 책의 일부 표현이 자신들의 인격권을 침해했다며 법원에 출판금지 가처분 소송을 냈다는 소식이 전해진 뒤였다. 논쟁의 층위는 실로 복잡다단했지만, 국가가 특정한 학문적 견해에 대해 옳고 그름을 판단하는 게 바람직한지에 대한 논란이었다. 1차 논쟁에서 사회적 합의점을 찾지 못한 채 수면에 잠복해 있던 논란은 2015년 2월 법원이 할머니들의 주장을 받아들여 "위안부들이 일본군과 동지적인 관계를 맺고 있었다."라는 기술 등 34곳을 삭제하도록 결정한 뒤 재발했고, 2015년 11월 18일 검찰의 기소 결정 이후 다시 한 번 불이 붙었다. 그런 의미에서 이번 사태는 한국 사회에서 2년 넘게 진행돼 온 『제국의 위안부』 논쟁의 제3라운드라 부를 수 있다.

3차 논쟁에선 그동안 1, 2차 논쟁에서 볼 수 없었던 새로운 변수가 등장했다. 그동안 한국 내 논의를 지켜보고만 있던 일본 지식인 사회가 본격적으로

▌ 2015년 11월 26일 도쿄 지요다구 일본 프레스센터 9층 회견실에서 무라야마 도미이치(村山富市) 전 일본 총리를 비롯한 일본인 지식인 54명이 박유하 세종대 교수의 저서 『제국의 위안부』를 기소한 한국 검찰에 항의하며 "역사를 어떻게 해석할지는 학문의 자유에 관한 문제다. 특정 개인에 대한 비방이나 폭력 선동을 제외하고 언론에 대해서는 언론으로 대항해야 한다"는 내용의 성명을 발표했다. 왼쪽부터 야스오 요시노리 「교도통신」 전 서울특파원, 우에노 지즈코 도쿄대 명예교수, 와카미야 요시부미 전 「아사히신문」 주필, 나카자와 게이 호세이대 교수(작가), 고모리 요이치 도쿄대 교수. ©길윤형

이 논쟁에 개입을 시도했기 때문이다.

이런 변화를 가장 명확히 보여주는 게 이날 공개된 일본 지식인들의 성명이었다. 성명엔 크게 두 개의 내용이 담겨 있다. 첫 번째는 '언론의 자유'라는 관점에 기초해 한국 검찰의 기소를 비판하는 내용이다. 검찰 기소가 할머니들의 고소가 있었기 때문에 어쩔 수 없는 선택이었을지언정 바람직한 게 아니라는 데엔 한일 양국 모두에서 별다른 이견이 없다.

두 번째 담긴 내용은 『제국의 위안부』에 대한 일본 지식인들의 평가다. 성명을 보면 이번 성명을 주도한 이들이 『제국의 위안부』에 대해 대단한 '호의'를 갖고 있음을 확인할 수 있다. 이들은 성명에서 "『제국의 위안부』는 종군 위안부 문제에 대한 일면적인 인식을 넘어 다양성을 제시함으로써 사태의 복잡성과 배경의 깊이를 포착하고 있다"며 "식민 지배를 통해 그러한 상황(위안부 문제)을 만들어낸 제국 일본의 근원적인 책임을 날카롭게 지적했을

뿐 위안부 문제로부터 등을 돌리고자 하는 논조에 가담하는 책이 아니다"고 설명하고 있다.

『제국의 위안부』의 중심 주장은 위안부들이 일본군과 "기본적으로 동지적 관계"였고, 일본을 위해 애국하려는 '제국의 위안부'였기에 일본 정부에 '법적 책임'을 물을 수 없다는 것이다. 이들은 "이 책에 대해선 여러 가지 이견이 존재한다."라고 유보적인 언어를 사용하면서도 결론적으로는 박 교수의 위안부 인식에 적극적인 지지의 메시지를 던지고 있다. 이번 성명에 참여한 모든 이들이 박 교수의 위안부 인식에 동의하는지는 알 수 없지만, 성명을 주도한 이들은 분명 그에 대한 지지자라 분류할 수 있다.

그런 의미에서 이번 성명 발표는 위안부 문제를 둘러싸고 갈가리 찢겨 있는 일본 진보의 균열을 다시 한 번 확인시켜주는 현상으로 해석해 볼 수도 있다.

아시아여성기금을 둘러싼 원칙론자와 현실론자의 대립

일본의 진보진영은 1990년대 중반 위안부 문제의 '해결책'을 둘러싸고 커다란 분열을 겪은 바 있다. 균열은 위안부 문제를 일본이 '법적 책임'을 져야 하는 전쟁범죄라고 파악한 원칙론자들과(그런 면도 있지만) 한일 양국이 서둘러 해결해야 하는 외교적 과제로 본 현실론자들 사이에서 발생했다.

직접적인 분열의 계기는 일본 정부가 위안부 문제의 해결책으로 내놓은 '아시아여성기금'(이후 기금)의 수용 여부였다. 당시 무라야마 정권은 한일 간의 청구권 문제는 1965년 한일 청구권 협정으로 모두 해결됐다는 인식 아래 일본 정부의 책임을 '법적 책임'이 아닌 '도덕적 책임'으로 한정했다. 그에 따라 일본 정부는 정부 예산이 아닌 기금을 통해 모은 모금으로 할머니 한

명에게 2백만 엔의 '쓰구나이킨'(속죄금)과 일본 총리의 사죄의 편지를 전달한다. 그러나 한국에선 3분의 2 이상의 할머니들이 일본 정부가 법적 책임을 질 것을 요구하며 기금 수령을 거부한다.

일본에서 전자를 상징하는 인물은 위안부 문제 연구의 1인자로 꼽히는 요시미 요시아키 주오대 교수다. 위안부 문제에 대한 요시미 교수의 입장은 위안부 문제에 대한 한일 정부간의 12·28 합의 이후 「한겨레」와(2016년 1월 9일자 1면) 진행한 인터뷰에 명확히 드러나 있다. 이 합의는 일본 정부가 한국 정부가 만드는 재단에 정부 예산으로 10억 엔을 출연하는 대가로, 위안부 문제를 '최종적, 불가역적으로 해결한다'는 내용으로 구성돼 있다. 요시미 교수는 해당 인터뷰에서 지난 12·28 합의에 대해 다음과 같은 견해를 밝히고 있다.

> 위안부 문제는 군의 관여 하에 다수의 여성의 명예와 존엄에 상처를 입힌 문제'라는 표현이 나오지만, '군의 관여'가 아니라 '군이'라고 주어를 분명히 해야 한다. 업자가 개입된 경우에도 군이 주체이고 업자는 종속적인 역할을 했다. 군에 책임이 있다면 정부는 피해자들에게 '배상'을 해야 한다. 그러나 기시다 외상은 (기자회견 이후 일본 언론들과의 독자 인터뷰에서 일본 정부가 한국 정부가 만드는 재단에 내는) 10억 엔의 출연금이 '배상이 아니다'라고 말했다. 결국 일본이 통감하는 책임이 뭐냐는 의문이 생긴다. 업자가 나쁜 것을 했는데 정부가 이를 제대로 단속하지 못해 사과한다는 것에 불과하다.

결국 요시미 교수에게 위안부 문제는 군이 주체가 돼 여성의 인권을 유린한 국가 범죄이기 때문에 일본의 법적 책임을 인정하지 않은 이번 합의는 "피해자 입장에서 도저히 받아들일 수 있는 내용이 아닌" 게 된다. 결국 요시미 교수는 이번 합의에 대해 "이번 합의는 상식적으로 생각하면 있을 수 없는 내용이 포함돼 있어 백지로 돌려 다시 한 번 생각해야 한다. 시간이 걸

1995년 8월 15일, 일본에서 열린 전후 50주년의 종전기념일에 일본이 태평양 전쟁과 전쟁 이전에 행한 침략이나 식민지 지배에 대해 공식적으로 사죄하는 내용의 '무라야마 담화'를 발표했던 전 무라야마 도미이치 내각총리대신도 박유하 교수를 지지하는 성명에 참여했다.

리더라도, 어려울 땐 근본으로 돌아갈 수밖에 없다"는 최종 결론을 내리고 있다.

이 같은 입장을 갖는 일본 지식인들은 일본 정부의 법적 책임을 부인하는 박 교수의 저서에 비판적인 의견을 유지하고 있으며, 따라서 이번 성명엔 일절 참여하지 않았다. 이 부류에 속하는 인물들로는 위안부 연구자들 가운데는 요시미 교수, 하야시 히로후미 간토가구인 대학 교수, 나가이 가즈 교토대학 교수, 김부자 도쿄외국어대학 교수 등이 있고, 역사학 전반으로 범위를 조금 더 넓히면 우쓰미 아이코 오사카 경제법과대학 특임교수, 다나카 히로시 히토쓰바시대학 명예교수, 마에다 아키라 도쿄조형대학 교수 등의 이름을 꼽을 수 있다. 이들은 지금도 한국의 시민사회와 연대해 위안부 문제의 올바른 해결을 촉구하기 위해 활동 중이다.

현실론자를 대표하는 와다 하루키 교수의 논리

일본에서 후자를 대표하는 인물로는 와다 하루키 도쿄대 명예교수가 있다. 그는 1995년 7월 발족한 아시아여성기금에 이사로 참여해 2007년 4월 종료 때까지 줄곧 기금을 지킨 기금의 '산증인'으로 꼽힌다.

와다 명예교수는 『위안부 문제의 해결을 위해』에서 당시 기금에 참여하게 된 계기와 그로 인해 한국의 민주화 운동을 함께 지원했던 '동지'들과 결별하게 된 회한을 비교적 담담히 기술하고 있다. 그는 기금에 부정적이었던 야스에 료스케「세카이」편집장 등 일본의 진보 세력들이 "(법적 책임을 부인하는) 일본 정부의 태도는 책임을 회피하는 것이라 보고 화가 나 있었다. 그러나 이들은 기

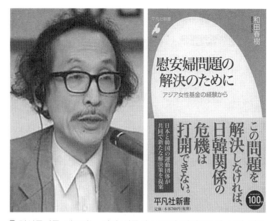

▌현실론자를 대표하는 와다 하루키 도쿄대 명예교수와 그의 저서 『위안부 문제의 해결을 위해』

금을 부정한 뒤 지금부터 최선을 다해 노력해서 더 바람직한 조처를 정부로부터 끌어내는 게 가능할 것인가라는 점은 생각하지 않았다"고 지적했다.

당시 무라야마 정권은 '고노 담화'에서 밝힌 역사 인식을 뒤엎으려는 보수 세력의 반격으로 풍전등화 같은 상황이었다. 와다 교수는 이러한 상황을 고려할 때 일본 정부로부터 기금보다 더 좋은 안을 끌어내는 것은 현실적으로 불가능하다는 판단을 내렸다.

이와 비슷한 입장을 가진 또 다른 인물로는 오누마 야스아키 메이지대 특임교수가 있다. 그는『역사인식은 무엇인가』에서 "모든 위안부와 이들을 둘러싸고 있는 지원단체, 한일 두 나라, 학자, 나아가 국제사회를 모두 만족시키는 진정한 해결 따위는 있을 수 없다. 한일 정부가 교섭을 거듭하고 서로 양보해 정부 간의 해결에 합의해야 한다. 그게 얼마 남지 않은 생존 위안부를 위해서도 한일의 우호를 위해서도 중요하다."라고 지적했다. 그는 2007년 저서에선 위안부 문제에 대한 한국 쪽의 '지나친 요구'를 비판한 박 교수의 전작인『화해를 위하여』를 높게 평가하기도 했다. 오누마 교수는 당연히 이번 성명에 이름을 올렸다.

이런 점을 생각해 볼 때 오누마 교수가 12·28 합의에 대해 어떤 입장을 갖고 있는지를 상상하긴 어렵지 않다. 그는 실제 합의가 나온 당일 일본 지지통신과의 인터뷰에서 이번 합의에 대해 일본이 일방적으로 이긴 것이란 견해를 밝히면서도, 한일 양국 정부가 이 합의를 잘 살려갈 것을 주문하고 있다. 위안부 문제에 대한 그의 실용적인 태도가 잘 드러난 발언이기 때문에 지지통신과의 인터뷰 전문을 옮겨 본다.

> 일한 양국 정부의 노력으로 국교 정상회 50년에 합의가 성립했다는 것에 대한 감개가 깊다. 한국 정부가 재단을 설립하고 일본 정부의 예산으로 피해자의 마음의 상처를 치유하는 사업을 진행하는 것은 예전 사할린 잔류 조선인의 한국 영주 귀국을 일한 양국이 협력해 진행한 것과 같은 모델로 평가할 수 있다. 한국 정부가 피해자인 전 위안부나 지원단체를 설득해 여론의 지지를 얻어가는 게 가능할지가 과제다. '양쪽 모두가 불만을 갖는다면 좋은 조약'이라는 것은 외교의 요체에서 보자면, 이번 합의는 일본이 너무 이긴 것(勝ちすぎ)이다. 전 위안부들이나 한국 국민이 '불만족스런 합의를 억지로 삼켰다'고 느껴 미래에 대한 원망을 갖지 않을까 하는 불안이 남는다. 해결에 오랜 시간이 걸린 것은 양국 정부의 책임도 있지만, 극한적인 논의를 부추긴 양국 언론의 책임도 크다. 진지하게 지난 4반세기의 보도·논조를 반성하기 바란다.

와카미야 전 「아사히신문」 주필, "좋든 싫든 동지적 관계…"

주목해 볼만한 또 다른 인물은 일본 내에서 박유하 교수의 맹렬한 지지자로 활동하고 있는 와카미야 전 「아사히신문」 주필이다. 와카미야 전 주필은 지난해 11월 일본 지식인들의 성명을 주도한 중심인물이기도 하다.

그는 지금까지 한국 언론에 여러 차례 박 교수의 입장을 적극 옹호하는 기고를 실은 바 있다. 지난해 12월 「동아일보」 기고에선 "위안부와 일본군이 '동지적 관계'에 있었다는 기술이 오해의 표적이 되고 있지만 잘 생각해보라. 굴욕적이라 할지라도 그녀들은 일본인으로 전선에 보내져 적군과 대치하며 날마다 병사들과 생사를 같이 했다. 그런 극한 상황에서는 좋든 싫든 관계없이 미묘한 동지적 관계도 생겨나지 않을 수 없다"고 언급했다. 그는 또 비슷한 시기에 나온 「조선일보」 기고에선 "(박 교수의 저작이) 전체적으로 식민지 지배 하에서 일본인의 일원으로 병사를 위로하는 역할을 강요당한 여성들의 구조적인 문제를 논하고 있다는 점에서 저자가 할머니 한 분 한 분의 명예에 상처를 입힐 의도가 없다는 점은 분명하다. 나는 그 책을 읽고 할머니들에 대한 모독은커녕 도리어 할머니들의 고통과 비애가 마음에 와 닿았다."라고 지적했다.

와카미야 전 주필의 글에서 눈길을 끄는 것은 그가 박 교수의 저작을 높게 평가하고 한일 양국의 화해를 강조하면서도, 위안부 문제가 일본 정부가 책임을 져야 하는 국가 범죄인지 여부에 대해선 언급을 피하고 있다는 점이다. 이는 어떤 의미에선 위안부 문제에 대한 '현실론자'가 취하게 되는 필연적인 결론이라 할 수도 있다. 이들은 이어 아베 정권의 '역사수정주의'도 문제지만 한국의 지나친 내셔널리즘도 문제라는 양비론에 빠져들게 된다.

흥미로운 것은 (당연히 성명파로 분류되는) 와다 명예교수의 판단이다. 그는 지난 성명에 이름을 올리지 않았다. 와다 명예교수는 이유를 묻는 필자의 질문에 "성명에 참가하라는 권유를 받았지만 거절했다. 박 교수의 책에 대해선 검토가 더 필요하다고 생각한다. 지금 가장 중요한 것은 할머니들의 마음이다. 양쪽이 대화를 통해 문제를 풀기 바란다."라는 견해를 밝힌 바 있다.

와다 명예교수는 성명 불참의 이유를 명확히 밝히진 않았지만 추측해볼 만한 대목은 있다. 그의 저서 『위안부 문제의 해결을 위해』를 다시 보자. 그는 이 책에서 지금까지 일본에서 발견된 위안부와 관련된 공문서들을 간략히 둘러본 뒤 위안소 제도에 대해 "군부대가 스스로의 결정으로 업자에게 여성 모집을 의뢰해 건물을 고르고, 위안소를 신규로 건설해, 업자에게 영업을 위탁한 것이 가장 폭넓게 확인되는 방식"이라는 결론을 내린다. 이후 그가 주목하는 것은 식민지 종주국인 일본과 피식민지인 조선 사이의 차이였다.

1937년 중일전쟁이 발발한 뒤 전선이 확대되며 일본군 내의 위안부 수요가 급증한다. 그 때문인지 1938년 1월 상하이 파견군의 의뢰를 받은 업자들이 '황군위안부 3천명'을 모집하기 위해 일본 각지를 헤집듯 쑤시기 시작한다. 이런 움직임은 즉각 일본 행정당국에 감지됐다. 이 같은 움직임에 소스라치게 놀란 군마현 지사는 정부에 "공공질서 양속에 반하는" 이런 사업이 "황군의 위신을 실추시킨다."며 단속을 요청했다. 그러자 내무성 경보국장이 1938년 2월 23일 '지나(중국) 도항부녀의 취급에 관한 건'이라는 통달을 관계기관에 내려 보내 교통정리를 시도한다. 내무성은 (전쟁 수행을 위한 위안부 모집이라는) "특수한 사정을 고려해 실정에 맞는 조처를 강구"할 필요를 강조하며 '제국의 위신'과 '황국의 명예'가 손상되지 않고 '출정병사유가족'에게 악영향이 없도록 △ 일본에서 이미 매매춘에 종사했으며 △ 21살 이상이고 △ 친권자가 도항을 승낙하는 이들이 위안부로 도항할 수 있도록 협조할 것을 지시한다. 그러나 이 통달은 일본 국내용으로 식민지 조선엔 전달되지 않는다.

현실론자 와다 교수가 서명 안 한 이유

위안부와 관련한 여러 공문서를 근거로 와다 명예교수는 다음과 같은 결론을 내린다.

일본에서 이뤄진 위안부 획득은 대체로 이 같은 형태로 이뤄졌다. 민간 업자가 맘대로 여성들을 모은 것이 아니다. 업자도 국가적 통제의 일부였다. 일본에선 21살 이상의 여성이 모집되었을 것이라 생각된다. 이 사람들에게는 금전적인 약속 외에 '나라를 위해' '전쟁에 이기기 위해'라는 이데올로기적 설득이 이뤄졌을 것이다. 이들은 『제국의 위안부』(박유하)라 부를 수 있을지도 모른다. (……) 조선에선 21살 이하의 여성이 (위안부로) 도항했다는 사실이 확인돼 있다. 일본 정부가 21살 이하의 여성은 매춘을 시켜선 안 된다는 국제조약이 식민지엔 적용되지 않는다는 생각을 갖고 있었다는 것은 (요시미 교수 등의 연구로) 이미 알려진 사실이다. 그렇다면 조선과 대만엔 내무성 통달이 적용되지 않았다고 생각된다. 조선과 대만에선 '기왕에 매춘부였던 사람'이라는 조건이 적용되지 않았기 때문에 보통(평범한 집의 성매매 경험이 없는)의 딸들이 좋은 일거리가 있다는 얘기에 속아 모집됐다는 게 가장 흔한 케이스였던 것으로 보인다. 가난했기 때문에 먼저 돈을 받은 다음에 (위안부 생활을) 승낙한 사람도 있었을 것이다. 여기서도 '나라를 위해' '전쟁에 이기기 위해'란 이데올로기적인 설득이 있었다. 그런 생각을 한 것은 먼저 조선인 업자였다. 모집된 조선인 여성들에게 그런 의식이 있었는지는 의문이다.

결국 와다 명예교수의 입장은 위안부 문제는 시급히 해결을 해야 하는 문제지만, 일본군과 위안부 할머니들을 '동지적 관계'로 파악하는 박 교수의 주장에는 동의할 수 없다는 절충론으로 해석할 수 있다. 이런 입장의 연장선상에서 와다 교수는 지난 12·28 합의에 대해서도 적극적인 보완론을 전개하고 있다.

이번 합의에 대한 와다 명예교수의 견해는 1월13일 도쿄 지요다구 참의원 회관에서 열린 시민단체 '위안부 문제 해결 모임'의 집회에서 공개된 바 있다. 그는 지난 위안부 합의에 대해 "가능한 사죄를 작게 하고 감추되 미국으로부터 승인을 받으려는 것이 아베 총리의 전술"이었다고 지적하며 "아베 총

石橋湛山早稲田大学ジャーナリズム大賞を受賞、表彰状を受け取る朴裕河・
世宗大学教授（下川正晴撮影）

「和田春樹」の名前がない

日米の学者文化人５４人は１１月２５日、東京で記者会見して「抗議声明」を発表した。韓国では１２月２日、本
人が記者会見して起訴の不当性を訴える一方、学者文化人１５２人が彼女を支援する声明を発表したが、逆に、韓
国挺身隊問題対策協議会（以下、挺対協）に近いソウル大教授ら７人は、彼女を批判する声明を発表した。

▌ 기사 속 사진은 『제국의 위안부』로 '이시바시 단잔(石橋湛山) 기념 와세다 저널리즘 대상'을 받은 박유하
교수가 2015년 12월 10일 도쿄도 내에서 개최된 수상식에서 상을 받는 장면. 기사에는 일본 지식인 54인
이 참여한 〈박유하씨의 기소에 대한 항의 성명〉에 와다 교수가 서명을 하지 않았다고 나온다.

리의 일종의 기습 공격에 한국 정부가 당한 것"이라는 견해를 밝혔다. 그러
면서 와다 교수는 "이번 사죄가 불충분하지만, 이번 합의를 지렛대로 삼아
아베 총리를 압박하는 것 외에는 길이 없다"고 지적했다. 그는 일본 정부가
해야 할 구체적인 보완 조처로 일본 정부를 대표해 주한 일본 대사가 할머
니들에게 사죄의 뜻을 전하는 것 등을 꼽았다.

박유하 지지하는 문학계, 언론계와 비판하는 역사학계

『제국의 위안부』에 대한 일본 진보 지식인들의 다양한 입장을 통해 다음

과 같은 결론을 내릴 수 있다.

첫째, 지식인들의 전공과 박 교수에 대한 입장 사이의 상관관계다. 박 교수에 대해 긍정적인 입장을 갖는 이들은 대체로 문학 전공자들이나 전직 언론인들이다. 이를 명확히 보여주는 게 2015년 11월 성명 발표장에 나온 지식인 5명의 면면이다. 우에노 명예교수는 젠더학을 전공한 사회학자, 고모리 교수는 나쓰메 소세키를 전공한 문학자, 나카자와 게이 호세이대 교수는 작가로 분류할 수 있다. 다른 2명의 참가자인 야스오 요시노리와 와카미야는 전직 언론인이다. 이들은 박 교수의 주장을 '역사적 사실'에 비춰 평가하는 대신, 한일 화해를 위한 사회적 '담론'으로 보는 경향이 있다. 실제, 일부 일본 언론들은 『제국의 위안부』를 위안부 문제 해결을 위해 진행 중이던 한일 협의에서 일본 정부의 입장을 강화하는 도구로 활용하려는 모습을 보이기도 했다.

그렇다면 일본 역사학계의 견해는 어떨까? 이와 관련해 지난해 5월 매우 흥미로운 성명이 공개된 바 있다. 역사학연구회, 일본역사학협회 등 일본을 대표하는 16개 역사학 관련 단체들이 지난해 5월 25일 오후 도쿄 중의원 제2의원회관에서 "(위안부의) 강제연행은 단순히 강제로 끌려간 사례에 한정해선 안 되며 본인의 의사에 반해 연행된 사례를 포함해 이해되어야 한다. 최근의 연구는 위안부 동원 과정의 강제성뿐 아니라 동원된 여성들이 인권을 유린당한 '성노예'의 상태에 놓여 있었던 것을 분명히 밝히고 있다. (위안소 운영 과정에) 성매매 계약이 있었다 하더라도 그 배후에 (식민지배라는) 불평등하고 불공정한 구조가 존재하고 있었다. 이에 관한 정치·사회적 배경을 무시하는 것은 문제의 전체 모습에서 눈을 돌리는 것"이라는 입장을 밝혔다.

이날 기자회견을 주도한 구보 도루 역사학연구회 위원장은 이 성명에 대해 "1만 3천8백 명(중복자 포함)의 역사학자가 참여했다. 성명은 일본 역사학자들의 일반적인 의견으로 봐도 된다."라고 밝혔다. 위안부 문제를 해결해야 하는

■ 일본 지식인 54명의 성명파들은 12·28 한일 위안부 관련 합의에 대해 특별한 입장을 내놓지 않거나, 큰 틀에서 "환영한다"는 입장을 밝히고 있다

외교적 과제로 보고 있는 와다 교수가 결국 박 교수에 대한 지지를 사실상 철회한 이유도 한 사람의 역사학자로 박 교수가 주장하는『제국의 위안부』론에는 끝내 동의할 수 없었기 때문으로 추측할 수 있다.

12·28 한일 합의 대체로 환영하는 박유하 지지자들

둘째, 박 교수에 대한 지지 입장을 밝힌 이들은 결국 12·28 합의에 대해서도 긍정적으로 판단할 가능성이 높다는 것이다. 오누마 교수는 이 합의가 결국 일본의 일방적 승리라는 점을 인식하면서도 앞으로 양국이 합의 내용을 잘 이해해 가길 바란다는 인식을 밝혔다. 54명의 성명파들이 12·28 합의에 대해 특별한 입장을 내놓지 않거나, 큰 틀에서 "환영한다"는 입장을 밝히고 있다. 그나마 '『제국의 위안부』'론에 찬성하지 않는다는 뜻을 밝힌 와다 명예교수가 '보완론', 이를 강력히 비난해 온 요시미 교수가 '백지화'를 주장하며 목소리를 높이고 있을 뿐이다.

마지막으로, 양국이 위안부 문제를 해결해 이루려는 게 결국 무엇인가 하는 점이다. 지난 12·28 합의가 이뤄진 뒤 북한의 4차 핵실험과 로켓 발사가 이어지며 동아시아 정세는 한치 앞을 볼 수 없는 혼란 속으로 접어들고 있다. 꼭 위안부 합의의 결과라 말할 순 없겠지만, 현재 우리가 목도하고 있는 것은 한국이 미·일동맹의 하위 파트너로 한·미·일 3각 동맹에 흡수되어가고 있는 현실이다. 이 합의가 나온 뒤 나카타니 겐 일본 방위상은 한국을 향해 군사정보보호협정(GSOMIA) 체결을 요구했고, 한민구 국방부 장관은 지난 7일 국회 답변에서 이를 "검토해 가겠다."라고 화답했다. 또 한미 양국 정부는 중국이 맹렬히 반대해 온 고고도미사일방어체계(사드 : THAAD)를 주한 미군에 배치하기 위한 공식 협의를 시작하기로 했다.

한일 화해의 역설

결국, 한일의 화해를 통해 우리가 이루려 한 것은 무엇일까? 북한 봉쇄와 중국 견제를 위한 군사동맹 강화가 목적은 아니었을 테지만, 결국 동아시아의 정세는 그런 방향으로 흐르고 있다. 한일 화해의 역설이라 부를 수 있는 기묘한 현실이다.

이에 대해 박노자 오슬로국립대학 교수는 박유하의 『제국의 위안부』에 대해 "북한 혹은 암묵적으로 중국에 맞서기 위해 한국이 일본과 손을 잡아야 한다는 목적의식이 한일 화해론의 근거가 된다면 굉장히 위험한 논리가 될 수 있다"는 점을 지적한 바 있다. 박유하의 '『제국의 위안부』'론을 논의하기에 앞서 한번쯤 곱씹어 봐야 할 지적이다. 그러나 이런 점까지 인식하고 발언하는 일본 내의 리버럴은 별로 눈에 띄지 않는데, 어쩌면 그 점이 일본 리버럴이 갖고 있는 근본적인 한계일지도 모른다.

* 이 원고는 필자가 2015년 12월 5일자 「한겨레」 11면에 작성한 원고를 편집 방침에 맞춰 재작성한 것입니다.

길윤형

1977년 서울 출생. 「한겨레」 도쿄 특파원
『나는 조선인 가미카제다』(2012)
삼성언론상(2003), 임종국상(2007), 관훈언론상(2015) 수상

일본의 새로운 역사수정주의와 『제국의 위안부』 사태

김부자 도쿄외국어대학교 대학원 교수

머리말-아우슈비츠, 난징 학살, '위안부'

20년 전, 일본에서는 잡지 『마르코 폴로』 1995년 2월호에 니시오카 마사노리(西岡昌紀)가 쓴 「전후 세계사 최대의 터부, 나치 '가스실'은 없었다」는 기사가 게재되어, 큰 파문을 일으켰다. 미국의 유태인 단체는 이에 강하게 반발, 항의했고, 출판사는 이 잡지를 폐간했다('마르코 폴로 사건').

틸 바스티앙 『아우슈비츠와 '아우슈비츠의 거짓말'』[이시다 유지(石田勇治) 편

■ 일본 잡지 『마르코 폴로』
(1995년 2월호)에 니시오
카 마사노리[西岡昌紀]가 쓴
「전후 세계사 최대의 터부,
나치 '가스실'은 없었다」는
기사가 실렸다. 미국의 유태
인 단체는 이에 강하게 반
발·항의했고, 출판사는 이
잡지를 폐간했다.

역[1]은 일본 '수정파'의 본격적 등장을 의미하는 이 사건에 위기감을 가진 일
본 연구자가 일본어로 번역한 책이다. 이 책은 나치의 대량 학살 사실과 그
것을 무해화·부정하려는 역사의 위조='아우슈비츠의 거짓말'에 대해서 간결
하고 명료하게 정리되어 있다. 여기에서 말하는 '수정파'란 "제2차 세계대전
중에 나치스가 행한 대량 민족 학살을 왜소화하고, <u>나치스에 관한 기존의 이
미지를 전면적으로 바꾸려고 하는 사람들</u>"[2](밑줄 인용자, 이하 같음)을 가리킨다.
그 특징은 다음과 같다. '수정파'는 학문적인 요건을 무시하고 있고, 전문적
인 역사학자가 아니다. 억지로 자신의 학설을 되풀이할 뿐만 아니라, '증거'
를 만들어내기도 한다. '수정파'들은 국제적인 네트워크도 만들고 있다. 그
논의의 중심은 희생자 수를 적다고 의심하게 해서 '독가스를 통한 대량 살
인'의 신용 실추를 도모하는 것이다.[3]

일본에서도 1990년대 후반부터 '수정파'의 대두가 두드러졌는데, 일본의
특징은 '난징대학살' 부정, '위안부' 부정을 정부·정치가가 솔선해서 하는

---

1 ティル・バスティアン著, 石田勇治ほか編訳, 『アウシュヴィッツと〈アウシュヴィッツの嘘〉』,
  白水ブックス, 2005년. 일본어 초판 번역본 출간은 1995년.
2 「편역자 서언」, 전게서 8쪽.
3 독일에서는 1985년 제21차 형법 개정으로 '아우슈비츠의 거짓'에 대한 법률이 제정되었다.
  전게서.

것이다. 전자로는 2015년 10월에 중국이 유네스코에 신청한 「난징대학살 문서」가 세계기록유산에 등재된 것에 대하여, 일본 정부가 유네스코 분담금 갹출 재검토까지 언급한 것은 기억에 새롭다. 여기에서도 문제가 된 것이 희생자 수였다.

'위안부' 부정에서는 어떨까. 2014년 8월의 「아사히신문」 '위안부' 문제 검증 기사를 계기로, 아베(安倍) 수상은 국회에서 같은 해 10월에 "일본이 국가 차원에서 성노예를 시켰다는 납득할 근거 없는 중상이 지금 세계에서 이루어지고 있다."고 진술했다. 또 자민당의 국제정보검토위원회도 같은 해 9월, 「「아사히신문」이 발신한 허위 기사가 국제적인 정보 미디어의 근거가 되면서, 국제 사회가 우리나라의 역사 인식을 왜곡했고, 그 결과 우리나라의 평가, 국익을 현저히 훼손했다.", 「아사히신문」의 사죄로 "위안부의 '강제 연행' 사실은 부정되었고, 성적 학대도 부정되었다.", "유엔을 비롯해 모든 외교의 장, 또 관민을 통틀어 국제교류 속에서 국가로서의 올바른 주장을 계속 펼치겠다."고 결의했다.[4] 역사 수정은 일본 정부·자민당의 외교 전략이 되고 있는 것은 아닐까? 여기에는 아베 수상의 말이 보여주듯이, '위안부'의 실태를 성노예라고 규정한 국제사회에서의 '위안부' 문제에 대한 '과거 일본의 이미지'를 "전면적으로 바꾸려고 하는" 의도가 보인다.

1. 새로움을 치장한 역사수정의 움직임

물론 '위안부' 문제의 이미지를 "전면적으로 바꾸려고 하는" 역사 수정의

---

4 「아사히 위안부 보도에 관한 자민당·국제정보검토위원회의 결의」 전문 게재(2014. 9. 19.), 荻上チキ 「Session」 http://www.tbsradio.jp/ss954/2014/09/post-300.html (2015. 11. 9. 열람)

움직임은 일본 정부·정치가만이 아니다. 일본에서는 보수파·우파뿐만 아니라, 매스컴에서도 '위안부' 부정이 석권하고 있다. 텔레비전 인기 캐스터 이케가미 아키라(池上彰)가 프로그램에서 '위안부'에 대한 강제 연행을 부정하는 발언을 했다.5 이러한 보수파·우파의 '위안부'를 부정하는 바이블은 하타 이쿠히코(秦郁彦)『위안부와 전장(戰場)의 성(性)』(1999년)이다.

그러나 최근에 참신함을 가장하여 '종래의 '위안부'의 이미지'를 "전면적으로 바꾸려고 하는" 저작이

■ 일본에서는 보수파·우파뿐만 아니라, 매스컴에서도 '위안부' 부정이 석권하고 있다. '위안부'를 부정하는 이러한 보수파·우파의 바이블은 하타 이쿠히코(秦郁彦)의『위안부와 전장의 성』(1999년)이다.

한국에서 등장했다. 박유하『제국의 위안부』(한국어판 2013년, 일본어판 2014년)가 그것이다. 한국에서는 출판 당시 화제가 되지 않았지만, 공교롭게도 2014년 6월에 '나눔의 집' 피해 여성 9명이 이 책에 대해 제기한 명예훼손 재판을 계기로 알려지게 되었다고 한다.

한편, 일본에서는 「아사히신문」 지면을 통해 작가 다카하시 겐이치로(高橋源一郎)가 논단 시평(2014년 11월 27일자)에서, 정치학자 스기타 아쓰시(杉田敦)는 서평(12월 7일자)에서 이 책을 긍정적으로 평가했고, 「아사히신문」, 「도쿄신문」 등도 특집과 사설에서 언급했으며, 마이니치신문사가 주최하는 아시아·태평양

---

5 이케가미 씨는 "위안부라고 불리는 사람들이 있었던 것은 사실" "단 그것을 일본군이 강제적으로 연행했다는 증거는 없다" "그에 대해서 일본의 책임이라고 해도 이것은 번지수를 잘못 찾은 것" 등의 발언을 했다. 텔레비전 아사히방송 「올해의 뉴스는 역사에 남을까!? 이케가미 아키라가 본 격동의 2014년」 2014년 12월 29일(18:30~23:30).

상 특별상(후원 : 외무성·문부과학성·경제
산업성)이나 이시바시 다이잔(石橋湛山)
기념 와세다 저널리즘 대상(문화공헌부문
대상)을 주는 등, "이상할 정도로 환영"
을 받고 있다. 리버럴계로 여겨지는 일
부의 일본인 남성 지식인이나 미디어
(나아가 일본 정부)가 한국인 여성 교수의
언설을 "입을 모아 칭찬하는" 구조가
되었다. 바로 『제국의 위안부』 사태다.

『제국의 위안부』 일어판. 표지에 "성노예 대
매춘부…논쟁은 무의미…"라고 적혀있다.

박유하 씨는 한국의 일본 문학 연구
자인데, '위안부' 문제나 역사학 연구자
도 아니며, '위안부' 문제 해결 운동에
영향을 끼치지도 않았다. 박유하 씨의 전저 『화해를 위해서』에서 부분적으로
조선인 '위안부' 문제를 다루었지만, 사실 오인이 많아서 필자는 이러한 것들
을 지적·비판한 적이 있다.[6] 그러나 『제국의 위안부』에서는 이러한 것들을
수정하기는커녕, 이제까지 축적되어온 '위안부' 제도 연구와 증언들을 경시·
무시하고, 참신함을 가장하여 조선인 '위안부'에 관한 사실 오인을 전면적으
로 전개하고 있다(또한 이 책에 대한 자세한 비판은 정영환 씨의 저서와 블로그가 참고가
된다).[7]

---

6 金富子, 「『慰安婦』問題と脱植民地主義─歴史修正主義的な『和解』への抵抗」, 『インパクショ
ン』518호, 2007년 7월. 그리고 中野敏男·金富子編著, 『歴史と責任』(青弓社, 2008년, 한
국어판 『역사와 책임 : 위안부 문제와 1990년대』 선인, 2008년).

7 정영환 『망각을 위한 '화해'─『제국의 위안부』와 일본의 책임』(일본어판 : 세오리쇼보(世織
書房), 한국판 : 푸른역사에서 출간 예정) 및 정영환 씨의 블로그 http://kscykscy.exblog
.jp 참조. 또 마에다 아키라(前田朗) 편저 『'위안부' 문제의 현재-'박유하 현상'과 지식인』
산이치쇼보(三一書房)도 참조. 그리고 『帝国の慰安婦』 한국어판, 일본어판에서는 다른 것이
있지만, 여기에서는 일본어판을 다룬다.

그러면, 어디가 새로워 보이면서도 새롭지 않는 부분은 어떤 점인가? 『제국의 위안부』는 한국어판과 일본어판이 있지만, 여기에서는 박유하 씨의 핵심적 주장이 선명하게 나타나 있는 일본어판에 의거하여 논하고자 한다.

2. '위안부'가 된 조선인 소녀는 '소수 예외'?

우선, '위안부'가 된 조선인 소녀는 '소수 예외'라는 박유하 씨의 주장을 살펴보겠다. 이것은 새로운 설이다. 하타 씨도 여기까지는 말하지 않았다.

박유하 씨는 ① 한국정신대문제대책협의회·정신대연구소가 펴낸 증언집 (『강제로 끌려간 조선인 군위안부들』 제5집, 이하 『강제 5』, 한국어)의 피해 여성들의 증언을 인용해서 "내가 나이가 재일 적었지. (……) 다른 여자들은 다 스무살 넘었어", "스무살 다 넘고"라는 증언을 사용하거나, 또는 ② 버마의 미치나에서 포로가 되어 미군 정부 정보국의 심문을 받은 조선인 '위안부' 20명의 "평균 연령은 25세"(후나하시 요이치[船橋洋一]의 재인용)였다는 것 등으로, "자료나 증언으로 보는 한, 소녀의 수는 오히려 소수로 예외적이었던 것 같이 보인다. (……) 군의 의지보다는 업자의 의지의 결과였다"(일본어판 106쪽), 또는 한국에서 '위안부' 이미지가 '소녀'로 정착된 것은 "한국의 피해 의식을 기르고 유지하는데도 효과적이었기에, 무의식적인 산물이었다"(일본어판 64쪽)고 주장한다. 즉 박유하 씨는 "소녀는 소수 예외"이며, 게다가 "군의 의지보다 업자의 의지"였고, 조선인 '위안부'='소녀'이미지는 "한국의 피해자 의식의 산물"이라고 강조하는 것이다.

그러나 박유하 씨는 정말로 "자료와 증언을 본" 것인지 매우 의심스럽다. 실제로 "자료와 증언을 보면", 박유하 씨의 주장과는 정반대 결론이 되기 때문이다. 다음에서 이를 논증하겠다.

박유하 씨가 말하는 ①에서 실제로 박유하 씨가 사용한 증언집 『강제 5』를 보면, 증언자 9명의 연행 당시의 연령은 모두 '20세 이하', 즉 미성년이었다. 징집 당시=연행 당시의 연령을 문제 삼는다면, 위안소에 나이 많은 '위안부'가 있었다 해도, 그녀들도 연행 당시에는 미성년이었을 가능성을 부정할 수 없다. 덧붙여 말하자면, 한국정신대문제대책협의회·정신대연구소가 펴낸 『증언집』 6권 전체를 살펴보면 증언한 피해자 총 78명 중 73명이 미성년이었다는 사실[8], 한국 정부에 신고한 조선인 피해자 175명(1993년 현재) 중 156명이 미성년이었다는 사실[9]을 박유하 씨는 어떻게 설명

■ 박유하는 한국정신대문제대책협의회·정신대연구소가 펴낸 증언집 『강제로 끌려간 조선인 군위안부들』의 피해 여성들의 증언을 인용해서 "자료나 증언으로 보는 한, 소녀의 수는 오히려 소수로 예외적" 상황이라 주장한다. 그러나 박유하는 정말로 자료와 증언을 본 것인지 매우 의심스럽다. 위 증언집만 보아도 박유하의 주장과는 정반대 결론이 나기 때문이다.

할 것인가. 박유하 씨는 전체상을 무시하고 자기 설에 유리한 증언만을 인용하고 있다.

또한 ②의 버마 미치나에서 포로가 된 조선인 '위안부' 20명='평균 연령 25세'설로 보더라도, 실제 자료로 작성한 【표1】에서 명확히 알 수 있듯이, 미군에 포로로 잡혔을 때는 '평균 23세', 2년 전에 조선에서 징집=연행되었을때는 '평균 21세'였고, 게다가 20명 가운데 미성년이 12명으로 과반수가 소녀였다.

---

8 일본군 '위안부' 문제 웹사이트 제작위원회 편, 오카모토 유카(岡本有佳), 김부자 편집 Fight for Justice 무크 『'평화의 소녀상'은 왜 계속 앉아 있는가』, 세오리쇼보, 2016년 55~58쪽 참조.

9 정진성 '일본군위안소23제도의성립' 한국정신대문제대책협의회 2000년일본군 성노예전범여성국제법 정진상규명위원회 엮음 "일본군'위안부'문제의 책임을 묻는다" 풀빛, 2001년, 23쪽.

【표 1】 버마 미치나의 조선인 '위안부'의 연령(포로 당시와 징집 당시)

	이름(이니셜)	조선에서의 출신지	A=포로 당시의 연령 (1944년 8월)	B=징집 당시의 연령 (1942년 8월)
1	S	경상남도 진주	21세	19세
2	K	경상남도 삼천포	28세	26세
3	P	경상남도 진주	26세	24세
4	C	경상북도 대구	21세	19세
5	C	경상남도 진주	27세	25세
6	K	경상북도 대구	25세	23세
7	K	경상북도 대구	19세	17세
8	K	경상남도 부산	25세	23세
9	K	경상남도 군북	21세	19세
10	K	경상북도 대구	22세	20세
11	K	경상남도 진주	26세	24세
12	P	경상남도 진주	27세	25세
13	C	경상남도 경산군	21세	19세
14	K	경상남도 함양	21세	19세
15	Y	평양남도 평양	31세	29세
16	O	평양남도 평양	20세	18세
17	K	경기도 경성	20세	18세
18	H	경기도 경성	21세	19세
19	O	경상북도 대구	20세	18세
20	K	전라남도 광주	21세	19세
평균 연령			23.15세	21.15세

(출전) 미국 전시정보국 심리작전반, 「일본인 포로 심문 보고」 제49호(1944년 10월 1일), 吉見義明編集·解説, 『從軍慰安婦資料集』(大月書店, 1992년, 451~452쪽)에서 작성.

(주) 1) 버마 미나치 함락 후, 1944년 8월 10일에 조선인 '위안부' 20명(일본인 민간인 2명)이 미군의 포로가 되어 심문이 이루어졌다(A). 심문에 따르면, 1942년 5월 초순에 조선으로 온 일본인 주선업자의 "거짓 설명을 믿고" 조선인 여성 800명이 징집되어, 1942년 8월 20일 집단 단위로 '위안소의 주인'에게 끌려가 랑군에 상륙, 버마의 여러 지방에 배속되었다(B). 따라서 B는 A에서 2세를 뺀 연령이다.

2) 음영은 징집 당시 10대였던 것을 나타낸다.

3) '20세'는 국제법상 '미성년'이다.

중국 최대 규모의 위안소가 있었던 한커우(漢口) 위안소의 병참위안계(兵站 慰安係)·야마다세이키치(山田清吉)의 증언에 의하면, 조선인 '위안부'에 관해서 "반도로부터 온 이는 (매춘의) 전력도 없고, 연령도 18, 19세의 젊은 기(妓)가 많았다."[10]고 말했다. 일본어를 읽을 수 있는 박유하 씨는 왜 이 유명한 자료를 무시하는가?

즉 박유하 씨가 주장한 조선인 '위안부'="소녀는 소수 예외"라는 신설 근거는 만들어진 '증거'에 기초하고 있고, 사실이 아닌 셈이다. 자세한 내용은 필자가 집필에 참여한 최신간 『Q&A 조선인 '위안부'와 식민지 지배 책임』에 있으므로, 참조하기 바란다.[11]

3. '위안부'는 성노예가 아니다?

다음으로 '성노예 부정'설인데, 지금까지도 하타 이쿠히코 씨[12], THE FACTS (「워싱턴 포스트」광고)[13], 전술한 아베 수상도 주장해 오고 있다. 이 대열에 박유하 씨도 합류해, "'성노예'란 성적 혹사 이외의 경험과 기억을 지워버리는 말"[14]이라고 말한다. 물론 '성노예'란 박유하 씨가 말하는 "기억"의 문제가 아

---

10 山田清吉, 『武漢兵站』図書出版社, 1978년, 87쪽.

11 자세한 것은, 金富子, 「朝鮮人『慰安婦』に少女は少なかった？」, 「朝鮮人『慰安婦』は, 性奴隷ではなく, 『帝国の慰安婦』だった？」, 日本軍「慰安婦」問題webサイト制作委員会編, 金富子·板垣竜太 責任編集 Fight for Justiceブックレット 3 『朝鮮人「慰安婦」と植民地支配責任』, お茶の水書房, 2015년 10월, 참조. 이 책의 한국어판은 2016년 삶창에서 출판됐다.

12 하타 이쿠히코 씨는 "병사들과 위안부의 심정적 교류도 없는 것은 아니며, (……) '성노예'라는 레테르를 단 것은 실례라고 해야할 것이다."라고 말했다. 秦郁彦, 『慰安婦と戦場の性』, 新潮選書, 1999년, 390~396쪽.

13 「워싱턴 포스트」광고, 2007년 6월 14일자. '위안부'는 공창제도 하에서 일한 것이며, 고수입으로 대우는 좋은 성노예였다고 주장했다.

14 朴裕河, 『帝国の慰安婦』, 143쪽.

니라, 역사학과 국제법에 의한 '위안부' 제도의 실태를 가리키는 용어이며, 논점을 슬쩍 바꿔치는 것에 지나지 않는다.

그리고 박유하 씨의 특징은 조선인 '위안부'를 일본인 '위안부'에 한없이 가까운 존재로서 그려 미성년이 아닌 '애국'적 역할이나 병사와의 연애가 있었던, 더욱이 위안소에서의 일본인 병사 / 조선인 '위안부'의 관계를 구조적으로는 "'같은 일본인'으로서의 '동지적인 관계'"(83쪽)였다고 강조하는 것이다.

왜 그럴까? 조선인 '위안부'를 일본인 '위안부'에 한없이 가까운 '제국의 위안부'로 그려 "종래의 이미지를 전면적으로 바꾸려고 한" 새로운 조선인

▌2007년 6월 14일자 「워싱턴포스트」에 일본 국회의원 45명이 'THE FACTS'라는 제목의 전면광고를 실었다. 주요 내용은 당시 일본 정부나 군이 '위안부' 동원에 직접 개입했다는 증거 없다. 일제 위안부들은 보통 '성노예'로 묘사되고 있지만 사실은 매춘행위를 했다, 이들의 수입이 많았다 등이다.

'위안부' 상(像)을 주장하기 위해서라고 생각된다. 그 전제로는 공창 출신 일본인 '위안부'는 성노예가 아니라는 인식이 있다.

문제는 일본인 '위안부'에 대한 인식 부족을 드러내고 있는 것이다. 2000년 '일본군 성노예제를 재판하는 여성국제전범법정'이나, 최근 간행된 VAWW RAC (Violence Against Women in War Research Action Center, 戦争と女性への暴力 연구실천센터) 편, 『일본인 '위안부'』[15]에서도 규명된 바와 같이, 공창 출신 일본

---

15 「戦争と女性への暴力」, リサーチ・アクション・センター 編, 西野瑠美子・小野沢あかね 責任編集, 『日本人「慰安婦」』, 現代書館, 2015년.

인 '위안부'는 공창제도 하에서뿐만 아니라, 위안소에서도 성노예였기 때문이다. 심정적 교류나 연애가 있었다고 하더라도, 마찬가지다. 문제의 핵심은 우발적인 개인관계가 아니라, 제도 자체에 있기 때문이다.

4. 타깃이 된 '나이 어린' 식민지의 소녀들

여기서 주의해야 할 것은 조선인 '위안부' 중에 '소녀'가 많았던 것은 정책적인 뒷받침이 있었다는 것이다. 이미 요시미 요시아키(吉見義明) 씨가 『종군위안부』(이와나미신서, 1995년)에 밝힌 바와 같이, 첫째로 일본 정부가 매춘 여성이 아닌 일본인 여성이 '위안부'로서 전지(戰地)로 보내지면, "후방의 국민, 특히 출정 병사 유가족에게 좋지 않은 영향을 줄 수 있다"[16]고 판단한 것을 들 수 있다. 그 때문에 일본에서의 징집은,

내지에 있어서 창기 그 밖에 사실상 추업(醜業, 매춘을 가리킨다)을 영업하며, 만 21세 이상, 또 화류병(성병을 가리킨다) 기타 전염성 질환 없는 이.[17]

즉, 일본인 여성을 징집할 경우 "만 21세 이상으로 성병이 없는, 매춘 여성"에 한한다고 했다. 그러나 이 세 가지 조건을 충족시키는 일본인 여성을 찾는 것은 간단치 않았다. 그렇게 되면 일본 국내에서 대량으로 징집할 수 없게 되므로, 다음의 이유로 식민지 여성이 타깃이 된 것이다. 이것은 "명백한 민족 차별"(요시미 씨)이다.

둘째로, 식민지에서의 징집이 국제법을 빠져나갈 구멍으로 여겨진 것이다.

---

16 内務省警保局長通牒, 「支那渡航婦女の取扱に関する件」(1938년 2월 23일).

17 内務省警保局長通牒, 전게의 전문(前文).

당시 "부녀 매매금지에 관한 국제 조약"은 4개 있었고, 일본은 1904년, 1910년, 1921년의 세 조약에 가입했다(1933년은 비준하지 않음)[18]. 그러나 일본 정부는 이 국제법의 적용에서 식민지인 조선·대만을 제외했다. 일본군은 이러한 국제법에서 빠져나갈 구멍을 이용하고, 일본에서는 국제법에 속박되기 때문에 징집할 수 없었던 "미성년이며, 성병이 없는 비매춘 여성"을 식민지인 조선과 대만에서 대량으로 징집해서 '위안부'로 삼고자 했다.[19]

셋째로, 일본군 장병의 성병 대책을 위해 식민지의 성 경험이 없는 미혼의 소녀가 표적이 되었기 때문이다.

▌ 요시미 요시아키[吉見義明]의 『종군위안부』를 보면, 일본에서는 국제법에 속박되기 때문에 징집할 수 없었던 "미성년이며, 성병이 없는 비매춘 여성"을 식민지인 조선과 대만에서 대량으로 징집해서 '위안부'로 삼은 사실을 확인할 수 있다.

실제로, 1938년 초에 상하이에서 '위안부' 성병 검진을 행한 아소 데쓰오(麻生徹男) 군의가 쓴 의견서 「화류병의 적극적 예방법」(1939년 6월 26일)[20]에 따르면, 조선인 '위안부'는 "화류병 의혹이 있는 자는 극히 소수", "젊은 연령

---

18 1910년의 조약에서는 본인의 승낙이 있어도 미성년 여성에게 매춘시키는 것을 금하고(제1조), 성인 여성도 매춘을 목적으로 사기나 강제적 수단이 있다면 형사 처벌을 받는다(제2조)라는 것으로, 종주국의 여성인 일본인 여성에게는 적용되었다. 미성년이란 '20세 미만'(1910년 조약), '21세 미만'(1921년 조약)을 가리키기 때문에, 일본 정부는 일본에서의 '위안부' 징집을 전술한 바와 같이 '만 21세 이상, 매춘 여성'으로 한한다고 했다.

19 단 여성 송출에 일본의 영토로 간주되는 일본의 선박을 사용하거나, 일본군 중앙이 이송을 지시하면 적용 제외는 되지 않는다는 것이 최근의 사고방식이다.

20 麻生徹男, 『上海から上海へ 兵站病院の産婦人科医』(石風社, 1993년) 수록.

에다가 초심자가 많음"이라고 기록하고 있다.

즉, '위안부'는 "젊음을 필요로 함"(아소 군의)이라고 여겨진 것은 일본군 장병에 대한 성병 대책이라는 정책적인 뒷받침이 있었기 때문이며, "업자의 의지"(박유하 씨) 등이 아니라, 일본군 스스로가 "성병이 없는, 아주 젊은 위안부"를 필요로 했던 것이 된다.

식민지 조선의 자료에서도 미성년을 징집한 이유를 설명할 수 있다. 당시 조선인 여성의 평균 결혼연령(추정)은 1935년에 18.45세, 1940년에 21.46세[21]로 20세 전후에 결혼했다. 대부분의 여성은 조혼이었으므로 결혼 전 10대에 징집하려고 했다고 생각할 수 있다. 결혼 전이라면 성경험이 없다고 본 것도, 일본군의 성병 대책에 좋았다고 추측된다.

물론 조선인 '위안부' 중에는 연행 당시에 성인이었거나([표 1]참조), 공창 출신 여성들도 있었으므로 다양성이 있었다. 그러나 피해자-일본군의 증언이나 일본 정부·일본군·미군·식민지 조선의 자료에서 종합적으로 조선인 '위안부'의 전체상을 보면, 국제법의 식민지 적용 제외나 일본군 장병의 성병 대책이라는 측면에서 조선인 여성, 특히 경험이 없는 미혼의 소녀들이 타깃이 되었다고 할 수 있다.

물론 조선인 소녀·여성이 '위안부'가 된 최대의 이유는 당시의 조선이 일본의 식민지 지배하에 놓여 있었기 때문이다. 일본인 여성의 징집은 지장이 있지만, 식민지 조선의 여성이라면 미성년을 포함시켜서 어느 정도 대량으로 '위안부'로 삼아도 상관없다는 민족 차별 의식이 일본군-국가의 발상을 기반으로 결정되었다고 생각된다.

여기에서 강조하고 싶은 것은 대부분의 조선인 '위안부'가 미성년='소녀'

---

21 나카야 추지(中谷忠治), 가와치 마키(河內牧), 「조선에서 여자의 미혼 잔존율에 관한 약간의 통계적 고찰(2)」 조선총독부 『조사월보』 8·9월호, 1944년. 또한 일본 내지에 있는 일본인은 조선인에 비해 4세 정도 길었다.

였던 것은 박유하 씨가 말하는 '한국의 피해자 의식'이나 여성운동에 의해
만들어진 것이 아니라 당시 일본 정부·군의 민족차별적인 정책에 의해 만들
어진 것으로, 민족별 특징이었다는 것이다.

5. 역사수정주의자 하타가 보증하는 박유하

홍미로운 것은 일본 역사수정주의의 마에스트로라 할만한 하타 이쿠히코
씨가 박유하 씨에 대해 내린 평가다. '위안부' 제도를 "공창제의 전지판(戰地
版)"이라고 자리매김한 하타 씨는 박유하 씨를 다음과 같이 평가한다.[22]

> 필자(=하타 이쿠히코)와 비슷한 이해를 표한 것은 한국 세종대학교의 박유하 교수
> 다. / 그러나 강제 연행과 성노예설을 부정하고, "한국군, 주한 미군의 위안부의 존
> 재를 무시하는 것은 위선"이라고 지적한 그녀는 위안부의 지원 조직에게 '친일적'
> 이라고 제소당했다.

하타 씨는 박유하 씨가 "강제 연행과 성노예설을 부정했다"고 이해하고,
이러한 '위안부'에 대한 이해에 대하여 스스로 "비슷한 이해"라고 보증한 것
이다(박유하 씨는 명예훼손으로 피해 여성들에게 제소 당했으며, 전술한 정대협은 한국군과
주한 미군의 '위안부'를 지원하고 있다).[23]

---

22 秦郁彦, 「慰安婦 事実を見据えるために」, 『週刊文春』 2015년 5월 7·14일호, 정영환 씨의
   교시를 따른다.

23 박유하 씨가 "지원단체에 고소당했다"고 표현했기 때문에, 일본에서는 정대협이 박 씨에
   대해서 제소했다고 착각하는 사람이 많다. "정대협이 배후에서 조종하고 있다"는 사실무근
   의 언설까지 있다고 한다. 자세한 것은, 梁澄子, 「韓国の『慰安婦』問題解決運動は『反日』な
   の?」, 日本軍'慰安婦'問題webサイト制作委員会編, 전게서, 참조.

일본군 '위안부' 제도를 실증적으로 연구하는 나가이 가쓰(永井和) 씨는 "박유하 씨의 군위안소에 대한 인식은 오로지 하타 이쿠히코 씨의 위안소=전지(戰地) 공창시설론에 의거하고 있습니다. 하지만 하타 씨의 설이 잘못이라는 것을 나는 군과 경찰의 사료를 이용해서 실증했습니다."[24]라고 밝힌 것도 덧붙여 둔다.

또 박유하 씨의 '여자정신대와 위안부'와의 관계에 대한 이해에서도 하타 이쿠히코의 『위안부와 전장의 성』을 인용하여, 조선에서는 '여자정신근로령'이 공포 시행되지 않았다고 오인하고 있는 점도 밝혀졌다.[25]

그러한 의미에서도 얼핏 참신해 보이는 박유하 씨의 '위안부'에 대한 이해는 하타 씨와 같은 '수정파'라고 할 수 있겠다. 그러나 가장 문제인 것은 하타 씨의 '위안부' 이해에 대해서는 경원하는데, 하타 씨 스스로가 '비슷한 이해'라고 높이 평가한 박유하 씨의 '위안부' 이해를 "입을 모아 칭찬하는" 일본의 리버럴파는 말할 필요도 없다.

6. 우에노 지즈코 『내셔널리즘과 젠더』와의 '비슷한 이해'

덧붙여 유의해야 할 것은 박유하의 『제국의 위안부』가 일본군 '위안부' 제도에 대한 역사적 사실의 해석에서는 하타 이쿠히코와 '비슷한 이해'를 보이는 한편, 피해자상(像)의 해석에서는 일본에서 페미니스트로 알려진 우에노 지즈코의 『내셔널리즘과 젠더』(1998년, 한국어판 1999년)[26]와 '비슷한 이해'를 보

---

24 나가이 가쓰, 「2015년 12월 28일 한일합의에 대하여」 블로그 '나가이 가쓰'의 일기(http://ianhu.g.hatena.ne.jp/nagaikazu/) 2016. 3. 10. 접속. 동 「'위안부' 문제-파탄한 '일본군 무실론'」, 『세계』, 2015년 9월호도 참조.

25 자세한 것은, 金富子, 「朝鮮では挺身隊と『慰安婦』を混同」, 日本軍「慰安婦」問題 webサイト 制作委員会編, 전게서, 참조.

■ 박유하의 『제국의 위안부』가 피해자상
(像)의 해석에서는 일본에서 페미니스트
로 알려진 우에노 지즈코의 『내셔널리즘
과 젠더』와 '비슷한 이해'를 보이고 있
다. 양쪽 모두 '성노예 부정'설을 전개하
고 있다. 우에노 씨는 이 '성노예' 패러
다임은 '순수한 피해자'와 '불순한 피해
자' 사이에 경계를 만들고, '순진한 피해
자'상을 만드는 것에 의해 '여성에게 순
결함을 요구하는 가부장제 패러다임'의
'예기치 못한 공범자'가 될 수 있다고
말한다.

이고 있다는 것이다. 애초에 우에노 씨는 박유하 씨의 전저 『화해를 위해서』에 '해설'을 쓰고 "(박유하 씨) 대부분의 논의에 동의한다."[27]라고 높은 평가를 내렸다.

일단 지적하고 싶은 것은 양쪽 이론의 유사성이다. 우에노 씨가 "'위안부' 문제의 배경에 있는 것은 국민국가와 제국주의, 식민지 지배와 인종주의, 가부장제와 여성차별."(이 책의 일본판 142쪽)이라고 말하고, 박유하 씨는 "'조선인 위안부'라는 존재를 만든 것은 가부장제와 국가주의와 식민지주의."(일본어판, 34쪽)라고 말했다. 후자는 전자를 축소하고 순서를 바꾼 것뿐이고, 계급의 관점이 없다는 점에서도 공통적이다(물론 영향을 받은 사람은 박유하 씨 쪽이다).

다음으로 양쪽 모두 '성노예 부정'설을 전개하고 있다는 것이다. 박유하 씨의 '성노예 부정'설은 앞에서 말했기 때문에, 여기에서는 우에노 씨가 말한 '모델 피해자'론이 페미니즘의 입장에서 선구적인 '성노예 부정'설이 되고 있다는 것, 박유하 씨의 주장과의 관계성을 살펴보고 싶다.

우에노 씨는 '위안부'를 말하는 패러다임 중 하나로 '성노예제'-성폭력 패러다임이 있다고 하고, 이 성노예 패러다임은 '여성의 인권' '성적 자기결정권' 개념을 만든 페미니즘 운동의 성과라고 인정하면서도 성적 자기결정권의

---

26 우에노 지즈코, 세이도사(青土社), 1998년. 한국어판은 이선이 옮김, 박종철출판사, 1999년.
27 우에노 지즈코, 「일부러 불 속의 밤을 줍다」 박유하, 전게, 『화해를 위해서』 수록.

딜레마에 의해 "연행 시에 처녀이고, 완전히 속거나 또는 폭력으로 납치되어 도망을 치거나 자살을 시도했지만 저지당했다."라는 '모델 피해설'상(像)='순수한 피해자'상을 만들고, 여기에서 벗어난 다음과 같은 '불순한 피해자'(우에노 씨의 말)가 나서기 힘들어지는 '정치적 효과'가 있다고 비판했다(일본판 122~128쪽, 이하 동일).

> 연행 시에 매춘 경험이 있거나 빈곤으로 경제적 유혹의 유도에 의해 그런 것을 어렴풋이 알면서도 이야기에 넘어가거나, 또는 군표(軍票)를 모으거나 하는 경우는 그것이 한정된 선택길 안에서 그녀들의 필사적인 전략이었다고 해도 인정하기 어려워진다.28

우에노 씨에 따르면 이 패러다임은 '순수한 피해자'와 '불순한 피해자' 사이에 경계를 만들고, '순진한 피해자'상을 만드는 것에 의해 '여성에게 순결함을 요구하는 가부장제 패러다임'의 '예기치 못한 공범자가 될 수 있다.'(125쪽)라고 한다.

그러나 정대협·정신대연구소에서 편집한 『증언집』 1~6권을 읽어보면 알수 있지만, 정대협은 우에노 씨가 말하는 '불순한 피해자'를 '배제'하지 않고 숨기지도 않았다. 예를 들면, 문옥주 씨는 위안소에 두 번 갔지만, 두 번째는 "엉망이 된 몸이니까."라는 생각으로 어렴풋이 알면서 버마의 위안소에 가서 군표를 모은 사례이다. 문옥주 씨의 증언은 1993년 간행된 『증언집』 제1집에 수록되고, 같은 해에 일본어로 번역되었다.29 또 일본에서는 1996년에 모리카와 마치코(森川万智子)가 자세히 구성한 문옥주 씨의 증언도 간행

---

28 우에노 지즈코, 전게서, 『내셔널리즘과 젠더』(일본판), 125쪽.
29 한국정신대문제대책협의회·정신대연구회 편저 『증언 강제 연행된 조선인 군위안부들』, 종군위안부문제 우리여성 네트워크 번역, 아카시쇼텐(明石書店), 1993년.

되고[30], 문옥주 씨는 일본에서 재판도 제기했다. 우에노 씨는 왜 일본에서도 자세하게 소개된 문옥주 씨의 증언을 무시하는가.

그럼에도 불구하고 우에노 씨는 한국 여성운동에 의한 이상과 같은 '위안부' 담론을 '민족담론'이라며, 다음의 세 가지 점에서 비판한다. (1) '강제와 임의의 구별에 근거한 창부차별'이고 "'모델의 피해자' 사례에서 보듯이 강제성의 강조는 한국여성의 '정조'의 강조로 이어진다."(129쪽). (2) 일본인 '위안부'와 '국적에 의한 분단'을 가져와서 "'군대 성노예' 패러다임은 한국의 반일 내셔널리즘을 위해 동원되고 있다."(130쪽). (3) '민족담론'의 이면에 또 한 가지 문제인 '대일협력'이 은폐되어 있다고 하면서 "'위안부' 범죄의 가해 책임을 묻는 움직임은 범죄자의 소추를 요구하고 있지만 그것은 한국내의 대일협력 문제를 폭로하는 것으로, 한층 반일 내셔널리즘을 강화하는 방향으로 움직이는 것인가."(134쪽)라고 정리하고 있다.

즉 우에노 씨는 조선인 '위안부'의 실태가 성노예라는 점과 강제성을 강조하는 것이, 그렇지 않은 일본인 '위안부'와의 대립(분단)을 가져오는 '창부차별'이고, 가부장제의 강화일 뿐만 아니라 '반일 내셔널리즘'의 동원으로 이어진다고 강조한다(일부러 '반일'이라고 붙이는 것에 우에노 씨의 숨겨진 내셔널리즘이 나타나 있다).

이와 같은 우에노 씨의 조선인 '위안부'에 대한 '모델 피해자상' 비판은 '창부차별'·가부장제에 민감한 한일의 수많은 페미니스트 등에 일정한 공감을 부르고, 우에노 씨가 말하는 한국 '반일' 내셔널리즘 비판에 대한 페미니스트 등의 동원에 영향을 미쳤다고 생각할 수 있다.

여기에서 주의해야 할 것은 우에노 씨에 의해 동원 측에 은폐되었다고 주장하는 '불순한 피해자'상(바꿔 말하면 '모델 피해자상' 비판)을 전면적으로 전개한

---

30 문옥주(구성 : 모리카와 마치코), 『문옥주, 미얀마 전선 방패사단의 '위안부'였던 나』, 나시노키샤(梨の木舍), 1996년.

것이 박유하 씨의 『제국의 위안부』였다는 것이다.

즉 우에노 씨가 비판한 상기 세 가지 점에 관해서 박유하 씨가 전개한 것이 (1) '창부차별' · '강제성' 비판(우에노 씨) ⇒ 자발성의 강조로(박유하 씨), (2) '일본인 '위안부'와의 분단' 비판 ⇒ 일본인 '위안부'에 대한 끝없는 접근으로, (3) '대일 협력 은폐' 비판 ⇒ 대일 협력의 강조로, 였다고 할 수 있을 것이다. 그런 의미에서 박유하 씨는 우에노 이론('모델 피해자'론)의 충실하고 조잡한 실천자이다. 박유하 씨가 조잡하다고 하는 것은 예를 들면 우에노 씨가 조선인 '위안부'의 대부분은 소녀가 아니었다란 말은 하지 않았는데, 박유하 씨는 '증거'를 만들어내면서까지 소녀상 부정으로 들어갔다는 것이다.

그러나 치명적인 것은 필자가 지금까지 논증한 것처럼 박유하 씨의 주장이 사실에 근거하지 않았다는 것, 우에노 씨의 전제도 박유하 씨와 마찬가지로 일본인 '위안부'를 '매춘 패러다임'으로 포착해서 성노예가 아니라는 인식이라는 것이다(그 문제점은 상기 3 참조).

곤란한 것은 이러한 우에노 씨의 '모델 피해자상' 비판에 대한 비판이 다음의 두 가지 의미에서 어려워진다는 '정치적 효과'가 있다는 것이다.

첫째, '모델 피해자'상은 한국 여성운동이 만든 '민족담론'이라고 단정했기 때문에, 앞에서 말한 것처럼 정치적 뒷받침이 있고, 대부분 미성년이었던 조선인 '위안부'의 민족별 특징이나 위안소에서는 성노예였고 강제였다는 말을 할 수 없게 만드는 '정치적 효과'다. 또한 '창부차별'로도 이어지는 한국 여성운동의 '반일 내셔널리즘'에 동원되는 듯한, 언뜻 페미니즘적으로 보이는 비판에 동원되는 구도로 되어 있다. 즉 '모델피해자론'을 비판하는 사람은 내셔널리스트가 되어 버리는 것이다.

둘째, 일본군, 일본 정부에 의한 식민지 지배나 침략전쟁, 민족차별 · 여성차별보다 한국의 여론이나 '위안부' 해결운동 쪽에 중대한 문제가 있는 것처럼 책임을 전가하는 '정치적 효과'가 있다는 것이다.

여기에는 '위안부'는 성노예였다는 실태를 부정하고 싶은, 일본의 책임을 가볍게 하고 싶다는 정치적 욕망이 뒤에 숨어 있다.

물론 민족별로 다른 '위안부' 성격이 1990년대 한국 정대협에 의해 일본인 '위안부'에 대한 '창부차별'적 담론으로 이어졌다고 하면 자기비판을 해야 한다. 그러나 한국 정대협의 운동은 오늘날에 이르기까지 4반세기에 걸쳐 자기개혁을 하면서 이어지고 있다. 그런데 과연 1990년대 이미지를 가지고 언제까지나 한국 정대협을 비판해도 좋을 것인가.

결론 – 역사수정주의적 '위안부' 담론에 환호

주지하다시피 박유하 씨가 2015년 11월에 서울 동부검찰청(동부지검)에 의해 '명예훼손죄'로 재택기소 되자마자 진보계라고 하는 우에노 지즈코, 와카미야 요시부미 씨 등 54명의 지식인·문화인이 '항의성명'을 발표하는 사태에 이르렀다. 항의문에는 "이 책에 의해 전 위안부 분들의 명예가 손상되었다고는 생각하지 않고, 오히려 위안부 분들의 깊은 슬픔과 복잡함이 한국인뿐만 아니라 일본 독자에게도 전해졌다."라고 되어 있다. 피해여성 9명이 명예훼손으로 고소했음에도 불구하고 말이다.

그런 한편, 하타 이쿠히코 씨뿐만 아니라 아베 정권을 지지하는 보수적 여성 저널리스트로 저명한 사쿠라이 요시코(櫻井よしこ) 씨도 박유하 씨가 '위안부'는 "몸을 판 여성 (……) 일본에 의한 조직적인 강제연행 피해자라고 잘라 말할 수 없다."라고 주장했다면서 찬사를 보냈다.[31]

즉 박유하 씨의 '위안부'상은 일본 진보·보수를 가리지 않고 높은 평가를

---

31 사쿠라이 요시코, 「'사실'이라는 무기를 들어라!」, 『WiLL』, 2016년 3월호.

받고 있다. 무엇 때문인가. 그것은 이 책이 조선인 '위안부'는 소녀도 성노예도 아니고, 일본인 병사와는 "'같은 일본인'으로서 '동지적 관계'"를 가지는 '제국의 위안부'로, 지금까지 성노예로서의 '위안부'상을 '전면적으로 바꾸려고 하는' 새로움을 가장하면서, 내실은 하타 이쿠히코 씨의

■ 2016년 4월 7일 중앙대 국제회의실에서 열린 〈한일공동 심포지엄-일본군'위안부' 문제, Fight for Justice〉에서 도쿄외국어대 김부자 교수가 발표하고 있다.

'위안부' 제도에 대한 역사적 사실의 해석(='전지 공창시설론')과 우에노 지즈코 씨의 피해자상의 해석(='모델 피해자론')을 합체시켜, 일본군의 책임과 식민지 지배 책임을 부정하는 역사수정주의적인 '위안부' 담론이 되어 있기 때문이 아닐까. 새롭다고 할 수 있는 것은 한국출신의 한국 여성 지식인이 역사수정주의자인 하타 씨와 '비슷한 이해'로, 페미니즘 느낌이 나는 우에노 이론을 덧붙이고 '증거'를 만들어내면서까지 일본의 책임에 면죄부를 주는 '위안부' 담론을 보여준 것에 있다고 할 수 있으리라.

그 배경에는 보수·진보를 가리지 않고 일본 사회의 일본군 '위안부' 제도와 한국인 '위안부'의 실태, 식민지 지배의 실상에 대한 얕은 이해, 사상성에 근원적 문제가 있기 때문이라고 생각한다. 이것은 실제로 있었던 민족의 지배/피지배의 관계성(식민지주의)이나 젠더의 비대칭적 관계를 보이지 않게 만들고, 한국 측이 일본군의 책임, 식민지 지배책임을 물을 수 없게 만드는 구조를 만드는데 기여한다. 또한 우에노 씨 등 54명의 '항의성명'에 있는 것처럼 피해자가 명예훼손이라고 소리 높여 외쳐도 피해자의 아픔을 무시할 수 있다는 것에도 공헌한다. 따라서 그것에 마주하고 싶지 않은 (주로) 일본 측

에게 유리한 '위안부' 담론이 되는 것이다.

마지막으로 일본 사회에는 근거가 명확한 사실에 기초해 한국만이 아니라 아시아 각국의 피해 여성의 의지를 존중하면서 '위안부' 문제의 해결을 추구하는 연구와 시민운동이 있다는 사실을 강조해두고 싶다.

＊ 이글은 동북아역사재단 『일본군 위안부 문제 해결을 위한 과제와 전망』(2015. 11. 17.)에 발표한 「일본의 위안부 문제와 새로운 역사수정주의」의 제목을 바꾸고 가필 수정한 것이다.

김부자(金富子)

도쿄외국어대학 대학원 교수. 젠더론·젠더사. 식민지 조선교육사. 재일 한국인 2세. VAWW RAC 공동대표, 일본군'위안부'웹사이트 제작위원회(Fight for Justice)운영위원.
저서 『식민지기 조선의 교육과 젠더』, 『계속되는 식민지주의와 젠더』
공편저 『조선인'위안부'와 식민지 지배책임』 등.

일본인이 위안부 실상 모르는 이유

- 미국 글렌데일 도서관 소녀상 공청회 참관기

강혜신 「오늘의 미국」 뉴스 앵커

미국 서부 글렌데일 시에서 열린 '소녀상 공청회'는 감독이 없는 다큐멘터리 영화였다. 한국계와 일본계 미국인의 소녀상 건립에 대한 찬성과 반대는 어느 정도 당연하게 보이기도 했다. 그러나 '소녀상 공청회'에서는 미국에서 태어난 미국인과 이민 온 미국인, 일본에 살고 있는 일본인의 세계관과 윤리 의식도 드러났다. 미국과는 연관이 없어 보이는 일제 강점기 위안부 역사를 통해서 '21세기 미국의 시정부를 어떻게 운영할 것인가?'를 고민하는 글렌데일 시의원들의 이상적 정치인의 태도도 볼 수 있었다.

글렌데일 시는 미국 서부에서는 처음으로 소녀상이 세워진 도시다. 로스앤젤레스에서 자동차를 타고 약 30분 가면 있는 글렌데일 시 주민의 약 34퍼센트는 아르메니아계이다. 아르메니아인은 1800년대 말과 1차 대전 때 약 150만 명 이상이 터키에 의해 인종 학살을 당했다. 그들은 비극적인 역사를 잊지 않기 위해 기림비를 세웠고, 지금도 터키정부에 사과하라고 요구한다. 글렌데일 시의 아르메니아계 미국인은 일제 강점기 한국과 일본의 관계를 아르메니아와 터키로 국가 이름만 바꾸면 똑같이 참담했던 역사라고 말하면서 위안부 이슈에 대한 한국인의 주장에 공감한다.

소녀상 공청회─일본계 미국인의 반대 발언

소녀상 건립을 최종 결정하기 21일 전인 2013년 7월 9일 주민의 의견을 듣기 위해 글렌데일 시의회가 마련한 공청회에서는 27명이 2분 씩 찬반 의견을 말했다. 소녀상 건립을 강하게 반대한 일본계 미국인 약 20명은 거의 중, 장년과 노년층이었다. 이들이 공청회에서 보여준 태도는 평소 예의 바른 일본계 미국인들의 모습이 아니었다. 대상이 분명하지 않은 악감정을 터뜨렸고 위안부를 거침없이 모욕했다. 일본계 숫자의 약 3분의 1정도였던 한국계 미국인은 일본계에 비해 젊은 층이었고, 소녀상이 건립돼야 하는 이유를 이성적으로 주장했다.

소녀상 건립에 반대한 일본계 미국인들의 발언은 아베 신조 총리 집권 이후 일본 정부의 주장과 같았다. 그들의 의견을 들어보자.

▌2015년 3월 14일, 샌퍼난도 밸리, 라 크레센타, 카말리오, 랜초 쿠카몽가 지역 고등학생과 대학생 봉사단 체인 '유스 발런티어'(Youth Volunteer · 회장 줄리 신)가 글렌데일 평화의 소녀상을 찾아 환경미화를 했다.

▌**메라 고이치** : 나는 USC 경영대학원 마샬스쿨에서 국제경영을 강의했고 한국인 친구도 있다. 3년 전 한미관계를 개선하기 위해 일했고 역사 컨퍼런스에도 참석했다. 한국과 한국인의 위안부에 대한 주장은 거짓이다. 위안부 모집은 일본 정부와 군대가 아닌 민간회사가 했고, 위안부는 매춘부라는 게 미국 정부의 기록이다.

▌**이마무라 테루미** : 일본 정부는 오히려 위안부 모집을 막으려고 했고 위안부는 성노예가 아니라 가족에 의해 팔린, 돈을 많이 번 매춘부였다. 당시 가족을 가난에서 구하려고 매춘부를 자원한 여성들을 존경한다.

▌**이노유예 구미코** : 일본 경찰은 한국인이 저지르는 소녀납치를 막으려고 했다.

▌**미야케 요시** : 일본인은 문제를 일으키지 않는 조용한 성품이다. 한국을 비난할 뜻은 없지만 한국은 당시 가난했기 때문에 자발적인 매춘부가 생겼다. 그들의 돈벌이는 일본 군인보다 50배나 많았는데도 성노예였다고 주장하는 것은 터무니없다.

▌**단 신키** : 1956년부터 로스앤젤레스에서 살았다. 위안부 문제는 1965년 한국과 일본 정부가 타결했으므로 한국 정부가 위안부들에게 보상했어야 했다. 또 위안부들이 지난 50년 동안 신분을 드러내지 않다가 이제야 나오는 게 그들이 매춘부였다는 것을 증명한다.

▌**후지마키 키미코** : 한국전 당시 한국 정부는 미군을 위한 창녀촌을 만들었다.(한국이 일본을 비난할 입장이 아니라는 점을 간접적으로 표현). 과거를 바꿀 수 없으니 이 순간을 평화롭게 살자.

▌**타카라시 미츠모** : 41년 전에 미국으로 이주했다. 75개 국가를 방문했지만 중국이나 구 소련 등 공산주의 국가를 빼고는 평화라는 이름으로 선동적인 기념비를 세운 나라를 보지 못했다. (그는 시의원들에게 화를 내기까지 했다.)

▌**수모리 토모유키** : 위안부 문제는 한국과 일본의 외교 이슈이고. 위안부와 한국의 주장에는 논란이 있으므로 소녀상 건립결정을 서두르지 말라.

▌**조지 오가사와라** : (성조기를 몸에 감고 연단에 섰음) 시정부가 국가 사이의 외교, 역사 이슈에 관여하지 말고 중립을 지켜야 한다.

▌**나오키 앤디** : 글렌데일 시는 일본 도시와 자매결연을 맺고 있는데 7월 30일을 위안부의 날로 만들어 매춘부를 지지하는 것은 세계에 글렌데일 시의 나쁜 이미지를 심어주는 것이다.

▌**라오 미사오** : 전쟁 당시 여성의 고통을 부정하려는 게 아니라 소녀상은 정치이슈이기 때문에 소녀상을 세우면 한쪽의 주장인 편견을 제도화하는 것이다. 소녀상 대신 글렌데일 시와 일본 자매도시 사이의 우정의 상징을 세워야 한다.

▌**바바 노부히로** : 글렌데일 시의원들이 한국인의 말만 듣지 말고 일본인 역사학자와 논의한 뒤 결정해야 한다. 소녀상이 세워지면 미국에 살고 있는 한국계와 일본계가 서로에게 악감정을 느껴 혐오범죄가 일어날 가능성이 높다.

■ 티 엔 : (서울에 있는 일본 대사관 앞에서 시위하는 장면의 사진을 보여주면서) 한인 친구도 있고 한국을 싫어하지 않지만, 5학년 자녀가 있는 싱글 마더로서 글렌데일 시가 서울의 일본 대사관 앞처럼 험해지는 것을 원치 않는다.

■ 피터 미주시마 : 나는 75세이고 며느리는 한인이다. 자매도시는 문화와 경제교류를 하는 게 맞다.

■ 타카세 하야히코 : 은퇴한 건축가이다. 글렌데일 시에 더 이상의 기념비는 필요 없다.

■ 고토 요시히코 : 소녀상 건립을 처음 추진할 당시 시장이었던 후랭크 퀸테로(Frank Quintero) 시의원이 한국을 방문해 위안부 할머니를 만나 사진도 찍었는데, 그의 한국방문에 떳떳치 않은 스토리가 있는 게 아니냐(요시히코 씨의 비난에 대해 퀸테로 시의원은 일반인의 발언이 끝난 뒤에 명쾌하게 자신의 입장을 밝혔다).

공청회에서 소녀상 건립에 반대한 일본계 미국인은 많았지만 자신들의 주장에 대한 증거를 제시하진 못했다.

14세 소녀를 매춘부로 낙인찍는 발언 사과해야

소녀상을 건립하기 위한 캠페인을 주도한 가주 한미포럼의 김현정 사무국장을 포함한 한국계 미국인들은 소녀상 건립은 일본이나 일본인을 벌주려는 것이 아니고 비난하려는 뜻도 아니며 여성의 인권에 관한 이슈라고 강조했다.

앤드류 김 씨는 20만 명이나 되는 위안부 역사를 숨길 수는 없고, 미국은 물론 유럽과 필리핀, 캐나다 의회에서도 일본 정부가 반성하고 사과한 뒤 다시는 그런 비극이 일어나지 않도록 역사책에 기록하도록 촉구하는 결의안이

통과된 사실을 상기시켰다.

글렌데일 시의 옆 동네인 크레센타 밸리 시의 시의원인 서영석 씨는 소녀상 건립에 반대하는 사람들의 주장을 들으면서 크게 실망했다고 말했다. 그의 목소리와 몸 전체에는 진정 실망한 흔적이 드러났다. 그는 일본인을 좋아하지만 14세 소녀를 매춘부로 낙인찍은 발언에 대해서는 사과를 해야만 서로 껴안고 친구가 될 수 있다고 말했다.

예정에 없이 공청회 발언을 한 사람들도 있었다. 다른 볼일로 시청에 들렀다 발언대에 섰다는 데일 장 씨는 위안부에 대한 일본계 미국인들의 주장을 조목조목 반박했다. 대학에서 역사를 공부했다는 데일 장 씨는 일제식민시대 한국 여성들은 순결을 생명으로 알고 결혼하기 전에 순결을 지켰는데 자발적인 매춘부라는 주장은 사실이 아니라고 반박했다. 일본이 처음에는 위안부 모집광고를 했지만 충분치 않자 병원이나 공장, 식당 등에서 일을 하게 해주겠다고 속여서 위안소로 데려갔으니 사과해야 마땅하고, 소녀상은 교육을 위해 필요하다고 밝혔다.

에드 코넬이란 미국인도 우연히 공청회에 참석해 양측의 주장을 들었다며 자신의 의견을 밝혔다. 그는 위안부와 소녀상 건립에 대한 결정을 하기 위해서 역사나 문화의 전문가일 필요가 없다고 말했다. 조금만 귀 기울여 들으면 답이 나온다고 말한 그는 소녀상 건립을 지지했다.

일본인이 위안부 실상 모르는 이유

소녀상 건립에 대한 찬성과 반대 의견을 들은 뒤 시의원 4명과 시장은 기본적으로는 모두 소녀상 건립에 찬성한다고 밝혔다. 시의원들과 시장은 일본계 미국인의 반대주장에 대한 반박과 답변 형식으로 발언했다.

시의원들이 발언하기 전에 스캇 오초아 시 매니저는 위안부 존재는 역사적 근거가 없다는 일본계의 주장에 대한 글렌데일 시의 입장을 밝혔다. 글렌데일 시정부는 일본계 3세인 마이크 혼다 연방하원의원이 주도한 '위안부 결의안'이 미국 연방하원에서 통과되기까지 연방의회에서 채택한 자료를 검토해 위안부 역사를 확인하고 소녀상 건립을 논의하게 됐다고 밝혔다.

한국 방문과 위안부와의 만남에 대해 일본계 발언자의 공격을 받은 후랭크 퀸테로 시의원은 짧은 발언 시간 동안 깊은 역사지식과 위안부 할머니들과 공감하는 윤리의식을 파워풀하게 표현했다. 소녀상 건립 추진은 멕시코계인 퀸테로 시 의원이 글렌데일 시장이었을 때 시작했다. 그는 이렇게 말했다.

"14살과 15살 소녀들이 스스로 매춘부가 되기로 결정했다거나 가족이 매춘부로 팔았다는 일본계 미국인들의 주장에 크게 실망했다. 일본인들이 위안부 역사를 모르는 이유는 일본 정부가 역사교육을 컨트롤하면서 국민에게 수치스러운 역사를 가르치지 않았기 때문이라고 본다.[1] (그는 난징 학살사건과 만 명이 넘는 필리핀과 미군 포로가 일본군에 의해 대량학살 당한 배튼 데스 행진을 포함해 일본군이 저지른 잔인한 전쟁 역사도 구체적으로 제시했다.) 위안부를 한국인이 모집했다 하더라도 당시 일본이 한국인을 통제했다는 점을 주목해야 한다. 일본과 독일은 역사적 과오에 대한 태도에 차이가 있다. 위안부 결의안은 미국과 유럽연합, 네덜란드, 케나다, 대만, 필리핀 의회에서만 채택한 게 아니라 일본에서도 사포

---

[1] 편집자 주-"나가사키나 히로시마 원자폭탄 투하 사건 때문에 일본 사람들은 우리가 전쟁의 피해자라는 역사의식이 강해요."
"이제 '위안부'라는 말이 교과서에서 사라졌어요. 어떻게 보면 젊은 세대는 역사를 알 권리를 빼앗기고 있는 겁니다. 국가적 차원에서 벌어지고 있는 일이기 때문에 개인에게 '모르는 네가 나쁘다'고 할 수가 없더라고요. 일본이 교과서를 통해서 잘못된 애국심을 키워 나가려고 하는 게 저는 좀 무섭죠."
"빈곤이 직접적으로 눈앞에 다가오니까 시위가 벌어지고 있어요. '평화의 나라 일본을 지키자'고 하는 이들 역시 어디까지나 스스로가 피해자 입장이라고 생각해요. 거기에 '우리가 했던 침략의 역사를 반복하면 안 된다'는 이야기는 없어요."
(일본인 유학생 사쿠라이 스미레, 「'귀향' 본 日 유학생 "역사 알 권리, 국가에게 빼앗겨"」, 「노컷뉴스」, 2016. 4. 24.)

■ 2013년 7월 30일, 소녀상 제막식이 끝난 뒤 기념사진을 찍은 글렌데일 시의원들과 김복동 할머니. 왼쪽부터 자레 시난얀, 아라 제임스 나자리안, 후랭크 시네로, 로라 프리드먼 시의원.

로와 후쿠오카 등 36군데 시의회가 일본의 과오를 반성하는 결의안을 통과시켰다. 서울에서 위안부 할머니들을 직접 만나 비극의 역사를 당사자에게 확인했다. 글렌데일 시에 소녀상을 건립하는 게 옳은 일이라고 확신한다."

　할아버지가 터키의 아르메니안 대학살 생존자인 자레 시난얀 시의원은 2개월 전 처음으로 위안부에 대해 들었을 때 아르메니안 역사와 너무 비슷해서 놀랐으며, 일본이 전쟁 중 저지른 공포의 살육에 대해 부정하는 것은 범죄이고, 그 같은 범죄에 대해 슬픔과 분노를 느낀다고 말했다. 큰 나라가 작은 나라를 살육한 역사에 대한 행동은 연방정부 이슈가 아니라 윤리 이슈이고, 위안부를 매춘부라고 손가락질 하는 것은 용납할 수 없는 모욕이며, 위안부 할머니들이 왜 최근에야 말하기 시작하느냐는 일본계 주장에 대해서는 어린 소녀가 '하루에 수십 명에게 강간당했다'고 쉽게 밝힐 수 있었겠느냐고 반문했다.

찬성 4, 반대 1로 통과

아르메니아계인 아라 제임스 나자리안 시의원은 터키도 아르메니안인 대학살을 지금까지도 부정한다면서 소녀상 건립 목적은 일본에 굴욕을 주기위해서가 아니라고 강조했다. 지구상에 죄를 저지르지 않은 국가는 없고, 인간이 인간에게 저지른 비인간적인 행위가 잘못이라는 교훈을 후세에 남기기 위해 소녀상 건립을 지지한다고 밝혔다. 글렌데일 시의 자매도시인 일본의 히가시오사카도 위안부 기념비를 세우는 게 좋을 것이라는 건의도 했다.

역시 아르메니아계인 로라 후리드먼 시의원은 '그럼에도 불구하고'라는 전제로 소녀상 건립을 지지했다. 자신은 위안부를 피해자라고 믿지만 일본계 미국인의 주장처럼 설령 14살 소녀가 매춘부였다고 해도 전쟁의 참상 결과였기때문에 소녀상은 그런 비극이 일어나지 않도록 바라는 상징이 될 것이라고 주장했다. 여성인 후리드먼 시의원의 목소리는 떨렸다.

공청회를 진행한 데이비 위버 글렌데일 시장은 자신은 미국에서 태어난 스위스와 독일계이지만 45년을 함께 살아온 부인의 모국은 일본의 침략에 짓밟혔던 필리핀이라고 말했다. 장인이 일본군에 쫓길 때 산으로 피신한 장모는 안면이 있는 일본인의 도움으로 지금 자신의 부인인 딸과 함께 생존할 수 있었다는 개인의 스토리도 밝혔다. 위버 시장은 글렌데일 시가 소녀상 건립에 관해 받은 이 메일 350통 가운데 99퍼센트는 건립 반대 내용이고, 이는 모두 미국에 살고 있는 일본계가 아니라 일본에 사는 일본인에게서 온 것이라고 보고했다. 자신도 다른 시의원들처럼 소녀상 건립을 지지하지만 시장으로서 시의 재개발 마스터플랜이 완성되기 전에 소녀상부터 세우는 것에는 반대한다고 밝혔다.

글렌데일 시의 소녀상 건립은 찬성 4대 반대 1로 청문회를 통과했고 3주일 뒤 글렌데일 시청 바로 옆 도서관 잔디밭에는 소녀상이 건립됐다.

헌법 위반이라며 소녀상 철거 요구하는 일본계 미국인

2013년 7월 30일 미국 서부에서 처음으로 글렌데일 시에 소녀상이 세워진 날 ABC와 CBS, FOX TV 등 미국 주요 방송은 글렌데일 시청 바로 옆 공공도서관 잔디밭에 세워진 소녀상 앞에서 위안부와 소녀상에 대해 방송했다. 「LA타임즈」는 역사기록이 있었음에도 불구하고 일본의 국수주의자들이 위안부를 매춘부라고 주장하고 소녀상 건립에 반대했지만 소녀상은 결국 세워졌다고 보도했다. 그밖에 많은 미국 주요 언론들은 글렌데일 시의 소녀상 건립을 보도하면서 작은 숫자이기는 하지만 일부 일본인들도 과거를 반성하면서 소녀상 건립을 지지했다고 전했다.[2]

미국방송 기자들이 마음을

L.A. Now Live: 'Comfort women' and Glendale's statue controversy

South Korean police stand guard beside a "comfort woman" statue during an anti-Japan rally in front of the Japanese embassy in Seoul. (Chung Sung-Jun / Getty Images / May 22, 2012)

▌'위안부와 글렌데일 소녀상 논쟁'이라는 기사를 보도한 「LA타임즈」

---

2 제막식에는 일본계 주민들도 참석해 일본 정부의 반성을 촉구해 눈길을 끌었다. 글렌데일 거주 일본계 미국인을 대표한 마이클 고다마 씨는 "위안부 규탄 결의안 채택과 위안부의 날 지정, 그리고 이번에 공공 부지에 소녀상을 세우는 등 글렌데일 시정부의 정책을 지지한다"고 밝혔다. 또 일본계 미국인 시민단체 NRCC 캐시 마사오카 대표는 회원 10여 명과 함께 참석했다. 마사오카 대표는 김복동 할머니 앞에서 "일본 정부와 정치인은 과거 역사에 대해 진정한 사과를 해야 한다"고 목소리를 높였다. ('해외 첫 위안부 소녀상, 미국 글렌데일서 제막', 「연합뉴스」, 2013. 7. 30.)

담은 현장 리포트를 한 뒤 학생처럼 젊어 보이는 한인 어머니가 아직 글도 읽고 쓸 줄 모를 것 같아 보이는 어린 아들과 함께 소녀상 앞에 섰다. 어린 아들이 소녀상을 보면서 "이 누나는 누구야?"라고 묻자 어머니는 아들에게 "너의 또 다른 조국인 한국이 잠깐 힘이 없어서 약했을 때 지켜주지 못했던 누나야"라고 답했다.

소녀상 건립에 반대했던 일본계 미국인 일부는 '역사의 진실을 요구하는 세계 연합회'라는 단체를 만들어 2015년 2월 글렌데일 시가 소녀상을 세운 것은 일본계 미국인들의 안전을 위협하고 시정부가 외교문제에 개입한 헌법 위반이라면서 철거를 요구하는 소송을 했다. LA 연방법원은 소송을 기각했으나 원고 측은 항소했다. 법원은 판결문 서문에서 "일본 정부가 제2차 세계대전 당시 벌인 잔혹한 전쟁범죄를 정당화할 수 있는 논쟁은 있을 수 없다", "글렌데일 시는 소녀상을 외교문제에 이용하지 않았으며, 오히려 소녀상을 세운 것이 연방정부의 외교방침과 완전히 일치한다. 일본군 성노예 문제는 일본 정부도 인정하고 있는 과거사"라 기각판결 이유를 밝혔다. 소녀상 사건은 2016년 4월 현재 항소법원에 계류 중이다.

강혜신

미국 LA 거주. 미국 뉴스 분석 프로그램 「오늘의 미국(todayus)」 앵커 (웹사이트 www.todayus.com).
미국 LA 「라디오 서울」 보도위원.
저서 『미국은 지금』(2005).

■ 인터뷰 홀로코스트 소송을 타결한 세계적 인권변호사 배리 피셔(Barry A. Fisher)
| 일시 : 2016년 1월 22일 | 장소 : LA 센츄리시티 배리 피셔 변호사 사무실 |

12 · 28 한일 '위안부' 합의,
하이재킹 당한 역사적 진실

정연진 OK원코리아 공동대표

정_ 2015년 12월 28일 발표된 한일 외교 장관 합의는 일본군 성노예 문제 해결을 위해 지금까지 애써온 많은 사람들에게 매우 허탈한 소식이었습니다. 미주 지역에서도 올 연초부터 반대집회가 이어졌고, 지금까지도 많은 논쟁이 이어지고 있습니다. 이 문제에 애써오신 국제인권변호사로서 12 · 28 한일합의를 어떻게 받아들이셨습니까. 일본군 성노예 문제가 '타결' 되었다고 여기시는지요?

일본군 '위안부' 제도는 명백한 전쟁범죄

▋피셔_ 일본이 터무니없는 금액의 돈으로 한국의 침묵을 사려고 한 결과라고 봅니다. 피해자단체, 변호인단, 정부 3자가 협상에 참여한 홀로코스트 소송과는 대조적으로, 이번 경우에는 피해자의 목소리가 대변되지 않은 정부 간의 일방적인 타결입니다. 이러한 합의는 받아들일 수 없고, 받아들여서도 안 된다고 생각해요. 다시 한 번 역사의 진실이 하이재킹 당하는 위기에 놓이게 되었습니다.

특히 '위안부'제도의 불법성에 대한 언급이 전혀 없다는 것에 주목해야 합니다. 일본군 '위안부'제도를 운영한 것은 당시 국제법적으로도 국가가 민간인에게 저지른 명백하고도 중대한 전쟁범죄입니다. 인류 역사를 위해서도 이러한 전쟁범죄에 대해 '불가역적' 합의를 한다는 것은 말이 되지 않습니다. 독일은 나치의 전쟁범죄에 대해 계속 지속적으로 사죄하고 있지 않습니까?

근본적으로는 미국의 아시아 정책으로 인해 또다시 미행정부가 일본 정부의 손을 들어주고 수많은 일본 전쟁범죄 피해자들이 희생되는 케이스가 되었습니다. 2차 대전 후 냉전체제로 세계가 재편되면서 미국은 공산주의 확대를 막는데 급급하여 일본의 전범 처리를 최대한 축소하고 말았습니다. 일본이 아시아에서 미국의 안전핀 역할을 하게한 셈이죠. 이번에는 경제적으로 군사적으로 부상하고 있는 중국을 견제하기 위해 미국은 일본이 안전핀 역할을 하기를 원했고, 따라서 아시아 전역에 걸친 전쟁범죄 피해자들의 목소리를 묵살하면서 일본의 손을 들어준 것입니다.

정_ 변호사님은 1990년대 중후반 나치독일의 전쟁범죄 피해자들이 전범기업을 상대로 대규모 집단소송을 전개했던 일명 '홀로코스트' 소송에서 큰 활약을 하셨는데, 홀로코스트 소송이 타결될 수 있었던 배경을 좀 설명해 주시지요. 나치에 의한 유태인들의 피해와 일본제국주의 피해자들의 경우는 어떻게 달랐는지요?

▌피셔_ 네, 1999년 타결된 홀로코스트 소송에서 다국적 협상팀 대표 변호사의 한 사람으로 최종 합의문에도 서명을 했습니다. 홀로코스트 소송의 배경은 1989년 베를린장벽이 무너지면서 동구권과 소련에서 그때까지 비밀문서로 되어있었던 나치 전범기업 관련 문서가 대거 비밀해제가

▌배리 피셔 변호사. 2008년 제1회 노근리국제 평화상 봉사부문상 수상.

되면서 유태인 박해에 관여했던 전범기업들의 역할도 드러나게 되었지요. 그래서 1990년대 후반부터 피해자들이 유태인들의 휴면계좌로 큰 이익을 보았던 보험회사와 은행, 또한 강제노동으로 이익을 본 기업 등을 상대로 피해보상 소송을 집단소송 형태로 제기하게 되었습니다.

세계 각지의 유태인 피해자들이 미국 법정에서 강제노역 등의 피해에 대해 독일, 오스트리아, 스위스 등의 기업을 상대로 제기한 일련의 집단소송은 2년여에 달하는 협상을 거쳐 1999년 12월, 독일정부와 기업들이 반반씩 분담해 70억 불(약 52억 유로)에 달하는 배상기금을 조성하기로 최종적인 타결이 되었습니다. 미국법정에서의 집단소송은 배상금 규모가 워낙 크기 때문에 기업의 사활이 달려있을 정도라서 기업들이 긴장할 수 밖에 없지만, 무엇보다도 독일정부가 합의를 원했습니다. 타결된 배상기금으로 '기억, 책임, 미래 역사 재단'이 설립되어 일부는 피해자를 위한 보상에, 일부는 후세를 위한 역사교육 등에 쓰이게 되었습니다.

이 소송은 재판이 아니라 법정밖합의(settlement)를 거쳐 타결된 것인데 피해자 대표, 변호사단, 정부대표가 참여한 다국적 협상이 성공적으로 이루어진

2008년 10월 네덜란드 헤이그에서 열린 헤이그 국제평화회의 103주년 기념 컨퍼런스에 참석한 배리 피셔 변호사, 바른역사정의연대 대표로 참석한 필자, 독일의 '기억, 책임, 미래에 대한 역사재단' 균터 사토프 사무총장 (왼쪽부터).

결과입니다. 무엇보다도 잘못된 과거사의 책임을 통감하고 협상을 통해 시급히 문제해결을 하고자 했던 독일정부의 의지가 큰 역할을 했고, 미 국무부도 피해자들과 소송당사자들의 합의가 이루어지도록 매우 적극적으로 도왔습니다.

전후 독일의 전쟁범죄에 대해서는 전범재판을 통해 많은 사실이 밝혀지고 책임자들이 처벌을 받았으나, 일본의 전쟁범죄 전범처리는 그렇지 못했습니다. 극소수의 인물만 처벌받았고 일본의 전쟁범죄에 대한 조사가 이루어지지 않았습니다. 그렇게 된 데에는 2차 대전 전후 처리를 매듭지은 1951년 샌프란시스코 조약을 통해 일본의 배상책임을 면제해준 미국의 책임이 가장 크다고 할 것입니다.

나치도 실행에 옮기지 못했던 만행

정_ 홀로코스트 소송에 이어 아시아계 피해자 특히 일본군 성노예 및 강제동원 피해자들을 위한 소송은 어떻게 시작하게 되셨습니까. 홀로코스트 소송과 일본 전쟁범죄 피해자들의 소송 경험을 비교해 본다면 어떤 말씀을 하시고 싶은지요?.

▌피셔_ 홀로코스트 소송이 타결되자, 나치의 동맹국이었던 일본의 전쟁범죄 피해자들에게 자연스럽게 관심이 모아졌습니다. 1999년 캘리포니아 주에서 나

치 및 나치동맹국에
의해 징용피해를 당
한 사람들은 징용기
업을 상대로 피해보
상소송을 할 수 있다
는 특별법(헤이든 법)
이 발효되면서, 일본
의 전쟁범죄에 대한
국제소송팀이 조직되
기 시작했습니다. 저
도 한국계 징용피해

▌ 2000년 9월 18일 일본군 '위안부' 소송 제소를 기해 워싱턴DC의 내
셔널프레스클럽(National Press Club)에서 기자회견을 하는 한국 측 원
고 대표 고 황금주 피해자와 배리 피셔 변호사. 왼쪽부터 소송팀에 참
여했던 재미한인변호사인 한태호 변호사, 마이클 하우스펠트, 배리 피
셔, 황금주 피해자, 필자.

자의 소송(Jaewon Jeong v. Onoda Cement, 정재원 씨를 원고로 오노다 시멘트를 피고로
하는 징용소송)에 대표변호사로 참여하게 되었습니다. 오노다 시멘트를 시작으
로 미츠이, 미츠비시와 같이 일본의 침략전쟁에서 강제노역 사용 기업을 상
대로 한 다국적 피해자들의 소송을 추진하는데 주도적 역할을 했습니다.

징용소송을 먼저 시작하긴 했지만 성노예 피해자들을 위한 소송은 꼭 시
도하고 싶었습니다. 특히 일본군 성노예 제도는 인류 어떠한 전쟁사에도 존
재하지 않았고, 나치도 실행에 옮기지 않았던 만행 아닙니까. 일본은 중국,
한국인을 비롯한 수백만 아시아 피해자들을 강제노동과 성노예 피해자로 만
들었습니다. 아시아 전역에서 징용자와 성노예를 실어 나른 2차 대전 당시
일본의 해상수송 규모는 인류역사에서 아프리카 흑인을 대서양으로 실어 나
른 노예수송 다음으로 큰 규모에 해당하는 어마어마한 것이었습니다.

저는 1990년대 후반부터 국제인권변호사로서 나치 전쟁범죄 뿐 아니라 일
본의 전쟁범죄에도 큰 관심을 가지고 여러 국제학술대회에 참여해 왔었기에
각국의 학자, 피해자 단체들과 접촉하는 기회가 많았습니다. 한국의 '정신대

문제대책협의회', '정신대연구소', '나눔의 집' 등 민간단체들이 벌여온 피해자 증언 확보, 일본의 시민활동가들과의 국제적 연대가 힘이 되었습니다. 2000년 5월에는 재미한국인 변호사들과 나눔의 집을 방문해 한국의 피해자들에게 미국 소송에 동참할 것을 직접 설명하기도 했었습니다. 마침내 2000년 9월 18일, 만주사변일 기념일을 기해, 한국피해자 6인을 포함한 중국, 대만, 필리핀 15인으로 구성된 원고단이 참여하는 일본군 성노예 집단소송을 미국 워싱턴DC 법정에 제소할 수 있게 된 것이지요.

일본의 국가면책특권 인정한 미국의 행정·사법부

정_ 독일정부는 어떻게든 전쟁범죄 문제를 해결지려는 입장이지만, 일본 정부는 그렇지 않기 때문에 홀로코스트 소송과는 달리 아시아계 피해자들을 위한 소송은 많은 어려움이 따랐을 것 같은데요, 어떠한 어려움이 있으셨나요?

▌피셔_ 미국법정에 '위안부' 소송을 제소할 수 있었던 근거는 외국인불법행위 배상청구법(Alien Tort Claims Act)에 근거한 것으로, 일본 정부를 상대로 한 소송이었습니다. 이 소송에 대해 일본은 주권 국가로서 미국법정에서 피소당하지 않을 권리가 있다는 '주권면책특권'을 내세우면서 1951년 샌프란시스코 강화조약과 1965년 한일청구권 협정에 의해 한국피해자의 청구권이 소멸되었다고 주장했습니다.

일본 측은 미국에서 가장 강력한 대형법률회사를 투입하고 치밀한 로비를 통해 소송을 와해시키기 위해 움직였습니다. 이는 예상할 수 있었으나, 예상하기 어려웠던 것은 미행정부의 태도였습니다. 홀로코스트 소송에서는 피해자 편을 적극 도와 피고기업과 협상이 이루어지게끔 촉매 역할을 했던 미국무부가 아시아계 피해자들의 소송에서는 180도 다른 입장을 취했습니다.

부시 행정부는 오히려 일본과 같은 편이 되어 미 국무부 변호사들을 소송에 개입시켰습니다. 미 국무부는 미국의 외교정책과 샌프란시스코 조약과 같은 조약상의 이유로 일본전쟁범죄 소송을 할 수 없다고 재판부를 설득하면서 지속적으로 소송 기각을 위한 압력을 행사했습니다. 예를 들어, 2001년 뉴욕 트레이드센터 테러 직후, 미국 내에서 비행기 운항이 한동안 어렵던 시기에도 워싱턴 DC의 미 국무부 변호사가 캘리포니아 법정까지 날아와 소송 반대를 위해 법정에 출두할 정도였습니다. 징용소송을 맡은 캘리포니아 재판부 판사는 미 국무부의 이러한 입장이 '인종차별적' 아니냐며 판결문에 쓸 정도였습니다.

미 국무부의 집요한 방해로 인해 결국 일본군 '위안부' 소송 재판부도 행정부의 손을 들어주고 말았습니다. 1심 재판 판사는 일본 정부의 반인륜적인 행위, 성노예 피해자들의 피해 사실, 그리고 배상의 당위성은 인정하지만, 본 소송이 '정치, 외교적 사안'이어서 사법부가 판단할 문제가 아니며, 국가의 면책특권을 주장하는 일본 측 입장을 수용하고 말았습니다. 연방항소법원에 항소, 기각 후 2005년 10월에는 연방대법원에 항고했으나, 2006년 2월 18일 연방대법원은 최종적으로 심리를 거부하여, 6년에 걸쳐 진행되었던 '위안부' 소송은 결국 기각되고 말았습니다. 재판에서 진 것이 아니라 심리를 거부당한 것입니다.

정_ 재판해서 진 것이 아니라 심리를 거부당했다는 것이 시사점이 큰 것 같습니다. 결국은 정치적인 이유로 기각이 된 셈이었는데요, 그래도 소송 과정에서 성과와 의미를 찾는다면 어떠한 것이 있었다고 말씀하시겠습니까?

▌피셔_ '위안부' 소송은 일제 성노예 피해자들을 위해 미국 법정에 제소된 최초의 소송이었고, 한국 뿐 아니라 아시아 4개국 피해자들이 자기나라 피해

▌ 2000년 9월 18일 워싱턴 연방지법에 일본군 '위안부' 피해자들을 위한 다개국 소송을 제소하던 날, 미 국무부 앞에서 시위에 나선 피해자들의 모습. 오른쪽 끝부터 고 황금주 피해자, 고 김순덕 피해자, 고 문필 기 피해자.

자들을 대표하여 제소한 집단소송이라는데 역사적 의의가 있었습니다. 또한 소송문서를 통해 그 때까지도 일본이 부정해오던 '위안부' 제도에 관한 많은 역사적 사실을 공적 문서화할 수 있었고, 소송팀과 4개국의 피해자 단체들과 의 긴밀한 협력이 이루어졌습니다. 국제무대에서 피해자들의 정의 회복을 위 한 역사 인식과 정치 인식을 한 단계 높였다고 할 수 있겠지요. 이러한 민간 단체의 연대와 결집된 노력은 2005년 일본의 유엔 안전보장이사회 상임이사 국 진출저지를 위한 서명운동, 2007년 미 하원 '위안부' 결의안 추진운동 등 으로 이어질 수 있었다고 생각합니다.

12 · 28 밀실 타결로 남북 연대 기회 소멸

정_ 일본 과거사 문제는 한국 뿐 아니라 북한에서도 큰 관심을 보인 문제로 알고 있는데요,

남북을 포함하는 아시아 10개국 시민단체네트워크인 '일본의 과거사 청산을 위한 국제연대협의회'의 결성과정에도 참여하셨지요? 북한의 피해자들도 미국 소송에 참여시키기 위해 애쓰신 것으로 압니다. 북한과의 협력에 대해 기억나는 것이 있다면 말씀해주시지요.

▌피셔_ 2000년 상하이에서 열린 일본 과거사 청산에 대한 국제 컨퍼런스에서 북측 대표들을 처음 만나게 되었고, 북한 사람들도 이 문제에 지대한 관심을 가지고 있다는 것을 알게 되었죠. 2003년에 상하이에서 남과 북을 포함하여 일본의 전쟁범죄 피해국 10개국의 시민단체가 결성한 국제 네트워크인 국제연대협의회 (International Solidarity Council)가 출범했는데 여기에 창립멤버로 참여했습니다. 2004년에는 서울에서 열린 국제대회에 북한의 관계자, 피해자들이 대규모로 참석해서, 언론의 주목을 크게 받았습니다. 2005년 가을에는 평양에서 국제대회가 열렸는데, 미국에서 저를 비롯한 6명, 남한에서는 30여 명이 참석했었지요.

당시 대일 배상문제는 북의 중대한 관심사였지요. 일본의 고이즈미 수상과 북한의 김정일 위원장이 조일 수교를 위해 회담을 가졌던 시기였어요. 북한은 이미 미국의 징용 소송과 '위안부' 소송에 동참하기를 원하여 조선법률가협회 주최로 2001년과 2002년 저를 평양에 초청하여 회의를 했고, 북한 피해자들의 진술서를 받기도 했었습니다. 역사적인 차원에서 생

▌배리 피셔 변호사가 참석한 2005년 9월 평양에서 열린 일본의 과거사청산을 요구하는 국제연대협의회 3차회의.

각해볼 때, 남북한 피해자들이 공동으로 미국 법정에서 일본을 상대로 제소할 수 있었더라면 상징적인 의미가 컸으리라 봅니다.

그러나 클린턴 행정부가 일제의 전쟁범죄 청산에 관해 특별법을 제정하는 등 매우 적극적이었던 반면 부시 행정부는 이러한 활동을 중단, 차단시키기를 원했습니다. 북한의 피해자들이 소송에 동참하기를 원했음에도 불구하고, 북미간 수교가 되어있지 않은 상황에서 그렇게 할 수가 없었습니다. 이 점은 두고두고 안타깝게 생각합니다. 또한 12·28 밀실타결로 인해 남북이 국제무대에서 함께 일본 과거사 청산을 할 수 있는 기회가 소멸되어 버리고만 것은 아닌지 심히 우려됩니다.

정_ 1965년 한일청구권 협정이 일본군 성노예 소송에 큰 걸림돌이 되었던 것으로 기억합니다. 일본 정부를 상대로 한 미국법정 소송에서 일본 측은 '1965년 한일청구권 협정으로 개개인 피해자들이 제기할 수 있는 모든 청구권이 소멸되었다'는 입장을 고수했었고, 현재 아베 수상도 이러한 입장 아닌가요? 1965년 청구권 협정과 12·28 한일합의를 비교해 본다면 어떻게 생각하십니까?

1965년 한일청구권 협정에 들어가지 않는다

▮피셔_ 미국소송의 재판부가 1965년 한일청구권 협정에 대한 한국 정부의 입장을 듣기 원했기 때문에 당시 한국을 방문하여 외교부 담당자들과 만나기도 했었습니다만, 한국 정부가 입장표명서를 제출하지 않아 우리 소송팀이 오랜 기간 애태우다가 극적으로 받아낸 문서에는 "1965년 한일청구권 협정당시 '위안부' 문제가 논의된 적이 없다. 그러나 배상 대신 일본의 사죄와 반성을 요구하는 것이 정부입장"이라고 했었습니다.

즉, 외교부 입장의 핵심은 '위안부' 문제는 개인의 청구권을 소멸시킨 한일청구권 협정의 범위에 들어가지 않는다는 것이었습니다. 따라서 이번 12·28 합의는 기존 외교부의 입장과도 정면 배치되는 것입니다. 더욱이 근래 국제인권법 동향을 보면 국가 간의 협정이 있었더라도 개인의 피해보상 청구권은 소멸되지 않고 계속 살아있다는 해석을 따르고 있습니다.

정_ 2007년 미 하원 '위안부' 결의안(HR121) 통과에도 워싱턴을 방문하여 연방의원을 설득하는 등 보이지 않는 노력을 하셨지요? 글렌데일시에 세워진 평화의 소녀상을 일본계가 철거해달라는 소송에서도 역할을 하고 계신 것으로 아는데요, 그 소송은 현재 어떻게 진행되고 있습니까?

▌피셔_ 2007년 미 하원 '위안부' 결의안 통과를 위해서 워싱턴DC의 정치인들을 만나 설득하는 일을 했습니다. 또한 2013년 7월에 LA 인근 글렌데일시에 평화의 소녀상이 세워지고 나서, 미국의 일본계 우익들은 "'위안부' 문제는 한일간의 외교적인 문제이고 외교문제는 미연방정부 소관이어서 글렌데일시 정부가 관할할 문제가 아니므로 소녀상을 철거해야 한다."라는 주장을 하면서 철거소송을 제소했습니다. 저는 소녀상을 방어하기 위해 중국계 단체 글로벌 얼라이언스 (Global Alliance to Preserve the History of World War II) 법정조언서를 제출하고 이 소송을 측면에서 지원하고 있습니다. 글렌데일시의 변호사들과의 업무협조가 잘 이루어지고 있고, 6월에 캘리포니아 항소 법원에서 심리가 있게 될 예정입니다.

정_ 2008년에 노근리 국제평화상 (봉사부문)상을 수상하셨는데, 노근리 사건 피해자들과 같이 한국전쟁 당시 미국의 전쟁범죄 피해자들과 일본의 전쟁범죄 피해자들을 어떠한 측면에서 연계해 볼 수 있을까요?

나. 청구권 협정과 군대위안부 문제 관련

군대위안부 문제는 인도에 반하는 중대한 국가범죄로서 일본의 국가책임이 있다는 것이 우리 정부의 확고한 입장입니다. 한·일 청구권 협정 체결 당시 군대위안부 문제가 상정되거나 논의된 바 없으나, 우리 정부는 1993년 3월 일본 정부에 대해서는 금전적 배상을 요구하지 않는 대신 철저한 진상규명과 진정한 사죄와 반성을 촉구한다는 방침을 천명하면서, 이러한 우리 정부의 입장이 피해자 개개인이 일본 정부를 상대로 한 소송을 제기하는데 영향을 미치는 것이 아님을 밝힌 바 있습니다.

▌미국의 '위안부' 소송팀이 2001년 7월 19일 한일청구권 협정과 관련해 한국 외교부로부터 받은 답변의 일부. 정부가 1965년 청구권 협정을 피해나가면서 나름 고심한 흔적이 보인다.

▌피셔_ 전쟁을 반대하고 인간답게 살 권리를 위해 인류의 미래를 염려하는 사람이라면 누구나 목소리를 내야 합니다. 노근리 문제도, 일본 전쟁범죄 문제도 평화를 위한 시민사회의 연대와 실천을 모색해서 실제로 일어난 일에 대한 정확한 사실조사와 피해규모에 대해 정확한 진상규명이 되어야 할 뿐만 아니라 이러한 역사를 제대로 알 수 있도록 역사교육을 제대로 실천해야 할 것입니다. 최근 캘리포니아 교과서에 '위안부' 역사를 제대로 가르치자는 청원운동이 벌어지고 있는데 무척 고무적인 시민운동이라고 생각합니다.

할리우드급 영화가 나와야

정_ 미국법정의 소송도 기각되고 한국 정부도 피해자들의 목소리를 묵살해버린 시점에서 일본군 성노예 피해자들은 어디에서 희망을 찾아야 할까요? 앞으로 이 문제의 해결을 위해 어떠한 방향으로 가야 한다고 느끼십니까?

▌12·28 한일 합의를 비롯해 '위안부' 문제에 대하여 대담을 나누고 있는 배리 피셔 변호사와 필자.

▌피셔_ 12·28 한일 외교 합의는 지금까지 '위안부' 문제 해결을 위해 애써온 20여 년 간의 국제공조 노력을 헛되이 만드는 일입니다. '위안부' 문제는 한국만이 피해자가 아닙니다. 아시아 전역의 피해자들과 그들을 위해 활동해온 전 세계 시민들에게도 매우 부당한 일입니다.

독일의 경우와 판이하게 다르게 일본의 전범 처리를 하지 않은 미국이 이번에도 아시아정책상의 이유로 한일합의에 압력을 넣은 것에 대해 우리는 지속적으로 문제제기를 해야 합니다. 세계 여론, 특히 미국의 여론을 움직이는 것이 중요합니다. 그러한 의미에서 미국 내 한인커뮤니티가 결코 침묵해서는 안됩니다.

나치의 유태인 박해 문제가 미디어를 통해 세계에 널리 알려져 누구도 부인할 수 없게 된 것과 같이 아시아의 피해, 특히 20세기에 한국인들이 당한 수난에 대해 세계가 잘 알 수 있도록 결국은 미디어 활용이 중요한데, 세계인에게 감동을 줄 수 있는 할리우드급 영화가 나와야 한다고 평소에 생각하

고 있습니다. 마침 '위안부' 문제가 꾸준히 영화로 만들어지고 있고, 한국계
인재들이 할리우드에도 진출을 많이 하고 있으니 앞으로 기대해 봄직 합니
다.

정_ 징용소송, '위안부' 소송을 추진하던 당시 "우리는 2차 대전의 마지막 전투를 치르고 있
다." 라고 하셨던 말씀이 기억에 남습니다. 21세기 시점에서 2차 대전의 마지막 전투를 아직
도 계속해야 하는 현재 상황이 안타깝지만, 한국의 피해자들은 배리 피셔 변호사님 같은 분이
계시다는 것에 큰 위로를 받으실 것입니다. 지금까지도 고생하셨지만, 앞으로도 한국, 아시아
계 피해자들 편에서 정의회복을 위해 계속 애써주실 것으로 기대합니다. 감사합니다.

(사진제공─정연진)

정연진

UCLA(캘리포니아주립대학) 역사학 박사과정 수료.
미국에 살면서 일본기업을 상대로 징용피해자소송, 일본정부를 상대로 일본군
'위안부' 소송 활동을 벌였다. 2005년 일본의 유엔 안전보장이사회 진출 저지
를 위한 전 세계 인터넷서명운동을 중국계 단체와 함께 전개하여 4천2백만
명의 서명을 받아 유엔에 제출했다. 2013년부터 통일코리아 미래를 대비하기
위한 풀뿌리 시민운동인 Action for One Korea (AOK)운동을 시작했다.

제3부

영화 「귀향」과 『제국의 위안부』
감상법

『제국의 위안부』 논의를
무의미하게 만든 영화, 「귀향」

황진미 영화평론가

「귀향」의 관객 수가 4백만 명에 근접하고 있다. 아무도 예상하지 못했다. 개봉 초기 상영관은 제한되어 있는데다, 일본군 '위안부'의 참혹한 실상을 담은 영화를 보는 것이 괴로울 것이라는 생각에 관객이 몇이나 들지 알 수 없었다. 더욱이 영화의 예고편이 공개된 직후 SNS의 반응은 좋지 않았다. 불가피하게 들어간 몇몇 장면들의 연출이 선정적이고 진부하다는 평이 일었다. 흥행에 적신호가 켜지는 느낌이었다.

물론 영화를 봐야 할 이유는 차고 넘쳤다. 지난 연말에 발표된 일본과의 굴욕적인 '위안부' 협상은 '위안부' 문제에 대한 여론을 들끓게 했다. 10억 엔의 돈을 내는 것으로 '최종적이고 불가역적으로' 문제가 해결되었다고 주장하는 일본은 협상 이후 일본의 강제연행을 부인하는 발언을 쏟아냈다. 이 와중에 최근에 '위안부' 할머니 두 분이 잇달아 별세하셨다. 관객들에게는 「귀향」을 봐야 할 당위와 의무감이 떠안겨진 것이다. 하지만 영화를 의무감으로 볼 수는 없는 노릇이다. 만듦새가 좋지 못한 경우, '봐야 할 영화'라는 수식은 오히려 반감으로 작용한다. 무엇보다 소녀들의 인권이 처참하게 짓밟히는 잔혹한 장면들을 직접 보아야 한다는 심적 부담은 관객들을 불러 모으기 힘들게 만든다. 이러한 제약이 있음에도 불구하고, 「귀향」이 크게 흥행한 사실을 어떻게 설명할 수 있을까.

기적에 가까운 흥행을 거둔 데에는 「귀향」이 단순히 의무감으로 보는 영화 이상의 가치를 지니기 때문이다. 영화는 고통스러운 장면의 재현을 포함하고 있음에도 불구하고, 고발을 넘어서는 치유의 효과를 갖는다. 그 결과 피학적인 관람체험으로 남는 것이 아니라, 진혼을 통한 관계의 회복을 체험시킨다. 그렇다면 영화의 어떤 측면이 역사적 사실을 충실히 고발하면서도, 관람을 견딜만한 것으로 만들었는지 짚어볼 일이다.

1. 돌아오지 못한 이들을 위하여

「귀향」의 제목은 단순히 고향으로 돌아온다는 뜻이 아니다. '귀신 귀(鬼)' 자를 쓰기 때문에, 귀신이 되어서야 고향으로 돌아온다는 뜻을 지닌다. 「귀향」은 일본군 '위안부'의 역사를 단순한 르포르타주의 방식으로 풀어내는 것이 아니라, 판타지의 기법을 활용한다. 영화는 과거와 현재를 오가며, 산 사람과 죽은 사람을 겹쳐 놓는다. '위안부' 할머니(손숙 분)의 현재와, '위안부'

제이오엔터테인먼트 두번째 작품

2015년 봄.
타국에서 죽어간 조각들이
집으로 돌아온다

■ '귀향'의 제목은 단순히 고향으로 돌아온다는 뜻이 아니다. '귀신 귀(鬼)'자를 쓰기에, 귀신이 되어서야 고향으로 돌아온다는 뜻을 지닌다.

소녀(강하나 분)의 과거를 오가지만, 두 사람은 동일인물이 아니다. '위안부' 소녀는 '불귀의 객'이 되었고, 간신히 살아남은 다른 소녀가 할머니가 되어 영매를 통해 친구의 넋을 만난다. 그러니까 여기에는 세 소녀가 등장한다. 과거 장면에서 주인공 소녀인 정민(강하나), 할머니가 된 소녀 영옥(서미지), 그리고 이들을 만나게 하는 영매 은경(최리)이다. 왜 이런 복잡한 구도를 짰을까.

가장 큰 이유는 '위안부'에 대한 논의를 국내에 등록된 238명의 '위안부' 할머니, 혹은 현재 생존해 계신 44명의 '위안부' 할머니로 축소시키지 않기 위함이다. '위안부' 피해자의 수는 정확히 알기 어렵지만 대략 20만 명으로 추산된다. 그 중 상당수의 피해자들이 가는 도중이나 위안소에 배치된 초기에 사망하였다. 기차와 배에 짐짝처럼 실려 가는 긴 여정에서 병을 얻은 이도 있었고, 도망치다 사살당하는 이도 있었다. 위안소에 배치되어 성폭행을 당하는 과정에서 장기가 파열되거나 심한 구타로 사망하거나, 자살하는 경우도 많았다. 위안소에서 간신히 살아남은 사람이라 할지라도 패전한 일본군이

■ 강일출 할머니의 그림 「태워지는 처녀들」. 조정래 감독은 2002년 나눔의 집 봉사활동을 갔다 이 그림을 보고 영화 「귀향」을 만들기로 결심했다.[1]

증거를 없애기 위해 학살하거나, 허겁지겁 퇴각하면서 전장에 그대로 버린 채 도망치기도 했다. 그 결과 끌려간 사람들 중에서 살아남은 사람의 수는 1/4에 불과하다고 한다. 이는 당시 실제 전투에 참가한 군인들이나 노예무역선에 태워졌던 흑인들의 생존율보다 낮은 수치이다. 이렇게 살아남은 사람들 중에서 한반도로 돌아온 사람은 일부이다. 운 좋게 미군 등에 의해 수송되는 경우도 있었으나, 대부분 동남아시아나 중국 등 낯선 땅에 남겨져, 유리걸식하며 고향을 향해 걸었다고 한다. 무작정 걷다가 머문 땅 어딘가에 정 붙이고 살게 된 사람들도 있고, 힘겹게 한반도까지 도달한 사람들도 있다. 그들 중 일부는 북한 땅에 갔고, 일부는 남한 땅에 갔다. 이후 한국전쟁으로 남한 땅에 유입된 사람들의 수가 좀 늘어났겠지만, 어찌됐든 휴전 이후 남한 땅에 살게 된 '위안부' 피해자들의 수는 전체 '위안부' 피해자 중 극히 일부에 불과하다. 이들 중 90년대까지 살아남아 스스로 '위안부' 피해자였음을 밝힌 할머니들의 수가 238명이다. 그러니까

---

1 "특히 충격적이었던 것은 강일출 할머님께서 심리치료를 받을 때 그리신 「태워지는 처녀들」이란 그림이었어요. 당시 끌려갔던 조선 소녀들의 평균 나이가 16세라고 해요. 요즘 신체 나이로는 12세 정도밖에 안 돼요. 거의 초경도 안 한 어린 소녀였죠. 아프거나 쓸모가 없어지면 고쳐준다고 부대 밖으로 데려가서 할머님의 그림처럼 소각장 같은 데서 태워 죽이는 거예요. 증거를 없애는 거죠."
「위안부 소녀들의 이야기 「귀향」 그리고 조정래 감독」, 『레이디경향』, 2015년 9월호

238명의 숫자 뒤에는 죽었거나, 남한 땅으로 돌아오지 못했거나, 스스로 밝히지 못한 수많은 피해자가 존재하는 셈이다.

하지만 보통 '위안부' 피해자라 하면 등록된 238명의 할머니, 그나마도 거의 돌아가시고 지금 살아계신 44명의 할머니로 범위를 축소하기 일쑤이다. 90년대에 아시아여성기금이 논의될 때 거론되었던 위로금도 그러하고, 지난 연말 굴욕 협상의 대가로 운운하는 10억 엔의 용처를 말할 때에도 피해자는 이분들로 한정된다. 전장에서 죽거나 버려진 약 20만 명의 희생자에 대해서는 아무도 말하지 않는다.

「귀향」은 주인공 소녀를 전장에서 죽은 희생자로 설정함으로써, 그들의 존재를 새삼스럽게 일깨운다. 조정래 감독은 2002년 봉사를 하러 '나눔의 집'에 갔다가 미술 심리치료의 일환으로 강일출 할머니가 그린 「태워지는 소녀들」이란 그림을 보고 강한 영감을 받았다고 한다. 이후 감독은 할머니들과 계속 만나면서, 증언회를 비롯한 할머니들의 활동을 돕고 있다. '위안부'에 관한 극영화를 만들겠다는 감독의 구상은 오랫동안 투자비를 얻기 힘들었지만, 한 교사의 희사금으로 만든 짧은 동영상이 기점이 되어 7만 5천 명에 달하는 일반 시민들의 모금을 끌어내어 영화를 만들 수 있게 되었다. 「귀향」은 전장에서 '불귀의 객'이 된 이들을 혼백의 상태로나마 고향으로 돌아오게끔 하겠다는 생각으로 만들어진 영화이다. 이런 이유로 인해 영화는 현재 생존해 있는 '위안부' 할머니의 단선적인 회고담이 아니라, 산자와 죽은 자가 씻김굿을 통해 만나는 판타지의 형식을 차용한 것이다. 영화의 마지막은 진도 씻김굿의 장단을 타고, 나비가 바다를 건너는 모습을 형상화하는데, 이것이 '위안부' 피해자의 원혼을 불러들이는 듯한 느낌이 들게 한다. 조정래 감독은 1998년도부터 영화 제작부와 연출부에서 일해 왔지만, 본래 명인들로부터 사사 받은 판소리 고수(鼓手)이기도 하다. 감독은 자신이 매우 잘 아는 국악의 선율을 십분 활용하여, 산자와 죽은 자가 함께 위로를 받는 영화적

정취를 이끌어낸다.

2. 젠더폭력과 여성들끼리의 연대

전장에서 죽은 정민의 혼은 영매 은경의 몸을 통해 고향에 돌아온다. 은경은 성폭행과 아버지의 죽음이라는 끔찍한 상처를 안고 있다. 이것은 영화가 '위안부'의 문제를 근본적으로 어떻게 사고하는지를 암시하는 대목이다. '위안부' 문제를 한국 대 일본이라는 민족주의 구도로 파악하는 사람들이 여전히 많다. 하지만 '위안부' 문제는 민족주의의 틀에 담기지 않는다. 해방된 조국에서도 반세기 동안 이들이 멸시받으며 침묵당해야 했던 것은 사태의 본질을 잘 말해준다. 근본적으로 '위안부' 문제는 전쟁시 여성에게 가해진 국가폭력의 문제이다. 즉 젠더폭력의 성격을 가지고 있는 것이다.

1988년 이화여대 윤정옥 교수가 '위안부' 문제를 처음 공론화 시켰을 때나, 1991년 김학순 할머니가 첫 증언을 하였을 때에도 당사자들과 정대협(한국정신대문제대책협의회)은 젠더적 문제의식을 놓친 적이 없었다. 오히려 당시 이 문제를 받아들이는 한국사회의 인식이 여전히 민족주의적이었던 한계를 지니고 있었다. 사실 남성중심의 사회에서 자신이 '위안부' 피해 여성임을 밝히는 것은 굉장한 용기를 요하는 일이다. 즉 주체로서 각성이 없으면 불가능한 일이기 때문에, 피해자임을 밝히는 순간 이미 불쌍한 피해자의 자리에 머물지 않는다. 희생자에서 역사의 증인으로 거듭나는 것이다. 그러나 가부장적이고 민족주의적인 사고에 젖어있던 사람들은 스스로 '위안부' 피해자라고 밝힌 이들을 '짓밟힌 민족의 딸'이라는 민족주의적 수사로 봉합하거나, 수치심도 모르는 '가짜'라고 매도하는 등 분열적인 양태를 보였다.

「귀향」은 근본적으로 '위안부'의 문제를 민족의 대결이 아니라 젠더폭력의

문제로 바라보는 관점
을 지닌다. 영매가 된
은경은 집에 침입한 탈
옥범에 의해 성폭행을
당한다. 순간 이를 목
격한 아버지가 탈옥범
에게 달려들다가 죽임
을 당한다. 즉 딸을 고
통에서 구하지 못하고
무력하게 죽은 아버지
는 식민지 조선에 대한

1988년 이화여대 윤정옥 교수가 '위안부' 문제를 처음 공론화를 시켰을 때나, 1991년 김학순 할머니가 첫 증언을 하였을 때에도 당사자들과 정대협(한국정신대문제대책협의회)은 젠더적 문제의식을 놓친 적이 없었다.

유비이다. 요컨대 식민지 조선의 소녀가 일본군에 의해 끌려가 '위안부'로 고통당한 역사는 무도한 침입자에 의해 딸은 성폭행을 당하고 아버지는 죽임을 당한 범죄사건과 유사하다는 인식을 영화가 보여주는 것이다.

영화는 '위안부' 문제를 여성에 대한 남성의 폭력으로 사유하며, 그 안에서 피해자 여성들끼리 서로 보듬는 연대를 보여준다. 정민은 어딘지도 모르고 끌려가는 차 안에서 고열에 시달리는 영옥에게 자기 어머니가 만들어 준 괴불노리개를 꼭 쥐여주며 위로한다. 영화는 지옥 같은 위안소에서도 잠시 스치는 평화로운 순간을 잡아낸다. 바로 소녀들끼리 모여 수다를 떨거나 목욕하는 장면이다. 얼굴과 몸이 온통 멍투성이지만, 이들은 또래 소녀들이 그러하듯이 해맑게 재잘거리며 명랑하게 웃는다. 조선 8도에서 끌려 온 소녀들이 각지의 사투리로 말한다. 개중에는 점령지에서 끌려 온 중국인 소녀도 섞여 있다. 그 중 리더십이 있는 소녀는 일본 병사와 약간의 협상을 하기도 한다. 정신착란에 빠진 소녀를 다른 소녀들이 보호하려고 애쓰는 모습이나, 죽음을 앞둔 순간에 정신착란의 소녀가 오히려 다른 소녀에게 위로의 손길을

▌「귀향」은 '위안부'에 대한 기술로 논란을 일으켰던 박유하의 책 『제국의 위안부』가 제기하는 문제들을 피해가지 않는다. 오히려 『제국의 위안부』가 힘주어 강조하는 것들을 아무렇지도 않게 보여주면서, 이러한 것들이 '위안부' 문제의 본질을 말함에 있어서 대단히 부차적임을 납득시킨다.

내미는 모습은 눈물겹다.

　전장에서 고통당하는 소녀들끼리 서로를 보듬고 마지막 순간 생사의 기로에서 우정을 나누는 모습이나, 현재 장면에서 무녀 할머니와 영옥(손숙)이 서로를 돌보는 우정, 무녀 할머니의 집에 머물게 된 은경과 애리의 자매애 등은 모두 여성들 간의 연대를 보여준다. 영옥에게는 양아들과 손주가 있다고 나오지만, 영화에는 한 컷도 등장하지 않는다. 영옥이 일생동안 방문을 미루었던 고향길에 동반하는 사람은 가족이 아닌 몇 번 밖에 만나지 않은 은경이다. 할머니와 손녀 같은 두 사람은 여성으로서의 고통을 공유하며 친해진다. 정민의 엄마가 만든 괴불노리개가 영물로 작용하여, 이를 매개로 정민과 영옥과 은경의 영혼이 교감한다. 영화 전체가 여성들끼리 보살피고 위로하고 씻김굿을 해주는 자매애적 공동체의 기운을 내뿜는다.

3-1. 『제국의 위안부』 따돌리기-강제연행과 조선인 업자

「귀향」은 '위안부'에 대한 기술로 논란을 일으켰던 박유하의 책 『제국의 위안부』가 제기하는 문제들을 피해가지 않는다. 오히려 『제국의 위안부』가 힘주어 강조하는 것들을 아무렇지도 않게 보여주면서, 이러한 것들이 '위안부' 문제의 본질을 말함에 있어서 대단히 부차적임을 납득시킨다. 즉 박유하가 던지는 논의에 시시비비를 가려 논박하는 것이 아니라, 그것을 하찮은 문제의식이라고 낙후시켜 버린다.

박유하는 '위안부' 문제에 관해 한국인들이 일면적으로 품고 있는 인식에서 벗어나야 한다면서, 국가주의, 제국주의, 민족주의, 계급구조, 가부장제, 식민주의에 대해 전방위적인 비판을 펼친다. 조선인 업자, 조선인 군인, 조선인 아버지의 인신매매와 가난, 계급 등을 언급하면서 가부장제를 비난하고, 한국 전쟁시에 있었던 한국군 '위안부', 양공주, 한국의 성매매 관행 등을 말한다. 물론 '위안부' 문제를 논함에 있어서, 이러한 문제들을 두루 고찰하는 것은 의미 있는 일이다. 단순히 '일본은 악이요, 조선은 선'이라는 민족주의적 도식은 문제를 바로 보지 못하게 한다. 조선인 업자나 조선인 군인, 딸을 팔아넘긴 조선인 아버지 등을 고찰하는 것은 여성주의적 관점에서 필요한 작업이다. 그래서 일본에 법적 책임을 묻는 것과 별개로, 한국 사회 내부를 돌아보는 반성이 필요하다는 주장이 여성주의 담론에서 꾸준히 제기되어 왔다. 박유하의 저작이 문제적인 이유는 그의 파상공세가 단순히 한국사회의 자성을 끌어내는데 초점을 두는 것이 아니라, 궁극적으로 일본정부의 책임을 흐리는데 목표를 두기 때문이다.

박유하는 '위안부'의 숫자가 20만 명이었다는 것은 '(근로)정신대'와 '위안부'의 용어적 혼란이 낳은 수치로 실제 '위안부' 피해자의 숫자에 비해 크게 부풀려진 것이라고 말한다. 또한 일본군이 '위안부'를 강제로 끌고 갔다거나 유괴나 납치를 지시한 증거가 아직 발견되지 않았기 때문에, '위안부' 동원과 관련된 법적 책임이 일본군에 있지 않다고 주장한다. 불법적인 동원의 책임은 '위안부'를 직접 모집한 조선인 업자들에게 있으며, 일본정부에겐 업자들의 행위를 묵인한 정도의 느슨한 책임만 인정된다고 말한다.

하지만 이는 당시 일본의 형법과 국제법의 규정을 전혀 무시한 이야기이다. 일본군이 '위안부'를 모집 운영한 것은 당시 일본의 형법으로나 국제법상으로나 불법이었다. 일본이 1910년에 맺은 인신매매금지협약과 1926년에 맺은 노예제금지협약에 의해, '위안부'를 납치, 유인, 매매, 수송한 행위는 국제법상 불법이었다. 또한 당시 일본 형법은 해외이송을 목적으로 사람을 강제로 연행하거나 기망·유괴하여 매매하는 것은 물론이고, 피해자를 인수하는 자도 처벌하였다. 따라서 일본군대가 강제연행을 하지 않았다 하더라도, 위안소를 설치 운영하고 '위안부'를 받은 부대의 지휘관은 형법상 범죄자가 되는 것이다. 박유하와 일본 우파들은 강제연행이 없었기 때문에, 일본의 책임이 없다는 논리를 펴 왔다. 그러나 당시 형법에서 강제연행과 유괴는 동일하게 취급되었으며, 부대에서 '위안부'를 받아들인 행위만으로도 불법이었다. 따라서 연행 당시의 '강제성' 유무에 초점을 맞추어 논의를 협소화하는 것은 일본의 책임을 흐리게 만들려는 꼼수에 불과하다.

중일전쟁 이후 많은 '위안부'가 필요해진 일본정부는 1940년 조선총독부로 하여금 약취유괴죄를 유명무실화시키는 직업소개법제를 도입하여 군'위안부' 동원을 합법화한다. 일본에서 민간업자들의 사기 모집을 방지하는 법령이었던 소개영업취체규칙이 조선에서는 간략한 규정만 지닌 채 편법으로 사용되었다. 즉 일본이 본국과 식민지에 법 적용을 달리함으로써, 법적인 책임 없이 식민지 여성들을 쉽게 동원할 수 있게끔 길을 열어 놓은 것이다. 이러한 구조적 폭력을 덮어둔 채, 단지 연행의 순간에 물리적 강제성이 없다는

▌「귀향」에서 정민은 경남 거창에서 농사를 짓는 가난하지만 단란한 가정의 철부지 어린 소녀로, 어느 날 집으로 찾아 온 사람들에 의해 부모가 보는 앞에서 강제로 끌려간다.[2]

것만으로 일본군에 책임이 없다고 주장하는 것은 본질을 회피하는 것이다.

「귀향」에서 정민은 경남 거창에서 농사를 짓는 가난하지만 단란한 가정의 14세 소녀로, 어느 날 집으로 찾아 온 사람들에 의해 부모가 보는 앞에서 강제로 끌려간다. 연구자들에 의하면, 조선인 '위안부' 연행에서 경찰, 행정 공무원, 업자 등 3인이 조를 이루었다고 하며, '위안부' 피해자들의 진술에

---

2 경상북도 상주에서 12남매 중 막내딸로 태어난 강일출(88) 할머니는 16세 늦여름 중국 지린성(吉林省) 창춘(張春)의 위안소로 끌려갔다. 당시 마을에는 '처녀공출'에 대한 소문이 파다했다고 한다. 강 할머니는 이를 피하기 위해 어머니 친구 집에 머물기도 했었다. 가족 품이 그리워 다시 집에 돌아온 것이 화근이었다. 마을과 조금 떨어진 외딴집으로 칼을 찬 일본 순사와 누런 옷을 입은 황군이 들이닥쳤다. 이들은 강 할머니에게 베를 짜는 공장에 가자며 강제로 짐을 싣는 트럭에 태웠다.
1945년 초여름 강 할머니는 독립군의 도움을 받아 어룬춘(鄂倫春)으로 피신했다. 두 번 결혼을 했으나 모두 이혼했다. 22세부터 53세까지 병원에서 간호사 생활을 했다. 1998년 적십자를 통해 해방 후 처음으로 한국을 다시 찾았다.
1999년 71세의 나이로 영구 귀국해 이듬해 국적을 회복했다. 강 할머니는 현재 경기도 광주 '나눔의집'에서 생활하고 있다. 「위안부 보고서 55-생존 할머니 증언〈1〉 강일출」, 「아시아경제」, 2014. 9. 1.

의하면 연행의 주체가 군인, 경찰, 공무원(면장 구장), 업자 등이었다고 한다. 연구자들은 조선인 '위안부' 연행에서 경찰, 행정공무원, 업자 3인이 조를 이루었다고 말한다.

「귀향」의 연행 장면을 보면 네 명 모두 정복을 입고 있다. 한 명은 군인으로 보이고, 세 명은 헌병으로 보이긴 하지만, 당시 군속 취급을 받았던 업자가 군복을 입고 나타났을 가능성도 배제할 수 없다.

강제연행을 극구 부인하는 일본 극우의 입장에서 보자면 이 장면이 몹시 불편할 것이다. 날조된 장면이라고 펄쩍 뛰거나, 엄밀한 의미에서 강제연행이 아니라고 주장할 것이다. 부모의 승인을 받아 딸을 데려가는 것이기 때문에, 길가나 들판에서 납치해 끌고 간 것과는 다르다고 주장할 수도 있다. 그런데 이 장면에서 "이렇게 갑자기 찾아오면 어떻게 하느냐"고 말하는 아버지의 곤란한 표정을 볼 수 있다. 어떤 상황인지 자세히 묘사되어 있지 않지만, 아마도 부모에게 빚이나, 형벌, 징용 등에 관한 협박이 먼저 있었을 것으로 추정된다. '위안부'로 끌려갔던 정서운 할머니의 실화를 그린 단편 애니메이션 「소녀 이야기」를 보면, 일본 공출에 저항한 아버지가 투옥되자 이장이 찾아와 아버지를 석방해 줄 테니 군수공장에 1년만 취직하라는 제안을 한다. 이 제안은 거짓말이었다. 군수공장이 아닌 위안소였고, 아버지는 감옥에서 고문당하다 죽었다. 「귀향」은 어떠한 상황인지 구체적으로 설명하지 않지만, 부모의 태도로 보건대 강제적 위압이나 협박이 있었음을 짐작할 수 있다. 이러한 위압이나 협박도 강제성의 일환으로 볼 수 있으며, 강제연행을 길이나 들판에서 무작위로 납치해 가는 의미로 한정짓는 것은 식민지 동원 체제를 너무도 얄팍하게 파악하는 것이다.

「귀향」에는 위안소를 운영하는 조선인 업자가 등장한다. 소녀들이 부대에 도착하였을 때, 그들을 맞은 것은 조선인 업자였다. 그는 조선어로 소녀들에게 자신을 '오토상(아버지)', 옆에 있는 일본인 관리자 여성을 '오까상(어머니)'

이라고 부르라고 말한다. 가혹한 성폭행이 일어나는 위안소를 조선인 업자가 운영했다는 것은 민족주의적 관점에서 보았을 때 뜨악할 수도 있다. 그러나 사회의 각 분야에서 식민통치에 협조했던 '조선인 앞잡이'들이 있었다는 것은 새로운 사실이 아니다. 『제국의 위안부』는 '조선인 업자'의 존재를 끊임없이 강

나눔의 집에서 생활하는 「귀향」의 실제 주인공 강일출 할머니는 88세의 나이에도 수요집회에 참석하고, 강연도 다닌다. 그는 한 언론과의 인터뷰에서 "죽으면 잊어먹겠지. 내가 당한 거…, '위안부' 문제가 해결되지 않으면 눈을 감고 못 가는 거야."라고 말했다. ⓒ 나눔의집 일본군 '위안부' 역사관

조하며, 그들이 위안소의 운영을 맡고 있었기 때문에, 그들이 '위안부' 문제의 주범이라고 지목한다. 그러나 당시 위안소는 운영주체에 따라 군대직영위안소, 업자의 위안소, 혼합형 위안소로 나뉠 수 있지만, 어느 경우이든 위안소의 관리는 군대의 감독하에 있었다. 연합군 포로 신문조서에 의하면 "위안소 업자들이 영업을 위하여 '위안부'들을 데리고 일본군 부대를 쫓아다닌 것이 아니라, 일본군 부대들이 하부조직으로 편성된 위안소와 '위안부'들을 전선으로 끌고 다녔다"는 진술이 나온다. 위안소의 설치는 철저하게 군대의 계획과 지시에 의해 이루어졌기 때문에, 설사 민간업자가 운영주체로 보인다 할지라도, 위안소는 일본군의 관리와 통제 아래 있었다.

「귀향」은 『제국의 위안부』가 그토록 강조하는 '위안소를 운영하는 조선인 업자'의 존재를 버젓이 보여주지만, 그것이 사태의 본질과 아무런 관계가 없음을 동시에 확인시킨다. '위안부' 소녀들을 전장까지 수송한 것도 일본군이요, 부대 내 위안소를 설치하고 운영을 맡긴 것도 일본군이다. '위안부'들의

신체를 검진하는 것도 일본군 군의관이고, 부대원들의 이용규칙을 정하는 것도 일본군이다. 영화는 여러 자료를 바탕으로 비교적 디테일하게 위안소의 질서를 그린다. 이를 통해 조선인 업자가 위안소를 운영하고 있었다할지라도, '위안부' 제도의 관리에 관한 총체적인 권한과 책임이 일본군에게 있음을 명확히 보여준다.

3-2. 『제국의 위안부』 따돌리기-매춘부와 로맨스

『제국의 위안부』는 '가라유키상'에 대해 자세히 설명한다. '가라유키상'은 19세기 후반 해외에서 성매매 활동하였던 일본 여성이다. 박유하는 '가라유키상'을 설명함으로써, '위안부' 제도 이전에 해외에 진출한 업자들이 먼저 있었으며, '위안부' 제도는 일본의 가라유키상이나 공창제에서 유래된 매춘제도의 일종임을 역설한다. 또한 유곽 출신의 일본인 '위안부'들이 다수 존재하였음을 언급한다. 하지만 이것은 논점 이탈이다. 일본에 어떤 공창제나 해외 원정 성매매의 전통이 있었든지 간에, 그것이 성노예에 가까웠던 '위안부' 피해자들이 입은 폭력을 정당화할 수는 없다. 물론 박유하도 그 폭력이 정당하다고 말하지는 않는다. 그러나 박유하는 일본의 성매매 전통을 상세히 기술하면서, '위안부'의 진실을 매춘의 이미지에 녹여낸다. 그 결과 '위안부' 제도를 오래된 매춘의 관습 중 하나로 치부하게 한다.

박유하는 일본대사관 앞에 있는 소녀상이 대단히 잘못된 관념을 고착시킨다고 말한다. '위안부'가 '순결한' 십대 소녀들로만 이루어진 것처럼 이미지를 왜곡시킨다고 비난하면서, 위안부들의 평균연령은 20살이 넘은 성인들이라고 말한다. 십대 초반에 끌려갔다고 주장하는 피해자들이 있지만, 이들은 상당한 '예외'에 속한 것이며 '위안부' 중에 설사 미성년자가 섞여 있었다 하더라도 그것은 '조선인 업자'들의 탐욕 때문이라고 말한다. 그는 '위안부'들 중에는 돈을 벌기 위해 나섰다가 취업 사기를 당한 기혼 여성들도 있었고, 가난한 부모에 의해 유곽에 팔렸다가 성매매라는 것을 어느 정도 아는 상태에서 '위안부'로 간 여성도 있었으며, 일본인 매춘부 출신의 '위안부'도 존재했다고 말한다. 물론, 경순 감독의 다큐멘터리 「레드마리아2」(2015)가 보여주듯이, 매춘부 출신의 '위안부'가 존재했다는 것은 사실이다.

여기서 '위안부' 중에 유곽 출신의 매춘부는 절대 없었다고 반박하는 것은 무익한 일이다. '위안부' 중에 유곽 출신의 매춘부가 있었다고 해서, '위안부=매춘부'라는 등식이 성립되는 것은 아니다. 또한 설사 '위안부' 중 매춘부가 많았다고 하더라도, 그들이 피해자가 아니라고 볼 수는 없다. '위안부'는 매춘부였다고 주장하는 쪽이나, 이에 발끈하여 '위안부'는 강제이고, 매춘부는 자발이기 때문에 완전히 다르다고 맞서는 쪽이나, 편협하기는 마찬가지이다. 이것은 성매매 여성은 성폭행의 피해자가 될 수 없다는 '순결주의'의 사고틀에 갇혀있는 것이며, 성매매에 대해 논하면서, 강제와 자발이라는 자유주의적인 이분법으로 모든 것을 이해하려는 용렬한 시각에 불과하다. 당연한 말이지만, 성매매 여성이든 아니든 성폭력을 당하는 것은 부당하며, 성매매 여성 중에서도 강제와 자발을 구분할 수 없는 경계에 놓인 사람들이 얼마든지 많다.

「귀향」에서 기이한 아름다움을 뿜어내는 장면은 '위안부' 소녀들 중 한 명이 「가시리」를 부르는 장면이다. 그는 평양 권번 출신의 여성으로, 다른 소녀들보다 나이가 많다. 이것은 『제국의 위안부』나 일본 극우들이 말하는 "'위안부'는 매춘부였다"는 주장을 뒷받침하는 장면일까. 그렇지 않다. '위안부'들 중에는 강제나 겁박 등에 의해 끌려온 십대 소녀들도 있었고, 돈을 벌기 위해 '자발적으로' 따라 나섰지만 취업 사기를 당한 사람들도 있었고, 성매매라는 것을 알고 온 권번 출신의 창기도 있었을 것이다. 그러나 그것은 전혀 문제의 본질이 아니다. 설사 성매매임을 알았던 권번 출신의 성인이라 할지라도 일본군 '위안부'와 같은 끔찍한 국가폭력을 가하는 것은 '인도에 반하는 범죄'이다. 조선인 출신의 '위안부' 중 상당수가 십대 소녀였다는 사실은 사태의 극악함을 더하는 것이기는 하나, '위안부' 문제의 핵심은 아니다. 그들에게 가해진 국가폭력이 얼마나 가학적이고 체계적이며 조직적이었는지가 진짜 핵심이다. 「귀향」은 위안소의 여성들 중 가장 어린 14세 소녀로 초경도 하지 않은 정민을 주인공으로 내세우지만, 그곳에 있는 다양한 여성들의 존재를 보여줌으로써, 논지가 오로지 '순결주의'로 고착되는 것을 어느 정도 상쇄한다.

박유하는 조선인 '위안부'가 '제국의 위안부'로서, 일본 군인과 '동지적 관계'에 있었으며 전쟁의 '협력자'이기도 하다는 주장을 편다. 박유하는 동남아시아 현지인들은 조선인 '위안부'를 일본군인과 동일하게 적으로 이해하였으며, 일본군인과 조선인 '위안부'는 동지적 관계이기 때문에, 전쟁이 끝난 후에도 조선인 '위안부'들이 일본군 부상자를 간호했다고 기술한다. 그는 중국이나 동남아의 점령지에서 온 '위안부'와 제국의 내부인 식민지 조선에서 온 '위안부'가 다른 취급을 받았다고 강조한다. 일본군이 전자를 전리품처럼 대하며 마구 성폭행했던 것과 달리, 후자는 군수품처럼 대하며 아꼈다고 기술한다. 「귀향」에서 조선인 소녀들이 주를 이룬 위안소에 현지에서 끌려 온 듯한 중국인 소녀 한 명이 섞여 있다. 위안소에서는 공식적으로 일본어를 사용하였고, 중국어를 아는 조선인이나 일본군은 거의 없었기 때문에, 그 소녀는 언어적으로 고립된다. 하지만 조선인 소녀와 중국인 소녀의 처지가 완전히 달라 보이지는 않는다.

『제국의 위안부』는 '위안부' 피해자들의 증언집에서 발췌한 몇몇 사연들과 일본에서 출간된 일본인 '위안부'를 그린 소설들을 뒤섞으며, 일본군인과 '위안부' 사이에 애틋한 로맨스와 평화로운 일상이 있었다고 말한다. 그리고 일본군을 악마처럼 묘사하는 것은 잘못이며, '위안부'에게 용돈을 주고 누이처럼 대하는 착한 일본군인도 있었다고 말한다. 박유하는 위안소를 찾은 일본군인

■ 박유하는 위안소가 폭력적이기만 한 곳이 아니어서, 강압적인 섹스만 오가는 것이 아니라, 대화를 통해 '위안'을 받는 일도 많았음을 강조한다. 조선인 '위안부'는 '제국의 위안부'로서, 일본 군인과 '동지적 관계'에 있었으며 전쟁의 '협력자'이기도 하다는 것이다.

도 전쟁에 내몰린 피해자였으며, 위안소를 찾는 군인 중에는 조선인 병사도 있었음을 강조한다. 또한 위안소가 폭력적이기만 한 곳이 아니어서, 강압적인 섹스만 오가는 것이 아니라, 대화를 통해 '위안'을 받는 일도 많았음을 강조한다. 그리고 '위안부'들과 일본 군인들이 연애를 하거나, 심지어 결혼하는 경우도 있었음을 지적한다. 박유하는 위안소에서 일본군 장교와 사랑을 나누고, 그의 도움으로 위안소에서 해방되었던 신경란 할머니의 사례를 소개한다. 그러나 이 사연은 역설적으로 일본군 장교가 보증한 증명서가 없었다면 고향으로 돌아오는 것이 불가능했음을 증명하는 사례로 보아야 할 것이다.

「귀향」에도 '위안부' 소녀와 병사 간에 품는 애틋한 마음이 묘사되어 있다. 이것은 과장할 것도, 부인할 것도 없는 현상이다. 끔찍한 폭력과 강압이 관통하는 공간일지라도 청춘남녀가 모인 곳에서 로맨스의 감정이 싹트는 것은 이상하지 않다. 더구나 전장의 긴장이 간절함을 더했을 것이다. 영화는 이러한 가능성을 부인하지 않는다. 그러나 그러한 로맨스가 '위안부'로서 겪는 폭력과 죽음의 공포를 상쇄하지 못하며, '위안부'가 처한 상황을 설명함에 있어서 전혀 본질적인 문제가 아님을 보여준다. 또한 영화는 '착한' 일본 병사의 존재나, 섹스보다는 대화를 나누고자 했던 병사나, 일본군으로 끌려온 조선인 병사의 존재를 보여준다. 그러나 조선인 병사로서 '위안부'가 된 여동생을 만나는 것은 굉장한 비극이자 아이러니를 보여주는 것일 뿐, 가해자와 피해자의 구도가 흐트러지지는 않는다.

4. '위안부' 문제의 현재성에 관하여

영화는 TV 속 김학순 할머니의 증언에서 출발한다. '위안부' 피해 신고를 받는다는 뉴스와 함께 김학순 할머니의 인터뷰 장면이 등장한다. 할머니가 과거 경험을 말하는 것의 수치스러움에 대해 잠시 언급하자, 인터뷰어가 묻는다. "지금도 부끄러우세요?" 할머니는 "지금은 부끄럽지 않다"고 단호하게 답한다. 영화는 할머니들을 단지 '피해자'로 묘사하는 데 그치지 않고, 그들이 스스로 "수치스럽지 않다"고 각성하게 되는 지점을 그린다. 실제로 '위안부' 피해자가 자신이 피해자임을 밝히는 것은 비참한 '비체(abjection)'에서 당당한 주체(subjection)로 거듭나는 순간이다. 그들의 증언으로 인해 피해의 역사가 바로 선다. 90년대 '위안부' 문제가 한일 간에 현안으로 떠오르기 시작하면서 성매매, 성폭력, 성희롱 등 성적 문제에 대한 한국 사회의 성찰이 시작하였다. '위안부'의 문제가 민족주의 문제가 아니라, 엄청난 돌파력을 지닌 젠더 이슈임을 귀납적으로 증명하는 셈이다.

영화에서 가장 인상적인 장면은 TV에서 증언을 본 영옥 할머니가 결심을 하고 동사무소에 간 장면이다. "미치지 않고서야 자신이 '위안부' 피해자였다는 것을 어떻게 말할 수 있나?"라는 무심한 직원의 말에 쭈뼛거리던 영옥이

격분하여 소리친다. "내가 그 미친 사람이라고!" 이 장면은 '위안부' 문제가 일본과 한국 간의 민족주의로 해결될 수 있는 문제가 아니라, 가부장제적 질서와의 싸움이었음을 단적으로 보여준다. 해방 후 46년 동안 '위안부' 문제가 공

故김학순 / 일본군 '위안부' 피해자
우리 죽으면 우리 죽은 뒤, 나 죽은 뒤에는 말해줄 사람이 없는 것 같다 싶은 생각에

▌1991년 8월 14일 국내 거주자로는 처음으로 위안부 피해 사실을 공개 증언한 김학순(1924~1997) 할머니.[3]

론화되지 못한 이유도 바로 가부장제적 억압 때문이다. 해방 후 '위안부' 피해자들은 침묵을 강요당했다. 한국의 남성 중심적 문화는 '위안부' 피해자들을 침묵시켰으며, 여전히 남아있는 군사주의적이고 폭력적인 문화가 이제는 할머니가 된 '위안부' 피해자들을 여전히 옥죈다. 여기에 일제 청산에 실패한 결과 일제강점기 때 형성된 친일권력이 여전히 해체되지 않은 채 남아서 '위안부' 피해의 역사를 지워버리려 하는 힘과 움직임이 여전히 존재한다.

영화는 마지막 해원의 굿판이 벌어진 가운데, 서 있는 구경꾼들 중에 태평양전쟁 시절 일본 군복을 입은 남자들이 군데군데 보인다. 이것은 '위안부' 문제의 현재성을 짚어 주는 상징적인 장면이다. 한미일 삼각 동맹의 강화를 위해, 한일관계의 걸림돌이었던 '위안부' 문제를 제거하고자 굴욕적인 협상을

---

3 "16살 난 것을 딱 끌어다 가서 그 군대에다가 일본 군대에 넣어서 그렇게 참 강제로 그 모양을 해서 사람 이 꼴 만들어서 평생을 이렇게 혼자 살면서 참말로 남 안 보는 데에서 밤낮 눈물로 세상을 살게 하니 정말로 그 분을, 그 화를 어떻게 해야 풀지를 모르겠어. 아주. 너무 분하고 억울하고. 기가 막혀서 생각할수록 아주… 생각할수록 분하고 원통하고 죽겠어. 아주 그냥 아주. 정말 그때 일을 생각하면 아주 펄펄 뛰다가 내가 죽겠어 그래서 더 이렇게 이렇게 되는가 봐 숨을 제대로 못 쉬고 그러는가 봐, 호흡곤란이…"
('1997년 7월 김학순 할머니 생전 마지막 인터뷰 중', 「뉴스타파」, 2016. 1. 26.)

▌귀향은 단순히 고발에 머물지 않고, 영적 소통을 통해 치유와 회복을 지향하는 태도를 보여준다. 굉장히 보기 힘든 영화일 것이라 걱정하며 상영관에 간 사람들이 순연한 씻김굿을 체험하고 상영관을 나선다.

강행한 박근혜 정부의 친일적 행보에서 보듯이, '위안부'의 넋을 고향으로 온전히 불러들이지 못하게 밀어내는 강한 권력이 한국사회 내부에 있다.

5. 고발을 수행하면서도, 치유를 지향하다.

영화는 '위안부' 피해자들의 증언을 바탕으로, 참혹한 실상을 재현한다. 영화는 2.35대 1의 화면비를 유지하다가 딱 두 장면에서 1.85대 1의 화면비로 바뀐다. 그것은 위안소를 부감숏으로 찍은 장면과 마지막 엔딩 크레딧이다. 이것은 위안소를 부감숏으로 찍은 장면이 매우 중요하다는 것을 의미한다. 이 장면에서 복도로 나눠진 위안소의 각 방마다 끔찍한 성폭력이 자행되고 있다. 그러나 복도에 늘어선 일본군들의 모습에서 보듯이 폭력의 가해자들 입장에서는 이러한 폭력이 아무렇지도 않은 일상일 뿐이다. 이 장면은 이러

JO Entertainment

■ 조정래 감독은 「귀향」이 한번 상영되면 돌아오지 못한 일본군 '위안부' 한 분의 영혼이 집으로 돌아온다고 믿었다. 그러기 위해서는 전 세계를 돌며 상영해야 한다며, 조 감독은 제작단계부터 영어, 일어, 중국어, 독일어, 불어 자막을 만들었다고 한다.[4]

한 '악의 평범성'을 단적으로 보여준다. 이 부감 숏은 일본군 '위안부' 문제를 그린 어린이용 그림책 『꽃 할머니』를 만드는 권윤덕 화백을 다룬 다큐멘터리 「그리고 싶은 것」에도 인상적으로 등장한다.

혹자는 이 부감 숏을 비롯하여 몇몇 장면들이 선정적인 연출로 이루어져 있다고 거론하며, 「귀향」이 "역사적 고발을 빌미삼아 관음증을 충족시키는 영화"라고 쓴소리를 한다. 물론 세상에는 역사적 고발을 빌미로 관음증을 충족시키는 텍스트들이 존재한다. 가령 지영호 감독의 영화 「에미 이름은 조센삐였다」(1991)나 「이승연의 종군 위안부 누드 사진집」(2004) 등이 여기에 속한다. 하지만 「귀향」에 그러한 혐의를 씌우는 것은 부당하다. 몇몇 장면들에서 폭력이 묘사되어 있지만, 이는 실제 증언집에 비하면 백분의 일로 표현이 약화된 것이다. 증언집의 내용을 그대로 재현했더라면, 관람등급이 높아질 뿐 아니라 괴로워서 차마 영화를 보지 못할 사람들이 훨씬 많아졌을 것이다. 「귀향」은 표현의 수위조절을 통해 역사적 고발

---

4 조 감독은 일본군 '위안부' 문제는 인간이 할 수 있는 것들 중 가장 잔인한 범죄라고 단언했다. 일종의 시스템을 만들고, 어린아이들에게 하루 스무 명씩 상대하게 한 후 아프거나 더 이상 '위안부'를 할 수 없으면 부대 밖 소각장으로 끌고 가서 태워 죽였다는 건 아우슈비츠 가스실을 능가하는 엄청난 전쟁 범죄다. 조 감독은 그래서 이 영화를 꼭 완성해 가능한 한 많이, 오래 상영하고 싶다. 한 번 영화가 상영될 때마다 한 분의 소녀가 돌아오신다고 생각하고 있기 때문이다. (「위안부 소녀들의 이야기 '귀향' 그리고 조정래 감독」, 『레이디경향』, 2015년 9월호.)

을 수행하면서도 더 많은 사람들을 상영관으로 불러들이는 적정선을 찾는데 예민한 노력을 기울였다. 다만 배우가 미성년자였던 만큼 연출에 있어서 더욱 섬세함이 필요하지 않았을까 하는 아쉬움이 남는다.

일본군 '위안부'를 다룬 다큐멘터리나 단편 영화, 애니메이션 등이 있음에도 불구하고, 감독이 굳이 장편 극영화를 찍은 이유가 있을 것이다. 일단 추상적인 느낌으로 용서와 사과를 운운하는 사람들에게 '위안부' 피해자들이 겪은 고통이 무엇이었는지를 분명히 알리겠다는 의도가 있다. 영화는 관객들에게 지나친 고통을 안기지 않는 수준에서 역사적 사실을 체험시키는 데 성공한다. 나아가 단순히 고발에 머물지 않고, 영적 소통을 통해 치유와 회복을 지향하는 태도를 보여준다. 굉장히 보기 힘든 영화일 것이라 걱정하며 상영관에 간 사람들이 순연한 씻김굿을 체험하고 상영관을 나선다. 그 결과 '봐야만 하는 영화'가 아니라, '볼 것을 권하고픈' 영화가 되어, 입소문이 번졌다. 아무도 예상치 못한 「귀향」의 기적 같은 흥행은 이렇게 이루어졌다.

황진미

2002년 「씨네21」을 통해 영화평론가로 데뷔한 뒤, 「한겨레」, 「씨네21」, 「엔터미디어」 등 여러 매체에 영화와 대중문화에 관한 글을 쓰고 있습니다.
현재 〈강정국제평화영화제〉 수석 프로그래머를 맡고 있으며, 시사 팟케스트 〈새가 날아든다〉에서 고정 패널로 활동 중입니다.

『제국의 위안부』는
'식민지근대화론 위안부 편'

- 서있는 곳이 다르면 보는 풍경도 다르다
삭제된 34곳을 중심으로

김수지 역사평설가

　"참담한 심경"이라는 말로 『제국의 위안부』 삭제판 서문은 시작되었다. 박유하는 "고소는 예기치 못한 사태였다."며 억울함을 호소했다. 작년 12월 28일 '위안부' 문제가 한일 간에 졸속 합의되고 나서 얼마 뒤, 나 역시 '참담한 심경'으로 이 책을 읽었다.

　나는 애초부터 피해자와 가해자가 명백한 사건에서 가해자를 옹호하고 변호하는 논리를 만들어 내는 지식인을 좋아하지 않는다. 일본의 강제 점령 지배를 받을 당시 점령 가해국 일본을 옹호하고 변호하는 논리를 만들어낸 지식인이 한 둘이 아니었다. 예를 들면, 정교원이라는 언론인은 '내선일체의 윤리적 의의'라는 글에서 일본과 조선의 관계는 동근동조라고 주장했다.

> 원래 일본과 조선의 관계는 수많은 선배들에 의해 제창된 것처럼, 동근동조(同根同祖)의 사실은 분명히 엄존한다. 다만 어떤 시대에 어떤 사정으로 인해 상당히 오랫동안 멀어져 있었기 때문에 마치 서로 다른 두 민족이 이원적으로 각각 존재한 것처럼 인식되기도 했지만, 그 근원을 따지면 결국 같은 흐름으로 귀착된다. 이를 역사적 사실에 비추어 보면, 먼 신대(神代)는 잠시 접어두고 역사시대 이후만 살펴보더라도 임나(任那)·백제·고구려·신라 등과 일본의 관계는 때로 일진일퇴는 있었지만 지금의 일본 내지가 아직 완전히 통일되기 이전에 이미 반도에 들어선 이들 나라에 대해 일찍부터 야마토(大和) 조정은 지도 보호의 손을 뻗쳤고 혹은 물자를 보내거나 병사를 주둔시켰으며 관직을 설치했다. 때로는 응징을 가하거나 문화 교류를 시도하는 등 참으로 밀접하고 불가분의 관계에 있었음은 분명한 사실이다.
>
> (출전 : 鄭僑源, 「內鮮一體の倫理的意義」,『朝鮮』 293號, 1939년 10월, 33~37쪽」, 『친일반민족행위관계사료집(2)-친일의 유형과 논리, 1904년~1919년』)

이것이 일제 강제 점령 시절에 친일 지식인들이 만들어낸 '동조동근론(同祖同根論)'이다. 정교원이 위의 글에서 언급한 사건들이 실제 역사적으로 있었던 사건인지 아닌지는 중요한 것이 아니다. 중요한 것은 정교원이 글을 쓴 목적이다. 정교원은 '일본이 조선을 지배하는 것은 이(異) 민족의 침략이 아니다. 따지고 보면 조상이 같으니 억울해할 일도 아니고 자연스럽게 받아들이면 되는 일이다.'라는 일제의 조선 지배 정당성을 선전선동하기 위해 글을 쓴 것이다.

나는 논쟁적인 글은 그 글의 내용과 더불어 반드시 그 글을 쓴 '의도'와 함께 평가받아야 한다고 생각한다. 박유하는 『제국의 위안부』를 왜 썼을까?

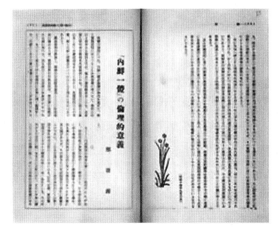

▌친일파 정교원의 「내선일체의 윤리적 의의」가 실린 『조선』(293호, 1939년 10월호)과 센다 가코(千田夏光)라는 일본인 저널리스트가 1973년에 쓴 『목소리 없는 여성 8만 명의 고발, 종군위안부』(오른쪽). '친일파'를 자처하는 박유하는 『제국의 위안부』에서 "센다는 '위안부'를, 군인과 마찬가지로, 군인의 전쟁 수행을 자신의 몸을 희생해가며 도운 '애국'한 존재라고 이해하고" 있으며, "그런 센다의 시각은 이후에 나온 그 어떤 책보다도 위안부의 본질을 정확히 짚어낸 것"이라고 썼다.

법원의 삭제 판결로 원본에서 사라졌던 34곳을 찾아 복원하면서 그 의도를 짐작해 보기로 했다.

1. '조선인 위안부'를 '자연인 개인 위안부'로

제1부의 타이틀은 "'위안부'란 누구인가-국가의 관리, 업자의 가담'이다. 저자는 여기서 우리가 알고 있는 위안부는 사실이 아니라 허상에 가깝다고 주장하고 있다. 저자는 우리가 알고 있는 조선인 위안부란 "'일본군에게 강제로 끌려'가 노예처럼 성을 유린당한 조선의 소녀들"인데, 실상은 그렇지 않다고 말한다. 그러면서 센다 가코(千田夏光)라는 일본 저널리스트가 1973년에 쓴 『목소리 없는 여성 8만 명의 고발, 종군위안부』라는 책을 인용하여 위안부의 본질은 '매춘'과 같다고 말한다. 다음의 고딕 서체 문장 중에 **강조 처**

리한 부분은 『제국의 위안부』 원본에 있다가 후에 삭제된(동그라미 표시) 문장들을 복원해 놓은 것이다.

> **센다**는 '위안부'를, '군인'과 마찬가지로, 군인의 전쟁 수행을 자신의 몸을 희생해가며 도운 '애국'한 존재라고 이해하고 있다. 국가를 위한 군인들의 희생에 대한 보상은 있는데 왜 위안부에게는 없느냐는 것이 이 책의 관심사이자 주장이기도 하다. 그리고 결론부터 말하자면 그런 센다의 시각은 이후에 나온 그 **어떤 책보다도 위안부의 본질을 정확히 짚어낸 것이었다**.(19쪽)

박유하는 위안부의 본질이 '매춘'이라고 분명하게 반복해서 지적한다. 저자는 삭제된 문단에서만 '위안부'의 본질이 매춘이라는 말을 하고 있는 것이 아니라 이 책의 대부분에서 '위안부'는 사실 매춘부와 본질적으로 의미와 역할이 다르지 않은 것이라고 반복해서 강조하고 있다. '위안부'의 본질 또는 연원이 '매춘'과 같다는 것을 강조하는 이유는 '위안부'를 끌고 간 사람들이 일본군이 아니라 '조선인 또는 일본인 포주'였다는 것을 강조하기 위함이다.

이것은 '조선인 위안부' 문제에서 '조선이 일본에 침략을 받아서 발생했던 사건'이라는 특수성을 약화시키고 '위안부' 문제의 본질을 호도할 목적으로 보인다.

▌박유하는 "'가라유키상의 후예'. 위안부의 본질은 실은 바로 여기에 있다."라고 말한다. 가라유키상은 돈 벌러 외국으로 나간 일본의 매춘부를 말한다.

"싱가포르 근처에는 거의 6천 명의 가라유키상이 있었고 1년에 1천 달러를 벌었는데, 그 돈을 일본인들이 빌려 상업을 했"(232쪽)다는 이야기는 해외의 가라유키상들이 일본 국가의 국민으로 당당할 수도 있었다는 것을 보여준다. **'가라유키상의 후예'. 위안부의 본질은 실은 바로 여기에 있다.** 국가 간 '이동'이 더 쉬워진 근대에, 경제·정치적 세력을 확장하기 위해 타국으로 떠났던 남성들(군대도 그 하나다)을 현지에 묶어두기 위해 동원되었던 이들이 '가라유키상'이었던 것이다(가라유키상의 첫 상대가 일본 항구에 정박한 러시아 군인이었다는 사실은 상징적이다). 그리고 그들의 역할은 '성적 위무'를 포함한 '고향'의 역할이었다.(32쪽)

말하자면 위안부를 '강제로 끌어간' 직접적인 주체는 업자들이었다. '위안부'의 본질을 보기 위해서는 **'조선인 위안부'의 고통이 일본인 창기의 고통과 기본적으로 다르지 않다는 점을** 먼저 알 필요가 있다. 그 안에서 차별이 존재했던 것은 사실이지만, 위안부의 불행을 만든 것은 민족 요인보다도 먼저, 가난과 남성우월주의적 가부장제와 국가주의였다.(33쪽)

일본군은, 기존의 공창과 사창만으로는 모자라 '위안부'를 더 모집하기로 했을 것이다. 그에 따라 업자에게 의뢰하는 경우도 있었겠지만, **일반적인 '위안부'의 대다수는 '가라유키**

■ 일본 신문에 실린 『제국의 위안부』 서평. '위안부' 문제의 근원은 "가부장제·국민국가체제"임을 강조한다. 박유하는 『제국의 위안부』에서 반복적으로 "위안부의 불행을 만든 것은 민족 요인보다도 먼저, 가난과 남성우월주의적 가부장제와 국가주의였다".(33쪽)라는 점을 강조한다. '가부장제와 국가주의'를 거론한 것 자체가 문제라기보다는 일제, 일본군의 책임을 약화시키기 위해 '민족 요인'을 제거하려는 의도가 엿보인다.

상' 같은 이중성을 지닌 존재로 보아야 한다. 300만 명을 넘는 군대가 아시아와 남태평양 지역까지 머무르면서 전쟁을 하게 되는 바람에 수많은 여성들이 필요시 된 데에 따라 가혹한 상황에 놓이게 된 것이 '위안부'였다. 하지만 '현지 처녀들이 공창에 합류'했다는 사실은 모든 위안부가 똑같이 일본군에게 '유괴'나 '사기'를 당한 것은 아니라는 사실도 말해준다.(38쪽)

물론 군인이나 헌병에 의해 끌려간 경우도 없지 않은 것으로 보이고, 개별적으로 강간을 당하는 경우도 적지 않았다. 그러나 **'위안부'들을 '유괴'하고 '강제연행'한 것은 최소한 조선 땅에서는, 그리고 공적으로는 일본군이 아니었다.** 말하자면 수요를 만든 것이 곧 강제연행의 증거가 되는 것은 아니다.(38쪽)

위의 인용 글에서 알 수 있듯이 박유하는 '조선인 위안부' 문제를 역사적으로 분명히 있었던 침략으로 인해 발생한 것이 아니라 언제 어느 때고 어느 곳에서나 있을 수 있는 개인과 개인 간의 문제로 전환시키고 있다. 이렇게 관점을 바꾸려는 것은 '조선인 위안부' 문제에 대한 책임은 '민간 업자 포주들'에게 있다는 것을 독자에게 각인시켜주기 위한 것이다.

센다가 인터뷰한 어느 업자는, 자신이 데려갔던 이들이 빌린 돈을 다 갚고 자유의 몸이 될 수 있었을 때에도 그 일을 그만두려고 하지 않았다고 말한다 (……) 물론 이것은 일본인 위안부의 경우다. 그러나 **조선인 위안부 역시 '일본 제국의 위안부'였던 이상 기본적인 관계는 같다**고 해야 한다. 그렇지 않고서는 패전 전후에 위안부들이 부상병을 간호하기도 하고 빨래와 바느질을 하기도 했던 배경을 이해할 수가 없다.(62쪽)

속아서 간 경우건 자원해서 간 경우건 '위안부'의 역할은 근본적으로는 이런 것이었다. 가족과 고향을 떠나 머나먼 전쟁터에서 내일이면 죽을지도 모르는 군인들을 **정신적ㆍ신체적**

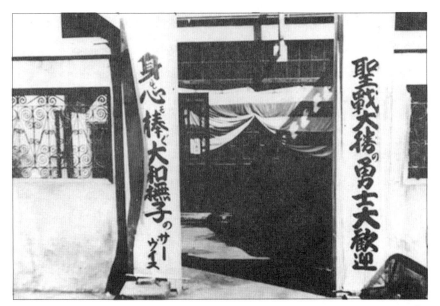

■『제국의 위안부』 115쪽 사진. 박유하는 여기에 "위안소 입구. '몸과 마음을 바치는 청초한 일본 여성'이
라는 말은 여성들에게 신체적 위안뿐 아니라 정신적 위안까지 요구되었다는 것을 보여준다."라고 사진 설
명을 달았다. "군인들을 정신적 신체적으로 위로하고 용기를 북돋아주는 역할이" 조선인 위안부의 기본적인
역할이었고 "그랬기 때문에 사랑도 싹틀 수 있었다."(65쪽)라고 말한다. 박유하가 위안부의 사랑을 끌고 온
목적은 조선인 위안부가 '일본 제국의 위안부'였고, 일본군과 '동지적 관계'라는 논리를 구성하기 위한 것으
로 보인다.

으로 위로하고 용기를 복돋아주는 역할. 그 기본적인 역할은 수없는 예외를 낳았지만, '일
본제국'의 일원으로서 요구된 '조선인 위안부'의 역할은 그런 것이었고, 그랬기 때문에 사
랑도 싹틀 수 있었다.(65쪽)

설사 보살핌을 받고 사랑하고 마음을 허한 존재가 있었다고 해도, 위안부들에게 위안소란
벗어나고 싶은 곳일 수밖에 없기 때문에. 그렇다고 하더라도 그곳에 이런 식의 사랑과 평
화가 가능했던 것은 사실이고, **그것은 조선인 위안부와 일본군의 관계가 기본적으로는 동
지적인 관계였기** 때문이었다. 문제는 그녀들에게는 소중했을 기억의 흔적들을 그녀들 자
신이 "다 내삐렸"다는 점이다. "그거 놔두면 문제될까봐"라는 말은, **그런 사실을 은폐하려
한 것이 그녀들 자신**이었다는 것을 보여주는 말이기도 하다. 그리고 우리는 해방 이후 내
내 그렇게 '기억'을 소거시키며 살아왔다.(67쪽)

위의 인용 글 외에도 박유하는 이 책의 곳곳에서 일본군과 '조선인 위안부'와의 관계가 매우 돈독했음을 말해주는 증언들을 제시하고 있다. 일본군이 운동회를 열어주어 빵 따먹는 경기에 참가했었는데, 그때 따먹었던 빵이 아주 맛있었다는 기억 등을 제시하며 박유하는 '위안부' 개인들이 고통스러웠겠지만 우리가 생각하는 것처럼 그리 처참하게 산 것만은 아니라는 점을 계속 강조한다.

그런데 박유하의 이런 태도는 조금만 생각해 보면 아주 이상한 일이다. 박유하 말대로 사람 사는 세상은 정도의 차이는 있겠지만 드러나는 양상은 언제 어디서나 비슷한 법이다. 우리가 흔히 하는 말 중에 '전쟁 통에도 애는 다 낳고 산다.'라는 말이 있다. 거대한 역사적 파도가 몰아쳐 와도 개인들은 어떤 방식으로든 일상을 살아낸다. 그 개인들의 일상이 모여 공동체 집단 자체가 멸종되는 길로 나가는 것을 저지한다. 아주 당연한 일이기 때문에 특별히 강조할 이유가 없는 사안이다.

그런데 박유하는 '위안부' 개인들의 일상을 계속 강조한다. 이것은 마치 식민지근대화론을 주장하는 사람들의 의도와 같은 '의도'를 가진 것처럼 보인다. 알려진 대로 식민지근대화론은 일제강점기가 우리가 생각했던 것처럼 암울하고 고통스러웠던 것만은 아니고 나름 살만한 세월이었다는 것을 강조하기 위해 만들어진 것이다. 즉 '식민지 시기에 근대화가 진행되었다.'는 것을 말하기 위해서가 아니라 '식민지 시기에 근대화가 되었으니 식민지가 꼭 나쁜 것만은 아니다.'라는 메시지를 전달하기 위해 만들어진 논리가 '식민지근대화론'이다. 그러므로 박유하의 주장에 '식민지근대화론 위안부편'이라는 이름을 붙인다고 해도 과하지 않을 것 같다는 생각이 들었다.

이 책에서 박유하는 '위안부' 개인의 기억을 조립하면서 개인들이 나름 행복했다고 강조한다. 이것은 사실 근본적인 제도적 폭력을 은폐하기 위한 것이다. 국가와 집단에 의해 저질러진 폭력에 대한 이런 식의 접근 방법을 '탈

정치화 된 가족신화'라고 부른다.

철학자 슬라보예 지젝은 그의 책 『잃어버린 대의를 옹호하며』에서 자유주의자나 개인주의자들이 역사적 사건들의 본질을 왜곡 축소하는 방법으로 개인들을 집중 부각하면서, 그 개인들 간의 관계를 홈 드라마적 가족 신화로 포장하는 것에 대해 대단히 비판적으로 서

▌『제국의 위안부』 33쪽 사진. "사진을 찍으려 하자 하얀 이를 드러내며 웃었다. 망향의 염을 떨쳐버리기 위해서였는지도 모른다."라는 설명이 붙어있다. 이런 사진은 위에 인용한 "그렇다고 하더라도 그곳에 이런 식의 사랑과 평화가 가능했던 것은 사실이고, 그것은 **조선인 위안부와 일본군의 관계가 기본적으로는 동지적인 관계였기** 때문이었다." (67쪽)라는 말과 잘 어울린다.

술하고 있다. 즉, 집단에 의해 저질러진 명백한 폭력의 문제를 집단 구성원들인 각 개인들이 처한 이해관계의 상호작용으로 만들어 보다 큰 단위인 '전체'를 느끼지 못하게 만든다는 것이다. 이와 관련해서 그는 또 그의 책 『처음에는 비극으로 다음에는 희극으로』에서 '개인의 심리적 리얼리즘'이 얼마나 혐오스럽고 위험한, 지극히 정치적인 이데올로기인지에 대해 일갈하고 있다. 그는 책에서 오스트리아 출신의 소설가로 2004년에 노벨문학상을 수상한 엘프리데 옐리네크의 말을 인용하고 있다.

"심리적 리얼리즘은 혐오스럽다. 왜냐하면, 그것은 우리가 개인적 성격의 심층에 넋을 잃고 인성의 '호화로움' 속으로 대피함으로써 불쾌한 현실을 피할 수 있도록 허용하기 때문이다. 작가의 임무는 이러한 술책을 차단하고, 참혹한 것을 덤덤한 눈으로 볼 수 있는 지점까지 우리를 몰아가는 데 있다."

이 말은 인간 개인 내면의 심리를 부각한다는 것은 사실은 참혹한 현실의 본질을 바로 보지 못하게 하는 전략이라는 말이다. 이것을 '이데올로기적 인

▌박유하는 일본군 '성노예'라는 표현이 세계적으로 알려지는 것에 거부감을 드러낸다. "일본인·조선인·대만인 '위안부'의 경우 '노예'적이긴 했어도 **기본적으로는 군인과 '동지'적인 관계를 맺고 있었다.**"(137쪽)라고 생각하기 때문이다. '동지'에 의해 끌려가는 조선인 '위안부'들은 무슨 생각을 하고 있었을까?

▌일본군 '위안부' 김순덕 할머니의 그림 「끌려가는 배안」(1995. 4. 1.). 『제국의 위안부』 제1장의 첫 번째 제목은 「죄와 범죄-'강제로 끌어간'건 누구인가」이다. 박유하는 일본군이 위안부를 '강제로' 끌고갔다는 것을 부인한다. 『제국의 위안부』 38쪽 삭제 문장을 보면 궤변이라 할 수 있다.[1]

---

[1] "물론 군인이나 헌병에 의해 끌려간 경우도 없지 않은 것으로 보이고, 개별적 강간을 당하는 경우도 적지 않았다. 그러나 '위안부'들을 '유괴'하고 '강제연행'한 것은 최소한 조선 땅에서는, 그리고 공적으로는 일본군이 아니었다. 말하자면 수요를 만든 것이 곧 강제연행의 증거가 되는 것은 아니다. (『제국의 위안부』, 38쪽)

간화 전략'이라고 부른다. 박유하의 『제국의 위안부』는 전형적으로 '이데올로기적 인간화 전략'으로 쓰여진 책이다.

2. 박유하가 말하는 '좋은 일본인'은 누구를 위한 사람인가?

제2부의 타이틀은 '기억의 투쟁-다시, '조선인 위안부'는 누구인가'이다. 1부에 이어서 2부에서도 박유하는 같은 주장을 반복하고 있는데, 여기서는 정대협이 '조선인 위안부'에 대한 인식을 주도적으로 왜곡했다고 비난하는 것에 중점을 둔다.

위안부 문제를 부정하는 이들이 '강제성'을 부정하는 것은 그들이 위안부에 관한 기억 중 '그들만의' 기억에 집착하기 때문이다. 그들 가운데에는 위안부 문제를 완전히 부정하는 이들도 있지만, 대부분은 '강제연행'이나 '20만 명이라는 숫자'를 문제 삼고 있다. 그리고 그런 우리의 생각에 문제가 없지 않다는 것은 앞에서 본 대로다. 위안부 문제를 부정하는 이들은 '위안'을 '매춘'으로만 생각했고 우리는 '강간'으로만 이해했지만, **'위안'이란 기본적으로 그 두 요소를 다 포함한 것이다.** 다시 말해 '위안'은 가혹한 먹이사슬 구조 속에서 실제로 돈을 버는 이들은 적었지만 **기본적으로는 수입이 예상되는 노동이었고, 그런 의미에서는 '강간적 매춘'이었다. 혹은 '매춘적 강간'이었다.**(120쪽)

'성노예'라는 단어는 미국이나 유럽 혹은 다른 피해 국가를 상대로 일본군의 잔혹함을 강조하는 데에는 효과적이었지만, 꼭 정당한 싸움이었다고만은 말할 수 없다. 그런데도 그런 개념이 정착되면서 결과적으로 세계는 지금, '인신매매'의 주체를 '일본군'으로 생각하고 있다. 앞에서도 본 것처럼, 일본인·조선인·대만인 '위안부'의 경우 '노예'적이긴 했어도 **기본적으로는 군인과 '동지'적인 관계를 맺고 있었다.** 다시 말해 같은 '제국 일본'의 여성으로서 군인을 '위안'하는 것이 그녀들에게 부여된 공적인 역할이었다. 그들의 성의 제공은 기본적으로는 **일본 제국에 대한 '애국'의 의미를 지니고 있었다.** 물론 그것은, 남성과 국가의 여성 착취를 은폐하는 수사에 불과했지만, '일본' 군인만을 위안부의 가해자로 특수화하는 일은 그런 부분을 보지 못하게 만든다.(137쪽)

위의 인용 글을 보면 박유하는 '강제성'과 '20만 명이라는 숫자'에 문제가 있다고 강조한다. 이것은 그녀가 '위안부'와 '일본군'의 관계를 '뜻을 같이 하는 사람, 동지(同志)'로 표현하는 것과 깊은 관계가 있다. 그러니까 '조선인 위안부'를 '일본, 일본군'이 강제로 끌고 가지 않았고, 모든 일은 '조선인, 일본인 포주'가 했다는 점을 반복 강조하기 위해 박유하는 '동지'라는 표현도 거침없이 쓴 것으로 보인다.

박유하는 또 '동지'라는 말을 일본에서 '위안부 문제'가 있다는 것을 아예

▌2016년 1월 4일 서울 마포구 정대협 건물 앞에서 엄마부대봉사단, 탈북봉사회 등의 극우파 여성 회원들이 '위안부' 문제에 관한 한일 간의 합의를 받아들일 것을 촉구하는 집회를 벌이고 있다. 12·28 합의 직후부터 극우세력들은 정대협에 대한 종북공세를 벌였다.

부정하는 일부 일본인들을 설득하는 데에도 이 표현을 사용한다. 다음의 인용문은 저자가 일본인에게 전하는 말이다. 이 글을 읽어 보면 저자가 이 책을 쓴 목적이 무엇인지 더 확실히 짐작할 수 있다.

> 오히려 그녀들의 '미소'는 매춘부로서의 미소가 아니라 병사를 '위안'하는 역할을 부여받은 '애국처녀'로서의 미소로 보아야 한다.(『화해를 위해서』) 설사 "동정을 이끌어내 돈을 가로채 자기 이익을 챙기는 여자"(오노다 히로오)가 있었다 하더라도, 그로 인해 많지 않은 돈을 다 써버리고 후회한 병사가 있었다 하더라도, 그녀들을 일본이 식민지배 구조 속에서 병사들을 '위안'하기 위해 동원한 이상 그녀들을 비난할 수는 없다. 견디기 힘든 상황이었음에도 불구하고 밝은 얼굴로 '애국처녀'로서의 역할에 충실했다면, 그녀들을 그렇게 만든 일본으로서는 오히려 감사해야 마땅한 일이다. 식민지인으로서, 그리고 '국가를 위해' 싸운다는 대의명분을 가지고 있는 남성들을 위해 최선을 다해야 할 '민간인' '여자'로서, 그녀들에게 허용된 긍지─자기 존재의 의의, 승인─는 "국가를 위해 싸우는 병사들을 위로해 주고 있다"(기무라 사이조)는 역할을 긍정적으로 내면화하는 애국심뿐이었을 수 있다.(160쪽)

위의 글은 '위안부' 문제를 부정하는 일본인들에게 하는 말이다. 위 글에서도 알 수 있듯이 박유하는 '조선인 위안부' 문제를 부정하는 일본인들에게 '조선인 위안부'가 '내면화하는 애국심'을 가지고 '애국처녀' 역할을 충실히 했을 수 있다는 것을 받아들여야 한다고 설득하고 있다. 또 박유하는 이 책에서 '위안부' 문제를 부정하는 일본인들뿐만 아니라 일본 안에서 이 문제를 다르게 생각하는 다른 일본인들에 대해서도 소개해 놓았다. 무라야마 담화부터 '아시아여성기금'까지 여러 가지 내용들이 있지만, 지면 관계상 여기서 다 소개할 수는 없고, '일본'과 '일본인들'에 대한 박유하의 생각을 소개하자면 대강 이렇다.

'새로운 일본'의 탄생

'대다수의 일본인들은 '조선인 위안부 문제'에 대해 일본이 잘못했다고 생각하고 있으며 '사과해야 한다.'고 생각하고 있다. 그런데 일본군이 '강제연행'을 한 것은 아니고, 또 그 숫자가 '20만 명'이나 되는 것은 아니다. 일본이 또는 일본군이 잘못한 것은 맞지만 그렇게까지 흉측하게 잘못한 것은 아니다. 사실이 아닌 것에까지 사과할 수는 없다. 한국이 '강제연행'과 '20만 명'을 계속 주장하는 것 때문에 '조선인 위안부 문제 해결'에 관심을 가지고 우호적인 태도를 보이던 일본인들마저 '혐한'으로 돌아서고 있다.' 이것이 박유하의 주장인데, 여기서 박유하의 '일본'과 '일본인들'에 대한 태도를 엿 볼 수 있다.

박유하는 그의 책 『화해를 위해서』에서 전후 일본은 이른바 '양심적 지식인'들과 '시민'들을 낳았으며, 그들에 의해 전후 일본은 '새로운 일본'이란 목표를 어느 정도 달성했으므로 '반성 없는 일본'이란 대전제는 재고할 필요가 있다고 썼다. 또 "한일이 함께 싸워야 할 것은 단일한 주체로 상상되는 '일본'이거나 '한국'이 아니라 각자의 내부에 존재하는 전쟁을 열망하는 폭력적인 감성(고바야시 요시노리)과 군사 무장의 필요성을 강조하면서 과거의 전쟁에 대해 사죄할 필요는 없다고 주장하는 식의 전쟁에의 욕망(니시오 간지) 쪽이다. 폭력적 사고와 증오와 혐오를 정당화시킴으로써 자신들의 입지를 확보하려는 배타적 민족주의 담론에 함께 저항할 수 있을 때 한일 간의 '우정'은 비로소 열매를 맺을 수 있을 것이다."라고도 썼다.

정리하자면 박유하는 한일 양쪽의 '증오와 혐오를 정당화 시키는 배타적 민족주의자'들에게 한일이 함께 저항해야 한일 간의 '우정'이 꽃 필수 있다고 주장하고 있는 것이다. 일면 일리가 있는 생각이고 한일 간의 미래를 위한 생각이라고 볼 수 있다.

그러나 이런 생각은 남한과 북한, 그리고 일본을 둘러싸고 있는 현실의

▌『제국의 위안부』 113쪽에 실린 사진(좌). 1944년 9월 3일 중국 위난성 라멍에서 포로가 된 조선인 위안부들이다. 우측 사진은 북한에 생존해 있는 것으로 알려진 임신한 왼쪽 사진의 위안부가 자기 사진을 들고 있는 모습.

국제적 역학 관계를 등한시하거나 역사적 맥락을 모르기 때문에 나온 것으로 보인다. 박유하는 일본의 양심적 지식인들이 과거를 반성하면서 다시는 한국을 침략할 의사를 가지고 있지 않기 때문에 한국이 과거의 트라우마에 갇혀 '배타적 민족주의'를 고수하는 것은 일본을 알려고 하지 않고 배척하려고만 하는 편협한 태도라고 생각하는 것 같다.

일본의 '양심적' 지식인 후쿠자와 유키치와 조선의 개화파

이 지점에서 나는 박유하가 애초에 일본의 지식인들이 조선에 들어 올 때 매우 '양심적'인 태도로 들어왔다는 것을 알고 있는지 아니면 알고도 모른척 하는 것인지 궁금하다. 일본의 지식인들이 조선에 들어올 때 그들이 조선을 침략하고 괴롭히겠다는 의도를 가지고 들어온 것이 아니다. 유길준과 윤치호의 스승이자 조선의 개화파들에게 지대한 영향을 미친 유명한 일본의 계몽주의자이자 자유주의자로 알려진 국민지식인 후쿠자와 유키치 조차도 조선을 침략해야 한다고 말한 사람이 아니다. 그는 미개한 조선을 문명국가인 일본이 나서서 구원해 줘야 한다는 신앙과 같은 굳은 신념으로 조선의 개화파들이 성공하도록 물심양면으로 지원했다. 그가 비양심적이었으며 비도덕적인 사람이었고, 그의 신념과 철학이 진실하지 않았다고 말할 수 있을까? 그렇게 말할 수 없다.

그런데 후쿠자와 유키치의 영향을 받은 조선의 개화파들은 결국 일본 군대가 조선에 상륙해서 조선농민군들을 학살할 수 있는 법적 근거를 마련했다. 그것이 갑오개혁이다. 갑오개혁을 주도했던 김홍집은 광화문 사거리에서 조선 민중이 던진 돌에 맞아 죽었다.

일문문학 전문가인 박유하는 이토 히로부미가 '동양의 평화'를 위해 '조선과 일본의 돈독한 관계'를 매우 중요하게 생각했던 사람이라는 사실은 알고 있을 것이다. 이토는 을사늑약을 맺을 당시 고종에게 이렇게 말한 것으로 알려져 있다.

동양의 평화를 지키려면 조선과 일본이 튼튼하게 맺어져 우정을 돈독하게 나눠야 합니다.

3. '소녀상' 바라보는 가해자의 시선

제3부의 타이틀은 '냉전종식과 위안부 문제'이다. 계속 박유하의 주장을 읽어보자.

이미 한번 국가의 보호를 받지 못하고 원치 않는 길을 가야만 했던 그들에게, 그런 식으로 '올바른' 민족의 딸이 되기를 요구하는 것은 또 하나의 '민족'의 억압이 아니었을까. 한 개인으로서의 '위안부'의 또 다른 기억이 억압되고 봉쇄되어온 이유도 거기에 있다. **일본 군인과 '연애'도 하고 '위안'을 '애국'하는 일로 생각하기도 했던 위안부들의 기억이 은폐**

된 이유는 그녀들이 언제까지고 일본에 대해 한국이 '피해민족'임을 증명해주는 이로 존재해주어야 했기 때문이다.(190쪽)

소녀상이 한복을 입고 있는 것은 실상을 반영한 것일 수도 있지만, 리얼리티의 표현이라 기보다는 '위안부'를 바람직한 '민족의 딸'로 보여주기 위한 것이다. 그러나 실제 조선인 위안부는 '국가'를 위해서 동원되었고 **일본군과 함께 전쟁에 이기고자 그들을 보살피고 사기를 진작한** 이들이기도 했다. 대사관 앞 소녀상은 그녀들의 그런 모습을 은폐한 다.(205쪽)

박유하는 소녀상이 '조선인 위안부'도 아니고 우리 자신일 수도 없으며, 소녀상이 우리 자신이라고 상상한다면 식민지가 무엇이었는지 외면하는 일이라고 말하고 있다. 위의 인용 글들 중에 "그녀들이 언제까지고 일본에 대해 한국이 '피해민족'임을 증명해주는 이로 존재해주어야 했기 때문이다."에서 알 수 있듯이 기본적으로 박유하는 일제 식민지 시절의 본질을 '가해자와 피해자의 관계'나 '침략과 저항의 구도'로 보지 않는다. 우리는 '일제의 침략을 당한 피해 민족'이지 '일제의 침략을 당한 피해 민족임을 증명해야 하는 민족'이 아니다.

국가 간에 또는 민족 간에 어느 한쪽이 침략을 하면 침략을 당한 쪽은 저항을 하기 마련이다. 안타까운 것은 침략을 한 쪽은 침략을 완성하고 정당화시키는 일에 전 구성원이 매진하지만, 침략을 받은 쪽은 계속 저항할 것인가 아니면 현실적으로 계속 저항하기 어려우니 적당히 타협할 것인가 투항할 것인가 하는 논란으로 분열된다는 것이다.

'위안부 문제'도 피해 당사자들과 시민운동 단체들이 그런 논란의 과정을 당연히 겪을 수 있다. 그러나 그 논란들을 박유하의 지적처럼 그것이 우리 안의 다른 목소리들을 거세하고 압박하는 것이라고만 볼 수는 없다. 피해를 당하는 약자들은 가해자들에 비해 늘 상대적으로 재원과 자원이 부족하다. 때문에 싸움이 오래 갈수록 약자들은 '원칙을 지키면서 저항할 것이냐, 원칙을 버리고 현실적으로 타협해야 하느냐'라는 두 가지 선택지 앞으로 내몰린다. 현실자체가 피해자에게 일방적으로 선택을 강요하는 억압적인 상황이라는 말이다. 그런데도 박유하는 일방적으로 피해자 편에 선 정대협을 비난하고, 가해자의 시선으로 '위안부 문제'를 계속 해설한다.

> 정대협은 최근 들어 위안부 문제를 '홀로코스트'에 비견하지만(「홀로코스트·위안부 다음 달 역사적 만남」『연합뉴스』, 2011. 11. 21.), **홀로코스트에는 '조선인 위안부'가 갖는 모순, 즉 피해자이자 협력자라는 이중적인 구도는 없다**(물론 아주 없는 건 아니지만 극소수이니 위안부와는 구조가 다르다). 정대협은 세계를 향한 운동에서 위안부를 홀로코스트와 비슷한 위치에 놓으려 하지만, 그건 그 차이를 무시한 일이다. 그건 우리 자신을 '완벽한 피해자'로 상상하려는 왜곡된 욕망의 표현일 뿐이다.(207~208쪽)

> '네덜란드' 여성과 인도네시아 여성과 조선인 여성은 일본군과의 기본적인 관계가 다르다. 일본군에게 네덜란드 여성은 '적의 여자'였지만, 인도네시아 여성은 점령지의 여성이었고, **조선인 위안부는 같은 일본인 여성으로서의 동지적 관계였다.** 그녀들이 입은 피해의 형태는 기본적인 관계에 의해 규정되었지만, 그런 기본관계를 벗어난 관계도 얼마든지 있었다.(265쪽)

위의 인용 글에서처럼 박유하는 '조선인 위안부' 문제를 '가해자'와 '피해자'의 관계보다는 식민지배 하에서 "구조적으로는 함께 국가 협력(전쟁 수행)을 하게 된 '동지'의 측면"을 중심적으로 생각하고 있다는 것을 알 수 있다.

4. '제국을 위한, 제국에 의한, 제국의 화해'

제4부의 타이틀은 '제국과 냉전을 넘어서'이다. 이 장에서 박유하는 "과거 청산 문제를 다음 세대에까지 물려주는 것은 '적대'를 물려주는 것"이라고 말하면서 "타자에 대한 적대를 넘어서" "전쟁이 없는 평화로운 세상"을 꿈꾸고 있음을 밝히고 있다.

그런데 박유하는 적대를 넘어 평화로운 세상을 이루기 위해서는 피해를 과장해서 민족의 딸이라는 포장을 쓴 '소녀상'을 제거해야 한다고 주장한다. '소녀상'이 있지도 않았던 '일본군의 20만 명 소녀 강제연행'을 상징하고 있어서 선량한 일본인들을 자극하고 오히려 그들을 '혐한'으로 내몰고 있기 때문이란다.

그런데 피해자들의 증언이 있음에도 일본이 요구하는 문서기록들을 발견하기란 어려운 일이다. 억울하기 이를 데 없지만 어쩌면 당연한 일이다. 범죄자들이 자신들의 범죄 기록을 남겨 놓았겠는가. '위안부' 문제뿐만이 아니라 기록을 확보하지 못해 진실들이 밝혀지지 못하는 경우는 많다. 그렇게 법은 항상 약자에게는 먼 곳에 있고 강자에게는 가까운 곳에 있다. 그러니까 적당한 선에서 합의를 보는 게 서로에게 좋은 것이다. 쓸데없이 억울하다고 증오심과 적개심만 키우면 뭐하나. 누구에게도 이롭지 않다.

이것이 박유하가 주장하는 '위안부 문제' 해법이다. 법적 책임을 물을 수 있는 증거가 없으니 포기하고 적당한 선에서 합의를 보라는 것이다. 그러니까 박유하의 주장은 윤리적으로 가치의 우선 순위를 정하는 것과는 아무 관계가 없는 것이다. 강자에게 대들어 봤자 약자에게 좋을 것이 없으니 실현가능한 것을 추구하라는 일종의 실용주의적 충고라고 봐도 좋을 듯하다.

일본인들에게 차별받는 대상이면서도, 그들은 말이 통하고 외모가 일본인과 비슷하며 같은 '동족'으로서 기밀을 지킬 수 있는 존재로서 '일본인 위안부'를 대체할 수 있는 존재였다. 그녀들이 '낭자군'이라고 불렸던 것은 **그녀들이 국가의 세력을 확장하는 '군대'의 보조 역할을 했기 때문이다.**(294쪽)

'조선인 위안부'는 피해자였지만 식민지인으로서의 협력자이기도 했다. 그것은 그들이 원했건 원하지 않았건 조선이 식민지가 되는 순간부터 걷어 낼 수 없게 된 모순이었다.(294쪽)

'식민지화'는 필연적으로 지배하에 놓인 이들의 분열을 불러온다. 그러나 해방 후 한국은 종주국에 대한 협력과 순종의 기억은 우리 자신의 얼굴로 인정하지 않으려 했다. 그렇게 과거의 다른 한쪽을 망각하는 방식으로 해방 60여년을 살아온 결과 현대 한국의 과거에 대한 중심 기억은 저항과 투쟁의 기억뿐이다. '친일파'—일본에 협력한 자를 우리 자신과는 다른 특별한 존재로 간주하고 색출하고 비난하는 일이 여전히 이어지고 있는 것도 그들이 '바람직한 우리'에 대한 환상을 깨뜨리는 존재이기 때문이다. 그리고 **'자발적으로 간 매춘부'라는 이미지를** 우리가 부정해온 것 역시 그런 욕망, 기억과 무관하지 않다.(296쪽)

위의 인용 글 들을 보면 박유하가 해방 후 한국 현대사를 어떻게 이해하고 있는지 알 수 있다. 박유하는 '일제에 협력하고 순종했던 우리들 자신을 인정하지 않고, 저항과 투쟁만을 기억하려고 했으며, 아직까지 친일파를 색출하고 비난하는 일을 이어가고' 있다고 말하고 있다. '위안부'를 갖가지 방법으로 세밀하게 분류하면서 '위안부'라고 다 똑같은 '위안부'가 아니라는 논리를 펴는 박유하는 여기서는 어처구니없게도 '우리'가 왜, 어떻게, 누구와 누가 '우리'가 되는지는 분류하지 않는다.

해방 후 한국은 친일파들에 의해 정계 · 재계 · 학계 · 예술계 등 거의 전 분야가 장악됐고, 각 분야에서 집권한 그들은 한국사회에 '정의'라는 가치를

▋버어마와 중국 국경 지역에서 발견돼 연합군의 보호를 받고 있는 조선인 '위안부'들. 박유하는 이들의 상당수는 '자발적 매춘부'라는 사실을 기억해야 한다고 말한다. 그리고 '우리'가 '자발적 매춘부'를 부정하려는 이유를 식민지화가 가져온 저항과 투쟁의 기억을 중시하려는 욕망에서 찾았다.

실종된 상태로 만들었다. 기회주의와 출세주의를, 원칙이 아니라 반칙을 지상 최고의 가치로 만들어 놓은 것이다. '소녀상'을 세우고, 영화 「귀향」을 제작하는 등, '위안부 문제'에 관심을 가지고 활동하는 사람들은 한국 사회에서 친일을 통해 권력을 잡은 계층의 사람들이 아닌 일반 시민들이다. 시민들의 마음 하나하나가 모여서 성금이 되었고, 그것의 가시적인 성과가 소녀상이 되었고 영화가 된 것이다.

박유하의 '우리'는 누구인가?

친일을 통해 권력을 잡았던 그들과 시민들은 '우리'가 아니다. 그들은 온갖 법과 이유를 동원해서 '소녀상'이 더 퍼지는 것을 막으려 하고 있다. 박유하는 무슨 근거로 '우리'가 '저항과 투쟁'만을 기억하고 싶어 한다고 말하는 것인가. 그 '우리'가 대체 왜 '우리'이고 누구를 위한 '우리'라는 말인가.

자료마다 차이는 있지만 일본은 1894년 조선에 상륙해서 대략 5만 명 이상의 농민을 학살했다. 일본이 해외로 진출하면서 최초로 자행한 제노사이드이다. 1920년에는 간도에 살고 있는 조선인 수 만 명을 4개월여에 걸쳐 학살했다. 1923년 일본의 간토 대지진이 일어났을 때 수 천 명의 조선인을 학살했다. 일본군 731부대는 1945년까지 조선인들을 끌고가 생체실험을 자행했다. 이 외에도 역사를 거슬러 올라가서 일본의 한반도 침략을 말하자면 이루 다 헤아릴 수가 없다. 이런 침략의 기억들은 학습되고 전승되어 유전자에 기억된다.

　　이런 유전자를 영국의 생물학자 리처드 도킨스는 『이기적 유전자』에서 문화유전자 '밈(meme)'이라고 이름 붙였다. 만약 박유하의 말대로 '소녀상'이 단지 '위안부'에 관한 문제만이 아니라 조선이 침략 당했던 모든 피해 기억에 관한 과대망상이 상징화되었다고 하더라도 그것은 '밈'이 자연스럽게 작동한 것이라고 봐야지 의도되고 기획된 것이라고 볼 수 없다. 또한 '밈'이 작동했다고 비합리적이며 감정적이고 몰지각한 행위라고 부정적으로 매도할 수 있는 것도 아니다. 단지 그것은 윤리적으로 뻔뻔한 강자에 대해 억울한 약자가 앞으로 또 반복될지도 모르는 사건들을 최대한 예방하고 싶어하는, 일종의 정당방위성 방어심리가 상징화됐을 뿐이다.

　　박유하는 또 우리는 '완벽한 피해자'가 되고 싶은 '욕망'을 가지고 있으며, 그 욕망이 일본 천황이나 수상을 무릎 꿇리고 싶어하는 권력욕으로 나타난다고 비난하면서, 그것은 '위안부 문제' 해결과 상관이 없는 것임을 알아야 한다고 주장한다. 세상에 완벽한 피해자가 돼서 권력을 휘두르고 싶어하는 사람이 있기는 한 것인지, 아니 완벽한 피해자가 돼서 권력을 휘두른다는 것이 가능한 일인지는 모르겠으나 박유하 눈에는 '위안부' 할머니들이 자신들이 당한 피해를 빌미로 권력을 휘두르는 '자해공갈단'처럼 보이는 모양이다.

　　어쨌든 박유하 눈에 보이는 그 욕망은 '완벽한 피해자'가 되고 싶은 욕망

▌'한국인 위안부들의 거짓말이 일본인의 인권을 침해한다.'라는 글자가 적힌 피켓을 든 채 거리 홍보를 하는 일본인들. 이 피켓 구호는 『제국의 위안부』에 간접화법으로 쓰여진 박유하의 주장을 일본인들이 직접화법으로 옮겨 쓴 것이라는 생각이 든다.

이 아니다. 그것은 '용서'하고 싶은 욕망이다. '용서'는 가해자를 위한 것이 아니다. '용서'는 피해자에게 필요한 것이다. 피해자는 '용서'를 통해 상대를 미워하는 마음의 지옥에서 벗어 날 수 있다. 때문에 피해자들은 간절하게 가해자들을 용서하고 싶어 한다.

그런데 용서에는 그에 맞는 의식과 절차가 필요하다. 가해자의 진심어린 사과와 행동이 피해자에게 용서를 마음에 품도록 인도한다. 이것은 피해자 혼자서 일방적으로 할 수 있는 일이 아니다. 반드시 가해자만이 할 수 있는 일이다. 일본 수상이나 천황이 무릎을 꿇고 사과하는 모습을 보고 싶다는 것은 그만큼 그들을 용서하고 싶다는 욕망이 크다는 의미이기도 하다. 그렇게 진정으로 사람과 사람이 만나서 마음과 마음이 통하는 사과와 용서를 바라는 것뿐이다. 애초에 일본이 처음부터 인정하고 그렇게 했다면 '조선인 위안부 문제'는 이미 수증기처럼 공중으로 흩어졌을 것이다. 그렇게 하지 않은 것은, '어디 감히 대일본제국의 수상이나 천황이 한낱 '조선인 위안부' 따위에게 머리를 숙이고 무릎을 꿇는다는 말인가' 하는 그 알량한 일본제국 민족주의 의식 때문은 아닌지 한번쯤은 생각해 봐야 하는 거 아닌가? 독일 총리

빌리브란트도 한 일인데, 그게 뭐가 그리 자존심 상하는 일이라고 일본 총리는 못한다는 말인가?

아무튼 박유하는 한일 양국이 '화해'해야 한다고 꾸준히 주장하는 사람이다. 한일 양국의 '화해'에 '조선인 위안부' 문제가 가장 큰 걸림돌로 작용한다는 생각이 『제국의 위안부』를 쓴 여러 가지 동기들 중의 하나일 것이다.

'화해'는 '용서'와는 다른 개념이다. '용서'는 나쁜 행동, 잘못된 행동에 초점을 맞추고 가해자가 자신의 지난 행동을 반성하고 참회한다면, 그 다음으로 피해자가 가해자를 '용서'하는 것으로 끝난다. 그러니까 '죄'는 미워하되 '사람'은 미워하지 말라는 말이 실현되는 행위가 '용서'인 것이다. 그렇게 '용서'가 이뤄지면서 가해자 피해자 쌍방이 과거의 기억에서 벗어나 각자 안정된 현재의 생활을 영위하는 것으로 끝난다.

그런데 '화해'는 과거의 기억들이 현재에서 끝나는 것을 의미하는 것이 아니다. '화해'란 쌍방이 서로 상대방과 함께 미래에 어떤 일을 도모하기 위한 파트너로 인정하는 것으로 일종의 전략적인 개념이다. 그러니까 '화해'란 '앞으로 무엇을 위해'라는 단서가 붙는 말이다. 그러므로 서로 적대적인 쌍방이 '용서'라는 절차 없이 쌍방의 이익을 위해 전략적으로 '화해'로 가는 일도 가능하다. 이렇게 '화해'는 매우 정치적인 의미를 가진 행위다.

한일 군사동맹 강화가 화해인가?

'화해'의 정의가 이런 것인데 그렇다면 박유하가 간절하게 소망한다는 한일 양국의 '화해'란 도대체 무엇을 의미하는 것일까? 현재 한일 양국이 국교를 단절했나? 아니면 경제교류를 하지 않고 있나? 일본 자본이 한국에 못들어오나? 한국인들이 일본으로 여행을 못가나? 한일 양국 관계에는 현재 어떤 특별한 장벽이 없다. 앞으로 한일 양국이 '화해'를 해서 무엇을 함께 도모해야 한다는 말인가? 지금 시급하게 '화해'를 해서 함께 도모해야 할 일을 한 가지 꼽으라면 '한일군사동맹 강화 협정' 말고는 딱히 다른 게 없다.

그런데 한일이 화해해서 군사동맹을 강화하면 한반도에 군사적 긴장이 도리어 강화되지 않을까? 입만 열면 한일 양국이 화해해야 한다고 기염을 토하는 박유하는 도대체 그 화해가 '누구를 위한' 것이고 '무엇을 위한' 것인지 한 번이라도 생각 해봤는지 묻지 않을 수 없다.

박유하의 주장대로 '위안부 문제를 해결'하고 한일 양국이 '화해'하면 정말 한반도에 군사적 긴장이 완화되는 평화체제가 정착하는 것인가? 과연 박유하는 그 화해가 '일본 제국의, 일본 제국에 의한, 일본 제국만 위한' 것이 아니라고 장담할 수 있을 것인가. 박유하가 말하는 '화해'가 '누구를' 위한 '무엇을' 위한 '화해'인지 묻지 않을 수 없다.

김수지

대학에서 영문학을 전공했는데, 뒤늦게 한국사에 관심이 생겼다. 『조선왕조실록』을 읽으며 사료의 행간에서 당대를 호령하며 당당하게 살아간 여성들의 흔적을 추적, 복원하여 2014년에 『대비, 왕 위의 여자』를 출간했다. 그 후 영조와 사도세자를 둘러싼 조선 후기의 복잡한 당쟁사에 관심을 갖고 공부한 결과물을 토대로 『영조와 사도』(2015)를 썼다. 현재는 한국사 통사와 관련된 책을 집필 중이다.

반민족행위와 친일의 경계에 선
'제국의 위안부'

최진섭 독립무크 『말+』 기획위원

친일과 반민족행위의 사이에서

2015년 11월 1일, 『제국의 위안부』 저자 박유하 교수는 페이스북에 「"반민족행위"와 "친일"사이」라는 제목의 글을 올렸다.

김무성 씨를 비판하려면 그의 말과 행위만으로도 얼마든지 비판가능하다. 굳이 그의 부친의 행적을 가져와 비판하는 건 진보 측의 비판방식이 얼마나 빈곤한지를 드러낼 뿐이다. 1948년에 제정된 "반민족행위처벌법"의 대상은 주로 이하의 행위를 한 사람들이었다. 개정을 거듭하면서 결국 흐지부지 끝난 건, 미국의 개입문제도 있지만 그만큼 "반민족"과 "친일"과 "국가에 대한 협력"을 구분하는 일이 어려웠다는 이야기다. "악질"이 따라 붙는 것도 흥미롭다.

합병협력, 고위급관료, 군수공업 책임경영, 독립운동방해, 악질적 행위로 동포에게 가해, 악질적 언론과 저작으로 지도, 악질적 행위로 아부.

당시 처음으로 지목되었던 박흥식의 재판과정을 보면 재미있는 발언이 나온다. 비행기회사를 만들려 한 행위에선 자신이 최상위지만 "친일"은 중간쯤이라고. "친일"을 그저 마패처럼 휘두르는 건 오히려 뭐가 정말 문제인지를 못 보게 한다.

이 짧은 글에서 스스로 '신친일파'라 말하는 박유하 교수의 은밀한 속마음이 읽힌다. 친일파 후손에게 손가락질 하지 마라, 과거사 들추지 마라, 악질이 아니면 친일도 함부로 문제 삼지마라. 반민족행위자 처벌이 무산된 원인을 '반민족'과 '친일', '협력'을 구분하기 어려운 데서 찾는 것도 참 독특한 해석이다. 친일파(반민족행위자)의 저항과 그 비호 세력에게 일차적 책임이 있다는 것은 천하가 다 아는 것인데 은근슬쩍 다른 이유를 들이댄다. 제목을 「'반민족행위'와 '친일' 사이」라고 단 것을 보면 이 사이에 어떤 경계선을 긋고 싶은 의도가 엿보인다.

친일파와 친일파 후손에게 관대한 박 교수가 볼 때 역동적인 국제관계 속에서 '친일, 친일' 하며 문제 삼는 것은 어찌 보면 전근대적인 일일 것이다. 그런데 친일이 박유하의 말대로 '일본에 대해 잘 알고 있고 대체적으로 호의적인 한국인을 칭하는' 의미의 '친일파'가 아니고 전통적인 의미의 친일매국노라든지 반민족행위자를 뜻하는 것이라면 쉽게 넘어갈 일이 아닐 것이다.[1]

친일도 친일 나름인 것이다.

독도 공유하자는 박유하

　필자는 2015년 10월 한 학술대회에 참가한 뒤부터 반민특위의 관점에서
본다면 『제국의 위안부』 저자가 단순히 일본에 호의적인 친일파가 아니라
반민족행위처벌법에서 말하는 '반민족행위자'로 분류될 가능성이 있을 수도
있겠다는 생각을 했다.[2] 사실 해방 후 친일파라는 말은 매국노, 부일협력자,
반민족행위자와 같은 뜻이었다. '독도, 일본 극우논리와 국내 학계 대응의
문제점'이라는 주제로 열린 이 날 학술 대회에서 신운용 박사는 「일본의 독
도 침략 논리와 국내 학계의 추종-이른바 시네마현 고시 제40호의 실체와
박유하의 독도 주장을 중심으로」라는 논문을 발표했는데, 귀를 의심하게 만
드는 내용이 담겨 있었다.

---

1 반민족행위자와 친일파에 대한 의식적 구별은 해방 직후 정당·사회단체의 친일파 규정안
  에서 찾아볼 수 있다. 1946년 3월 1일 민주주의민족전선에서 발표한 「친일파 규정 초
  안」을 보면, 민전은 친일파를 '일본제국주의에 의식적으로 협력한 자의 총칭'으로 규
  정하고 이 중에서 '극악한 부분'을 민족반역자로 규정하였다. 즉 친일파라는 포괄적
  규정안에 민족반역자의 규정을 별도로 다룬 것이다.
2 민족문제연구소 박한용 실장은 반민족행위자와 친일파를 같은 뜻으로 봤다.
  "(중략)오히려 친일파라는 얼핏 비개념적인 용어가 반민특위가 검거 대상으로 삼은 반민족
  행위자를 보다 적확하게 규정할 수 있는 용어라고 생각된다. 다만 친일파의 개념을 친
  일인명사전편찬위원회가 제안했듯이, '일본제국주의의 국권 침탈과 식민지배 및 침략
  전쟁에 의식적으로 협력한 자와 의식적이든 무의식적이든, 자발적이든 피동적이든 우
  리 민족 또는 민족 성원에게 신체적·물질적·정신적으로 직간접적인 상당한 피해를
  끼친 행위자'라 정의하고 부일협력자와 (일제 강점기 전후) 민족반역자 모두를 총칭하
  는 용어로 사용하면 어떨까 한다. 군이 부일협력자 대신 친일파란 단어를 쓰자는 것은
  이미 '친일' '친일파'란 단어가 우리 사회에서 하나의 역사적 용어로서 시민권을 갖게
  되었으며 역사속에 살아있는 언어로 자리 잡고 있기 때문이다. 대중 속에서 사용된 용
  어를 하나의 개념으로 격상시키는 방식도 나쁘진 않다고 본다."(「'반민특위 특별조사
  부 조사 기록' 해제」, http://db.history.go.kr)

본론에서 구체적으로 언급하겠지만 박유하는 독도를 일본 고유의 영토라는 인식을 갖고 있는 것 같다. 그가 독도는 한국의 영토라고 언급하는 대목도 있지만 이는 그 자신의 속마음을 숨기기 위한 장치에 지나지 않다. 그의 최종 목적은 바로 우선 독도를 한일의 공유로 만들고 최종적으로는 일본에 넘기는 것이다. 특히 박유하의 독도 공유 주장은 일본군 위안부 문제, 교과서 문제, 야스쿠니신사 문제와 논리적으로 연동되어 있다는 점에서 그 의도가 어디에 있는지 분명히 드러나는 것이다."

(「독도, 일본 극우논리와 국내 학계 대응의 문제점」, 29쪽)

독도공유론을 주장하는 박유하는 『화해를 위해서』에 실린 「독도-다시 경계민의 사고를」이라는 글에서 "차라리 독도를 양국의 공동 영역으로 하면 어떨까 (……) 전쟁을 하면서까지, 즉 평화를 훼손하면서까지 '지킬' 가치가 있는 영토란 없다"라면서 최상의 가치는 '한일 간의 평화'임을 강조했다. 신운용 박사는 이처럼 '독도공유론'을 주장하는 박 교수를 향해 "이는 영토를 지키기 위해 목숨을 바친 안중근과 같은 독립투쟁가에 대한 모욕을 넘어 독립투쟁가들의 힘으로 주권을 회복한 대한민국의 존재 그 자체를 부정하는 행위이자 국권에 대한 도전이라고 하지 않을 수 없다"며 비판의 화살을 날렸다.

이같은 박유하의 '독도 공유론'에 대

2015년 12월 22일 국가인권위원회에서 열린 박유하 사태와 한일관계 학술토론회에서 신운용 교수는 "박유하는 일본군 '위안부' 문제의 책임소재를 일왕과 일본 군대 등 그 지배계급에서 찾기보다 식민구조의 말단인 모집책의 책임을 집중적으로 부각시키고 있다."라고 비판했다.

해 일본 지식인들은 우호적인 반응을 보였고, 『화해를 위해서』는 2007년 아사히신문사의 오사라기 지로 논단상을 수상했다. 신 박사는 '친한파 일본지식인'과 손발을 맞춰가면서 독도공유론을 주장하는 박유하 교수는 '사상적 확신범'이며, 식민사관에 경도된 '사상활동'을 벌이는 식민지근대화론자, 친일파 지식인이라 규정했다.

나는 신 친일파다!

'독도, 일본 극우논리와 국내 학계 대응의 문제점' 학술대회를 마치고 박유하의 『제국의 위안부』(2013), 『화해를 위해서』(2005), 『반일 민족주의를 넘어서』(『누가 일본을 왜곡하는가』개정판, 2004)를 구해 읽었다. 박 교수의 책을 살펴본 뒤 든 첫 번째 생각은 스스로 고백하듯이 '박유하 교수는 자발적 친일파구나!' 하는 거였다. 그런데 정작 박유하는 친일, 친일파라는 말에는 별다른 거부감이 없어 보인다.

지금으로부터 16년 전에 발간된 『누가 일본을 왜곡하는가』 서문에서 박유하는 "어쩌면 이 책이 일본을 옹호하는 책으로 보일지도 모르겠다. 하지만 나는 그 어느 누구도 '옹호'할 생각은 없었다. 다만 내가 알고 있는 사실을 전하고 싶었을 뿐이다"라고 말한다. 자신의 관심은 어디까지나 "타자와의 '공존'의 모색"이라고 덧붙인다. 그는 에필로그에서 자신의 이런 노력이 "친일파로 보이는 두려움을 감수해야 하는 일"이라고 밝히면서, 기꺼이 '친일파'가 되기를 자원한다.

한국에 대해 잘 알고 있고 대체적으로 호의적인 일본인들을 '친한파'라 칭하는 의미에서라면, 나는 '친일파'라고 그리고 최고조로 보이는 지금의 한일관계가 한두 마디의 '망언'으로 깨지지 않는 탄탄한 관계로 이어지려면, 맹목적인 반일파나 반한파가 아니라 상대방에 대한 '제대로 된' 비판을 필요할 때 가차 없이 가할 수 있는 친일파와 친한파가 더 많이 필요하다고, 해방 후 50년 이상이 지났으니 이제 구 친일파 아닌 신 친일파쯤이 있어도 좋지 않은가?

12月10日、第15回「石橋湛山記念 早稲田ジャーナリズム大賞」の贈呈式を行いました。鎌田薫総長の挨拶に続いて、大賞3名・奨励賞1名の受賞者に、賞状、副賞のメダル及び目録が授与されました。本賞及び授賞作等についてはこちら☞をご覧ください。

第15回を迎えた今年の贈呈式には、受賞者と共に取材・報道に尽力した取材チーム等の方々をはじめ、報道・メディア関係者、ジャーナリストを志す本学学生など130名が出席。選考委員を代表して鎌田慧氏から講評が述べられ、その後に続いた受賞者および関係者の熱いスピーチに、来場者は熱心に聴き入っていました。

■『제국의 위안부』로 '이시바시 단잔(石橋湛山) 기념 와세다 저널리즘 대상'을 받은 박유하 교수가 2015년 12월 10일 도쿄 도내에서 개최된 수상식에 참가했다.[3]

그는 '신 친일파'가 되기를 작정하면서 "인당수에 뛰어드는 심정으로"(『화해를 위해서』 서문) 책을 썼다. 박유하는 무엇을 위해 자원해서 '친일파'가 되었을까? 그가 일관되게 강조하는 것에는 '민족주의적 반일교육에 대한 재검토, 타자와의 공존과 화해, 청소년에게 증오를 물려주지 말자' 등이 포함된다.

물론 맹목적이고 감성적인 민족주의는 위험성도 크고 부작용도 따른다. 타자와의 공존은 소중한 가치다. 청소년에게 증오를 물려줘서는 안 된다. 박유하의 말 자체만 놓고 보면 심사숙고할 사안들이다. 그런데 한 번 더 생각해보자. 해방 후 친일파가 정치, 군사, 학계를 지배하고 교과서를 친일파 글로 도배한 한국사회에서 언제 제대로 된 민족교육이 있었나? 평화헌법을 개

---

3 와세다대에서 공부한 박 교수는 일본어로 인사말을 했다. 위안부 여성들이 일본군과 "동지적 관계에 있었다"는 기술이 "예외를 썼다"는 비판을 받고 있는 것에 대해 언급하며 "누구도 예외라고는 말할 수 없다"고 반론했다. (……) '예외' 비판에 대해 "위안부를 사랑했거나 친절하게 대해 준 사람이 적었다고 해도, 없었던 것으로 해서 되겠는가. 많은 사람들의 생각에 저항하는 존재로서의 예외는 소중히 하고 싶다"고 반론했다. (「교도통신」, 2015. 12.10.)

정해 군국주의 부활의 길로 나가려는 일본과의 제대로 된 화해는 어떻게 가능한가? 전쟁범죄를 진정성 있게 반성하지 않는 일본에 분노하는 것이 정의감이 아닌 증오심이란 말인가?

그리고 한 가지 꼭 지적하고 넘어 갈 것은 박유하가 우려하는 '감성적 민족주의'에 빠진 자들은 대개 사대, 매국, 극우, 친일파 세력이라는 사실이다. 이들 친일파들은 대다수 국민이 분노할 때만 민족주의자 흉내를 낸다. 독도, 야스쿠니 신사, 교과서 문제에 대해서도 그렇다. 이들은 제대로 된 민족주의 교육에 관심도 없고, 오히려 항일의 역사를 축소하려 애쓴다. 이들은 야누스의 얼굴, 기회주의자 '까삐딴 리'(전광용 소설, 1962년)의 얼굴을 한 '민족주의적 친일파'들이다. 민족주의적 친일파란 형용모순이 실재하는 나라가 한국사회다. 박유하의 『화해를 위하여』에도 '민족주의적 친일파'에 관한 언급이 나온다.[4]

박유하는 한일 간의 '화해'를 저해하는 일본의 극우, 혐한파의 동지로 한국의 일베, 극우친일세력, 민족주의적 친일파를 설정해야 하는데, 엉뚱하게도 진보, 좌파민족주의, 정대협을 끌어다가 비판한다. 박유하는 한국에서는 어째서 보수 세력이 주도해야할 민족주의 담론까지 진보세력이 끌고 가는지, 한국의 보수 극우세력은 어째서 외세 의존형 사대주의 세력이 됐는지에 대해 관심을 가져야 할 것이다. 친일파-반민족행위자들을 청산하지 못한 수치스런 역사가 남긴 유산인 것이다.

『제국의 위안부』와 『화해를 위해서』 그리고 『반일 민족주의를 넘어서』(『누가 일본을 왜곡하는가』)에서 박유하는 일관되게 저항적 민족주의를 비판하고 한일 간의 '화해'를 강조한다. 화해, 용서, 평화는 좋은 말이다. 문제는 무엇을 위한, 누구를 위한 화해이고 용서인가 하는 것이다.

---

4 국립묘지에는 친일파를 비롯한 지배자와 피지배자가 함께 있지만, 그러한 국가 내부의 분열이 표면적으로 드러나는 일은 없다(물론 친일파 또한 민족주의적이었다는 점에서는 국가의 공공시설에 함께 묻히는 일이 모순은 아니겠다). (『화해를 위해서』, 142쪽)

민족주의 비판-일본 제국을 위한 화해?

박유하 책의 밑바탕에 깔려있는 기본 정서는 '반민족주의', 더 깊게 파고 들면 '반좌파민족주의'라 할 수 있다.

> '단군'을 기반으로 한 '민족정신'의 회복이란, 다시 말하지만 시대착오적이다. 구태 여 단군을 동원하지 않더라도 우리는 이미 충분히 지나칠 정도로 민족주의적이다. (『누가 일본을 왜곡하는가』, 212쪽)

> 대사관 앞 소녀상이, 일본을 정신적으로 굴복시키려는 강한 눈빛을 하고 있는 것도 그런 구조 속의 일이다. 원한에 찬 응시는 단순히 '민족'이라기보다는 제국주의에 '저항'했고 이후에도 투쟁을 계속해온 민족좌파를 대변하는 것이기도 하다. 그런 의 미에서도 소녀상은 좌파운동이 싹트기 전에 '민족'으로 저항한 유관순일 수는 없 다.(『제국의 위안부』, 302쪽)

이처럼 민족주의에 대해 부정적인 표현은 그 사례를 열거하기 어려울 정 도로 많다. 민족주의에 대한 우려 자체는 얼마든지 할 수 있다. 문제는 그런 논리가 군국주의, 제국주의 일본을 편드는 식으로 전개된다는 것이다. 한국 의 좌파민족주의에 대해서는 엄격하면서, 일본 군국주의에 대해서는 관대하 기 그지 없다. 심지어 일본이 아시아를 침략해서 아시아의 불행을 가져온 것 은 서양 제국주의 책임으로 떠넘기기도 한다.

> 일본이 제국주의에 나선 것은 서양을 흉내 낸 일이기도 하다. 일본의 대상은 아시 아였고, 말하자면 아시아의 불행은 서양의 제국주의에서 시작된 것이기도 하다. 그

건 결과적으로 아시아의 침략이 되고 말았지만, 일본의 전쟁의 명분은 서양 제국으로부터의 '아시아의 해방'이었다.(『제국의 위안부』, 298쪽)

화해를 강조하는 박유하가 결정적으로 놓치는 것이 있다. 그는 피해자, 약자의 목소리 보다는 강자의 화해를 중시한다. 12·28 한일 '위안부' 문제 합의를 지지하는 그는 정대협의 반대, 피해자 할머니의 항의는 무시한다. 일본군 '위안부' 문제에 대해 합의를 강요하는 것은 미국이며, 한미일 군사동맹을 위한 '화해' 작업이라는 사실에 눈감는다. 박유하 교수와 '화해'를 주제로 논쟁을 벌인 박노자 교수가 '진정한 화해는, 아래로부터 가능합니다'라고 말한 게 무슨 뜻인지 새겨 들어볼 일이다.

"진정한 화해는, 아래로부터 가능합니다. 결국에 가서는 서부 우크라이나와 동부 우크라이나 가난뱅이들이 서로 손 잡을 날, 그리고 과두 재벌들과 함께 투쟁할 날은 언젠가 올 것입니다. 마찬가지로, 강정마을과 오키나와, 한국 탈핵운동이나 밀양 송전탑 반대 운동과 일본의 탈원전 운동가, 한일 비정규직 운동가들은 이미 잘 연대하고 있습니다. 이런 화해, 연대는 결국 민족주의의 타파를 이끌 것입니다. 그러나 진정한 화해를 위해서는, 과거의 국가범죄나 파쇼 극우민족주의자들의 소행을 합리화할 필요는 전혀 없습니다. 오히려 그런 과거에 대한 공동의 단죄와 재발방지만이, 화해와 연대의 기반이 됩니다."(박노자, 「역사와 화해의 문제」, 2014. 6. 3.)

반민족행위자로 처벌할 수 있을까?

2015년 12월 3일, 나눔의 집에서는 '『제국의 위안부』에 대한 일본인들의 항의 성명서(2015년 11월 26일)와 국내학자들의 기자회견(2015년 12월 2일)에 대한 나눔의 집 입장'이란 제목의 긴 성명서를 발표했다. 이 성명서에서 나눔의 집은 '사상의 자유, 표현의 자유'를 문제 삼는 게 아니라 일본군 '위안부' 피해자 할머니의 명예를 훼손한 것을 문제 삼아 고소했음을 분명히 했다.

> "2차 대전 이후 프랑스나 독일 등 몇몇 국가는 법제정을 통해 반유대주의를 표명하거나 나치의 대량학살 등을 부정하는 행위에 대하여 처벌을 하였습니다. 의견표명에 대한 처벌이 사상의 자유나 표현의 자유를 억압한다는 반대의견도 있었지만 법까지 제정하여 처벌을 하는 것은 정의를 구현하기 위함이었습니다. 그런데 금번 기소는 박유하의 책에서 문제 삼을 수 있는 여러 의견을 대상으로 한 것이 전혀 아닙니다.
>
> 『제국의 위안부』 책에서 표현되고 있는 여러 견해의 부적절함에 대한 논의는 학문의 영역에 속하지만 사실이 아님에도 사실인 것처럼 표현을 하여 할머니들에게 고통을 준 부분은 시정되어야 하고 그러한 사실과 다른 표현을 계속 사용하는 것에 대하여는 상응하는 대가를 치러야 합니다.(「나눔의 집 입장 보도자료」, 2015년 12월 3일)

그런데 이 성명서를 보면 표현의 자유를 절대적으로 보장할 것 같은 프랑스와 독일 등에서 반유대주의와 나치즘과 관련해서는 사상의 자유, 표현의 자유를 제한하는 것으로 나온다. 우리나라에서는 국가보안법 제7조(찬양·고무 등) 조항에 의해 표현의 자유, 사상의 자유, 학문의 자유가 수시로 억압받는다. 그런데 이 법은 대체로 사회주의자, 공산주의자를 처벌하는데 이용된다. 반국가활동, 반민족활동을 한 친일파와 친미파, 반민족행위자를 처벌하는 법은 없다.

이 성명서를 읽으며 '만약에 1948년에 제정된 반민족행위처벌법이 살아있었다면 어찌 됐을까?'라는 상상을 해본다. 앞서 인용한 박유하 교수의 페북 글 '〈"반민족행위"와 "친일"사이〉에서 김무성 의원을 언급하면서 '악질

친일파'만을 처벌할 수 있음을 암시했다. 반민족행위처벌법 '1장 죄'의 제4조에는 '악질적인' 언론인과 저술가를 처벌하는 조항인 11항이 있다. 11항의 "종교, 사회, 문화, 경제 기타 각 부문에 있어서 민족적인 정신과 신념을 배반하고 일본침략주의와 그 시책을 수행하는데 협력하기 위하여 악질적인 반민족적 언론, 저작과 기타 방법으로써 지도한 자"에 해당해서 재판을 받은 친일파로는 이광수, 최남선, 김동환 등이 있다.

그런데 설령 『제국의 위안부』가 '악질적인 저작'에 속한다 해도 저자를 반민족행위처벌법으로 단죄할

▌ 김연수, 최린 등의 반민족 피의자들이 반민특위에 검거돼 끌려가는 사진을 보도한 『주간서울』 (1949. 1. 21.). 박유하의 주장과 달리 반민특위의 친일파 청산이 좌절된 이후 한국은 '민족', '반일'의 과잉이 문제가 아니라 청산되지 못한 친일이 문제다.

수는 없었을 것이다. 왜냐하면, 반민족행위처벌법 부칙에는 "본법의 규정은 한일합병 전후부터 단기 4278년 8월 15일 이전의 행위에 이를 적용한다"는 조항이 있기 때문이다. 단기 4278년은 서기 1945년이다.

미군정의 친일파 비호, 이승만과 친일파 세력의 공작으로 반민특위는 와해됐고, 악질적인 친일파와 반민족행위자를 처벌하지 못했다. 이런 역사적 과오 때문에 사회 각 분야에 친일파가 깊이 뿌리를 내렸다. 항일독립군 토벌하던 만주군 장교 출신인 다카키 마사오가 18년간 장기집권 한 나라이니 무슨 할 말이 또 있으랴. 친일파들은 일제의 식민지 지배를 정당화하는 주장을 음으로 양으로 퍼뜨렸다. 2014년 총리 후보에 올랐다 "식민지배는 하나님의 뜻"이라는 친일 발언이 문제가 돼 낙마한 문창극 사건도 대표적인 사례다. 이

역시 처벌할 법은 없는 '반민족행위'로 해석할 수 있는 발언이라 하겠다.

'일제 식민지배 옹호행위자 처벌 법률 제정 법률안'(일명 문창극법)

문창극 총리 후보의 친일 발언이 방송에 보도된 직후인 2014년 6월 20일 이종걸 의원은 일제 식민지배를 옹호하거나, 순국선열·애국지사·강제동원 피해자의 명예를 훼손하는 행위를 처벌하는 내용의 '일제식민지배 옹호행위자 처벌 법률 제정법률안'(일명 문창극법)을 대표발의 했다.5 이 법에 따르면 "위안부 할머니는 일제에 강제 동원된 것이 아니다"라고 주장하면 최고 징역 7년에 처해진다.

2005년 3월, 원희룡 의원이 '일제 침략행위 왜곡 및 옹호 방지법안'을 추진하기도 했다. 원 의원은 "공공장소에서 공공연한 선동이나 언론, 출판을 통해 일제 침략기간의 반민족행위, 전쟁범죄, 반인류적 범죄 행위 등을 찬양하거나 옹호하는 것은 표현의 자유에 해당하지 않는다"며 이를 처벌하기 위한 법안을 추진하는 것이라고 밝혔다.

---

5 '일제식민지배 옹호행위자 처벌 법률 제정 법률안'(일명 문창극법) 보도자료-제정안의 주요 내용 ①일제의 국권침탈을 반대하고 독립을 위하여 일제에 항거하는 행위를 비방하거나 그와 관련된 역사적 사실을 날조하여 유포하는 등 과거사를 왜곡하는 행위, 친일반민족행위를 찬양·정당화하는 내용으로 역사적 사실을 날조하여 유포하는 행위를 한 자는 5년 이하 징역 또는 5천만 원 이하의 벌금에 처하도록 한다.(안 제4조) ②순국선열 또는 애국지사로서 이미 사망한 자 및 일제강점하 강제동원에 따른 피해자로서 이미 사망한 자를 모욕하는 행위를 한 자는 3년 이하 징역 또는 3천만 원 이하의 벌금에 처하도록 한다(안 제5조). ③일본 제국주의에 항거한 사실과 관련하여 허위사실을 적시하여 순국선열 또는 애국지사로서 이미 사망한 자 및 일제강점하 강제동원과 관련하여 허위사실의 적시로 인한 피해자로서 이미 사망한 자의 명예를 훼손하는 행위를 한 자는 7년 이하의 징역이나 10년 이하의 자격정지 또는 5,000만 원 이하의 벌금에 처하도록 한다(안 제6조). ④민족차별행위 부인, 순국선열·애국지사 및 일제강점하 강제동원 피해자에 대한 모욕죄·명예훼손죄는 고소가 없거나 피해자가 명시한 의사에 반하여서도 공소를 제기할 수 있도록 한다(안 제7조).

당시 한승조 전 고려대 명예 교수의 '일제 식민지배는 축복' 기고문6과 지만원 사회발전시스템연구소장의 "(일본에)먹힐 만하니까 먹혔다"는 식의 역사 왜곡 발언이 문제가 되자 나온 반응이었다.

▌최근 친일사이트가 성행하면서 위안부 실상 왜곡, 일본 침략전쟁 미화, 일왕 찬양이 잇따르고 있는 것은 "위안부 실상의 축소 등 역사교과서가 퇴보하고 역사관이 흔들리면서 나타나는 병리현상"이라고 할 수 있다. (「노컷뉴스」 2016. 3. 16. 기사 참조)

원 의원은 헌법에 보장된 '표현의 자유'와의 충돌 문제에 관해서는 그러한 역사왜곡 행위는 "피해자에 대한 폭력이며 반인류적 범죄에 해당된다", "'표현의 자유'를 벗어나는 언어폭력"이라고 주장했다.

이와 관련 참여연대는 "시민사회가 사상과 표현의 자유를 억압하는 국가보안법 폐지를 주장하는 것은 사상과 표현의 내용이 진보의 성격을 갖고 있기 때문이 결코 아니다", "그 내용이 진보든, 좌파든, 극우든, 그 어떠한 것이든 간에 '사상과 표현의 자유'라는 권리는 제약될 수 없는 인간의 기본권이기에 이를 막는 법은 폐지되어야 마땅한 악법이기 때문"이라는 입장을 밝히기도 했다. 일제 식민지 지배를 옹호하는 행위를 처벌하는 법을 추진할 경우 시민사회, 학계의 뜨거운 논란이 예상된다.

---

6 한승조 고려대 정치외교학과 명예교수는 일본의 우익성향 「산케이(産經)신문」이 발행하는 월간 『정론(正論)』 2005년 4월호에 「공산주의·좌파사상에 근거한 친일파 단죄의 어리석음: 한일합방을 재평가하자」라는 제목의 글을 기고해 파문을 일으켰다. 우익단체인 자유시민연대 공동대표를 맡고 있던 한 교수는 "일본의 한국 식민지배는 오히려 매우 다행스런 일이며 원망하기보다는 축복해야 하고, 일본인에게 감사해야 할 것"이라고 했다. '위안부' 문제에 관해서도 한 교수는 "수준 이하의 좌파적인 심성 표출의 하나"라고 말한 뒤 "전쟁 중에 군인들이 여성을 성적인 위안물로 이용하는 것은 일본만의 현상이 아니며, 일본도 전쟁 중 일시적인 것으로 예외적 현상이었다"고 주장했다. ("'일본 식민지배는 오히려 축복 할 일'" 기고 파문」, 「중앙일보」, 2005. 3. 4. 참조)

'친일파'를 처벌하자는 정치권의 움직임에 대해 박유하는 극도의 거부감을 드러낸다.『제국의 위안부』에서는 이처럼 친일파를 비난하는 행태를 '자발적 매춘부'를 부정해온 것에 비유한다.[7]『화해를 위해서』에서는 "'친일적인 발언'을 처벌하는 법안을 만들자는 의견 역시 정치적 올바름의 폭력이 만든 발상"이라고 평가했다. 또한 박 교수는 이승연 사건과 이영훈 교수 사건을 예로 들면서 "그들이 무조건 '사과'하지 않을 수 없었던 것은, 그들의 잘못 이전에 2000년대 한국에서 '정대협'과 '위안부'의 발언이 특권적인 정치적 올바름(politlcal correctness)이 되어 있었기 때문이다. '약자'의 보호를 말하는 일은 어떤 경우 권력화되고 절대적 정의로 군림하기도 한다."라고 썼다. '정치적 올바름의 폭력', '약자의 권력화'에 대한 우려는『제국의 위안부』에서도 수시로 표출된다. 그런데 우리 사회에서 약자가 권력화되고 절대적 정의로 군림한 사례가 도대체 있기나 한 것인지 궁금하다.

소녀상을 바라보는 박유하의 불안한 시선

『제국의 위안부』를 읽다보면 박유하는 철두철미 일본의 편에 서 있음을 느끼게 된다. 처음에는 일본군 '위안부' 할머니를 희롱하고 폄훼하면서까지 (본인은 "위안부 할머니를 폄훼할 이유가 없다"고 강조하지만) 일본 정부의 입장을 대변하는 심리를 도무지 알 수 없었다. 그러다가 박유하가 소녀상에 대해 쓴 대

---

7 '식민지화'는 필연적으로 지배하에 놓인 이들의 분열을 불러온다. 그러나 해방 후 한국은 종주국에 대한 협력과 순종의 기억은 우리 자신의 얼굴로 인정하지 않으려 했다. 그렇게 과거의 다른 한쪽을 망각하는 방식으로 해방 60여 년을 살아온 결과 현대 한국의 과거에 관한 중심 기억은 저항과 투쟁의 기억뿐이다. '친일파'-일본에 협력한 자를 우리 자신과는 다른 특별한 존재로 간주하고 색출하고 비난하는 일이 여전히 이어지고 있는 것도 그들이 '바람직한 우리'에 대한 환상을 깨뜨리는 존재이기 때문이다. 그리고 자발적으로 간 매춘부라는 이미지를 우리가 부정해온 것 역시 그런 욕망, 기억과 무관하지 않다.(『제국의 위안부』, 296쪽)

목을 반복해서 읽으면서 그 '야릇한' 심리를 파악할 수 있었다. 박유하는 무슨 이유에선가 늘 일본(그것이 우익이든 리버럴이든 정부든)의 입장에서 소녀상을 바라보는 '자발적' 친일파였다.

박유하가 바라보는 소녀상은 "일본군과의 또 다른 (동지적-편집자) 관계는 드러내지 않는"(205쪽), "협력의 기억은 거세하고 하나의 이미지, 저항하고 투쟁하는 이미지만을 표현하는"(207쪽) 거짓의 소녀상이다. 때문에 그는 소녀상에서 용서의 기억을 소거한 "원한에 찬 눈", "원한에 찬 응시"를 느낀다. 박유하는 소녀상 옆에 서서 세상을 바라보는

■ 종로구 일본 대사관 앞 소녀상. 박유하는 "소녀상이 저항하는 모습만 표현하는 이상, 일본옷을 입었던 일본이름의 '조선인 위안부'의 기억이 등장할 여지는 없다."라면서 소녀상이 "성적 이미지와는 무관해 보이는 어린 '소녀'의 모습"을 하고 있는 점을 문제 삼았다.

것이 아니라 '소녀상은 거짓이다' 외치는 일본 우익의 눈으로, 불신과 경멸과 경계의 시선으로 바라보는 일본대사관 안 일본 외교관의 입장에서 소녀상을 쳐다본다.

> 20만 명이라는 숫자 이상으로 우리를 분노하게 만드는 것은 일본대사관 앞의 '소녀' 상이 상징하는 것처럼, '위안부'가 대개 어린 소녀였을 것이라는 상상이다.(50쪽)

대부분의 우리 한국인은 지금의 '위안부' 할머니가 소녀시절에 겪었을 고통에 분노한다. 그런데 '우리' 아닌 상당수 일본인은 거꾸로 소녀상에 분노

하기도 하는데, 박유하에게서도 그런 심리가 읽혀진다.

> 그런 의미에서는, 소녀상은 '위안부' 자신이라기보다는 정대협의 이상을 대변하는
> 상이다. 다시 말해 소녀상은 '그때의 조선인 위안부'라기보다는 '20여 년의 데모'와
> 운동가가 된 '위안부'다.

진보, 좌파, 민족주의라는 말을 경원시하는 박유하는 20여 년의 헌신을 '데모'라는 말로 폄하하려고 시도한다. 20여 년의 '데모'를 통해 평화운동가, 인권운동가로 당당히 선 할머니의 모습이 왜 불편할까. 평화운동에 앞장서는 '위안부' 할머니와 소녀상의 모습에 거부감을 표시하는 자들은 누구일까? 일본 정부, 일본 우파와 역사수정주의 노선의 지식인, 한국의 엄마부대와 어버이연합 같은 극우세력이다. 일본의 우파는 자기 나라 이익을 위해 없는 이야기도 지어내서 공격한다지만 한국의 우익 보수세력은, 그리고 박유하는 왜 일본의 주장에 장단을 맞추는지 불가사의한 일이다.

최근에는 '친일파 서기석'이라는 닉네임을 지닌 사람(본명 신민철)이 1인 시위와 블로그를 통해서 정대협과 소녀상을 공격했다. 박유하는 여러 복선을 깔고, 곳곳에 안전장치를 마련하고 말하지만 서기석은 노골적으로 비판한다.[8] 2016년 12월 28일 오후, 한일 양국의 외교장관이 회담을 벌이는 서울 종로구 외교부 앞에서 정대협 등의 시민단체들이 기자회견을 하던 중에 '친일파 서기석'이 나타나서 구호를 외쳤다. (「"위안부는 자발적" 1인 시위한 서기석의 정체」, 「오마이뉴스」, 2016. 1. 8. 참조.)

---

8 '친일파 서기석'은 자신의 블로그에 올린 「수요집회, 종북주의자들의 통일전선전술의 일환?」(2015. 12. 17.)이라는 글에서 "제국의 위안부, 박유하 교수는 무죄다."라고 주장하면서 마지막 마무리를 "일본인들이 느끼는 상실감과 분노는 상상 이상이다. 수요집회나 '위안부' 소녀상 건립을 위한 순수한 에너지를 북한인권운동에 쏟는 것이 더 현명하지 않을까."라고 적었다.

"위안부 소녀상을 철거합시다."

"정대협 종북주의자들은 자폭하라."

"나눔의 집 위안부 할머니들, 새빨간 **거짓말**을 중단하세요. 당신들이 **자발적**으로 위안부가 되었다는 진실을 나는 똑똑히 알고 있습니다." (굵은 글자 표시-인용자)

어쩌면 이것이 '협력과 순종의 기억'을 소중히 여기는 박유하의 속마음일 것이라고 추정해본다. "나는 21세기의 친일파가 되고자 한다."라고 공개 선언한 서기석은 그의 저서 『대한민국 시대정신』에서 "이제 과거를 잊자. 한일 군사동맹을 맺기 위해서라도 과거사를 내려놓자. '위안부' 소녀상을 철거하는 것이 한국과 일본의 미래를 위해 지혜로운 길이라고 확신한다. '위안부' 문제로 일본 정부를 더 이상 압박하지 말자."라고 외친다. '친일파 서기석'처럼 박유하도 "지금의 소녀상은 '평화'를 말한다고 하지만 그 상이 일본의 굴복만을 요구하는 한 저항은 커질 수밖에 없다. 결과적으로 소녀상은 언제까지고 평화 아닌 불화만을 만들어 낼 것이다."(『제국의 위안부』, 209쪽)라며 안타까운 마음을 드러냈다. 다음 글에서는 혹시라도 일본이 '굴복'할까 봐 노심초사하는 박유하의 마음이 읽혀진다.

대사관 앞 소녀상이, 일본을 정신적으로 굴복시키려는 강한 눈빛을 하고 있는 것도 그런 구조 속의 일이다.(302쪽)

아마도 일본의 입장에 서 있는 박유하는 "일본을 정신적으로 굴복시키려는 강한 눈빛"에 두려움이나 적객심을 느낀 모양이다. 이런 박유하에게 근원적인 물음을 던지게 된다. 당신은 누구 편인가? 물론 이 말이 일본 편은 나쁜 사람이고 한국(조선) 편은 좋은 사람이라는 것을 전제로 던지는 질문은 아니다. 일제 강점기에 조선의 해방을 위해 싸운 일본인도 있었고, 오히려 독립운동을 탄압하는 데 앞장 서거나 협조한 조선 사람(박유하가 위안부 문제의 주범으로 지목한 조선인 모집책, 앞잡이, 포주, 업자 같은 사람들)도 있었다. '당신은 누구편인가?'라는 질문은 '제국의 위안부' 문제가 식민지 조선과 제국주의 일본의 관계 속에서 생긴 것이기에 하는 것이다. 누군가가 무라카미 하루키, 「드래곤 볼」, 스시, 사케, 혼다자동차, 가라타니 고진 좋아한다고 '너는 누구편이냐?'라고 묻거나 '친일파'라고 손가락질하지는 않는다.

당신은 누구 편인가?

당신은 누구 편인가? '협력과 순종의 기억'과 '저항의 기억'을 차별하지 않는 박유하는 이런 질문을 좋아하지 않는다. 누군가 한일 양국 중에서 당신은 누구편이냐고 묻는 폭력적인 질문에는 '내 친구 편'이라고 대답하라고 말한다. 박유하는 '당신은 누구 편인가?'라는 질문에 대해 마치 양쪽의 경계에 선듯한 자세를 취한다. 화해자, 중재자의 몸짓을 취한다. 하지만 박유하 책의 서문만 읽어봐도 '내 친구'가 일본이라는 느낌이 역력히 드러난다.

'위안부' 문제는 일본과 한국에 존재히는 '미군기지'의 문제이기도 하다. 그러나 '위안부' 문제를 '일본'만의 특수한 일로 생각하는 사고는 그런 구조를 보지 못하게 만든다.(『제국의 위안부』 서문에서)

일본의 군사 대국화는 물론 예의주시해야 할 일이지만, 동시에 '일본의 군국주의화'라는 경계 담론이 어떤 대립 구조를 만들고 유지시키는지도 늘 함께 볼 필요가 있다.(『화해를 위해서』 서문에서)

박유하는 정대협과 좌파민족주의는 화해를 저해하는 세력으로 단정하고 불신의 눈초리를 거두지 않지만 일본에 관해서는 신뢰의 마음을 저버리지 않는다. 『화해를 위해서』 서문의 다음 글은 한국 민족주의 세력에 대한 거부감과 일본을 향한 애틋한 그의 마음이 그대로 전해진다.

그래서 나는 이 책을 누구보다 먼저 청소년과 젊은이에게 보내고 싶다. 누가 위험한 담론을 만드는지, 누가 끝없이 누군가에 대한 증오를 심어 경계심을 만드는지, 과거의 트라우마를 차세대에 심어 자신의 권력 유지에 이용하려 하는지를 그들이 볼 수 있도록. 그리고 지혜롭게 그들의 평화로운 미래를 만들어갈 수 있도록. 중요한 건 아직은 일본이 신뢰할 만한 나라라고 여기는 일이다.

이처럼 소녀상 편에 선 사람과 단체를 향해서는 '위험한', '증오', '권력유지'라는 불순한 말을 동원해 경계심을 숨기지 않는 박유하는 일본을 '신뢰할 만한 나라'라고 여긴다. 그래서 "(조선인) 포주에게 입은 상처를 (일본)군인이 치료해 주었다."라는 점을 강조한다. 한국 진보좌파의 강경한 주장이 "위안부 문제 해결에 나섰던 관료들과 '선량'한 일본인들까지 자포자기적 무관심과 혐한으로 몰았다."라는 점을 안쓰러워 한다. 그래서 자발적으로 일본과 '동지적 관계'를 맺

■ 일본에서 열린 「날조 종군위안부전」. 소녀상 사진이 실린 포스터에는 위안부 '강제연행은 거짓말'이라고 적혀있다.

기로 작심했는지도 모른다.

박유하는 『제국의 위안부』 제2판 서문에서 "나눔의 집 소장이 이를 선도하며 '일제의 창녀'라고 쓴 틔윗을 리트윗한 사실", "성남 시장(이재명)이 나를 친일파로 지목"한 일은 "이 책에서 지적한 진보의 문제가 결정적으로 드러난 일"이라며 비판했다.

어찌 보면 박유하는 신뢰할 만한 제국과의 화해를 위해 친일과 반민족행위자의 경계에 섰다. 그 아슬아슬한 경계에 선 박유하에게 누구는 '일제의 창녀'라 하고, 누구는 부정적인 의미의 '친일파'라고 돌을 던진다. 반대로 한일 양국, 특히 일본에선 상당수의 리버럴계 지식인과 극우세력이 동시에 용기 있는 지식인이라고 찬사와 공감을 표한다.

'일본군' 면책하는 '제국의 위안부'라는 제목

일본에서 『제국의 위안부』에 진심어린 찬사를 보내는 이유가 단지 여성 저자에 대한 호감과 신선함 때문에 그런 것은 아니다. 『제국의 위안부』는 일본인 작가의 작품 이상으로 일본 정부의 이해와 역사수정주의 노선을 대변하기 때문이다.9

'제국의 위안부'라는 제목 자체가 일본군의 전쟁범죄를 덮을 목적으로 고안된 것 같다. 그 동안의 '위안부' 관련 책처럼 '일본군 위안부'라고 하지 않고 '제국의 위안부'라고 제목을 단 이유가 무엇일까. 거기에는 화해를 위해

---

9 이 책이 일본 언론계에서 이토록 폭넓게 예찬받은 것은 박유하 씨가 일본사회의 지식인의 욕망을 민감하게 감지하여 전전의 대일본제국의 책임 부정과 전후사의 수정이라는 두 가지 역사수정주의에 호소했기 때문이 아닐까. 이러한 의미에서 '제국의 위안부' 현상이라는 것은 일본의 지식인, 언론계의 문제인 것이다. (정영환 일본 YMCA 강연, 「『제국의 위안부』 사태와 일본의 지식인」, 2016. 2. 27.)

'신친일파'를 자처하는 박유하의 몇 가지 전략적 의도가 엿보인다.

첫째, 제국의 위안부라는 말은 조선인 위안부도 "어디까지나 '준일본인'으로서 제국의 일원이었"(60쪽)기에 일본군과 사랑도 나누는 '동지적 관계'에 있음을 암시한다. 이리 되면 "일본군 성노예 제도는 인류가 어떠한 전쟁사에도 존재하지 않았고, 나치도 실행에 옮기지 않았던 만행"(베리 피셔 변호사)인데, 이런 범죄의 주체인 일본군이 쏙 빠져나갈 틈을 만든다.

두 번째, 이 책은 "위안부 문제를 단순히 국가의 문제가 아니라 '제국'(국가의 세력확장)의 문제로 다루었"음을 강조한다. "위안부 문제는 '일본의 천황제'나 '일본의 군사주의'가 아니라 국가세력을 유지 확장시키기 위해 군대를 유지하는 국가 시스템이 만든 문제"(280쪽) 라는 것이다. 일본 천황, 일본군국주의 책임 문제가 제국이라는 다분히 추상적인 이름으로 흐려진다.

세 번째, "아시아의 불행은 서양의 제국주의에서 시작된 것"(298쪽)이라며 전쟁범죄, '위안부' 문제의 근원적인 책임을 일본제국이 아닌 서양제국에게 떠넘긴다. "공창을 한국에 이식시킨 것은 일본이었지만, 일본에 앞서 아시아에 자국을 위한 공창을 만든 것은 서양이었다."(277쪽)라는 말도 덧붙여, 일본의 책임을 축소한다.

결국, '제국의 위안부'라는 말은 '조선인 위안부'를 일본군과 동지적 관계로 만들어 일본군의 범죄를 면죄해주는데 쓰이고, 다른 한편으로는 '위안부'(성노예) 문제는 단지 일본만의 책임이 아니며 일본 보다 일찍 제국주의 확장을 한 서양에게 더 큰 책임이 있다는 식으로 초점을 흐리게 한다. 이처럼 '제국의 위안부'라는 책 제목은 일본의 전쟁범죄, 식민지 지배 책임을 희석화, 추상화하고, 축소하는 데 활용된다.

이 책은 학자들이 지적하듯 "극단적인 난삽함, 자의적인 해석과 인용" 등의 문제로 저자의 속뜻을 쉽게 파악하기 어려운 책이다. 하지만 일본, 특히 우익이나 역사수정주의자의 입장에서 읽으면 아귀가 딱딱 맞아떨어지는 글이다. 2016년 4월 7일 중앙대에서 열린 한일 '위안부' 문제 심포지엄에서 오카모토 유카 씨는 일본 우익 세력이 "『제국의 위안부』에 근거해 일본의 책임을 부정하고 위안부는 매춘부라는 주장을 펼치고 있다."라는 증언을 했다.[10]

화해를 위해 줄타기하는 것처럼 보이지만 속을 들여다보면, 민족보다는 제국을, 소녀상 보다는 일본군을, 정대협 대신 군국주의 아베 정권을, 민족 단결보다는 한일 우호를, 피해자보다는 가해자를, 약자보다는 '권력화된 강자'를 편애하는 것처럼 보이는 박유하 교수에게 어울리는 수식어는 무엇일까. 일본과 '정신적 동지 관계'로 보이는 『제국의 위안부』 저자에게 어울리는 말은 무엇일까. 그가 세상에 퍼뜨린 말을 그대로 돌려보낸다. '제국의 위안부!'

---

10 '위안부' 문제 웹사이트 'Fight for Justice'를 만든 오카모토 유카 씨는 12·28 한일협상 후 일본 내 언론 보도 양상을 분석한 결과, "'위안부' 피해자의 목소리는 거의 보도되지 않았다"고 했다. 또 최근 일본 각지에서 열리는 역사연구회의 '검증 '위안부' 패널 전 : 위안부와 조선반도와의 관계' 전시에서는 『제국의 위안부』에 근거해 일본의 책임을 부정하고 위안부는 매춘부라는 주장을 펼치고 있다. 유카 씨는 "일본 사회에서는 '강제연행은 없었다' '위안부는 상업 행위' '위안부 증언은 날조' 등 사실과는 전혀 다른 담론과 혐오 발언(hate speech)이 일상적으로 반복되고 있다"고 했다.
(「니콘은 왜 위안부 피해자 사진전을 취소했나」, 「여성신문」, 2016. 4. 7.)

일본으로 망명한 '제국의 위안부'

2015년 10월 2일 페북에 박유하 교수는 마이니치신문사에서 '아시아/태평양상 특별상' 수상자로 선정됐다는 소식을 들은 뒤 '(수상을)사퇴하지 않는 이유/(授賞を) 辭退しない理由'에 대해 글을 썼다.

"이 책은 한국어판의 쌍둥이지만 바다 건너에 있다. 내가 선택하지 않은 망명을 이 책이 대신 해내고 있는 셈이다. ○○○ 표시의 저 너머로 사라져 살아남은 언어들에, 꽃장식이나마 달아줄 수 있어 다행이라 생각한다. 한국에 남은 언어들이 견뎌야 할 무게는 아직 무겁고 무겁다."

'꽃장식이나마 달아줄 수 있어 다행'인 ○○○ 표시의 언어들. 나는 ○○○ 표시된 삭제판『제국의 위안부』의 표지를 서점에서 처음 보는 순간 깜짝 놀랐다. 가해자가 피해자 흉내를 내고, 명예회복 하나 바라보며 살고 있는 할머니들의 명예를 훼손한 '피고인'이 마치 사상의 자유를 억압받은 양심수, 사상범처럼 순교자 행세를 하는 것에 말문이 막혔다. 그 순간『제국의 위안부』를 해부하는 책, 자발적으로 '제국의 동지' '제국의 변호인'이 된 박유하의 실체를 드러내는 책을 기획하기로 마음먹었다.

○○○ 표시된 책은 법원에서 34곳 삭제 결정이 난 뒤에 제2판으로 다시 찍어서 서점에 배포한 책이었다. 이 책에는 '제2판 34곳 삭제판'이라는 글자가 훈장처럼 박혀 있었다. 그리고 표지를 감싼 붉은색 띠지에는 "『제국의 위안부』를 법정에서 광장으로, 2015년 11월 18일 '허위사실 적시에 의한 명예훼손' 혐의 형사기소에"라는 광고 카피를 크게 적어 놓았다. 이는 마치도 승리자가 뿌린 호외와도 같아 보였다. 나눔의집 할머니들은 『제국의 위안부』 삭제판 발행 소식을 듣고 "억울하고 원통한 마음에 겨우 생명을 부지하고 있는 할머니들을 두 번 죽이는 일"이라며 격노했다.

띠지에는 또한 "노벨상 작가 오에 겐자부로, 고노 요헤이 전 관방장관, 와카미야 요시부미 전 「아사히신문」 주필 등 일본 지식인 54인이 항의성명!"이라는 문구가 자랑스럽게 적혀 있었다. 그리고 바로 아래에는 "김규항, 장정일, 김철, 홍세화, 고종석, 유시민, 김원우, 금태섭 등 한국 지식인 190여 명도 항의성명 발표!"라고 쓰여 있었다. 그리고 뒷면 띠지에는 "이 책의 '삭제판' 출간이라는 오늘의 출판현실에 주목하여" 한 출판인 단체에서 올해의 책으로 선정했다는 점을 홍보하는 문구가 눈에 띄었다.

이 책의 필자와 편집자는 '34곳 삭제'를 영광의 상처로 여기는 듯했고, '○○○ 표시 34곳'의 삭제된 표현이 피해자 일본군 '위안부' 할머니에게 어떤 상처를 입혔는지에 대해서는 아무런 성찰도 없었다. 학문의 자유, 표현의 자유도 중요하고, 학자가 명예훼손으로 기소된 현실이 논란거리임에는 분명하지만 그 이전에 생각해야 할 것은 약자의 목소리, 피해자의 울분이었다. "실제로 한국 사회에서 이제까지 지원단체와 그들과 함께하는 '위안부'를 이긴 이는 없다."(『제국의 위안부』, 210쪽)라고 생각하는 박유하의 눈에는 정대협이나 할머니들은 약자가 아니고 권력자일테지만, '약자의 권력화'를 우려하던 필자야말로 펜대라는 권력을 휘두르는 것 아닌가.

박유하가 꽃장식을 달아주고 싶어하는 '○○○ 표시'의 언어가 순교자가 흘

『제국의 위안부』삭제판 띠지

린 피라도 되고, 핍박받는 양심의 증거라도 되는 것일까. 광장의 깃발처럼 내건 '○○○ 표시 34곳 삭제판'의 한 대목을 읽어보자.

> 오히려 그녀들의 '미소'는 매춘부로서의 미소가 아니라 병사를 '위안'하는 역할을 부여받은 '애국처녀'로서의 미소로 보아야 한다(『화해를 위해서』). (『제국의 위안부』, 160쪽)

'○○○ 표시 34곳'뿐만 아니라『제국의 위안부』360쪽 전체, 앞 표지와 뒤표지를 포함한 책 전체에 흐르는 정서는 인격 모독이고 성적 '희롱'이었다.

박유하는 펜대가 두 개다. 뭉툭한 펜대는 일본군대, 일본제국을 찌를 때 쓴다. 또 하나의 펜대는 뾰족하기 그지없다. 이 펜대는 박유하가 '권력화된 약자'라 여기는 일본군 '위안부' 할머니와 지원자들의 가슴을 후벼 파며 희롱하고 농락할때 사용한다. 피해자는 상처가 덧나 고통을 호소하는데 자신은 명예를 훼손할 의도가 없다고, 오해라고 반복해서 말한다.

그런데 와카미야 요시부미 전「아사히(朝日)신문」주필 등 일본 지식인 54명도 2015년 11월 박유하 교수의 형사기소를 반대하는 성명을 발표하면서 "무엇보다 이 책에 의해 전(前) 위안부 분들의 명예가 상처를 받았다고 생각할 수 없다."라고 주장했다. 전 식민지의 피해자 여성이 상처 받았다며 고통을 호소하는데, 가해자는 그럴 리가 없다고 강변하는 모양새다.

이 54인 항의성명에 참여했던 모토하시 데쓰야 도쿄경제대 교수는 2016년 3월 28일 도쿄대에서 열린 『제국의 위안부』를 주제로 한 토론회에서 서명에 참여한 것을 반성한다는 발언을 하기도 했다. 그 이유는 성명서에 『제국의 위안부』가 "전 위안부 분들의 명예가 상처를 받았다고 생각할 수 없다."라고 언급한 대목이 있기 때문이라 한다. 일본군 '위안부' 피해자 할머니의 아픔에 공감하는 일본인 학자의 양심이 느껴진다.

박유하 교수는 약자의 고통을 공감하는 능력은 떨어지는 것 같다. 반면에 강자의 불편함에는 깊이 공감하고, 이를 해결하기 위해서는 기꺼이 '신 친일파'가 되어 "위안부 문제의 진정한 해결을 위하여!" 앞장서서 싸우는 것도 마다하지 않는다. 어찌 보면 펜대 들고 자폭정신으로 싸우는 '제국의 가미가제'라는 생각도 든다. 거대한 악, 불온한 체제에 항거하는 가미가제가 아니라 거악에 맞서 피눈물 흘리며 항거하는 '식민지의 약자'를 두 번 죽이는 가미가제이다.

박유하는 마이니치신문사에서 〈아시아/태평양상 특별상〉 수상자로 선정됐다는 소식을 들은 뒤 "내가 선택하지 않은 망명을 『제국의 위안부』가 대신 해내고 있는 셈"이라고 소감을 밝혔다. 이 소감문을 읽으며 '저자는 이미 오래 전에, 혹은 책과 함께 일본으로 정신적인 망명을 한 것은 아닐까?'하는 의문이 떠올랐다. 제국의 정신적 동지가 되어.

일본군 '위안부' 피해자 김복동 할머니는 2016년 4월 20일 일본대사관 앞 수요집회에서 일본 규슈 지역 지진 피해자를 돕자는 제안과 함께 백만 원의 성금을 기부했다. 이날 김복동 할머니가 "우리는 일본 정부와 싸우는 것이지 일본 사람과 싸우는 것이 아니기에, 단지 보고만 있을 수 없다. 조금씩이라도 협력해 달라."고 발언했다. 이를 전해들은 한 정치인은 "원한과 아픔을 그렇게 고결하게 승화시킬 수 있을까?"라며 할머니들이 내민 손 함께 잡자고 말했다.

지금 박유하 교수에게 필요한 것은 이런 할머니들의 마음을 보는 눈이 아닌가 싶다. 〈'꽃장식이나마 달아줄 수 있어 다행'인 ○○○ 표시의 언어들〉 뿐만 아니라 가해자의 목소리로 짜여진 모든 언어를 버리고, 침묵하며 귀담아 들어야 할 것이다. 진정, 화해를 원한다면.

『제국의 위안부』와 일본 우익의 '거짓말'(嘘)

```
①  ②   ⑤
③  ④
```

① "조선인 위안부와 일본군의 관계가 기본적으로는 동지적인 관계"(제국의 위안부, p67, 박유하)라는 사진설명이 붙어있다.

② 정대협 사무실 앞에 일본 우익이 붙인 포스터에 "위안부는 성노예라는 거짓말(嘘)을 그만해라"고 쓰여있다.

③ 날조 종군위안부전-강제연행은 것짓말(嘘)이다.

④ 날조, 종군위안부전 포스터. 이 사진은 제국의 위안부 33쪽에 나오고, 우측 여자는 다시 뒤표지에 실루엣 처리로 나온다. 박유하가 말하는 일본군과 조선인 위안부의 '동지적인 관계'를 상징한다.

⑤ "저는 조선인에 의해 위안부(매춘부)가 되었습니다." 박유하 교수는 『제국의 위안부』에서 일본군 위안부 문제의 1차 책임을 조선인 업자에게 물었다.

소녀상 앞,
대학생들과 함께 한 2박 3일

장우식 장C TV PD

한일합의무효 국민참여재판

고민이 많았다. 과연 이 엄동설한에 소녀상을 지키는 대학생들과 함께할 수 있는 방법이 오다가다 음료수와 핫팩을 전해주는 방법밖에는 없는 것일까. 고민 고민하다 마침 주말에 올해 최대 한파가 닥친다는 소식을 듣고 결심했다. 2016년 1월 23일부터 2박 3일 동안 그들 곁에 있기로 했다. 학생들이 진정 바라는 '더 많은 시민들' 중의 하나가 되기로 했다.

소녀상 앞에서의 2박 3일은 한일합의무효 4차 국민대회 국민참여재판에 참여하는 것으로 시작했다. 집회가 열리는 저녁 6시, 서울의 기온은 영하 12도, 체감온도는 영하 25도였다. 국민참여재판에서는 아베, 박근혜, 그리고 오바마에게 유죄를 내리고, 일본정부의 법적 전쟁범죄 인정과 배상을 요구하며 서있는 소녀상에 대해 무죄를 선고했다.

'위안부' 할머니들이 자발적으로 나섰다는 뻔뻔한 아베 유죄! '위안부' 할머니 뜻과는 상관없이 일본정부와 야합한 박근혜 정부 유죄! 한미일 군사동맹을 위해 이번 야합을 배후조종한 미국정부 유죄! 그리고 일본군 '위안부' 문제 해결을 요구하며 일본대사관 앞에 앉아있는 소녀상의 무죄를 판결하며 끝난 국민참여재판.

3백여 명의 시민이 참여한 국민참여재판정 옆에는 각종 투쟁현장을 순회하며 따뜻한 밥 한끼를 제공하는 밥차가 찾아와 서 있었다. 밥차 트럭에는 '다른 세상은 밥으로 통(通)한다! 다른 세상을 꿈꾸는 밥차 밥통'이라는 글자가 적혀 있다. 오늘은 따뜻한 콩나물국밥과 소불고기를 준비해 소녀상 앞 학생과 시민들에게 제공했다. 함께 나누는 국밥과 따뜻한 마음이 있어서 혹한을 이길 수 있겠구나 싶었다.

천막 설치 안 한 이유

이날 저녁에는 온통 '천막 설치'가 화두였다. 후에 들으니 뉴스와 SNS 커뮤

2016년 1월 23일, 한일합의무효 4차 국민대회 국민참여재판이 종로구 소녀상 앞에서 열렸다.

니티에서 많이 회자되기도 했다고 한다. 더불어민주당 정청래 최고위원이 강신명 경찰청장과 통화해서 천막을 칠 수 있게 되었다는 뉴스였다. 실제로 그 뉴스를 믿고 소녀상 앞 현장을 찾았다가 "아직 천막 설치가 안 되었나요?"라고 말하며 안타까운 마음으로 돌아가는 시민들이 많았다.

현장을 방문한 진성준 더불어민주당 국회의원이 정청래 최고위원 측에 연락을 해서 확인한 결과 자초지종은 이런 것이었다. 경찰에서 소녀상 앞은 인도와 차도가 있어 불가하고, 소녀상 20미터 지점 연합뉴스 건물 앞에 천막을 세우는 것을 건물주와 협의해서 생각 해 볼 수 있다며 학생 측에 이야기를 했는데, 학생 측에서 그렇게 되면 소녀상 앞 농성현장을 벗어나게 되는 것이라며 거부했다고 한다. 하긴 학생들 입장에선 그렇게 현장에서 학생들을 떨어뜨려 놓고 언제든 기습 철거하겠다는 의도로 볼 수도 있었다. 결과적으로 대학생들은 올해 최고의 한파를 전기장판과 침낭, 담요, 그리고 비닐에 의지해서 견뎌야만 했다.

그렇게 설왕설래 하는 동안에도 '올해 최고의 한파' 아래 있을 대학생들이 걱정이 되었는지 평소보다 더 많은 시민들의 지지방문이 있었다. 인근 커피 전문점에서 사온 테이크아웃 커피부터 직접 끓여온 대추차, 고성능 핫팩 등등, 대한민국에 존재하는 조금이라도 몸을 따뜻하게 해 줄 수 있는 모든 물품이 다 등장한 것 같았다.

오늘 밤엔 각 지역의 교육대 학생들이 소녀상을 지키기로 했다. 이들은 모여앉아 투쟁의 의의를 공유하고 실천을 논의했다. 진지한 모습으로 이들이 토론하는 와중에도 시민들의 지원 물품이 끝없이 들어왔다. 핫팩, 따뜻한 음료수, 치킨 등등. 미안함, 고마움, 안타까움, 그리고 상황을 이 지경까지 만든 박근혜 정권에 대해 분노하는 얼굴로 한참을 둘러보다가 돌아가곤 했다.

처음엔 노숙 농성하는 학생들에게 경찰이 비닐도 허용하지 않았는데, 싸우고 또 싸워서 비닐과 전기를 쟁취했다. 라텍스 깔개를 맨 밑에, 그 위에 전기장판, 그 위에 담요 몇 장, 그 위에 침낭, 그 위에 비닐 한 장을 깔고 밤 11시쯤 학생들은 잠자리에 들었다. 그 와중에도 계속 학생들을 격려하러 온 시민들이 주위를 둘러보더니 천막이 정말 필요하겠다며 입을 모았다. 하지만 학생들은 말했다. 우리 대학생들이 정말 원하는 것은 한일협상 무효, 소녀상 존속 약속이라고. 그것이 정답이었다. 그것들이 이루어지면 이 엄동설한에 청년학생들이 노숙투쟁을 할 필요가 없었다.

하루 종일 후원 물품 보관한 창고 정리

노숙 농성 두 번째 날, 일요일이 되었다.

오늘은 그동안 시민들이 정성스럽게 전달하신 물품을 보관하고 있는 공간, 쉽게 말해 창고정리를 했다. 워낙 전달해 주신 물품이 많아서 오후 시간을 꼬박 정리하는 데 썼다. 박스가 뜯어진 건 테이프로 수습하고, 특히 핫팩은 붙이는 핫팩과 손난로형 핫팩을 따로 담아 정리했다. 큰 부대자루에 담겨있는 쓰레기를 분리수거 하고 나니 저녁식사 시간이 가까워 오고 있었다.

나는 2박 3일 대학생들과 같이 보낸 시간을 영상 기록으로 남기려고 틈틈이 카메라를 들고 현장을 기록하였는데, 같이 돕느라 창고 정리하는 지난한 과정을 기록으로 남기지 못했다. 지금까지 상당한 아쉬움으로 남아있다. 국민의 지지가 얼마나 쌓여있는지 단적으로 보여줄 수 있는 화면이었는데, 아쉽다.

시민들이 전해준 털모자, 담요, 따뜻한 음료수로 추위를 이기는 소녀상이 이 모든 상황을 다 지켜보고 있는 것 같았다.

두 번째 밤도 여지없이 다가왔다. 전날의 경험으로 그새 요령을 터득한 나는 내가 잘 침낭과 외투 주머니마다 핫팩을 하나씩 넣었다. 담요도 차곡차곡 정갈하게(!) 깔고 그 위에 침낭을 올려놓았다.

■ 소녀상을 바라보는 학생, 시민들의 마음에는 대체로 지켜주지 못한 미안함, 앞으로는 함께 하겠다는 다짐, 그리고 안스러움과 애정이 담겨있다. 그런데 『제국의 위안부』 저자 박유하가 소녀상을 바라보는 시선에는 묘한 경멸감, 질투심, 적대감이 느껴진다.

■ 협동조합 밥통에서 운영하고 있는 밥차가 찾아와 콩나물국밥과 소불고기를 제공했다. 밥통은 민중의 투쟁 현장을 찾아가 밥을 나눌 목적으로 2014년 3월 설립한 협동조합이라 한다.

■ 강추위 속에 옷을 겹겹이 끼어입은 희망나비 소속 소녀상 지킴이 여학생들이 홍보 활동을 하고 있다. "일본군 '위안부' 문제는 아직 해결되지 않았다. 피해자가 원치 않는 조기타결 거부한다! 군국수의 부활을 위한 진정성 없는 '위안부' 문제 담합 철회하라!"

■ 야간에도 일본대사관 경비를 서는 경찰들. 12·28 한일 합의에서 한국 측은 "한국정부는 일본 정부가 주한일본대사관 앞의 소녀상에 대해 공관의 안녕·위엄의 유지라는 관점에서 우려하고 있는 점을 인지하고, 한국 정부로서도 가능한 대응방향에 대해 관련단체와의 협의 등을 통해 적절히 해결되도록 노력함."이라고 밝혔다. 정부가 일본대사관 앞 소녀상을 그대로 방치하기 어려운 이유다.

오늘 야간에 소녀상을 지키는 이들은 경북대학교 총학생회 학생들이었다. 그래도 전날 하룻밤 잤다고 농성장 일꾼이 다 된 내가 담요, 비닐, 핫팩, 침낭이 놓여있는 곳을 가르쳐주며, 잘 때 보온물품을 아끼지 말고 마음껏 활용하라고 일러두었다. 이들은 밤새 잠자지 않고, 토론하고 노래하며 깨어 있겠다고 했다. 그런데 내가 그들보다 일찍 잠이 들어 버려서 끝까지 밤을 샜는지에 대한 사실 확인을 하지는 못했다.

주권의 상징이 된 소녀상

두 번째 밤. 잠이 들락말락 할 때 참 많은 생각이 들었다.

이건 국가로서 최소한으로 확보해야 할 자주적인 주권을 대통령과 정부가 굳이 지키지 않겠다고 대놓고 선언한 것이었다. 그 야합의 조건에 소녀상도 포함되었다는 것이 일본 언론을 통해 흘러 나왔고, '이대로 가다간 소녀상도 뜯겨 나갈 수 있다.'라는 위기감을 가진 대학생들과 시민들이 소녀상 앞에서 농성을 하고, 계속 관심의 끈을 놓지 않고 현장을 방문하고 있는 것이다.

어느덧 일본대사관 앞 소녀상은 '거리의 설치 예술품'이라는 이름을 넘어섰다. 대한민국 주권의 상징이면서 과거 일제 식민지 치하 고난과 저항의 상징이 되어 버렸다. 그래서 한국과 미국, 캐나다 등에 설치된 수십개의 평화비 가운데 유독 서울 종로구 중학동 주한 일본 대사관 앞 소녀상을 일본의 극우 정권과 한국의 친일친미매국정권이 불편해 하고 철거를 원하는 것 같다. 대학생과 시민들이 지키려고 하고 추위가 심해질수록 소녀상이 잘 있는지, 학생들이 춥지는 않은지 더 많은 관심을 가지게 되는 이유도 바로 거기에 있을 것이다. 없애고자 하면 몸으로라도 막아서야 할 '민족'의 '상징'이 되어 버린 거다.[1]

이런 저런 생각에 쉽게 잠이 들지 못했다. 지금 이 시간 박근혜 대통령과 아베 총리는 12·28 합의에 흡족해하고 있겠지. 추위에 한참을 뒤척이다가 자정이 지나 비로소 잠이 들었다.

마지막 날 아침, 담요와 침낭을 정리하고 학생들을 격려하며 현장을 빠져나왔다. 여야 가릴 것 없는 이 땅의 위정자들과 아베정권, 그리고 미국 정부 앞에 대학생들의 요구사항을 다시 한 번 적어 본다.

'한일협상 무효! 일본대사관 앞 소녀상 존속!'

＊ 관련 동영상 : https://youtu.be/-hjyMQzGvUE

---

1 '위안부' 문제는 민족주의가 작동하는 이슈일 수밖에 없다. 소녀상이 바라보고 있는 것은 일본 대사관이지만 이 소녀상을 바라보는 한국인들에게도 날카로운 칼이다. 가슴속에 지켜주지 못한 역사, 힘없는 자의 역사라는 희생자 인식을 일상적으로 서슬 퍼렇게 각인시키기 때문이다. 일상적 민족의 소환.
한국과 일본의 민족주의는 역사, 혈연, 언어를 중심으로 민족을 재구성하는 시원적 민족주의이다. 그렇기에 발화가 잘 이루어진다. 게다가 안타고니스트(Antagonist)라는 대척점을 만들기도 쉽다. 그런 점에서 민족주의는 다른 도덕적 기준을 힘없이 무너뜨리는 힘이 있다.
그럼 '위안부' 문제는 한국인들이 단지 시각이 좁아서 민족주의로만 문제를 삼을 수 있는 것인가? 전혀 아니다. 일본이 전쟁기간 중에 취한 행동에 대해 '정의'라는 기준을 들어 보면 인류 보편적인 문제가 된다. 위안부는 정의와 관련해 최소한 3가지 문제를 건드린다. 피식민지에 대한 억압과 차별, 어린 약자에 대한 강제, 여성에 대한 인권유린이라는 점에서 보편적 정의에 반한다.
그러니 '위안부' 문제는 한국의 특수한 민족주의뿐 아니라 전쟁수행 과정과 관련된 보편적인 '부정의'의 상징이기도 하다. 그런 점에서 이 문제를 잘 풀어가는 것은 일본이 한국의 호의를 얻는 것만이 아니라 국제사회에서 보편적 기준을 채워가는 국가로서 위상을 높일 수 있는 문제이다(신희섭, 「민족주의, 정의, 양면게임」, 『법률저널』, 2015. 12. 31.)

왼쪽에서 두 번째가 필자인 징C TV PD 장우석

▌ 소녀상 지킴이 밤샘 농성에는 평화나비 네트워크, 겨레하나, 소녀의 꿈 실천단에서 활동하는 대학생들과 각 대학 총학생회 학생들이 돌아가며 참여했다.
▌ 시민들이 제공한 지원물품이 넘쳐나서 침낭, 발열기, 식량 등을 세월호와 기아차 농성장 등에 전달하기도 했다.
▌ 12 · 28 합의의 핵심 사항 중 하나가 소녀상 철거인데, 이에 맞서 학생들은 전국의 곳곳에서 소녀상 세우기 운동을 벌여나갈 계획이라 한다.

제4부

역사와 기억, 그리고 '위안부'

일본의 '위안부' 지원 활동가가 본
박유하 사태

ㅡ박유하 사건과 학문의 자유 문제

양징자 일본군'위안부'문제해결 전국행동 공동대표

'감명을 받았다'라고 쓰는 것도 망설여질 정도로 준엄함으로 가득 찬 이 책은 앞으로 쓰여질 '위안부'에 관한 모든 말들에, 공감하든지 반발하든지를 떠나 부동의 항성처럼 흔들리지 않는 기축이 될 것이다.

「아사히신문」 2014년 11월 27일자 「논단시평」에 실린 작가 다카하시 겐이치로(高橋源一郎)의 글이다.

일본의 리버럴이 『제국의 위안부』 극찬하는 이유

『제국의 위안부』는 2014년 11월에 아사히신문 출판을 통해 일본어판으로 출판된 후 많은 리버럴 성향 언론들의 극찬을 받았다. 한편, 하타 이쿠히코(秦郁彦), 사쿠라이 요시코(桜井良子)등 우파 지식인, 언론인들의 평가도 받고, 우익 홍보물에서 활용[1]되는 등 우파에게도 이용가치가 있는 서적으로 간주되고있다. 우파와 좌파 양쪽에 받아들여진 상황은 얼핏 모순된 것처럼 보일 수도 있지만, 모순되는 서술들이 공존한 이 책의 성격에서 비롯된 결과일 것이다. 또한 일본군 '위안부' 제도가 성노예제였다는 것을 인정하고 싶지 않은 일본인들의 '욕망'에 잘 들어맞아 폭넓게 받아들여진 결과이기도 하다. 그러한 일본인의 '욕망'이 우파만의 것이 아니었음을 이 책이 드러낸 셈이다. "이 책을 둘러싼 언론은 일본사회가 지금 '위안부' 문제를 어떻게 '보고 싶어하는지'를 상징하고 있다"[2]고 작가 기

■「날조 위안부 문제를 규명하는 일본유지의 모임」이 작성한 패널 전시회를 홍보하는 전단지.

---

1 「날조 위안부 문제를 규명하는 일본유지의 모임」(捏造慰安婦問題を糺す日本有志の会)이 작성한 패널전시회를홍보하는전단지 일본군인에게 업혀 밝게 웃는 위안부와 군인들의 모습을 그린 그림에 "조선인 위안부와 일본군의 관계가 기본적으로는 동지적인 관계였다.(『제국의 위안부 : 67쪽』 박유하)"라는 설명문이 붙여졌고, 이 패널 전시회(2016년 3월)를 개최한 「역사연구회」전단지에는 이 그림과 설명문이 크게 게재돼 배포되었다.
2 『제국의 위안부』 사태에 대한 입장 발표 기자회견 및 간담회(2015. 12. 8.) 배포자료

타하라 미노리(北原みのり)가 간파한 것처럼 그 동안 숨겨져 있던 리버럴 성향 지식인들의 본심을 드러내는 역할을 『제국의 위안부』가 했다고 할 수 있다.

『제국의 위안부』를 평가하는 리버럴 성향 지식인들은 이 책이 '위안부' 생존자들 "한 사람 한 사람의 다양하고 각자 다른 목소리에 귀를 기울이"[3]고 있고 한국의 내셔널리즘에 '공평하게' 맞선 '고독한' 작업이라며 감탄한다. 예컨대 아래와 같은 기술이 일본 리버럴파의 '양심'과 '본심'에 와 닿은 듯하다.

> 무엇보다 '성노예'란 성적 혹사 이외의 경험과 기억을 은폐해 버리는 말이다. 위안부들이 총체적인 피해자임은 확실해도 그러한 측면에만 주목하여 피해자로서의 기억을 제외한 다른 기억을 은폐하는 것은 위안부의 전 인격을 받아들이지 않는 일이기도 하다. 그것은 위안부들에게서 스스로 기억의 〈주인〉이 될 권리를 빼앗는 것이기도 하다. 타자가 바라는 기억만을 가지게 한다면 그것은 일종의 종속을 강요하는 것이 된다.(『제국의 위안부』 일본어판, 143쪽)

물론 이 기술의 후반부만 읽는다면 인권을 지키려고 하는 사람이라면 누구나 동의할 것이다. 나 역시 그렇다. 아니, 나를 포함해 생존자 지원을 해온 사람들이야말로 생존자들의 "전 인격을 받아들이"고 생존자들이 "스스로의 기억의 주인이 될 권리"를 보장하기 위해 나름 노력해 왔다고 말하고 싶다. 그렇지 않았다면 생존자들에게 받아들여지지도 않았을 것이다.

하지만 그 전제가 되는 전반 부분에는 결코 수긍할 수가 없다. 박유하는 '성노예'란 말이 "성적 혹사 이외의 경험과 기억을 은폐해 버리는 말"이라며 운동단체들이 "'피해자'의 틀에서 벗어나는 기억을 은폐"해 왔다고 주장한다. 그러나 우리가 생존자들을 가까이 지내면서 알게 된 것은 박유하가 "성적 혹

---

3 다카하시 겐이치로(高橋源一郎), 『아사히신문』, '논단시평(論壇時評)', 2014년 11월 27일

사 이외의 경험"이라고 말하는 부분도 성노예 피해의 단면이었다는 사실이다.

'성적 혹사 이외의 경험과 기억'이란 무엇인가

『제국의 위안부』는 "위안부의 가혹한 생활 속에서도 연애는 존재할 수 있었다"(『제국의 위안부』 일본어판, 80쪽)고 하면서 다음과 같은 증언들을 인용한다.

> 전투를 마치고 돌아오는 군인들은 난폭하고 삿쿠(콘돔 - 인용자)도 잘 사용하지 않으려고 했다. 얼굴, 옷, 신발 등이 온통 먼지투성이였다. 전투를 하러 나가는 사람들은 다소 온순하고, 이제 자기는 필요없다고 잔돈 부스러기를 놓아두고 가기도 했다. 전투에 나가면서 무섭다고 우는 군인들도 있었다. 그럴 때 나는 꼭 살아서 돌아오라고 위로해주기도 했다. 정말 살아서 다시 오면 반가워하고 기뻐했다. 이러는 중에 단골로 오는 군인들도 꽤 되었다. "사랑한다", "결혼하자"는 말도 들었다.(『강제 1』, 53쪽)

> 그 부대의 제일 높은 사람의 취사병이었던 한 군인은 나를 무척 좋아하여 대장들에게 식사를 해주고 남은 오징어, 쇠고기, 우렁 등을 '덴뿌라'로 만들어 중국인 애들을 시켜서 하루 한 번씩 나에게 보냈다. 심지어 달걀, 빨랫비누, 세탁비누, 흰사탕까지 보내주었다.(『강제 2』, 174쪽)

> 이케다는 나를 불쌍케 여겨주고 참 귀여워해줬어. 몸두 마음대로 안 거스그하고 그냥 옆에서 가만 누웠다 가고. 좋은 사람도 있어.(『강제 3』, 228쪽)

이러한 증언들이 박유하가 말하는 '성노예란 말이 은폐해 버리는' '성적 혹사 이외의 경험과 기억'의 일부인 셈이다. 박유하가 '성노예'의 뜻을 잘못

인식하고 있음이 여기에도 드러나고 있다.

국제법에서 노예제 개념은 1926년 노예제조약 제1조 제1항 "노예제란 소유권 행사에 부속되는 권한의 일부 또는 전부의 지배를 받는 사람의 지위 또는 상황"을 말한다. 그리고 '성노예제'는 "노예 개념에 성적인 요소가 가미된 것에 지나지 않으며, '노예'의 하나의 형태"[4]라고 아베 코키(阿部浩己)는 해설한다. "군 또는 업자가 '위안부'의 노동능력을 아무 제한도 없이 전면적으로 사용할 권한 및 '위안부'의 노동의 과실을 아무런 상응한 보수도 없이 수탈할 권한을 행사"한 일본군'위안부'제도는 '소유권에 따르는 권한이 행사된 상태'라고 말해야 할 것이며, 사람('위안부'들)의 자유·자율성의 중대한 박탈을 가져오는 것으로서, 노예제 조약에 성문화된 국제법상의 노예제 요건에 합치"된다고 한다.[5]

연애를 해도 노예는 노예

좀 더 쉽게 말하자면 연애를 해도 노예는 노예라는 것이다. 미국의 흑인 노예도, 고대 로마의 노예도 연애했다. 하지만 연애를 하는 순간에도 소유권을 행사하는 주인들에게 지배 받는 노예라는 지위에서 벗어나지는 못했다.

물론, 『제국의 위안부』는 "조선인 위안부는 식민지의 국민으로서 일본이라는 제국의 국민동원에 저항할 수 없어 동원되었다는 점에 있어서 틀림없이 일본의 노예였다. 조선인으로서 국가주권을 가지고 있었다면 얻었을 정신적인 '자유'와 '권리'를 빼앗겼다는 점에서도 틀림없이 '노예'였다"(『제국의 위안

---

4 阿部浩己「平成25年(ワ) 第19679号 損害賠償請求事件」意見書 2014년 11월 5일(YOSHIMI 裁判いっしょにアクション『日本軍「慰安婦」問題はなぜ性奴隷制度と言えるのか』, 2014年 12月 15日 収録)

5 위와 같음

부』 일본어판 143쪽)고 말한다. 그러나 "위안부 = '성노예'가 '감금되어 군인들에게 무상으로 성을 착취 당했다'는 것을 의미하는 한 조선인 위안부는 반드시 그러한 '노예'라고 할 수는 없다"(『제국의 위안부』 일본어판 143쪽)라고 한다.

박유하는 이런 식으로 이 책을 읽는 자들을 자꾸 오도하려고 한다. 먼저, "위안부 = '성노예'가 '감금되어 군인들에게 무상으로 성을 착취 당했다'는 것을 의미하는 한"이라는 규정은 여기서 갑자기 나온다. 누가 그런 규정을 정한 것인지 전혀 설명이 없다. 위에서 인용한 아베 코키 의견서가 "'위안부'의 노동의 과실을 아무런 상응한 보수도 없이 수탈할 권한"이라고 지적한 것처럼 '보수'를 받아도 그것이 '노동'에 '상응한 보수'가 아닌 이상 노예는 노예인 것이다. 사실 조선인'위안부'는 보수를 받은 경우도 있고 무보수였던 경우도 있다. 문맥에서 볼 때 "'위안부'를 둘러싼 한국의 집단기억을 형성하고 굳혀 온"(『제국의 위안부』 일본어판 133쪽) 정대협이 그렇게 말하는 것처럼 읽힐 수 있는데, 정대협이 '감금되어 군인들에게 무상으로 성을 착취 당한'것이 성노예라고 규정한 기록은 찾아볼 수 없다.

또 '감금'에 대한 인식도 착오가 있는 것 같다. 박유하는 아래와 같은 증언을 인용하여 "외출이나 폐업의 자유가 없었다고 하는 그 동안의 생각을 번복하는 것"(『제국의 위안부』 일본어판 95쪽)이라고 말하지만, '외출의 자유'와 '폐업의 자유'를 잘못 이해하고 있다.

> 여기 와서는 가끔 외출도 했어요. 아무 때나 할 수는 없고 높은 군인이 허락해주면 나갈 수 있었어요. 두어 달에 한 번 외출했을까? 높은 군인들이 가는 데 함께 갔어요. 우리끼리는 못 가요. 군인들과 같이 차를 타고 시내로 나가는 거예요.(『강제 3』, 131~132쪽)

> 부대장이 힘을 써서 나를 고향으로 내보내주었다. (중략) 위안부로 왔다가 병이 들

고 기한도 차서 나간다는 공문을 만들어줬다. 여기에 장교가 서명을 했는데 군인차를 타고 영안역으로 나와 목단강을 거쳐 서울로 오는 기차를 탈 때 이 공문을 보여주면 통과할 수 있었다.(『강제 2』, 161쪽)

군인과 함께 가야 외출할 수 있다는 것은 '자유로운 외출이 금지되었음'의 징표이며, '병이 들고 기한도 차서' 위안소를 나가게 된 것은 '자유의사에 의한 폐업이 불가능했음'을 말해 주는 것이다. '외출의 자유' '폐업의 자유'는 본인의 자유의사에 따라 이루어져야 '자유가 있었다'고 말할 수 있다. '허락'이 필요한 외출이나 폐업을 사람들은 '자유'라고 하지 않는다.

가슴 아픈 피해자의 미소

나는 위에 인용된 증언과 비슷한 증언들을 직접 여러 번 들은 적 있다. 그러나 거기에서 평상시 자유의사를 가진 남녀에게 가능한 대등한 연애관계를 느껴 볼 수는 없었다. 생존자들은 "즐거운 일은 없었어요?" 또는 "군인들 중에 좋은 사람은 없었어요?"라는 질문에 "있었지"하면서 살짝 미소를 띠우면서 그런 이야기들을 해 주곤 한다. 그런데 나는 그 미소를 볼 때, 다른 가혹한 이야기를 들을 때보다 더 가슴이 미어졌다. 왜 그랬을까? 그것은 생존자들이 미소를 띠우는 그 순간이, 그러한 기억 뒤에 있는 압도적인 아픔을 오히려 더 부각시키는 순간이었기 때문이다.

최근까지만 해도 이런 일이 있었다. 오랫동안 자신이 겪은 일에 대해서 말을 아껴온 생존자가 3, 4년 전 처음으로 이런 이야기를 들려 주었다. 그분이 있었던 위안소에는 방 세 개에 '위안부' 네 명, 평일에는 세 명의 '위안부'가 군인을 상대하지만 주말에는 네 명이 모두 같은 시간에 군인들을 상

■ 일본군 '위안부' 세미나에 참석한 필자(왼쪽 두 번째).

대해야 했다고 한다. "방은 세 개밖에 없다면서요?"라고 묻자 "그러니까 다 보여! 짐승의 생활이라고 했잖아!"라며 얼굴을 찌푸렸다. 그분이 가장 어렸기 때문에 2인 방에 들어갈 수밖에 없었고 공간을 나누는 그 무엇도 없이 바로 옆에서 또 한 명의 '위안부'가 군인을 상대하고 있었다는 것이다. 그 동안 "사람 생활이 아니야, 짐승이야, 짐승"이라고만 되풀이해 온 이유의 핵심이 이것이었던 것이다. 그러면서 설날에 부대에서 떡메치기를 한 얘기를 할 때 이 분은 환한 미소를 띄운다. 그때의 그 떡이 이 세상 것이라고는 생각할 수 없을 만큼 맛있었다고 하면서. 수년간의 '위안부' 생활 중 단 하나의 즐거운 추억을 말할 때 띄우는 환한 미소가 오히려 그 외의 지옥 같은 '짐승' 생활의 압도적인 존재를 부각시켜 나는 말을 잃었다.

박유하는 "그녀들에게는 소중했을 그 기억은 그녀들 자신에 의해 '전부 버려'지게 된다. 그 이유는 (그것을)'가지고 있으면 문제가 될 수 있기 때문'이다. 그 기억을 은폐하려고 한 것은 우선 당사자들-그녀들 자신이었다"(『제국의 위안부』 일본어판, 83쪽)며, 생존자들 자신이 "좋은 기억"들을 "문제될까 봐" 말하지 않게 되었다고 주장한다.

사실, 사람들 앞에 서서 '위안부' 경험에 대해서 말할 때 생존자들은 한정된 시간 내에 자신에게 가장 중요하고 핵심적인 얘기들을 골라서 한다. 그건 당연한 일이다. 한국뿐만이 아니라 일본, 미국, 유럽 등을 다니면서 활동하는 김복동 할머니 증언을 2012년부터 2014년에 걸쳐 시간을 들여 다시 청취한 적이 있다. 할머니는 물론 자신에게 중요한 핵심적인 증언들을 먼저 해 주었다. 그리고 나서 하나하나 구체적으로 재확인 작업을 하는 과정에 이런 이야기가 나왔다.

저그들이 하라는 대로 하면 내 몸에 해롭지는 않거든. 그 놈들 말을 안 들으면은 매만 떨어지고 내만 나빠지는 기라. 그렇다고 해서 좋아질 수도 없는 기고. 군인들 이라고 다 나쁘지는 않더라고. 그 중에서도 불쌍하다고 봐 주는 군인들도 있고. 잠 깐이라도 좀 쉬라고 그냥 앉았다가 가는 군인도 있고 그렇다고.[6]

"그런 좋은 군인이 다시 오기도 해요?"
"매주 안 오고 어쩌다 한 번씩 와"
"그런 군인이 오면 쉴 수 있으니까 반갑지요?"
"응, 기다려"

그 순간 김복동 할머니 가 활짝 웃었다. 그 미소 가 너무 아팠다. 그 기다 림의 시간들, 어린 김복동 이 "하라는 대로 하면 내 몸에 해롭지는 않"는다고 참고 기다린 시간들의 지 옥이 생생하게 떠올라 위 안소의 현실이 뭔지를 다

▌ "나는 정의를 위한 증인이다." 여성운동가, 인권운동가로 거듭 난 일본군 '위안부' 생존자 김복동 할머니.

6 2014년 3월 22일, 요시미 요시아키(吉見義明)와 양징자가 진행한 증언 청취

시 한번 깨닫게 해준 순간이었다.

어린 김복동이 정말로 기다린 것은 그 지옥에서의 '해방'이었을 것이다. 그러나 위안소에 갇힌 김복동은 "불쌍하다고 봐 주는 군인"을 기다렸다. 이것이 위안소의 실태이자 성노예가 된 여자들이 빠지게 되는 함정인 것이다.

박유하는 『제국의 위안부』를 쓰고 나서 처음으로 나눔의 집을 찾아 생존자를 만났다고 한다. 본인들을 만나서 직접 들은 증언이 아니라서, 그 기억을 말할 때의 표정까지 볼 수가 없어서, 전혀 다른 해석을 하는 것일까? 문학자라서 문학 작품 읽듯이 산 증인들의 증언을 해석할 수 있다고 자신하는 것일까?

위안부 '기억'을 취사선택

박유하는 생존자들의 "목소리는 지원자들에게 무시당했다"(『제국의 위안부』 일본어판, 50쪽), 지원자들이 "취사선택해 왔다"고 주장한다.

> 지금까지 위안부들은 경험을 담담하게 이야기해 왔다. 그러나 그것을 듣는 자들은 각각 듣고 싶은 것만을 선택해 왔다. 그것은 위안부 문제를 부정해 온 사람이라도, 위안부들을 지원해 온 사람들이라도, 기본적으로는 다르지 않다. 다양한 상황을 말한 증언 중에서 각각 가지고 있던 대일본제국의 이미지에 맞추어 위안부들의 '기억'을 취사선택해 온 것이다.(『제국의 위안부』 일본어판, 101쪽)

『제국의 위안부』는 일본작가들이 쓴 소설 등과 함께 정대협과 정신대연구소가 엮은 증언집을 바탕으로 해서 쓰여진 책이다. 생존자들의 기억을 '취사선택'하고, 듣고 싶지 않은 목소리는 '무시해 온' 지원단체가 펴낸 증언집을 통해 박유하는 "지금까지 위안부들은 경험을 담담하게 이야기해 왔다"는 사실을 알게 된 것이다. 그리고는 이 증언집에서 '위안부' 중에는 일본군 병사에게 연민의 감정을 가진 사람이 있었다든지, 군인과 평화로운 한때를 보낸 경우도 있었다든지 하는 증언을 "취사선택"해서 한 권으로 엮어 자신의 "이미지에 맞추어" 일본군인과 조선인 '위안부'들의 "동지적인 관계"를 그려내었다.

『제국의 위안부』 일본어판 표지에는 "위안부들의 증언을 정성껏 모아서…"라는 출판사의 소개문이 올려 있다. 맞는 말이다. 자신이 주장하고 싶은 내용에 맞는 부분만을 "정성껏 모아서" 만든 책이 바로 『제국의 위안부』다. 박유하의 말을 빌어 표현하자면 그것은 아주 "폭력적"인 것이다.

박유하가 "취사선택"해서 발췌한 '위안부'들의 '좋은 기억'들은 정대협 활동가와 연구소 연구자들이 여러 번 찾아가며 오랜 시간을 들여 끌어낸 증언들이다. 그 증언집에 있는 이야기를 생존자들이 사람들 앞에서 안 했다고 그것을 의도적으로 당사자들이 "버렸다"고 단정지을 수는 없다. 김복동 할머니도 그러한 기억을 "버리지" 않았다. 그냥 사람들에게 꼭 알리고 싶은 핵심적인 이야기들을 몇 번이고 강조하면서 전달하려고 애쓰고 있을 뿐이다. 왜냐, 그런 이야기들이야말로 일본군 '위안부' 문제의 본질이라는 것을 당사자가 더 잘 알기 때문이다.[7]

이해 불가능함을 이해하기

생존자들의 증언을 들을 때, 또 생존자 지원을 함에 있어서 기본적으로

---

[7] 사회의 몰이해, 특히 『제국의 위안부』가 제시한 담론과 같은 시각 때문에 생존자들이 말하지 않게 된 이야기들도 있기는 하다. 그러한 측면에 대해서는 『Q&A '위안부' 문제와 식민지 지배 책임』, (삶창, 2016) 참조.

갖추어야 할 마음가짐이 있다는 것을 나는 4반세기에 걸친 지원운동을 통해 배웠다. 그것을 가르쳐 준 것은 일본에서 유일하게 일본정부를 상대로 소송을 제기한 송신도 할머니이다.

우리는 재판을 지원하는 과정에서 할머니의 언행이 지니는 의미를 계속 분석하지 않으면 안 되었다. 할머니가 우리에게 향해 내뱉는 거친 말들, 좀처럼 사라지지 않는 의심들 때문에 상처를 입으면서 그 이유를 분석하고 고민하는 것이 초기 우리의 활동의 대부분이었다고 해도 과언이 아니다. 그러나 아무리 고민하고 분석해 봐도 이해가 안되는 부분이 남았다. 그러던 중 주디 루이스 허먼의 『트라우마와 회복(Trauma and Recovery)』[8]이라는 책을 접하게 되었다. 이 책을 읽었을 때 할머니가 보여준 다양한 시그널의 의미를 이해할 수 있을 것 같은 생각이 들었다.

허먼은 "희생자가 가해자의 감시하에 있어서 도주할 수 없는 피감금자"이면서 장기간에 걸쳐 반복적으로 피해를 입은 경우에 나타나는 "장기반복성 외상"에 대해서는 현행 PTSD(심적외상후스트레스장애) 진단기준으로는 대응할 수 없다고 설명하면서 '복잡성PTSD'라는 새로운 진단기준을 설정해야 한다고 주장한다. 특히 이러한 경우에 가장 심한 증상으로 나타나는 것이 "회피 또는 협착"이라고 한다. 즉 '외상'의 원인이 된 기억을 회피하거나 잊어버리는 증상 등이다. "피해자가 오직 살아남기를 목표로 할 정도로 궁지에 몰리면 심리적 협착은 적응에 불가결한 형식이 되기" 때문이다.

송신도[9] 할머니는 처음으로 군인에게 당했을 때의 일을 물을 때마다 항상

---

8 『心的外傷と回復』中井久夫訳, みすず書房, 1996

9 편집자 주-송신도 할머니는 일본의 식민 통치하에 있던 1922년 조선 충남에서 태어났다. 16살, 부모가 정한 결혼이 싫어서 혼례를 올린 첫날 밤, 신랑에게서 도망쳐 가출했다. "전장에 가면 결혼하지 않고도 혼자서 살아갈 수 있다"는 말에 속아 위안부가 된 그녀는 중국 중부 무창의 '세계관'이라는 위안소에서 일본군의 "위안"을 강요당했다. 옆구리와 넓적다리에는 당시 군인에게 칼로 베인 상처가, 팔에는 '가네코(金子)'라는 위안부 당시의 이름 문신이 그대로 아직 남아 있다. 군인에게 맞아 고막이 찢어졌지만 제때 치료를 받지 못해 현

말을 돌리며 답해주지 않았다. 중국에서 '위안부'를 강요 당한 7년 중 초반 3년에 대해서는 좀처럼 이야기하지 않고, 후반 4년에 대해서는 "여자는 스스로 자기 몸을 지켜야 돼"라며 본인이 어떻게 자신의 몸을 지켜냈는지를 자랑스럽게 말하곤 했다. 또 위안소에서 가장 힘들었던 것이 무엇인지 물으면 "총알이 날아오는 속에서 군인을 상대해야 했던 것. 총알 맞아 죽을까 봐 무서웠다"고 했다. 소독약을 먹고 자살하거나 군인과 함께 동반자살을 한 여자, 저항해서 군인이 던진 돌에 맞아 죽은 여자에 대해 이야기하면서 "죽는 것만큼은 싫었다"고 말하기도 했다.

그녀 역시 중국의 위안소에 끌려간 당시, 몇 번이고 도망치려 하고, 저항해서 얻어맞고 캄캄한 방에 감금되기도 했다. 스스로 목숨을 끊은 다른 여자들과 마찬가지로 그녀도 '위안부'를 강요당하는 것이 죽을 만큼 싫었던 것이다. 그러나 "난 목숨 더러워(아까워)"라고 말할 정도로 목숨에 대한 집착이 강한 그녀는 전쟁터의 위안소에서 살아남기 위해 '싫다고 하는 마음'을 죽인 것이 아니었을까? 그래서 초반 3년간, 특히 첫 강간에 대해서는 지금도 기억을 떠올리지 못하고 있는 것이다. 끌려간 지명이나 상대한 군대 이름 등을 정확하게 기억하는 것과 너무나 대조적이다. 목숨을 살리기 위해 죽일 수 밖에 없었던 '마음'과 '기억'은 지금도 되살아나지 않고 있다.

허먼에 따르면, 장기간 감금된 피해자는 가해자에 대한 의존심이 깊어진다고 한다. "두려움과 위협이 강하면 강할수록 피해자에게 허용된 유일한 인간관계에 매달리고" "범인의 눈을 통해 세계를 바라보게 된다"고 한다.

재는 보청기 없이는 잘 들을 수도 없다. 위안소에서 두 남자 아이를 출산했지만 키울 수가 없어 하는 수 없이 남에게 맡겼다. 1945년 일본의 패전 후 일본 군인의 꼬드김으로 일본으로 가지만, 하카타로 쫓겨나고 그 후 재일조선인 하재은과 만나 미야기현에서 살게 되었다. 일본에 생존하고 있었던 위안부 피해자의 첫 제소였던, 1993년 4월 5일 소송 이후 각지에 초청되어 증언, 강연, 대담을 하고 한국, 필리핀 피해자들과 함께 국회 앞에서 농성과 시위에 참여해왔다. 1997년 12월 제9회 타다요코반권력인권상을 수상하였다.(독립영화 전용관 인디스페이스, 영화 「나의 마음은 지지 않았다」 홍보페이지, 2009. 2. 26.)

■ 재일 조선인 '위안부' 송신도 할머니의 투쟁을   ■ 집회에 참석하여 증언하는 송신도 할머니.
　기록한 영화 「나의 마음은 지지 않았다」 포스터.

■ 할머니의 재판을 도와준 '재일 위안부 재판을 지원하는 모임' 사람들과 함께.

결코 '동지적인 관계'가 아닌 가해자와의 '외상적인 유대'

전쟁이 끝난 후, 한 일본 군인의 꼬임으로 일본으로 건너왔지만 일본에 도착하자 버림 당한 그녀가 달리는 기차에서 몸을 던져, 목숨을 버리려고 했다는 이야기도 그제서야 겨우 이해할 수 있었다. 그 군인을 좋아한 적은 없었지만, 하루아침에 일본군이 사라진 후 찾아온 낯익은 그 군인이 "결혼하고 일본에 같이 가자"고 말했을 때, 그 말에 따라나서는 것밖에 방법이 없었던 그녀는 귀환선을 기다리는 동안에도 계속 그 군인에게 구타와 성폭력을 당하면서도 매달리고, 도착한 일본 항구에서 버림 받은 후에도 계속 쫓아갔다. 그리고 우에노 역에서 다시 버림 받자 달리는 기차에서 뛰어내렸다고 한다. 전쟁터에서 자신의 '마음'까지 죽여가면서 지켜온 목숨을 전쟁이 끝난 후에 처음으로 스스로 끊으려고 했다는 것이다. 7년 동안 '감금자'인 일본군인에 대한 의존심을 높여가며 군인을 통해 세상을 바라보고 있던 그녀에게 이국 땅에서 마지막 '감금자＝군인'을 잃은 충격은 죽을 만큼의 절망이었던 것이다. 그 정도로 지배 당하고 의존심을 심화시키는 관계를 형성해 버리는 것이야말로 조선인 '위안부'들이 입은 피해이다. 그것은 가해자와의 '외상적인 유대'이지 결코 '동지적인 관계'가 아니다.

조선인 '위안부' 생존자 중에는 송신도 할머니처럼 오랜 기간 위안소에서 살아남으려고 발버둥친 사람이 많다. 그러한 생존자들의 피해는 지극히 복잡하다. 이를 이해하기 위해서는 우선, 아무리 대단한 상상력을 발휘하더라도 평범한 경험밖에 겪지 못한 사람들에게는 도저히 이해할 수 없다는 겸허함이 필요하다. PTSD란 바로 "사람이 통상적인 체험에서 동떨어진, 정신적으로 억눌리는 체험"을 한 경우에 나타날 수 있는 증상이기 때문이다.

어린 나이에 머나먼 이국 땅에서 몇 년씩 감금되어 "국가를 위해" 함께 싸우고 있다는 교육과 세뇌를 받으면서 수많은 남자들한테 성폭력을 당하며 가해자에게 의존하고 집착하기까지 이른 피해자가 지닌 어둠은, 통상적인 체험밖에 하지 못한 사람들에게는 도저히 '알 수 없다'는 것을 '알았'을 때 처음으로 우리의 지원운동은 시발점에 설 수 있었다. 도저히 '알 수 없는' 어둠의 깊이를 인식하면서 '알고자' 하는 노력을 게을리하지 않는 것이 생존자 지원 운동이라는 것을 그제야 깨달았기 때문이다.[10]

생존자에게 배우고 함께 변화해 온 지원운동

송신도 할머니는 우리가 처음 만난 당시, "군인의 아내"로서 군대에 동행했다고 하고, 중국인을 '적'이라고 표현했다. 하지만, 사람들 앞에 나설 때

---

10 편집자 주-'위안부'피해생존자를 만나는 일은 당혹스러운 일이다. 그 여성이 겪었을 비극의 깊이, 고통의 무게가 감히 가늠이 안 돼 낭패스럽다. 서툰 위로가 상처를 덧나게 할까, 피해생존자에게 다가가기도 쉽지 않다. 「나의 마음은 지지 않았다」는 이처럼 '위안부' 피해생존자 앞에서 어떠한 머뭇거림을 느껴본 사람에게 용기와 위로를 주는 영화이다. 우리의 주인공 송신도의 인생역정은 파란만장 그 자체다. 16세에 억지로 하게 된 결혼에서 도망쳐, "전장에 가면 혼자서도 살 수 있다"는 말에 속아 간 중국에서 7년간 일본군 '위안부' 생활을 강요당했다. 같이 살다던 일본인 군인은 일본에 도착하자마자 그녀를 버렸고, 송신도는 한국인 영감과 "육체관계 없이" 살아온다. '위안부'피해 재일(在日)코리안 여성으로 살아남는 동안 송신도는 아무도 믿지 않게 되었다. 일본군'위안부'제도 범죄에 대한 일본의 사죄와 배상을 요구하는 송신도의 재판과 함께 중요하게 말하고 있는 것은 송신도와 〈재일위안부재판을 지원하는 모임〉의 관계이다. '믿지 않는 것'이 생존방식이었던 송신도와, '바늘 한 끝 들어갈 틈 없어 보이는' 송신도를 믿고 지난한 재판을 끝까지 해낼 수 있을까 의심하던 여성들이 서로에게 매혹당하고 지지자가 되면서 부정의한 세상과 싸우는 힘을 얻어가는 과정은 감동적이다. 한국과 일본, 어디에도 속하지 않은 경계인으로 살아가던 송신도가 "지원모임의 계집애들 때문에 행복하다"고 말할 때, 우리 또한 그녀를 행복하게 하는 일에 기꺼이 동참하고 싶어진다. 송신도라는 매력적인 여성과 같이 웃고, 같이 울고, 같이 분노하면서 우리도 행복하고 싶어진다. "마음 사납게 하는 엉터리 전쟁"을 반대하면서 말이다.
(2008 전주국제영화제-박정애)

그러한 이야기는 하지 않았다. 우리가 말려서가 아니다. 그냥, 할머니에게 제일 중요한, 제일 하고 싶은 이야기를 항상 사람들 앞에서 한 것뿐이다.

우리는 처음부터 의심도 많고, 화도 많고, 부정 받기를 누구보다 싫어하는 할머니의 "전 인격을 받아 들이"지 않으면 할머니가 안 받아 줄 것을 직감했고, 일본군에 대한 연민의 정까지 포함해서 "전 인격"을 그대로 받아들여야 한다고 생각했기 때문에 집회 때마다 할머니가 일본 군가를 부르는 것도 말린 적이 없었다. 청중들 안에는 군가를 듣기가 거북하다고, 말리라고 하는 이도 있었지만, 우리는 할머니가 집회 때마다 군가를 부르는 모습을 그저 지켜보았다. 그리고 할머니가 '스스로의 기억의 주인' '스스로의 결정의 주인'이 될 수 있게 우선 우리가 할머니의 의사를 존중하는 것을 가장 중요한 원칙으로 삼아 지원운동을 진행했다고 자부한다.

그러한 과정을 통해 송신도 할머니는 조금씩 우리에 대한 의심을 덜어주었고, 서서히 변화되어 갔다. 사람들에게 자신의 아픔을 털어놓고, 사람들이 그것을 받아 주는 것을 여러 번 경험하면서 변화되어 간 할머니는 더 이상 '군인의 아내', '적'이라는 말을 우리에게도 안 하게 되었다. 송신도 할머니뿐만이 아니라 증언활동을 한 생존자들은 피해회복의 과정에서 자신의 피해에 대한 인식을 변화시켜 갔다. 그러한 할머니에게 많은 것을 배우면서 우리도 변하고, 운동도 변했다.

한국의 생존자 지원운동도 마찬가지다. 특히 정대협의 운동은 괄목할 만한 국제활동과 정치적인 활동을 통해 큰 성과를 거두어 사람들의 이목이 그러한 부분에 쏠리기 쉽지만, 내가 지켜본 정대협은 생존자 지원을 중심에 둔 운동단체이다. 일본군 '위안부' 생존자들은 너무나 깊은 상처를 안고 있기 때문에, 지원자들도 상처를 입지 않고서는 지원운동이 불가능하다. 스스로 상처를 받으면서, 생존자에게서 배우고, 생존자들과 함께 변화해 온 운동이 정대협 운동이고 한국의 생존자 지원운동이다.

이러한 한국의 지원운동에 대한 왜곡이 일본에서도 서서히 확산되고 있다. 『제국의 위안부』가 그러한 담론에 큰 역할을 하고 있는 것이 유감스럽다. 이제 피해자와 지원운동에 대한 왜곡은 그만해야 된다.

양징자

일본군'위안부'문제해결 전국행동 공동대표.
전쟁과 여성 인권박물관(WHR) 일본후원회 대표.
〈YOSHIMI재판 함께 액션!〉 공동대표. 통역, 번역, 한국어 강사.
공저『그들은 왜 일본군 '위안부'를 공격하는가』

역사와 기억, 그리고 지식인의 책임

조의행 신한대 교양학부 초빙교수

"역사란 역사가와 사실 사이의 상호 작용의 부단한 과정이며 현재와 과거와의 끊임없는 대화이다" 에드워드 카(Edward H. Carr)

I. 여는글-기억에 대한 다른 시각

2016년 1월 13일, 서울동부지법 민사14부(재판장 박창렬)는 일본군 '위안부' 피해자 9명이 세종대 박유하 교수를 상대로 낸 손해배상 청구소송에서 "박 교수의 책 『제국의 위안부』가 피해자들의 명예와 인격권을 심각하게 침해했다"며 "원고들에게 1인당 천만 원씩 총 9천만 원을 배상하라"고 원고 일부 승소 판결했다.

재판부는 판결문에서 "박 교수의 책이 일본군 위안부들이 자발적으로 매춘행위를 했다고 암시하고, 일본에 대한 애국행위에 해당한다고 한 표현은 원고들에게 부정적이고 충격적인 의미로서 원고들의 명예와 인격권을 심각하게 침해한다."라고 밝혔다.

박유하 교수를 사법 처리하는 것에 대해 일부 지식인들은 성명을 발표하고 "사법부의 이번 결정은 국가가 원한다면 위안부 문제를 넘어 역사 문제 일반과 관련해서도 시민의 사상과 표현의 자유를 제한할 수 있다는 반민주적 관례를 낳을 것"이라며 반대 의사를 밝히기도 했다.

재판부는 이런 논란을 의식한 듯 "역사적 인물이 생존해 있는 경우에는 인격권에 대한 보호가 학문의 자유에 대한 보호보다 상대적으로 중시될 수 있다. 저자가 독자들이 신뢰할 수 있는 대학 교수이기 때문에 일반적인 학문 연구 결과보다 더 큰 책임과 신중함이 요구된다"고 밝혔다.[11]

재판부는 "조선인 위안부와 일본군의 관계가 기본적으로는 동지적인 관계였기 때문이었다."[12]를 포함하여 34곳에 대해 삭제 명령을 내렸다. 그러나 이후 재판정 밖에서의 학술대회 등에서 그가 펼친 주장을 볼 때, 그의 일본군 '위안부'에 대한 시각은 조금도 바뀌지 않은 것 같다. 저자는 독자들의 판정을 받겠다고 하면서 34곳 삭제판 『제국의 위안부』를 온라인에서 무료로 배포했다.

이 글은 여러 가지 논쟁에 휩싸여 있는 『제국의 위안부』 전체를 비평하려는 것은 아니다. 이 책의 부제인 '기억의 투쟁'에 초점을 맞춰 위안부 할머니들의 기억을 어떻게 보고 역사의 재료로서 다루어야 하는지에 대해서 박

---

11 「법원 "'제국의 위안부' 저자, 피해자들에게 9천만 원 배상하라"」, 「한겨레」, 2016. 1. 13.
12 박유하, 『제국의 위안부』, (서울 : 뿌리와 이파리, 2013), 67쪽

유하 교수와는 다른 시각을 제시해 보겠다. 그럼으로써 우리시대 지식인의 공적 책임에 대해 지식인의 사회적 책임을 강조했던 사르트르의 지식인론을 바탕으로 정리해 보고자 한다.

II. 역사, 기억을 담는 그릇

유독 지옥 속의 행복한 추억을 강조

"내가 직접 만난 한 위안부 할머니는 '강제 연행은 없었던 것으로 안다'라고 말했고, '위안부는 군인들을 돌보는 존재'라는 얘기도 했었다."[13]

이 말은 박유하 교수가 『제국의 위안부』의 1부에서 줄곧 주장하는 바를 잘 요약하는 말이다. 그는 그의 책에서 주장하듯이 위안부들에게 그들의 일은 "성과 신체를 혹사당하는 가혹한 노동"[14]이라는 기본 사실은 인정한다. 아울러 그들이 "신체적 위안 뿐 아니라 정서적 위안까지도 요구" 받았던 존재였다는 것도 수긍한다.[15] 그러나 박유하 교수는 이러한 전제 속에서도 조선인 위안부 할머니들이 그 지옥과 같은 환경 속에서 잠깐이나마 경험했던 행복했던 기억, 즉 추억의 한 면을 들추어낸다. 굳이 이러한 기억을 유독 강조하는 이유는 무엇일까?

박유하 교수는 위안부 할머니들이 육체적·정신적으로 괴로웠던 시기에 그나마 가졌던 짧았던 추억이 오늘 우리가 기억하고 싶지 않은 식민지 시대

---

13 「미국 워싱턴서 '일본군 위안부' 놓고 한미일 학자 격돌」, 「연합뉴스」, (2016. 1. 12.)
14 박유하, 『제국의 위안부』, (서울 : 뿌리와 이파리, 2013), 59쪽
15 윗글, 61쪽

의 또 하나의 단면이라고 주장한다. '두 번째 일본인'으로서 중국이나 기타 아시아인 위에서 군림했던 가해자이기에 가질 수 있었던 현실로 본 것이다. 그러나 이러한 기억은 반드시 우리가 일제로부터 당했다는 "피해자성을 희석시킬 수 있다는 두려움과 연동"된다.[16] 이런 이유로 한국 사회는 지금껏 할머니들의 그 짧은 기억의 단편들을 강제적으로 소거시켜 왔다고 박유하 교수는 이해한다.

사실 어느 사회든 잊고 싶은 과거, 즉 숨기고 싶은 기억은 존재한다. 어떤 공동체의 삶 속에서 영향력 혹은 의미가 있었던 사건의 이야기임에도 그 구성원들은 종종 그 기억을 애써 무시하거나 고의로 가볍게 넘겨버리려고 할 수도 있다. 이는 그 이야기의 전후에 더욱 충격적인 사건이 있기 때문에 그럴 수도 있지만, 근본적인 이유는 그 집단 스스로가 그 이야기를 의도적으로 "무관심"하게 치부해 "회피"하려는 습성이 있기 때문이다.[17] 위에서 언급한 박유하 교수의 주장은 바로 이런 기억의 속성으로 위안부 문제를 바라보는 한국 사회를 꼬집으려 한 것으로 보인다.

모든 추억이 역사는 아니다

치열한 역사의 현장에 있었던 위안부 할머니들의 기억 하나하나가 모두 소중하지 않다고 할 수는 없다. 『제국의 위안부』가 주장한 바와 같이 우리는 그분들의 그 시절 경험했을 수도 있는 행복한 순간에 대해서는 애써 눈감아 왔는지도 모른다. 다만 그러한 기억을 우리 사회의 공적 기억으로 받아들여 궁극적으로 역사의 한 페이지에 소중하게 기술해야 한다는 인식은 역사의

---

16 윗글, 90~91쪽

17 Wulf Kansteiner, 「Finding Meaning in Memory : A Methodological Critique of Collective Memory Studies」, 『History and Theory』 Vol. 41, No. 2 (May, 2002), p.192 ~193

본질을 잘 못 이해한 것이다. 이미 많은 이들이 지적해 왔던 것처럼 한 조각의 기억이 일제의 위안부 시스템의 본질을 오히려 왜곡할 수 있다는 점을 굳이 여기서는 언급하지 않겠다. 필자가 지적하고 싶은 부분은 일본군 위안부 할머니들의 추억도 곧 역사로 다루어야 한다는 그의 잘못된 전제이다.

기억은 인간이 인간다울 수 있는 풍부한 이야기를 담고 있다. 그리고 그 이야기들은 곧 역사의 이야기로서의 기본 재료가 된다. 다만 기억이 역사로 되는 복잡한 과정을 이해하

■ 일본 우익 단체의 종군위안부전. 이들은 일본군 '성노예'는 날조며 직업적 매춘부일 뿐이라고 주장한다. 과거의 '기억'은 역사화 과정에서 특정 집단의 주관적 해석을 강하게 반영하게 된다.

기 위해서는 기억이 인간 사회에서 갖는 사회적 역할부터 살펴보아야 한다.

고대 그리스 철학자 아리스토텔레스가 제안한 가장 널리 알려진 명제는 "인간은 사회적 동물이다"일 것이다. 결코 가볍게 해석할 수 없는 명제이지만 그 핵심은 인간은 본질적으로 공동체 속에서 다른 이들과 관계를 맺으면서 생활을 한다는 것이 아닐까 한다. 심지어 과학 기술이 발달한 오늘날에도 우리는 온라인의 사회관계망이라는 가상의 공동체에서 자신의 일상을 나누고 상대의 경험을 공유한다.

이야기를 이야기하는 동물인 인간의 사회는 기억의 공동체

인간 외에도 무리를 짓고 어울려 사는 동물이 없는 것은 아니다. 늑대와

같은 일부 동물들도 그들의 무리 속에서 뚜렷한 역할을 나누고 조직적으로 행동한다. 그러나 인간의 사회, 즉 공동체는 동물의 무리와 본질적으로 다르다. 타고난 본능에 의해, 그리고 우두머리의 변화에 따라 이합집산을 반복하는 것이 동물의 속성이다. 시대가 변해도 이런 모습은 다람쥐 쳇바퀴 돌듯 마찬가지이다. 그에 비해 인간은 다른 이들과 단순한 관계 속에 어울려 산 것만이 아닌, 가정에서 국가 그리고 국제기구에 이르기까지 동물들과는 단순 비교조차 할 수 없는 고도로 복잡한 사회 체제를 만들어 왔다. 오직 인간만이 이런 공동체를 형성시킬 수 있는 힘은 바로 인간이 "이야기를 이야기하는 동물(story-telling animal)"이라는 점에서 찾을 수 있다.[18]

그러면 인간이 이야기를 이야기할 수 있게 하는 기능은 어디로부터 나올까? 바로 기억이다. 기억의 능력 때문에 인간 사회는 "기억의 공동체"가 되는 것이다.[19] 기억이야 말로 인간이 사회적인 동물로서 살아갈 수 있는 최소한의 기본적인 힘이다. 한 개인의 기억에는 그 사람 자신이 속한 공동체에서 맺어 왔고 경험했던 다양한 정보가 축적되어 있다. 그리고 그 개인은 그 정보를 바탕으로 자기와 이어진 어떤 것에 대한 이야기를 이야기하며 타인과의 관계를 발전 혹은 단절시키기도 하고, 새로운 이와 또 다른 사회적 관계를 형성시키곤 한다. 이 과정 속에서 개인이나 한 공동체가 경험한 중요한 기억은 지식, 지혜 등의 이름으로 공유되고 후대에까지 이야기되어진다. 특히 구성원 모두가 공유하는 과거의 한 특징적인 어떤 일에 대한 기억은 '집단 기억(collective memory)', 『제국의 위안부』의 표현을 빌리자면 '공적 기억'이 된다.

'집단 기억'이든 '공적 기억'이든, 그리고 개인의 기억 역시 그 자체가 갖

---

18 Alasdair MacIntyre, 『After Virtue : A Study in Moral Theory』 (London : Duckworth, 1990), p.216

19 Robert N. Bellah 외, 『Habits of the Heart』 (New York : Harper & Row, 1985)

는 사회적 의미를 결코 폄하할 수는 없다. 그런데 역사는 인간 기억이 모인 꾸러미이기도 하지만, 두서없이 놓인 기억의 덩어리는 아니다. 역사는 가장 주목할 만한 기억만이 엮어진 이야기이다.[20] 각 기억이 갖는 역사적 무게는 다르기 때문이다. 또한 '집단 기억'으로 공유하는 과거의 이야기는 그 집단 이 존속한다고 해서 무조건적으로 역사로서 전승되는 것도 아니다. 연속성을 갖지 못하는 것이다. 어떤 개인의 기억이 시간의 흐름 속에 희미해지고 사망 함으로서 소멸되듯이, 집단의 기억 역시 마찬가지다. 무엇보다 고도로 복잡 한 오늘날의 사회 속에서 공동체의 모든 기억은 전달자가 부재할 때 곧 잊 히기도 한다. 박영신 교수는 다음과 같이 지적한다.

> 기억은 자체의 자율성을 갖고 움직이지 못한다. 사회의 관계 망 속에서 형성될 수밖에 없는 사회의 구성물이다. 기억을 기억하려면 기억을 지탱시켜 줄 후원 세력 이 필요하다. (공동체 속의) 그 어떤 세력도 특정 기억을 영원한 기억으로 지켜갈 수 있을 만큼 영원하지 않으며, 그 기억을 절대 기억으로 이어갈 수 있을 만큼 절 대적이지 않다. (……) 어떤 세력이든 그것은 시간과 공간의 제약을 받고 변화무쌍 한 물길에 따라 떠오르기도 하고 물속에 잠겨 버리곤 한다.[21]

중요한 공동체 기억을 역사적 기억으로 전환

그래서 인간은 가장 주목할 만하다고 여긴 공동체의 기억을 역사적 기억 으로 전환해 오랫동안 보존하고 전승하려고 한다. "기억이 견고하지 않고 주 관의 차원을 벗어나지 못했다면서 그것 '즉, 집단 기억'을 단단한 객관의 차

---

20 Maurice Halbwachs, 『The Collective Memory』 (New York : Harper & Row, 1980), p78
21 박영신(연세대 사회학과 명예교수), 「기억과 자기 이해 : 한 백년의 우리 역사 앞에서」, 『현상과 인식』 34권 3호 2010, 21쪽

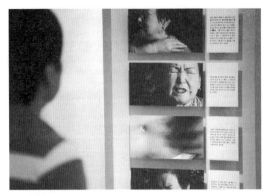

일본군 '위안부' 사진전.
인간은 가장 주목할 만하다고 여긴 공동체의 기억을 역사적 기억
으로 전환해 오랫동안 보존하고 전승하려 한다.

원으로 끌어올려 기억을 영구히 지키고자" 하는 것이다.[22] 이 역사화 과정에서 기억은 역사가와 마주하게 되는데, 역사학자 카(Carr)가 말한 역사가와 과거의 만남이다.[23] 이로부터 한 공동체의 '집단 기억'이었던 과거의 이야기는 역사로서

보다 논리적이고 정교하게 다듬어지며 도식화 된다. 이는 역사화의 과정에서 피할 수 없는 과정이다. 개인의 기억뿐만 아니라 '집단 기억' 역시 종종 과거 사건에 대한 인과관계가 불분명하게 묘사하기도 하며 심지어 특정 집단의 주관적 해석을 강하게 반영하기 때문이다.[24]

　기억의 역사화를 담당하는 역사가의 집필도 전적으로 객관적일 수 없다는 문제는 있다. 역사가 역시 한 시대의 산물로서 역사화의 과정에는 역사가 개인의 세계관과 해석이 개입된다. 역사가는 또한 한 시대를 경험한 산물이 아니라고 할 수 없으므로 동일한 이야기가 전혀 다른 방식으로 해석되기도 한다. 그럼에도 불구하고 본질적으로 역사가의 손끝에서 기억은 역사가의 평가에 의해 선택과 탈락 양 갈래의 길에 놓여지고, 그들의 손끝에서 선별작업을 거치게 된다. 모든 기억이 동일한 무게를 지니지 않은 것처럼 역사가는 역사가의 세계관과 사료를 통해 공동체 내의 풍부한 기억을

---

22 윗글

23 에드워드 카, 『역사란 무엇인가』, (서울 : 다문, 1991), 46쪽

24 Halbwachs, 『The Collective Memory』, 78쪽

걸러내게 된다.

집단기억을 역사적 기억으로 만드는 역사가

역사화의 과정이란 역사가가 "사실과 사실, 현상과 현상, 사료와 사료 사이의 유기적 연관관계를 파악하고 분석함으로써 한 시대, 한 사회의 구조적인 모습을 체계화하고 그것을 바탕으로 전후 시기와의 시기적 변화과정과 그 의미를 밝혀내는" 작업이다.[25] 이와 같은 역사가의 지적 작업을 거친 후에야 한 공동체의 기억은 비로소 역사적 의미를 담은 주목할 만한 중요한 이야기로 재탄생하게 되며, '집단 기억'은 이제 다시 정형화되고 도식화된 '역사적 기억'으로 공동체 속에서 다시 읽혀지고 학습된다.

박유하 교수는 주지하는 바와 같이 『제국의 위안부』를 집필하며 위안부 할머니들이 그 암울했던 시절 속에 경험했던 잠깐의 행복 또한 우리의 '집단 기억'이자 곧 '역사적 기억'으로서 그 외연을 확장시키려고 한다. 이러한 시도 자체는 비난받을 일이 아닐 수도 있다. 역사가의 책임 중 하나가 잊힌 기억, 인물 및 사건을 재발굴하여 오늘 우리의 삶에 의미가 있도록 역사성을 부여하는 일이다. 그러나 앞서 논의했던 것처럼 기억의 역사화는 기억을 버리는 과정이기도 한다. 사건의 인과관계 그리고 그 성격을 분석하는 과정에서 불필요하다고 판단되는 기억과 사료는 역사가의 책상에서 치워진다. 『제국의 위안부』 2장 끝머리에서 박유하 교수 스스로 결론을 내듯이 조선인 위안부 문제의 핵심은 "여전히 일본군 위안부이며, 그런 한, 그녀들을 만든 것이 식민지 지배구조라는 것만은 분명"하다.[26]

---

25 이장우, 「실증사학의 반성과 전망」, 『한국사 시민강좌』 제20집 1997, 39~40쪽
26 박유하, 『제국의 위안부』, 91쪽

■ "내가 곧 역사다." 2016년 1월 14일 서울 중구 프레스센터에서 열린 한일 일본군 위안부 합의 무효와 정의로운 해결을 위한 전국행동 발족 기자회견에서 발언하는 김복동 할머니와 옆에서 울고 있는 이용수 할머니.

역사는 "한 시대 속에서 주목할 만한 가치가 있는 일"

얼마나 많은 위안부 할머니들이 일본인 병사들과의 연애와 같은 "순수한 기쁨" 순간을 가졌는지도 의문이지만, 이러한 기억들이 역사가 되는 순간 오히려 식민지 체제의 피해자였던 위안부 할머니들의 당시 신분은 일변하게 된다. 일본 제국의 체제 속 "성과 신체를 혹사당하는 가혹한 노동"이 가해졌던 피해자에서, 일본군과 '동지적 관계'로 되고 일본군을 정신적으로 위로한 '제국의 위안부'가 되는 것이다.

이렇듯 할머니들이 지옥에서 한때나마 가졌던 한 개인의 기억으로서는 소중할지언정, 역사가 되기에는 대단히 위험한 기억이며, 그것이 공적 기억이 되어서도 안 된다. 짤막한 한 편의 기억이 전체적인 역사상을 뒤틀어 버리기 때문이다. 『제국의 위안부』 초판에서 주장해 물의가 되었던 "위안부는 매춘부"[27]라는 등식이 바로 이런 오류로부터 기인한 것이다. 역사를 과거의 "한 시대 속에서 주목할 만한 가치가 있는 일"이라고 한다면,[28] 과연 이 기억이 주목할 만한 역사적 가치조차 있는 일인지 반문하지 않을 수 없다.

III. 침묵하던 소수자의 커밍아웃

"내가 곧 역사다"라는 할머니의 말

지금껏 이 글은 "기억이 곧 역사는 아니다"라는 명제를 증명해 보았다. 그러면 위안부 할머니들이 말하는 "내가 곧 역사다"라는 말은 어떻게 받아들여야 할까? 꽃다운 처녀시절에 끌려가 상상조차하기 힘든 고통의 세월을 보낸 그 분들을 역사적 대상으로서 우리는 어떻게 받아들여야 하느냐의 문제가 남는다.

위안부 할머니들은 역사의 주체로 인식되어 온 '위인'도 아니고 '다수의 대중'이라는 범주에도 속하지 않는다. 후자는 역사적 사건의 중심적인 사람들이었음과 동시에 그들의 시대와 공간이 그들의 증인이 되 주었다. 그러나 할머니들은 역사적 사건 그 현장에 있었음에도 잊힘을 강요받아 왔고, 그렇게 우리 사회의 공적인 기억의 영역에서 거의 잊힐 뻔 했던 존재이기도 했다. 이 분들은 조국으로 돌아와도 자신이 했어야만 했던 일을 숨겨야 했기에 고향으로도 가지 못한 경우가 많았다. 한국 사회에서 타의든 자의든 남자를 상대했던 과거 자체는 쉬이 용납될 수 없다. 그나마 운이 좋아 결혼하고 가정을 꾸렸다면 더욱 과거를 철저히 숨겨야 했다.

---

27 『제국의 위안부』의 296쪽의 "그리고 '자발적으로 간 매춘부'라는 이미지를 우리가 부정해 온 것 역시 그런 욕망, 기억과 무관하지 않다."를 통해서 일본군 '위안부'는 곧 자발적으로 매춘에 종사하게 된 사람이라는 뉘앙스를 강하게 풍겼다.

28 에드워드 카, 『역사란 무엇인가』, 74쪽

일본으로부터 차관과 경제지원을 받아야 했던 군사독재 시대에 이 분들이 위안부였다는 사실은 거북할 수밖에 없다. 일반인에게도 억압된 사회 속에서 당시 중년이었을 이 분들이 목소리를 낼 공간은 없었다. 위안부로서의 존재는 해방된 조국, 사회, 그리고 가정에서조차 철저히 배제되었다. 옛 기억 자체를 끄집어내야 한다는 것 자체가 금지된 행위였던 것이다. 이렇듯 위안부 할머니들은 창조적 소수자도 역사의 주체로서의 민중도 아니었다. 가장 아름다웠어야 할 시기에 경험한 가장 아름답지 못했던 과거의 기억은 사회적으로 허용되지 않았다. 한 시대 속에서 역사적으로 주목할, 아니 주목해야 할 현장의 한 복판에 있었음에도, 그것에 대해 스스로 침묵해야 만 했던 생활이 귀국 후에도 이어져 왔다.

배제된 기억, 거부당한 기억

일본군 위안부 할머니들은 위안부 시절과 그 이전의 과거를 입에조차 담기 어려운 사람들이었다. 내가 누구의 딸이었고, 어느 동네에서 자랐으며, 어떤 일을 했었다는 기억을 거부당한 사람들이다. "나는 누구이다"라는 것을 제대로 설명조차 할 수 없었던 이들이다. 구미정의 말을 빌리면, "자신이 왜 거기 있게 되었는지 스스로 설명할 언어가 없는 사람, 그러니까 자신의 '여기-있음'을 그저 우연으로밖에 설명할 수 없는 사람, 나아가 자신의 '자신-됨'조차 외부에서 주어질 뿐만 아니라 그 '자신-됨'으로 인해 사회적 관계망에서 고립될 수밖에 없는 사람", 그리고 "온전한 생명을 누리지 못하는 사람"으로서만 살아가길 강요 받아온, 적어도 스스로 그렇게 살기로 했던 세월이었다.[29]

---

29 구미정, 「포두에서 만난 생명- 잊혀진 배달농장 이야기」, 『생명연구』 39집 (2016), 26쪽

그랬던 이 할머니들이 드디어 자신들의 정체성을 더 이상 숨기지 않는다. 여자로서의 수치, 그리고 가족의 명예를 뒤로하고 자신의 과거를 그들의 목소리로 말하기 시작했다. 자신들이 그 동안 애써 말하지 못했던 모든 기억을 쏟아낸 것이다. 그 기억에는 위에서 밝힌 일본인 병사들과의 연애도 있을 것이다. 이 또한 이 분들이 과거에 경험했던 사실 중 하나일 수도 있다. 하지만 이 할머니들이 소위 "순수한 기쁨" 따위를 말하려고 자신을 드러낸 것은 아니다.

"나는 증오하거나 원한을 품고 싶지 않다.

그러나 내게 일어난 일들을 용서할 수 없다.

나는 내 자신과 다른 피해자들을 위해 가만히 있을 수 없었다."[30]

---

30 「이용수 할머니, 「워싱턴포스트」 인터뷰… "죽기 전 아베 사과 보고 싶어"」, 「연합뉴스」, 2015. 4. 24.

이 한 마디의 말에는 위안부 할머니들의 공통적으로 갖은 역사의 무게와 의지가 축약되어 있다. 그 어떤 역사학자들도 무시할 수 없을 만큼 강렬하다. 이 분들의 목소리는 정대협과 같은 시민 단체와 언론에 의해 모아지고 정리되어 우리 한국 사회를 넘어 전 세계에 이르기까지 공명되었다.[31] 역사가들은 위안부 문제와 일본 제국주의 시대의 한 단면을 규명하는데 있어 중요한 사료의 제공자로 '위안부' 할머니들과 만나게 된 것이다.

기억하기 위한 상징, 소녀상

일본군 '위안부' 할머니들은 분명 인류 역사에서의 '창조적 소수자'이지도 않고 '세력'으로서의 민중도 아니다. 뒤늦게나마 역사의 승리자로서 기록되어야 할 존재 역시 아닐 수도 있다. 그러나 이 할머니들은 역사적으로 유의미한 역사적 사건 그 중심에 있었다. 불행했음에도 인류가 보존해야 할 사건의 한 페이지를 더욱 뚜렷하게 규명해 줄 존재인 것이다. 이런 의미에서 이분들은 과거의 기억을 이야기함으로서 살아있는, 그리고 중요한 역사의 증인이자 증거 그 자체로서 역사가와 우리에게 다가왔다고 보아야 한다. 우리는 그 분들을 기억해야 할 공적 의무를 갖게 되었다.

그래서 소녀상이 세워졌다. 숭배하거나 현창할 대상이기에 세워진 조형물이 아니다. 위안부 문제의 산 증인이자 증거인 할머니들을 기억하기 위한 상징이다. 이 분들 존재는 곧 역사의 뒤안길로 사라진다. 그 풍부했던 기억들은 몇 장의 사진과 함께 단지 몇 페이지, 길어야 몇 권 분량의 정형화되고

---

31 이미 1990년대 후반부터 일본군 위안부를 다룬 영문 서적들이 출간되어, 해외 대학 및 공공 도서관에도 비치되기 시작했다. Georege Hicks 『The Comfort Women : Japan's Brutal Regime of Enforced Prostitution in the Second World War』 (New York : W. W. Norton & Company1997); Nora Okja Keller, 『Comfort Woman』 (London : Penguin Books, 1998)

도식화된 진실의 파편만이 텍스트와 영상으로서 역사에 남게 될 것이다. 조그마한 동상에 위안부 할머니들의 모든 과거를 담을 수는 없다. 단지 이 분들이 가졌던 공통적으로 가졌던 과거의 경험과 오늘에서야 가질 수 있었던 용기의 평균치 정도만 반영할 수밖에 없다. 그럼에도 불구하고 굳게 담은 입술, 주먹 쥔 작은 손, 약간 들린 뒤꿈치의 소녀상에는 지옥 속에서의 겪었던 찰나의 기쁨이 아닌 이 분들이 우리에게 진정으로 전달하고 싶은 역사적 기억을 담고 있다. 역사적 상징성을 띠는 이 조그마한 동상을 늘 곁에 둠으로써 우리 사회는 뒤늦게나마 우리의 구성원임에도 지켜주지 못했던, 심지어 거의 잊을 뻔했던 이 소수자들을 역사의 주체로서 기억하고 위로하고자 한다.

Ⅳ. 그리고 지식인의 책임

피해자의 기억과 기억의 역사화

박유하 교수는 『제국의 위안부』 및 그 외 여러 저작 및 대외 활동을 하면서 위안부 관련 역사의 재해석을 시도했다. 그러나 위안부 할머니들이 역사적 증인으로서 궁극적으로 말하고자 하는 바는 피해자로서의 기억, 그리고 그 기억의 역사화이다. 바로 이 지점에서 역사가에게 도덕과 윤리의 잣대가 무겁게 다가온다. 역사가는 사료의 취사선택이라는 도구를 통해 과거의 사실을 판정하고 매장시킬 힘을 가지고 있기 때문이다. 그러므로 한 시대의 주목할 만한 기억을 역사로 정리해야 하는 역사가는 도덕적이고 윤리적인 존재여야만 한다.[32] 역사가 개개인이 갖는 주관적인 역사관을 극복하는 바탕은

---

32 Jonathan Gorman, 「Historians and Their Duties」, 『History and Theory』 Vol.43 No.4 (2004), 103~117쪽

사회적 윤리와 도덕성이다. 그래야만 역사가의 해석이 공적인 합목적성을 가질 수 있으며, 그렇게 함으로써 역사가는 한 시대의 지식인으로서 책임을 완수할 수 있게 된다.

프랑스의 철학가인 장 폴 사르트르는 본인 스스로가 현실에 대한 책임을 강조하는 한편, 직접적인 실천을 통해 자신이 규정한 책임을 완수하고자 했던 인물이다. 그는 당시의 어떤 철학자보다 지식인의 시대적 역할에 대해 관심을 쏟아 왔다. 그에 따르면 글을 쓰고 말할 수 있는 지식인은 무조건적으로 소외된 자들과 함께 해야 한다고 보았다.[33] 이러한 사르트르의 지식인론은 그의 마르크스주의에 기초한 한 계급적 인식이 그 바탕에 깔려 있는 것은 사실이다. 물론 지식인이 군이 모든 사안을 계급적으로 볼 필요까지는 없을 수도 있다. 그러나 지식인이 사회적 소수자를 그 관심의 영역으로 둘 때에는 적어도 그들의 편에 서 있어야 한다. 그렇기에 『제국의 위안부』 속에서 저자가 피해자인 위안부 할머니들을 바라보는 시선은 꽤 불편하게 읽혀진다.

할머니의 고통에 공감하지 않는 박유하

커밍아웃 하기 이전의 할머니들은 스스로의 '자신-됨'조차 표현할 수 없었기에 '온전한 생명을 누리지 못했던 사람'이었다. 더군다나 이 분들은 식민지 출신이자 가부장적 사회 속 약자 중의 약자였다. 천신만고 끝에 귀국해도 숨 졸이며 살아야 했던 그들이었다. 그러나 책에서 나타나는 박유하 교수의 할머니들에 대한 태도는 단순히 기능적이다. 다시 말해 자신의 주장에 대한 근거로서 할머니들의 말을 인용할 뿐, 자신의 연구 대상에 대한 따뜻함을 찾기 어렵다. 이를테면 이제 할머니들은 소중한 즐거웠던 기억을 지켜 드리며

---

33 강수택, 『다시 지식인을 묻는다-현대 지식인론의 흐름과 시민적 지식인의 상의 모색』, (삼인 : 서울, 2001), 110~114쪽

쉬시게 해드리자고 한다. 이런 주장은 궁극적으로 일본군 위안부 제도 자체가 강제연행 속에서 이뤄진 것이 아니기 때문에 가능했다는 것을 강조하기 위한 장치로서 보기에 나올 수 있다. 만약 그가 진정으로 위안부 할머니들의 고통에 공감하는 지식인이었다면 다음의 표현이 어떻게 가능할까?

> '위안'은 가혹한 먹이사슬 구조 속에서 실제로 돈을 버는 이들은 적었지만 기본적으로는 수입이 예상되는 노동이었고, 그런 의미에서는 '강간적 매춘'이었다. 혹은 '매춘적 강간'이었다.[34]
>
> '위안부'의 본질을 보기 위해서는 조선인 위안부의 고통이 일본인 창기의 고통과 기본적으로 다르지 않다는 점을 먼저 알 필요가 있다.[35]
>
> 조선인 위안부는 피해자였지만 식민지인으로서의 협력자이기도 했다.[36]

한국의 좌파민족주의는 비판, 일본의 우파민족주의엔 관대

『제국의 위안부』의 이데올로기적 편향성 역시 문제적이다. 사르트르에 의하면, 지식인은 지배 계급의 이데올로기와 투쟁하는 일과 이 이데올로기에 의해 정당화되어 온 폭력의 민낯을 벗기도록 지속적으로 실천해야 한다고 보았다. 아울러 아래로부터 끊임없이 출현하는 새 이데올로기에 대한 투쟁도 지속해야 한다고 보았다.[37] 이러한 해석은 지식인들의 사회적 역할이 이데올로기가 제공하는 정치적 프레임 속에 갇혀 오히려 그 이데올로기에 의해 그들의 역할이 고정되는 것을 경계하는 것으로 볼 수 있다.

---

34 박유하, 『제국의 위안부』, 120쪽 (삭제)

35 윗글, 33쪽 (삭제)

36 윗글, 294쪽 (삭제)

37 강수택, 『다시 지식인을 묻는다』, 115~116쪽

박유하 교수는 그동안 『제국의 위안부』에서 뿐만 아니라 대외 활동을 통해 민족주의 해체를 고민해 왔다. 탈냉전의 시대에 민족주의는 국가 사이의, 특히 동북아시아 국가들의 평화로운 공존을 방해한다고 본 것이다. 틀린 말은 아니다.

그러나 박유하가 주장하는 새로운 아시아란 단지 한국과 일본의 연대이다. 그에게 있어 북한과 중국은 좌파 이데올로기에 의해 지배되는 나라로서 협력의 대상은 아닌 것 같다. 특히 위안부 문제를 더욱 복잡하게끔 이끌어 온 정대협은 좌파 민족주의 운동을 한국을 넘어 전 세계로 확산시킨 문제적 집단이다. 또한 그 동안 이 단체가 위안부 관련 사안을 민족 문제이자 여성의 인권문제로까지 설정해 북한과 연대해 왔음에도 정작 북한의 인권에 대해서는 침묵해 온 것에 대해 박유하 교수는 상당히 비판적이다. 쉽게 말해 정대협의 연대는 민족연대라는 가면을 쓴 좌파로서의 연대로 본 것이다.[38]

박유하 교수는 일본의 우파 민족주의에 대해서만은 지나치게 보일 정도로 관대하다. 그에 의하면 일본 우파가 위안부 문제로 결집하게 된 것은 순전히 시종일관 일본에 적대시 해온 정대협의 탓이다. 심지어 일본의 군사비 비용이 한국보다 항상 많았음에도 일본의 군국주의 부활에 대한 우려는 할 필요조차 없는 기우일 뿐이다. 우리 한국인이 그 동안 시종일관 좌파가 만든 '일본은 우경화'라는 색안경을 쓰고 보고 있기 때문일 뿐이지, 실상은 다르다고 주장한다. 학자의 양심은 때론 국적을 초월할 수도 있다. 하지만 박유하의 이러한 우편향 인식은 최근 일본의 집단 자위권을 통한 무력사용 선언과 평화 헌법 개정과 맞물려 설득력이 오히려 더 떨어져 보인다. 이 부분에 와서는 '일본 우익 학자 누군가가 쓴 글이 아닌가?'라는 의심이 갈 정도이다.

위안부 문제를 탐구하는 학자이자 지식인으로서 사회적 책임은 과거 일본

---

38 박유하, 『제국의 위안부』, 299~301쪽

군 위안부로 살아왔던 할머니들과의 깊은 소통과 공감이 있어야만 가능하다. 그들의 목소리를 듣고 글을 통해 한 평생 소외당하고 억압받았던 소수자들의 입장을 대변해 주어야 하는 것, 그것이 박유하 교수가 우리 사회에서 수행했어야 할 공적 책임이자 의무였다. 이분들의 명예를 되찾는데 이데올로기는 굳이 필요도 없는 부차적인 것일 뿐이었다. 그렇게 함으로써 그는 학자를 넘어 한 시대의 지식인으로서 도덕적이고 윤리적 책임을 보여줄 수 있었을 것이다.

V. 닫는 글-역사적 기억을 위해

오늘도 우리는 기억을 한다. 그러나 보고 듣고 느끼고 먹은 모든 것을 기억하지는 못한다. 인간은 기억하는 동시에 망각하는 존재이기 때문이다. 그래서 우리는 그 기억을 보존하고자 갖은 노력을 다 해 왔다. 기록을 하고, 그림을 그리며, 조형물을 세우고, 이제는 영상으로까지 남긴다. 이 과정 속에서 역사라는 학문의 한 영역은 발전할 수 있었다. 역사는 다시 그 기억을 통해 오늘날의 의미를 갖는 또 다른 의미를 갖는 공적 기억으로서 생명을 갖게 된다.

그러나 기억이 생명을 갖는 역사로서 자리매김이 되기까지는 역사가의 고통스러운 작업이 수반되어야 한다. 고대사 연구가들은 종종 사료가 부족함을 아쉬워한다고 한다. 이를 고려하면 많은 기억이 사료가 되는 이 시대의 현대사 연구자들은 행복하다. 그러나 이 때문에 이들 역시 아이러니한 상황에 직면한다. 냉정한 사료의 취사선택을 통해 동 시대의 주목할 만한 가치 있는 일을 복원해야 하기 때문이다.

잊힐 뻔 한 과거의 '일본군 위안부'는 이제 역사가 되어 우리의 기억과 일상의 삶에까지 밀접하게 다가왔다. 뉴스로, 다큐멘터리로, 그리고 영화로 다가왔다. 우리 사회의 다양한 지식인들은 이렇게 이 문제를 우리 사회에 얘기해 왔다. 그들의 사회적 책임이다. 위안부 할머니들의 역사적 기억을 왜곡하지 않고 바르게 기억하고자 애쓰는 것, 바로 그것이 정의로운 역사를 위한 '기억의 투쟁'이 아닐까? 박영신은 「기억과 자기 이해 : 한 백년의 우리 역사 앞에서」에서 이렇게 말했다.

"자기와 이어진 어떤 것을 기억하지 못하고 자기를 둘러싼 사람들과 이어진 어떤 것을 기억하지 않는다면 그는 다만 숨만 쉬고 있을뿐 사회스런 존재는 아닌 것이다."

조의행

영국 켄트대학 국제관계학 전공.
「21세기 한중관계의 재해석」 논문으로 박사학위. 안보 및 국제관계를 아우르는 동북아시아의 현대사를 공부해 왔다. 현재 신한대학교 교양학부 초빙교수로 재직하면서 역사와 국제정치를 가르치고 있다.

민족, 민중 수난의 눈으로 봐야
숲이 보인다

고은광순 여성동학소설 작가

상상 이상으로 엉뚱한 박유하의 주장

박유하의 『제국의 위안부』를 읽으며 '공연스레 한 꼭지를 맡겠다고 했나?' 하는 후회를 했다. 책을 읽기가 고통스러웠기 때문이었다. 그러나 후회는 잠깐, 이 글을 쓸 기회를 갖게 되어 감사하다고 마음을 고쳐먹었다. 박유하의 주장은 내가 상상한 것 이상으로 엉뚱했다.

글의 중간쯤 읽다가 다시 처음부터 읽었다. 그녀의 주장에서 일관되게 반

■ 관군에게 잡혀 호송되는 동학농민전쟁 지도자 전봉준(1855~1895) 장군.

복되는 어법, '물론 A라고 생각하지만 그러나 알고 보면 B다.'를 체크하면서 읽기 위해서였다. '그녀들이 고통을 당했다는 건 알지만, 알고 보면 조선인 포주 때문이다'라는 식의 문장은 삭제된 34개의 문장을 제외하고도 대충 체크해 보니 80여 회 이상이나 반복되고 있었다. 책을 쓴 목적이 이해, 화해, 문제의 해결을 위해서라고 말하면서 어떻게 이토록 일관되게 가해자 입장은 두루뭉수리 넘어가고, 불행은 피해자 동족인 이웃 때문이라고 말할 수 있을까? 일본이 대체 우리 민족에게 무슨 짓을 저질러 왔는지 알기나 하는 걸까?

나는 지난 2년간 동학 언니들 14명과 함께 여성동학다큐소설(『해월의 딸, 용담할매』, 『동이의 꿈』, 『잊혀진 사람들』 등 13권으로 구성)을 썼다. 다큐소설을 위해 치열하게 당시의 역사를 들여다보았다. 19세기 말부터 20세기 전반에 걸쳐 일본이 한 짓을 보고 일본은 참으로 무서운 나라라는 생각을 했다. 박유하 덕분에 내가 알게 된 일본 제국주의의 탐욕과 잔인함을 독자들과 공유하게 되어 다행이다. 나는 이 글에서 19세기 말부터 일본이 어떤 식으로 주변국 약탈을 위한 준비를 해 왔는지, 그것이 현재까지 한반도에 어떤 불행을 몰고 왔는지를 이야기 할 것이다.

일찍부터 준비된 일본의 야욕

일본은 1894년, 동학군을 섬멸하기 위한 도구로 스나이더 소총과 무라타 소총을 사용했다. 스나이더 소총은 영국제 엔필드(Enfield) 소총을 개량한 것으로 메이지 유신 당시 무진전쟁(1868), 서남전쟁(1877), 대만침략(1874) 때에 사용되었다. 동학농민군 토벌을 위해 파견된 일본군 후비병들과 서울 수비대가 가지고 있던 총이 이것이었는데 최대사거리는 1,100미터였다. 서울 수비대는 나중에 무라타 소총을 지급 받았다.

무라타 소총은 일본에서 개발되었다. 1871년 반독립국 상태로 있던 각 번(藩)을 폐지하고 메이지 정부의 지시를 받는 현(縣)을 설치하면서 각 번이 가지고 있던 병기류를 중앙정부에 이관토록 했다. 그런데 18만 정에 달하는 서양소총이 통일성이 없어 효율성이 떨어지자 메이지 11년(1878) 정부는 무라타로 하여금 소총 개발에 착수토록 하였다. 무라타는 2년여의 제작 기간을 거쳐 메이지 13년(1880) 소총개발에 성공했다. 메이지 22년(1889)에는 무라타 연발총이 등장했는데 최대사거리 2천2백 미터로 성능은 세계적 수준이었다.

동학농민전쟁 당시 죽창이나 관을 습격해 확보한 사거리 백 미터인 화승총을 가지고 있던 동학농민군과 일본군과의 화력은 1:250~1:500이었다고 한다. 총을 가진 일본군 한 명이 250~500명의 동학농민군을 상대할 수 있었다는 것이다. 당시 조선을 침공했던 일본군은 약 8천 명이고 그중 동학농민군 탄압에 직접 동원된 일본군은 주력부대인 후비보병 제19대대를 비롯해서 약 3천 명에 이르렀다. 그들이 동학농민군 토벌을 위해 시모노세키에 있는 수포창(首砲廠)에 청구했던 스나이더 소총 탄약은 10만 발. 그들은 수만 명을 죽일 수 있는 무기 뿐 아니라 한반도 전역에 있는 강의 길이, 폭, 넓이, 바다 연안의 수심의 깊이 등을 모두 파악한 20만분의 1 지도를 가지고 있었다.

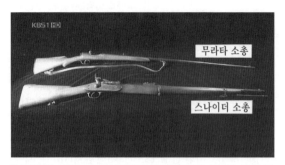

일본은 1884년 2월
나가사키에서부터 해저
케이블을 깔아 부산포
에 전신국을 설치했다.
이어 1885년 서울과
인천 간 서로전신선이
가설되고, 1888년에는
서울과 부산을 잇는 남

▌일본군의 무라타 소총은 사거리 2천2백 미터인 반면에 동학군의
회승총은 백 미터에 불과했다.

로전신선, 1891년에는 서울과 원산을 잇는 북로전신선이 가설되었다. 또한
일본은 갑신정변 직후인 1885년 청나라와 전문 3개조의 톈진 조약을 체결
하면서 조선에서 이후 변란이나 중요사건이 발생하여 청일 두 나라 또는 어
느 한 나라가 파병할 때는 먼저 문서로 연락하고, 사태가 진정되면 다시 철
병하도록 했다. 1880년대 말, 일본은 총과 지도, 전선과 파병의 조건을 모두
갖추고 호시탐탐 조선반도를 삼킬 기회를 매의 눈으로 지켜보고 있었다.

경복궁 침탈과 청일전쟁

청일전쟁의 시작은 1894년 7월 25일(양력) 인천 앞바다의 풍도해전이라고
알려져 있지만 실제로는 일본군이 이틀 전 경복궁을 점령하면서 청일전쟁의
도화선에 불을 붙였다. 일본은 청의 영향력을 완전히 제거해야 조선반도를
손에 넣을 수 있다는 것을 알고 있었다. 그러나 병력을 이끌고 명분 없이 조
선반도로 들어올 수는 없었다. 그들은 조선에 파견된 수많은 스파이들을 통
해 생존을 위협받아 부글부글 끓고 있는 동학농민군의 존재와, 그들에게 겁
먹고 있는 고종이 청군에게 조만간 도움을 청하리라는 것을 알았다. 청군이

들어오면 텐진조약을 근거로 조선반도로 들어올 수 있었던 일본군은 고종의 요청으로 청군이 들어오자 바로 다음날 조선반도에 들어왔다. 전주화약으로 동학군의 저항이 잠잠해지자 청은 고종의 요

■ 청일전쟁 당시 조선 땅에서 전투 중인 일본 육군.

청대로 철군하려했지만 주둔의 명분이 없어질 것을 염려한 일본은 차제에 조선을 청의 영향력에서 떼어놓기 위해 청과 전쟁을 벌이기로 했다. 그들이 선택한 첫 걸음은 경복궁을 점령하여 고종을 수중에 넣는 것이었다. 그들은 빈틈없는 작전 계획을 짰다.

1894년 7월 23일 0시 30분. 모든 준비를 끝내고 있는 여단장 오시마에게 '계획대로 실행하라'는 공사 오토리의 전보가 도착했다. 일 보병 21연대 2대대와 공병1소대가 경복궁 영추문에 폭약과 도끼와 톱을 동원해서 빗장을 절단한 것이 새벽 5시. 저항하던 조선병사와의 사격은 오전 7시 반이 되어 끝났다. 일본은 대외적으로는 "때마침 일본군이 왕궁 쪽을 통과하는데 조선군이 발포하여 우리 측이 응전을 하여 소전투가 있었다."고 발표했다. 이 사건에서 일본은 고종으로부터 청국군대를 국외로 축출할 것을 일본정부에 위탁한다는 승낙을 받아내었다. 이틀 뒤부터 시작된 청일전쟁에서 청은 대패했고 이후 조선에 어떤 영향력도 끼칠 수 없게 되었다.

일본이 '일, 청의 충돌을 고의로 추진토록' 하기 위해 얼마나 공을 들였는지는 당시 일본 외교의 총책임을 맡고 있었던 외무대신 무츠 무네미쓰가 쓴 외교비록 『건건록』을 보면 잘 알 수 있다. 무네미쓰는 1894년에서 1895년까지 1년 정도의 기간 동안 동학농민의 저항과 청일전쟁 후 양국 사이의 조

약이 이루어지기까지의 외교정략비사를 기록했는데 '모골이 송연함을 느끼며' 작전을 펼쳤다고 고백했다. 원하는 답변을 얻기 위하여 A에게 A∨를 추궁할 것인가, B에게 B∨를 힐문할 것인가를 물어 끝내 자기들이 원하는 결론을 얻기 위한 테크닉을 후배들에게 전수하고 있다(120년 전임에도 불구하고 일본의 외교정책이 국제법을 피해가면서 얼마나 치밀하고 교활하게 운용되고 있었는지 알 수 있다. 각 대학 외교학을 공부하거나 외교관이 되려는 사람들에게 일본을 이해하기 위한 필독서가 되어야 한다).

민나 고로시! 징고이즘[1]의 발동

인천 앞바다에 이어 평양과 황해에서 연이어 청에 승리한 이후 일본 국민의 욕망은 날로 높아져갔다. 당시의 풍경을 무네미쓰는 이렇게 표현했다.

> 평양과 황해의 전승 이전에는 남몰래 전쟁의 승패를 걱정하고 있던 국민들도 지금은 벌써 장래의 승리에 대하여 한 점의 의심도 용납하지 않았고 남은 것은 우리의 욱일군기가 언제 북경성문으로 진입할 것인가 하는 문제만을 거론하고 있었다. 이와 같이 일반국민의 기상은 호연지기로 광분하고 교만방자에 흘러 도처에서 일어나는 개가와 함성 속에 난잡만취된 것 같았고, 장래에 대한 욕망은 나날이 증대하여 전국 국민이 모두 크리미아전쟁 이전에 영국인이 명명한 징고이즘(Gingoism)을 주장하는 단체와 같이 다만 진격하라고 하는 소리 이외에는 아무 것도 귀에 들어가지 않았다.

---

1 징고이즘(Jingoism) : 자신의 집단(국가, 민족)을 다른 집단보다 우월하다고 여기며 자기 이익을 위해 다른 집단들에 대해 실제적 위협을 가하거나 위협적 행위를 보이는 극단적이고 맹목적이며 배타적인 애국주의 혹은 민족주의.

일본의 신문은 "갑오년(1894) 조선인민의 반일저항이 대단히 다양하게 전개되었다."라 하며 "마치 밥상 위의 파리처럼 모였다가는 흩어지고 흩어졌다가는 모인다."는 표현으로 조선 인민의 집요한 반일투쟁(동학농민혁명)을 보도했다. 『1894년, 경복궁을 점령하라』를 쓴 나카츠카 아키라는 왕조의 정치문란과 지배자의 가혹한 착취에 반대했던 갑오농민전쟁의 봄 봉기와 달리 가을 재봉기는 일본의 군

▌조선인을 총살하는 일본군. 일본인 종군 화가가 스케치한 것을 스튜어스(Allan Stewart)가 그린 그림.

사적 침략에 대한 반대가 주된 동기였다고 파악했다. 전봉준은 법정 신문에서 거사이유를 "일본이 야반에 왕궁으로 쳐들어가 국왕을 놀라게 했고, 군대를 이끌고 서울에 주둔하는 것은 우리 영토를 빼앗으려 한다고 의심하지 않을 수 없어 충군애국의 마음으로 분노를 이기지 못해 의군을 모아 일본인과 싸우고자 했다."라고 말했다.

항일운동을 벌이는 동학당의 움직임에 10월 무네미쓰 외상은 히코시마(彦島)의 수비병인 독립 제19대대를 조선으로 출발시켜 그들을 신속히 진압하되 러시아의 출병을 막아야 하니 사변이 북부로 옮겨가지 않게 엄밀히 조심하라는 지시를 내렸다. 히로시마 대본영의 카와카미 병참 총감과 이토 사령관은 "동학당에 대한 처치는 엄렬함을 요한다. 향후 모조리 살육(민나 고로시)할 것", "이르는 곳마다 적을 섬멸하도록 할 것", "그 근거지를 탐구하여 그것을 초절(剿絶)할 것", "한 그물 아래 그들을 멸진(滅盡)할 것", "적을 전라도 서남으로 압박하여 그 진멸(盡滅)을 도모할 것" 등 개혁을 요구하는 조선 인

▌일본 암살자에 의해 1895년 살해된 명성황후 장례식 장면.

민을 모두 죽이라는 명령을 반복해서 내렸다.

1861년 수운 최제우에 의해 창도된 동학은 평등한 세상을 꿈꾸었던 개혁 철학이고 34년간 수배생활을 사는 동안 최보따리라는 별명을 들으며 조직사업을 했던 해월 최시형은 모두 신선이 되도록 수행을 해야 개벽세상을 맞게 된다고 믿었던 민중의 지도자였다. 인구의 30퍼센트 가까이가 동학도였다고 하는데 1894년 개혁세상을 꿈꾸며 탐욕스런 외세에 저항하여 봉기했던 동학 농민군 20~30만 명 중 마지막까지 살아남아 저항했던 3~5만 명은 두 달 사이에 일본의 총에 거의 전멸되고 말았다.

온 산을 하얗게 뒤덮은 동학농민군을 일본은 뛰어난 성능의 총으로 몇 시간이면 모두 토벌할 수 있었다. 일본군 역사상 처음으로 나라를 벗어난 대량 살육에 성공(!)했던 것이다. 그들은 내처 중국을 비롯한 아시아의 여러 나라를 손아귀에 넣으려는 계획을 세웠다. 확실한 교두보로 조선을 차지할 필요가 있었던 일본은 다음해인 을미년(1895), 일본을 경계하고 친러 내각을 꾸렸던 민비를 살해할 계획을 세웠다.

테러조직 앞세워 조선 왕비 살해

여우사냥! 10월 7일 밤 서른 명의 일본 암살자들이 왕비의 거처로 침입해 두 명의 궁녀와 왕비를 칼로 찔렀다. 여러 곳에 상처를 입은 왕비는 정원으로 끌려 나가 이미 준비된 장작더미 위에 던져졌고, 일본의 암살자들은 그녀의 몸에 석유를 뿌리고는 불을 붙였다. 암살을 진행한 자는 한국주재 일본 공사관의 일등서기 스기무라. 이노우에 후임으로 공사로 부임한 예비역 육군 중장 미우라 고로의 책임 하에 벌어졌던 일이다. 미우라는 왕비살해의 확실한 성공을 위해 일본의 테러조직인 겐요우샤(玄洋社)에 도움을 청했다.

그들은 아시아에서 준군사조직으로 기능하면서 매춘굴, 약국, 전당포 등을 운영했고, 현지인들에게 술, 마약, 포르노물 등을 퍼뜨리며 네트워크를 형성했다. 겐요우샤는 미우라에게 직업적 킬러를 제공했고, 암살자들은 손쉽게 목적을 달성했다. 일본은 대외적으로는 양복을 입은 한국인들이 살인을 저질렀다고 발표했다. 일본은 이즈음부터 1945년까지 50년간 지하세계 대부들이 활개치는 세상이 되었다. 겐요우샤, 고쿠류카이 등 스파이, 비밀경찰, 야쿠자 갱단을 운영했던 지하세계의 대부들은 일본을 지배한 황족과 금융 엘리트들과 밀접한 관계를 유지하면서 이웃나라를 침략할 때 그 선봉에 섰다. 조선 왕비의 살해는 그 시작이었다.

1904~1905년 한국과 만주에 대한 지배를 놓고 러시아와 싸워 이긴 일본은 을사늑약 이후 한국을 실질적인 식민지로 삼았다. 엄청난 수의 일본인들이 돈을 벌기 위해 한반도로 몰려왔다. 통감 이토 히로부미 참모진에는 고쿠류카이의 보스 우치다 료헤이가 있었고, 군부로부터 자금지원을 받은 우치다의 살수들은 이토 통감 재임 동안 1만 8천 명의 한국인들을 살해했다. 1910년 8월 한국은 일본 영토에 완전히 병합되었다. 일반 민중들은 손 쓸 사이도

없이 침략자들의 말굽에 짓밟히게 되었다.

일본은 식민지 국민의 저항을 막기 위해 전역에 스파이, 테러리스트 망을 만들었다. 조선 민중들에게는 언어도 빼앗고 문화도 빼앗았다. 일본인 교사는 제복을 입고 칼을 차고 교단에 섰다. 초대 식민지 총독이었던 데라우치는 한국인에게 쌀을 빼앗아가고 대신 밀기울이나 해조류를 던져주었다. 문화재 약탈은 더 이상 도둑질이 아니었다. 이미 '자기 나라'가 되었기 때문이다.

일본은 사적지 보존에 관한 법률을 제정하여 무덤을 개봉하고는 일본으로 진귀한 부장품들을 가져갔다. 개성에 있는 왕의 무덤을 포함한 2천여 개의 무덤을 파헤쳤고, 대동강을 따라 1천4백개의 무덤을 열어 진귀한 부장품들을 약탈해갔다. 엄청난 양의 한국 문화재와 보물들, 중요한 국가 기록들, 수만 권의 서적이 일본으로 건너갔다. 토지와 재산을 빼앗긴 소작농들과 도시 빈민들은 일본의 광산과 건설단, 사할린의 광산과 군수공장에서 강제적인 노예노동에 시달렸고, 필리핀과 동인도로 보내어져 일본군의 전리품을 숨기기 위한 터널을 파다가 장소 은폐를 위해 생매장되기도 했다.

난징대학살과 강간

일본의 아오모리 현에서 전리품을 은폐하기 위해 큰 지하단지를 팠던 5천 명의 한국인 노예노동자들은 한국에 보내준다는 말을 믿고 전함 우키시마마루 호에 올랐다. 일본은 한국인들을 화물칸에 가두고 바다로 끌어낸 후 다이너마이트를 터뜨렸다. 80명을 빼고 4천9백 명 넘게 모두 죽었다. 일본은 한국인들이 스스로 배에 구멍을 냈다고 발표했다. 노예노동 이외에도 수만 명의 한국인 청년들이 징병으로 사방으로 끌려가 남의 나라에서 총알받이가 되었다. 그리고 어린 소녀들을 포함 수만에서 20만 명으로 추산되는 젊은

■ 영화 「난징! 난징」(2009)의 한 장면. 일본군은 난징학살 기간에 수만 명의 중국 여성을 강간했다.[2]

여성들이 강제로 일본군에 끌려가 성노예가 되었다. 상당수가 이런 저런 이유로 목숨을 잃거나 어머니를 부르며 집단으로 절벽에서 뛰어내렸다. 살아남은 여성들도 죽기 전까지 각자의 거처에서 버거운 삶을 감내해야 했다.

일본이 만주에 눈독을 들인 건 지정학적으로 가치가 있기 때문이었다. 다이리키 로닌으로 불리는 일본의 낭인들은 비공식 군장교로 비밀경찰, 금융사기꾼, 스파이, 협잡꾼 노릇을 하며 마약 거래에 깊이 관여했다. 고쿠류카이들은 만주를 검은 돈을 세탁하는 공장, 최대의 마약중심지로 탈바꿈 시켰다. 1911년 생산된 아편은 2천5백 킬로그램이었지만 1932년 만주 전역을 수중에 넣은 뒤에는 수만 헥타르의 땅에서 아편을 생산했다. 모르핀과 헤로인으

---

2 편집자 주 – 잔인한 '인간 사냥'이 극에 달하면서 일본군은 여자들에게도 눈을 돌렸다. 이른바, '집단윤간', '선간후살'(先姦後殺, 먼저 강간하고 다음에 죽임)로 일본군은 여성을 성노리개로 삼는 것에 그치지 않고 강간 후 참혹하게 살해했다. 그 대상은 10살도 채 안되어 보이는 어린이부터 60, 70대 노파까지 그 대상을 가리지 않았다. 또한, 일본군은 수녀와 비구니를 포함하여 수만 명의 난징 여성들을 보이는 대로 능욕했다. [아이리스 장, 『The Rape of Nanking : the forgotten holocaust of World War II』(한글어 판 : 『역사는 힘 있는 자가 쓰는가』), 1997/ 위키백과 재인용]

로 제조하기 위해 10여 개의 제조소가 세워졌는데, 그 일은 오늘날 세계에서 가장 거대한 기업으로 성장한 일본의 재벌 미츠이(三井)가 맡았다. 전성기에는 1천 개 이상의 일본 기업들이 코카인과 암페타민을 포함한 마약류를 제조 판매했다. 1937년에는 전 세계 금지 아편과 모르핀의 90퍼센트가 일본산이었다.

청일전쟁, 러일전쟁의 승리, 조선반도의 강점, 만주 점령을 거치면서 일본은 점점 약탈과 폭력적 군사행동에 길들여져 갔다. 그들은 10명의 일본군으로 백 명의 중국군을 이길 수 있다며 일찍이 무네미쓰가 우려한대로 징고이즘(Jingoism)에 빠져 들었다.

1937년 말 상하이를 함락하고 난징으로 들어온 일본군은 1938년 초까지 6주에 걸쳐 무방비로 있는 약 30만 명의 시민들을 무참하게 살해하고, 2만~8만의 여성을 강간 뒤 살해했다. 집단 총살, 참수, 생매장, 십자가에 매달기, 갓난아기를 공중에 던진 뒤 총검으로 찔러 꿰어 죽이기, 가족을 죽이기 전에 근친상간을 강요하기, 수천 명의 남자들을 줄로 묶어 기관총 쏘기, 석유 끼얹고 태우기, 병사들끼리 백 명을 빨리 죽이기 내기를 하는 등 인간이기를 포기한 잔학행위를 저질렀다. 전쟁이 오래 계속되는 동안 그들은 피에 굶주린 늑대들처럼 인간사냥에 미쳐갔다. 병사들은 도둑질을 했고 장교들은 금괴와 예술품들을 빼돌렸다.

미국이 전범 히로히토 일왕을 살려둔 이유는?

2013년에 기획하고 2015년 12월 출간하기까지 여성동학다큐소설과 씨름하는 동안 풀리지 않는 한 가지 의문이 있었다. '왜 6년간 점령사령관으로 일본에 머물렀던 맥아더는 20세기 전반 50년 동안 2천만~3천5백만 명의 이

옷나라 국민들을 죽인 일본의 최고 전범 히로히토를 처형하지 않았는가? 어째서 일본인은 점령사령관인 맥아더를 '마지막 쇼군(The Last Shogun)'이라 부르며 그가 떠나는 하네다 공항에 백만 명이나 환송을 위해 몰려들었는가?' 하는 것이었다. 그때 최고의 전범 일왕을 처형했다면 현재의 역사왜곡이나 군국주의의 부활은 막을 수 있지 않았을까? 국제적 관례로도 일왕 처형은 당연하게 이루어져야 했던 일이다.

■ 1937년 12월 13일 현 「마이니치신문(毎日新聞)」의 전신인 「도쿄니치니치신문(東京日日新聞)」이 중국 난징에서 무카이 도시아키(向井敏明)와 노다 쓰요시(野田毅)라는 두 명의 일본군 소위가 일본도로 각각 106명, 105명의 목을 잘랐다고 보도했다. 전쟁이 끝난 뒤 극동군사재판에서 이 두 명과 당시 육군 대위로 민간인 3백인을 참수한 것으로 알려진 다나카 군기치(田中軍吉)가 사형에 처해졌다.

소설의 출간 이후 접하게 된 『야마시타 골드』(도서출판 옹기장이)를 보고서야 그 의문이 풀렸다. 「워싱턴 포스트」의 기자였던 스털링 시그레이브와 그의 아내는 십수 년 간의 노력 끝에 일본의 황실가족이 벌였던 약탈행각을 다음과 같이 밝혀내었다.

황군 최고사령부는 난징에서 학살과 약탈이 자행될 때 엄격한 통제의 필요성을 절감하고, 그 무렵 도쿄 황궁에서 히로히토의 시 제목을 따 '골든 릴리'를 조직했다. 일본 최고의 금융가, 모든 형태의 보물 전문가, 희귀도서와 골동품 전문가로 이루어진 '특수부대(고급 약탈 전문가)'들은 정부의 지원을 받으며 황족 왕자들의 철저한 감독 아래 기민하게 움직였다. 일반 병사들이 시체의 치아에서 금을 뜯어내는 동안 골든 릴리는 헌병대의 조력을 얻어 중국 정부의 모든 자산을 장악하고 은행금고와 부자들의 집을 털었다. 첫 번째 공격

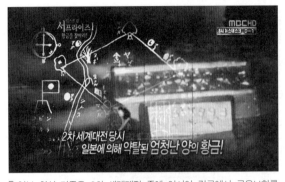

■ 일본 황실 기족은 2차 세계대전 중에 아시아 각국에서 금은보화를
약탈해서 현지에 숨겨놓거나 밀반출했다.

에서 헌병대는 6천 톤의 금을 끌어 모았다. 학살이 끝난 후인 1938년 봄, 1천여 명 이상의 전문가들이 난징에 도착해 희귀 도서와 필사본들을 샅샅이 뒤졌다. 최상품들은 천황의 개인적인 감상을 위해 따로 관리되었다. 2천3백 명의 노동자들이 징용되어 병사 4백 명의 감시 하에 포장 작업을 했다. 3백 대 이상의 트럭이 상자들을 항구로 실어 날랐다(당시 서고에서 훔친 3백만 점의 희귀 서적 중 중국이 최근까지 돌려받은 것은 6퍼센트가 안 되는 16만 권 정도다).

일왕의 전쟁 목표, 금은보화를 긁어모으는 일

히로히토 일왕(12개국으로부터 최상의 문화재들을 약탈한 후 반환하지 않았다. 스위스 은행에 비밀 금 계좌를 갖고 있다.)을 꼭대기에 두고 히로히토의 동생인 치치부 왕자(동아시아 동남아시아 전역에서 약탈한 보물들을 숨기는 골든 릴리 작전을 주도), 히로히토의 사촌인 다케다 츠네요시 왕자(필리핀 내 175개 창고 보물은닉 책임자), 아사카 야스히코 왕자(난징대학살과 약탈 지휘) 등 일본 최고의 황실 권력자들은 고다마 요시오라는 일본 최고의 갱을 이용해 재물을 긁어모았다. 고다마는 고다마 에이전시를 차리고 만주의 갱단에게 마약을 넘겨주고 금괴를 받았다. 마약, 소금 독점, 광산, 농장, 어장, 군수품 공장을 접수하여 닥치는 대로 금은보화를 긁어모으는 일, 이것이 일본이 1945년까지 전쟁을 이어갔던 주요한 목표였다. 명분 없는 전쟁터에 병사들을 붙잡아두기 위해서는 성노리개를 던져주는 것이 필요했다.

일 황실이 전쟁 중 골든릴리를 운영하면서 긁어모은 상상하기 힘들 정도의 엄청난 금은보화는 필리핀의 섬 175곳의 지하터널에 감추고, 지하터널을 팠던 기술자들은 마지막 날 지하에서 축하연을 하던 도중 다이너마이트 폭발로 생매장되었다.

패전 이후 일 황실은 비밀리에 본토로 보물 상자들을 옮겼고, 그 중 몇 개는 미국의 손에 넘어갔으며 몇 개는 마르코스의 천문학적 부의 원천이 되었다. 미국은 이렇게 얻은 검은 돈을 바탕으로 M-펀드, 요츠야 펀드, 키난 펀드를 만들었다. 이 펀드들은 미국이 원하는 정권이 일본을 장악하도록 돕는데 쓰이거나 일본과 미국의 더러운 결탁(731부대의 생화학전쟁 프로그램 공유, 골든릴리 약탈에 관한 증언 방지, 모든 좌익 활동의 진압)을 진행하는 데에 사용되었다.

가쓰라-태프트 밀약에서 분단까지

1905년의 가쓰라 태프트 밀약 이후 미국의 루즈벨트가 일본에 한국점령의 비용으로 뒷돈 7억 엔(14조)을 내어준 사실을 밝힌 『The Foreign Destruction of Korean Independence(외세의 한국 독립 파괴)』(서울대출판부, 2007)의 저자인 카메론 쇼의 말대로 아시아에서 미국이 오래전부터 신뢰했던 최고의 우방은 일본이었다. 미국은 제2차 대전 이후 일본이 주변국에 배상해야 할 의무를 신속히 면제해주거나 낮추어 주었다. 1965년 한국에 반공정권을 공고히 하기위해 적은 배상으로 한일협정을 마무리하기를 주선했고, 최근의 '위안부' 문제를 불가역적으로 돈 몇 푼에 종결짓도록 채근한 것도 미국이다.

▍『The Foreign Destruction of Korean Independence(외세의 한국 독립 파괴)』는 1910년 경술국치에 미국이 적극 개입하고 일본에 천문학적인 재정지원을 했음을 원본 사료에 근거해 밝힌 책이다. 필자 카메론 쇼는 "백여 년 전 우리(미국)가 '공공의 선'이란 미명하에 작은 나라(대한제국)의 국권에 어떤 짓을 저질렀는 지 생각해보라"며 "미국인의 한 사람으로서 사죄의 뜻을 표하고 싶어 이 책을 쓰게 됐다"고 말했다. 왼쪽 사진은 러일 전쟁 중이던 1905년 7월 29일 필리핀과 대한제국의 지배권을 서로 인정하기로 한 미일 가쓰라 -태프트 밀약의 주역들.

모든 존재 안에 하늘을 모시고 있으니 모두가 귀한 존재라고 믿었던 동학 도들은 한반도 역사를 통털어 가장 고등하게 진화한 상남자 상여자 들이었다. 인구의 30퍼센트 가까이 되었다는 그들의 개혁 세상에 대한 열망과 실천이 일본의 방해 없이 그대로 진행되었더라면 한반도는 어떻게 되었을까? 아쉽게 도 그들은 모두 일본의 총구 앞에 스러졌다. ⇒ 일본의 야욕으로 한반도는 식 민노예의 나라가 되었고⇒그로 인해 해방 후 분단이 되었으며 (연합국은 전쟁 을 일으킨 벌로 일본을 분할해야 했으나 일본의 재산으로 간주되었던 한반도를 분할했다.) ⇒ 하나의 민족은 둘로 쪼개어져 전쟁을 겪고⇒남쪽은 미국의 군사기지 역할을 충실히 하며 지금까지도 증오 속에 전쟁이라는 화약을 안고 살게 되었다.

삭제된 문장을 읽으면 더 괴로울 듯

박유하는 '위안부' 강제연행의 증거가 없다거나 '주둔부대의 일원'이자 '부인 같은 느낌'으로 죽음을 앞둔 군인에게 미소 지으며 '멋지게 죽어주세요'라고 애국적 발언을 하는 사유리(작은 백합), 스즈란(방울꽃), 모모코(복사꽃)로 그녀들을 정의한다. 그들에게서 일본 병사들과의 사랑에 대한 기억을 빼앗는 진보, 좌파민족주의는 나쁘다고 일갈한다.

쇼와 천황을 범죄자로 규정하는 건 사태를 악화시킬 뿐이며, 결단코 일본 정부나 일본 군인이 끌고 가지 않았고, 제일 나쁜 것은 우리 안의 협력자라고 말한다. 일본 전쟁은 서양으로부터 '아시아의 해방'을 위한 것이며[3], 일본 군국주의 부활시도는 비약일 뿐 평화헌법을 지키고 있는 일본을 의심하지 말라고 한다. '위안부'는 가난한 개인을 공동체의 구속에서 해방시키고 제국이라는 코스모폴리스의 인민으로 살게 하는 과정에서 생긴 존재로 정의한다(삭제된 문장이 무언지 알게 되면 더 괴로울 것 같다).

일본 황실, 3백만의 일본군, 겐요우샤나 고쿠류카이와 같은 야쿠자 조직들은 동학농민 토벌 이후 반세기 동안 이웃나라 국민 2천만~3천5백만 명을 잔혹하게 죽이며 노예노동을 강요하고 강간과 약탈을 저질렀던 하나의 몸뚱이다. 젊은 여성들의 평균나이가 15세였는지 25세였는지, 일본 천왕의 손으로 끌고 갔는지 조선 포주가 끌고 갔는지는 사건의 본질을 파악하는 데 전혀 관계가 없다.

일본은 이웃나라의 인적 물적 자원을 탐내어 총을 만들고 지도를 만든 것부터(1880년대), 이웃나라 개혁세력 수만 명을 모두 죽이고(1894), 이웃나라 왕비를 자기들 마음대로 죽여 불태우고(1895), 이웃나라를 강점하여(1910) 독립을 염원하는 수천 명을 죽이고 고문하고 가두고(1919), 지진피해의 원인이 조센

---

3 일본이 제국주의에 나선 것은 서양을 흉내 낸 일이기도 하다. 일본의 대상은 아시아였고, 말하자면 아시아의 불행은 서양의 제국주의에서 시작된 것이기도 하다. 그건 결과적으로 아시아의 침략이 되고 말았지만, 일본의 전쟁의 명분은 서양 제국으로부터의 '아시아의 해방'이었다. 그러나 결과적으로 일본은 졌고, 전후 일본과 한국은 함께 미국을 중심으로 한 제국적 냉전구조 속에 안주하게 된다.(『제국의 위안부』, 298쪽)

징이라며 수천 명을 죽이고(1923), 언어도 땅도 재물도 빼앗고, 노예노동과 총알받이와 정액받이가 되기를 강제하고(1945년까지), 한반도에 분단과 전쟁을 초래하는 등 21세기로 넘어온 오늘까지 한반도가 처하고 있는 모든 고통의 뿌리에 자리하고 있다. 조용한 아침의 나라로 살고 싶은 우리는 모진 일본을 이웃하고 있는 탓으로 너무나 많은 시련과 고통을 겪어 왔다. 일본은 우리에게 이 모든 것을 사과하고 배상해야 한다. 미국을 등에 업고 스리슬쩍 넘어가 여전히 발톱을 감추고 송곳니를 감추는 모습에 우리는 더 이상 속지 않는다.

21세기 들어와 일본은 미국의 도움으로 평화헌법을 뛰쳐나왔고 자위대는 합법적으로 다시 총을 손에 쥐었다. 한미일 군사동맹을 이유로 일본은 한반도를 쑥대밭으로 만들 수 있는 존재로 다시 우뚝 섰다. 박유하가 '위안부 문제'를 '심각한 소통 부재의 문제'로 파악하고 소통하자며 나섰지만 그녀는 숲을 보지 못하고 있을뿐더러 나무 한 그루도 제대로 바라보고 있지 않다. 인류의 평화는 총과 칼을 손에 들은 채로 자기 합리화를 하는 세력이나 어쭙잖은 화해의 몸짓을 통해서 오지는 않는다.

고은광순

이화여대 사회학과 다니며 시위하다 두 차례 제적됐고, 대전대 한의학과에 다시 들어갔다. 근래에는 여성동학다큐소설 작가로 활동하면서 이화여대민동 회장, 대한한의사협회 감사를 맡고 있다. 평화어머니 (2015~) 활동을 하면서 1인시위도 열심히 한다. 저서로 『어느 안티미스코리아의 반란』, 『한국에는 남자들만 산다』, 『시골한의사 고은광순의 힐링』 등이 있다.

일본 평화운동의 두 얼굴-
천황제, 위안부 문제 터부시

은동기 「한국NGO신문」 기자

　사면이 바다로 둘러 쌓인 일본은 상대적으로 서구문명을 일찍 받아들였고, 명치유신을 통해 근대국가로 발돋움하며 대륙을 향한 영토 확장의 야망을 숨기지 않았다. 일본 총리 고노에 후미마로는 1940년에 일본, 만주국, 중국과 동남아시아의 일부를 아우르는 대동아를 건설하기 위해 일본 천황제 파시즘의 핵심사상인 팔굉일우(八紘一宇)에 의거해서 '대동아공영권'을 기획하고, 세계 정복을 위한 제국주의 침략 전쟁을 합리화한다. 팔굉일우는 '전 세계가 하나의 집'이라는 뜻을 갖고 있다.

이에 따라 일본은 대륙으로 진출하여 청일전쟁, 러일전쟁을 일으키고 조선을 강제로 침탈했다. 이와 함께 '대동아 공영권'의 논리로 아시아 국가들을 침략했고, 급기야는 미국과의 전쟁을 시작하면서 파멸의 길로 들어서 인류 역사상 최초로 원자폭탄 공격을 받은 불행한 종말을 맞았다.

그런데 우리는 이 부분에서 역사의 아이러니를 보게 된다. 독일은 2차 대전 패전 후, 연합국에 의해 국토가 강제로 분할되는 굴욕을 맛보아야 했고 과거사에 대한 처절하고 진정성 있는 반성을 동반했다.

이에 반해 일본은 1951년 9월 8일에 체결한 샌프란시스코 조약에서 드러나듯이 패전국으로서 감당해야 할 책임과 배상보다는 대단한 '혜택'을 부여받는다. 전후 도래한 소련과의 냉전시대를 맞아 미국의 보호를 받게 되고, 경제부흥에만 전력을 기울일 수 있게 된다. 일본의 행운은 여기서 그치지 않는다. 일본은 한반도에서의 전쟁을 틈타 전쟁특수를 누리며 급격하게 경제대국의 대열에 올라서게 된다.

미국은 일본을 패전국으로 처벌하지 않았다. 전후 일본의 전범들에 대한 단죄 등을 엄정하게 처리하지 않음에 따라 아베의 외할아버지 '기시' 같은 A급 전범이 정계에 복귀하여 수상이 될 정도로 방임했다. 미국이 패전국 일본으로 하여금 뼈저린 반성을 할 기회를 앗아버린 것은 일본이나 동북아의 평화를 위해 불행한 일이었다.

(사)평화통일시민연대(상임공동대표. 이장희 외대 명예교수)가 주최하는 제58차 평화통일전략포럼이 서승 리츠메이칸 대학교 특임교수의 '일본의 평화운동과 과제'를 주제로 2016년 3월 16일 오후 6시에 서울 청파동 평화연대 사무실에서 열렸다. 이날 발제를 맡은 서승 교수는 1945년 이전부터 현재에 이르는 일본의 평화운동의 역사를 살펴보고 그 한계와 과제를 설명했다. 아래는 서 교수의 발제를 요약한 것이다.

1945년 이전의 일본 평화운동 전사

명치시대 여류시인 요사노 아키코(與謝野晶子)는 러일전쟁 당시, 여순 요새 포위 전에 전쟁터로 나가던 동생을 걱정하며 일본 역사상 가장 통렬한 반전시로 꼽히는 「그대여 죽지 말아라」라는 시를 썼다.[1]

---

1 요사노 아키코의 반전시 「그대여 죽지 말아라 (君死にたまふことなかれ)」(1904)
아아 동생아. 너 때문에 울고 있다./ 그대여 죽지 말아라./ 막내로 태어난 그대이기에/ 부모님의 정을 듬뿍 받았었다./ 부모님이 칼을 쥐고/ 사람을 죽이는 시범을 보이셨느냐./ 사람을 죽이다 죽으라고/ 24세까지 너를 기른 것이겠느냐,// 사카이 거리의 점포상점/ 유서 깊은 집안에 태어나/ 부모의 가업을 물려받을 그대이기에/ 그대여 죽지 말아라/ 여순의 성이 떨어지든/ 떨어지지 않든 그게 무슨 상관이냐/ 그대는 모르느냐. 그런 건/ 점포상 집안의 율법과는 상관없는 일이다// 그대여 죽지 말아라/ 폐하께서도 이 싸움에/ 그 분 스스로는 나가지 않으셨다./ 서로의 피를 흘리게 하고/ 짐승처럼 죽으라고 하면서/ 죽이는 것을 사람의 공적으로 떠받드는 건/ 폐하의 깊으신 마음으로도/ 탐탁치 않아하셨을 거다.// 아아 동생아, 싸움에서/ 그대여 죽지 말아라./ 지난 가을 아버님을/ 여의신 어머님은/ 한탄의 나날 속에서도 안타깝게/ 자식을 전쟁터에 내보내고, 집을 지키신다/ 태평함을 들려 주신다던 폐

당시는 군국주의가 팽배하던 때로 일본 전체 인구의 3퍼센트에 달하는 청년들이 전쟁에 동원되고 희생되었으나 아무런 보상도 받지 못하던 시기여서 전쟁 참가자의 가족들이 이 시에 공감하면서 일본 사회는 발칵 뒤집혔다.

또한, 톨스토이의 인도주의적 비폭력 평화주의와 더불어 시라카바파(백화파, 白樺派), KAPF(조선프롤레타리아예술가동맹), NAPF(全日本無産者芸術団体協議会), 사회주의 인터내셔널 등 프롤레타리아 반전평화주의가 전쟁 중인 일본 열도를 휩쓸었다.

이와 함께 1차 세계대전에 참전했던 프랑스 작가 앙리 바르뷔스(Barbusse, H.)의 실화 소설 『포화』도 문학사적으로 반전 평화운동의 범주에 속하며, 1916년 프랑스 최고 문학상인 공쿠르상(Prix Goncourt)을 수상했다. 클라르테 (Clarte)운동은 20세기 초반에 일어났던 평화와 인간 해방을 지향한 지식인 문화예술 운동으로 일본의 문예사조에도 영향을 끼쳤으며 김기진에 의해 국내에 소개되기도 했다.

그 밖에도 노일전쟁을 반대했던 우치무라 간조, 여호와의 증인, 오오모토교(大本教), 창가학회 등은 전쟁을 반대하는 종교적 평화주의를 주창, 일본의 치안유지법에 의해 투옥되기도 했다.

일본의 패전과 평화주의

1950~1960년대 물리학자 알베르트 아인슈타인과 철학자 버트런드 러셀

하의 다스림도/ 늘어가는 어머니의 흰 머리는 이기지 못한다// 포렴 뒤에 엎드러 눈물짓는/ 네 어린 새색시를/ 그대는 잊어버렸나. 기억하느냐./ 열 달이나 떨어져 기다리고 있는/ 소녀의 마음을 생각해 봤느냐/ 너는 이제 홀몸도 아니란다/ 그 애가 달리 누굴 의지하겠느냐/ 그대여, 죽지 말아라.//
(출처 http://beholderer.egloos.com/789104)

이 원자폭탄 및 수소폭탄의 심각한 위험성을 경고하기 위해 1955년 캐나다 퍼그위시(Pugwash)에서 '버트란드 러셀 - 아인슈타인 선언(Russel - Einstein Manifesto)'으로 비핵 평화운동을 벌이면서 일본에서도 1962년 이 선언을 모델로 한 일본의 '과학자 교토(京都) 회의'가 발족했다.

일본은 2차 대전 패전 후, 미군정하에서 원폭피해에 대한 언급이 금기시되어 왔다. 그러나 1952년 샌프란시스코 조약 발효와 함께 일본 주권이 회복되자 피폭의 악몽을 바탕으로 평화를 말하기 시작했다. 또한 일본에는 1천 6백 개의 평화도시 선언이 있었다.

오늘날 일본 평화운동의 가장 큰 부분은 헌법 9조 호헌운동으로 2015년 반안보법제운동을 벌이기도 했다. 이런 점에서 일본이 대단한 평화주의국가라고 생각하겠지만, 꼭 그렇지만 않은 측면이 있다. 일본은 세계 최초의 유일한 피폭국이라는 인식에서 특히 일본 공산당계와 사회당계를 중심으로 핵을 반대하는 평화운동이 전개되었다.

1960년대 베트남전쟁 반대운동이 전개되면서 일본에서도 '베트남에 평화를! 시민연합'(베헤이렌)이 결성됐고, 일본 평화운동에 상당한 영향을 끼쳤다. 1970년대에 들어 반군사독재, 인권운동으로 한국의 김지하 시인, 야당 지도자 김대중, 서승·서준식 형제 석방운동을 전개하기도 했다. 반기지운동은 오키나와의 미군기지 이전 운동으로 일본에서 가능성과 현실성에서 보면 이 운동이 가장 강력한 평화운동이다.

천황제, 야스쿠니신사, 난징학살, 위안부 문제 터부시

일본의 평화헌법 9조 개악을 반대하고 (평화헌법을 지키는 일본국민을) 노벨평화상 후보로 추천하기 위한 운동이 일본과 한국에서 전개되고 있다. 그러나

이 운동은 안보법제 반대운동 등 일정한 구조를 갖고 있으나 키쿠(천황제), 야스쿠니신사, 난징학살, 일본군 '위안부' 문제 등 이른바 '4개 터부'에 관해 서는 언급을 피하고 있다. 일본에서 '4개의 터부'에 대한 언급은 호된 제재를 받는 등 눈에 보이지 않는 공포분위기가 짓누르고 있어 평화운동의 본질에서 한계를 노정하면서 일본 평화운동의 양면성을 적나라하게 보여 주고 있다.

또한, 이들은 미일 안보조약을 시인하고 오키나와 미군기지에 대해서조차 무관심하며 아시아를 멸시하는 편향성과 이율배반적 행태를 보이고 있다. 일본은 평화헌법 9조가 있음에도 불구하고 세계 3~4위의 자위대라는 막강한 군대를 보유하고 있는 군사강국이라는 점과 헌법 9조가 얼마나 규범적인 구속력을 갖고 있는가의 문제가 있다.

일본의 두 얼굴을 극명하게 드러낸 사건은 또 있다. 2015년 1월, 동경의 한 갤러리에서 일본 사회에서 금기로 여겨지는 사안을 다뤄서 전시를 거부당했던 작품을 모은 '표현의 부자유전'이 열렸다. 일본 대사관 앞에 흰 저고리에 까만 치마를 입고 두 주먹을 꼭 쥔 채 발뒤꿈치를 들고 앉아 있는 '평화의 소녀상'은 지난 2012년, 도쿄 도립미술관이 정치적 표현물이라며 전시를 일방적으로 취소했던 작품이다. 작가 김운성, 김서경 부부는 '평화의 소녀상'을 일본에 설치해 달라고 했으나 그 어느 곳도 받아주는 곳이 없었다.

이처럼 과거사 규명운동이나 아스쿠니신사 반대 운동처럼 일본에서 금기시되는 운동을 하는 활동가들은 회의장소를 빌리기도 어렵다. 대학이나 교회, 교육회관, 사회당 본부도 그렇다. 겨우 YMCA 같은 단체가 그래도 일본에서 치외법권지대 성격을 갖고 있기 때문에 가능하다. 일본군 '위안부'에 관한 책을 출판하는 것도 큰 출판사들은 겁을 내는 바람에 쉽지가 않았다.

오키나와 문제에 대한 무관심과 아시아 멸시, 혐중, 혐한, 북한 죽이기 등의 이율배반적 행태는 평화헌법을 지지하는 사람들이라면 마땅히 일관되게 반대해야 하지만 의외로 일본의 평화주의자들은 이들 문제에 대해 아무렇지 않게 생각한다.

일본인들에게 평화 헌법 9조는 인류 보편적 평화 애호사상과 전쟁 반대 운동으로서가 아니라 '염전사상'과 관계되어 있어서 그 자체를 나쁘다고 할 수는 없지만, 가해자 의식이 결여되어 있고 오로지 일본의 안정에만 치

■ 2015년 1월 일본 도쿄도 네리마구의 갤러리에서 열린 '표현의 부자유전'에 전시된 평화의 소녀상. 천황제 폐지, 헌법 9조 수정, 일본군 '위안부' 문제 등 일본 사회에서 금기시되는 소재를 다뤘다는 이유로 출품을 거부당한 작품 20여 점이 함께 전시됐다.

중하는 경향을 보임으로써 심각한 내재적 문제점을 갖고 있다.

이 같은 일본인들의 자가당착적 논리는 평화헌법이라는 것이 기실 미국의 강요에 의한 산물로 미국의 힘에 의해 보호를 받으면서 한편으로는 한국전쟁, 베트남 전쟁, 아프가니스탄과 이라크의 전쟁까지도 일본이 후방에서 지원해 왔다는 역사적 사실에 대해서는 눈을 감는 이중성을 그대로 보여 주고 있는 것이다.

아시아의 약소국을 침략했던 부끄러운 과거청산 의식의 결여와 세계 유일의 피폭국이라는 피해성만 강조할 뿐, 동아시아에 피해를 준 국가들에 대해서는 과거청산의 진정성을 보여주지 못하고 있다.

전쟁에 참여하여 희생되었던 일본인에 대한 배상 문제 역시 문제점을 안고 있다. 오로지 천황을 위해 기꺼이 전쟁터에서 목숨을 던진 사람에게만 막대한 지원금을 지급하고 동경과 오사카 등지에서 폭격으로 사망한 일본인들에게는 국가적 차원에서의 사과나 진상규명, 배상이 없는 실정이다.

'4개의 터부' 외에도 헤이트 스피치 등을 통해 중국, 한국, 동남아에 대해 철두철미 이중적인 행태를 보이는 점과 일본은 문명국가이고 그 이외의 아

시아 국가는 야만국가라는 서구적 가치관을 답습하고 있기도 하다. 이처럼 일본 평화주의의 본질은 이중적이며, 이율배반적이고 모순으로 가득 차 있다. 북한에 대해서도 오히려 일본인 납치문제를 들어 일본이 피해자인 양 하는 일본의 민족관, 인간관에 대해 평화 운동가들이 제대로 유효한 반격을 하지 못하고 있다.

▌서승 교수의 강연을 듣고 나서 일본 재무장에 대한 우려가 깊어졌다. 일본이 이제 또 다시 '집단적 자위권'이라는 논리로 연합군에 의해 강제된 평화헌법을 백지화하고, 자위대를 명실상부한 군대의 모습으로 탈바꿈시키며 미국과 호흡을 맞춰 '전쟁할 수 있는 나라'로 거듭나고 있다. 이미 한국전쟁을 통해 한반도에 군사적 개입의 경험이 있는 일본은 유사시 한반도에 진입할 논리적 근거를 확보하고 있기까지 하다. 작년 12·28 한일 정부 간의 위안부 문제 합의는 한미일 군사동맹 강화를 위한 사전 포석이라는 것이 일반적인 관측이다.

＊ 서승 강연/ 은동기 「한국NGO신문」 기자 정리.
　이 글은 「한국NGO신문」(2016. 3. 28.)에 실린 기사이다.

기억의 투쟁-
박유하의 기억, '위안부'의 기억

*그림_고 강덕경 할머니 / 그림 제공_한국정신대문제대책협의회

박유하의 책『제국의 위안부』의 부제는 '식민지지배와 기억의 투쟁'이다.

박유하는 어떤 기억과 투쟁하려 하는가. '소녀 20만'이 '강제연행' 됐다는 기억과 싸우려 한다. 그녀는 '풍화되는 기억들' '망각되는 기억들'을 안타까워한다. 그런 기억의 핵심은 일본군과의 '동지적인 관계'로 표현된다.

그래서 '성적 혹사 이외의 경험과 기억'을 배제한다고 여기는 정대협, 소녀상과 기억의 투쟁을 벌인다. 성적 이미지와는 무관해 보이는 어린 소녀의 모습을 한 소녀상은 위안부를 싱징힐 수 없다고 공격한다. '용서의 기익을 소거한 눈'으로 저항하는 소녀상은 한일 간의 화해를 해치는 상징이라 여긴다.

저항의 기억, 민족의 소녀, 이런 기억을 배제하고 그녀가 되찾으려는 기억은 무엇일까? 식민지 시기의 '협력과 순종의 기억'도 '우리 자신의 얼굴'임을 강조하는 그녀가 '기억의 투쟁'을 벌이는 이유는 무엇일까?

피해자는 있는데 가해자는 없고, 범죄는 있는데 처벌과 사죄는 없는, 그런 화해를 원하는 것인가? 도대체 그런 화해는 무엇에 쓰려는 것일까.

먼저 피해자의 목소리에 귀 기울이고 마음의 문을 열어야 한다. 피눈물의 고통을 우려내 그린 강덕경 할머니의 그림이 마음의 눈을 뜨게 하는데 도움이 되길 바란다.

빼앗긴 순정

"제 인생은 열여섯 꽃다운 나이로 끝났습니다.
지금도 이렇게 시퍼렇게 살아있는 것은 피맺힌 한을 풀지 못해서입니다.
내 청춘을 돌려주십시오." (김학순, 1997년 별세)

"피해의 기억만이 필요한 곳에서는 화해의 기억은 배제된다. 기금을 받았거나 일본군을 사랑한 위안부들의 이야기는 결코 '위안부 이야기'가 되지 않는 것이다."(박유하, 『제국의 위안부』 122쪽)

내가 살던 위안소

"아아 산 넘어 산을 넘어/멀리 만 리를 정신대로/상등병에게 잡혀/내 몸은 찢겨졌다."

(강덕경 할머니, 1997년 별세)

"무엇보다 '성노예'란 성적인 혹사 이외의 경험과 기억을 억압하고 은폐하는 말이다. 그들이 총체적인 '피해자'인 것은 틀림없지만, 그런 측면에만 주목하고 '피해자'의 틀에서 벗어나는 기억을 은폐하는 것은 위안부의 전余인격을 받아들이지 않는 일이기도 하다. 결국 위안부들이 자신의 기억의 주인이지 못하게 한다는 점에서, 다른 이들의 기억에 의해서만 존재하도록 한다는 점에서, 우리 또한 그들을 '노예'로 만드는 주체가 되고 마는 것이다."(박유하, 『제국의 위안부』 117쪽)

라바울 위안소

배를 따는 일본군

"내 청춘 돌려달란 말이다." (황금주, 2013년 별세)

"'성노예'라는 단어는 위안부들의 또다른 기억을 억압한다. 그 이름으로 남아 있는 것은 위안부 자신의 기억이라기보다 개념화된 '식민지의 기억'이자 우리의 민족주의가 요구하는 기억일 뿐이다."(박유하, 『제국의 위안부』131쪽)

악몽

우리 앞에 사죄하라

"다시 태어나면 나라를 지키는 군인이 되고 싶다" (김순덕 할머니, 2004년 별세)

책임자를 처벌하라

"우리 죽는다고 끝날 일이 아니죠. 대한민국엔 어디 아들딸이 없나요?"

(길원옥 할머니)

"소녀상이 저항하는 모습만 표현하는 이상, 일본 옷을 입었던 일본이름의 '조선인 위안부'의 기억이 등장할 여지는 없다. 그들의 또 다른 생활과 기억 일본 군인을 간호하고 사랑하고 함께 놀며 웃었던 기억을 가진 '위안부'는 그곳에는 존재할 수 없는 것이다."

(박유하, 『제국의 위안부』 205~206쪽)

하나됨

"나 죽고 나면 모두 나를 잊을까봐 겁이 난다"(강덕경 할머니, 2007년 별세)

그리고 '자발적으로 간 매춘부'라는 이미지를 우리가 부정해온 것 역시 그런 욕망, 기억
과 무관하지 않다. (박유하, 『제국의 위안부』 296쪽)

✻ 고 강덕경 할머니(1929~1997)

강덕경 할머니는 29년 2월 경남 진주에서 출생하였다. 아버지는 일찍 돌아가시고 어머니는 재혼하여 거의 외가에서 생활하였다. 할머니가 요시노 국민학교(현재 중앙초등학교)에 다니던 중 담임선생이 가정 방문하여 정신대에 나갈 것을 강요하였다. 이를 계기로 할머니(당시 15세, 고등과 1학년)는 44년 6월 여자근로정신대 1기생으로 일본으로 떠나게 된다.

부산에서 연락선을 타고 시모노세키로 옮긴 후 다시 도야마현 후지코시로 이동하였다. 배고픔과 고된 노동에 견디지 못한 할머니는 2번의 탈출을 시도한다. 두 번째 탈출을 시도하던 밤, 트럭에 탄 일본 헌병에게 붙잡혀 야산으로 끌려가 순결을 빼앗긴다. 그 길로 할머니는 '하루에'라는 이름을 가지고 일본군 '위안부' 생활을 시작하게 되었다. 다다미 한 장 반 정도 되는 크기의 방에는 하루에 10명의 군인이 찾아왔으며, 주말이면 더욱 많은 군인을 상대해야 했고 그래서 토요일이면 어디론가 도망가고 싶은 생각뿐이었다고 한다. 그곳에서 할머니는 자신의 처량한 생활을 군가에 붙여 노랫말을 붙여 부르곤 하였다.

"아아 산 넘어 산을 넘어/멀리 만 리를 정신대로/상등병에게 잡혀/내 몸은 찢겨졌다"

(김혜원, 「고 강덕경 할머니가 걸어온 길」 중에서, 1997. 2. 5.)

이제 소녀상은
동북아 평화, 세계 평화의 상징물

김운성 평화의 소녀상 작가

2015년 12월 28일 '위안부' 문제에 관한 한일 외교장관회담 합의문이 발표됐습니다. 국내의 반응은 한마디로 '굴욕적인 졸속 협상'이라는 것이었습니다. 무엇보다 피해자의 의사가 배제된 합의였습니다. 사과한다는 일본 측은 오만으로 가득 찼고, 이를 부추긴 미국은 발 빠르게 긍정적 반응을 보였습니다.

합의문에는 소녀상과 관련하여 "한국정부는 일본 정부가 주한일본대사관 앞의 소녀상에 대해 공관의 안녕·위엄의 유지라는 관점에서 우려하고 있는 점을 인지하고, 한국 정부로서도 가능한 대응방향에 대해 관련단체와의 협의 등을 통해 적절히 해결되도록 노력함."이라고 적혀 있습니다.

평화의 소녀상 철거를 전제로 한 굴욕 합의를 10억 엔에 팔아먹은 사실은 일본 언론을 통해 뒤늦게 알게 되었습니다. 한국에서는 모르고 있던 사항입니다, 그런데 이 졸속합의가 불가역적인 타결이라고 합니다. 일본 자민당은 소녀상 조기 철거 촉구 결의안을 내기도 하고, 일본 정부 고위 관리는 소녀상 철거와 재단 설치가 패키지로 이루어져야 한다고 공개적으로 발언합니다.[1]

얻은 것이 있다면 문제의 본질을 파악한 것입니다. 문제의 원점에서 다시 시작하고 엉킨 실마리를 풀어나가야 합니다. 일본의 과거 전쟁범죄는 씻을 수 없는 불가역적인 사실이고, 미국은 예나 지금이나 미국의 국익을 우선하며, 한국 정부는 여전히 자기 목소리를 제대로 내지 못한다는 것을 확인했습니다.

어찌 보면 이번 합의는 한일 간의 회담을 넘어선 문제이며, 한미일 군사협정 강화를 통해 군사적 긴장과 대결로 나아가려는 세력들 간의 야합인 것입니다. 조만간 재무장한 일본이 우리 앞에 등장할 것으로 예상됩니다. 그런데 이 야합에 군이 '평화의 소녀상'을 끼워 넣는 이유는 무엇이었을까요? 이 점이 무척 궁금했는데, 그동안 경험한 일본 정부의 소녀상에 대한 입장을 살

---

[1] 아베 일본 총리의 측근인 하기우다 고이치(萩生田光一) 일본 관방 부장관은 지난 6일 밤 BS후지 '프라임뉴스'에 출연해 "위안부 재단에 대한 10억 엔 출연과 소녀상 이전 문제 가운데 무엇이 먼저냐"는 질문에 "(한일 간 합의문에) 분명히 쓰여 있다"며 "양국 간 관계에서 말하자면 '패키지'라고 생각한다"고 답했다. 하기우다 부장관은 또 "어느 것이 먼저고 나중일지는 매우 미묘한 문제이지만, 어떤 의미에서는 '최종적'인 만큼 전부 한꺼번에 해결할 수 있기를 바란다"며 "(재단이 설립돼) 설립기념식을 하는 날에 주한 일본대사관 앞에 '위안부' 소녀상이 그대로 남아있거나, 거기서 집회를 하는 것은 우리로서는 상상하고 싶지 않다"고 덧붙였다. (「소녀상에 민감한 일본, 재단과 소녀상 맞교환?」, KBS, 2016. 4. 8.)

펴보았을 때 이해가 되었습니다.

'평화의 소녀상'은 일본군 '위안부' 피해자들의 1천 회 '수요집회'를 기념하기 위해 2011년 12월 14일 만들었는데, 담겨 있는 내용은 온전히 피해자들의 아픔을 표현하였습니다.

그렇지만 일본 정부는 처음부터 집요하게 반대를 해왔습니다. 일본대사관 앞에 첫 번째 '평화의 소녀상'이 설치될 때부터 반대하였고, 2013년 미국 글렌데일 시에 설치되는 것도 적극 반대해 왔습니다.

자신들의 입장을 표명하는 것을 넘어서 소녀상 설치를 저지하기 위해 온갖 활동을 펼쳐 왔습니다. 때로는 외교를 통해 반대하였고, 또 한편으로는 일본 언론을 통해 반대했으며, 법적 문제를 삼기도 했습니다. 다른 나라에서 소녀상을 설치하기 어려워진 이유는 바로 이러한 일본의 전 방위적인 반대 때문입니다.

'평화의 소녀상' 설치가 그토록 문제가 된다면, 그것이 일본이 군사대국화를 추진하는데 장애가 되고 한미일 군사협정에 걸림돌이 된다면, 그렇다면 오히려 역설적으로 평화의 소녀상이 평화 지킴이가 될 수 있겠다는 생각이 들기도 했습니다.

　일본의 소녀상 철거 요구를 통해 더 깊고 넓은 시야를 갖게 됐습니다. 소녀상은 단지 일본군 '위안부'의 위로와 평화만을 위한 것이 아니라, 한국과 일본의 평화, 동북아의 평화, 나아가 전 세계의 평화를 지키는 상징이라는 것을 알게 된 것입니다. 긴장, 대결, 군국주의를 추구하고, 거짓 화해와 평화를 말하는 세력이 소녀상 철거를 원한다면, 소녀상을 지키는 일이 곧 진정한 평화를 지키는 것이라는 사실도 알게 됐습니다. 그래서 평화를 원하는 세계 각국의 사람들에게 소녀상 확산 운동을 펼쳐 나가려고 합니다. 그것이 '평화의 소녀상'을 만드는 우리가 해야 할 일이라고 생각합니다. 소녀상이 우리에게 묻습니다.

　'군사주권이 없어서 나라를 빼앗기고, 그래서 소녀들이 강제로 일본군 '위안부'가 됐는데, 지금 현실을 보면 안타깝기 그지없습니다. 나를 지켜줄 수 있나요?'

제5부

법학자와 페미니스트 눈으로 바라본
『제국의 위안부』

감정의 혼란과 착종

―위안부에 대한 잘못된 키질[1]

이재승 건국대학교 법학전문대학원 교수

박유하 교수가 위안부 문제에 관해 한국사회에서 상식으로 통하는 단견을 극복하기 위해 위안부의 또 다른 진실을 드러내겠다고 포문을 열었다. 박 교수의 말처럼 어떤 문제를 놓고 양측이 수십 년간 대치하고 있다면 한 번쯤 문제 제기방식을 점검해보는 것도 필요하다. 이런 식의 방법적 전환을 통해 적절한 해법을 제공하게 된다면 구태의연한 태도를 취해온 쪽이 잘못이라고

---

[1] 이 글은 인터넷서평저널 「아포리아」에 2013년 9월 28일에 게재한 원고를 보완한 것이다. (http://www.aporia.co.kr/bbs/board.php?bo_table=rpb_community&wr_id=39).

하겠다. 박 교수는 이러한 견지에서 위안부 문제를 둘러싸고 주로 한국 측의 입장을 비판하며 재구성을 시도하였다. 필자는 문제를 올바로 제기했음에도 불구하고 오래도록 문제를 해결하지 못하는 상황이 세상사에 비일비재하다는 점을 먼저 말하고 싶다. 특히 정의와 책임이 문제되는 법적 윤리적 사안에서 이러한 교착 상태는 수시로 발생한다. 그 이유도 주로 사태에 대한 지성적인 오해가 아니라 정서적 태도와 관련된다. 필자는 위안부 문제는 바로 이러한 유형의 문제가 아닐까 생각한다.

박 교수의 사유실험이 코페르니쿠스적인 전회인지는 위안부 문제 연구자들이 평가할 문제이다. 『제국의 위안부』는 신문과 인터넷 블로그 서평란에서 충분히 소개되었다. 일전에 이상엽 사진작가는 「프레시안」에 쓴 글에서 박 교수의 글이 조만간 논쟁을 유발시키지 않을까 조심스럽게 예상하였다.[2]

필자는 법학자로서 박 교수의 법적 판단에 대하여 검토해보고자 한다. 박 교수는 『제국의 위안부』에서 국가주의, 제국주의, 민족주의, 계급구조, 가부장제, 식민주의에 대해 파상적인 공세를 퍼부었다. 그런데 그 비판들이 내적인 논리에 따라 끝까지 전개되었는지 의문을 갖는다. 박 교수의 저작에서 폭포수 같은 감성적 통찰들에 경탄을 보내지만 올바른 키질을 통해 그 통찰을 잘 꿰었는지는 더욱 의문스럽다. 감정의 혼란과 착종이 이 책에 너무 깊이 배어 있기 때문이다. 필자는 박 교수의 결론적 전제인 '일본정부는 위안부 문제에 대하여 법적 책임이 없다'는 주장을 반박해보겠다.

박 교수는 위안부 문제에 대해 일본정부의 법적 책임이 없다고 주장하면서 후반부에 보상과 관련한 책임을 길게 서술하고 있는데 왜 그런지 이해하기 어렵다. '화해를 위해서' 수고가 많다고 생각한다. 그런데 책임은 단적으로 법적인 책임이다. 한국과 일본을 가로질러 학자들이 수없이 부딪히는 것

---

2 「'위안부=비극의 소녀상' 뒤집는 두 가지 시선?」
  http://www.pressian.com/article/article.asp?article_num=50130906134609

도 항상 법적인 책임이었다. 박 교수는 자신도 일본에게 책임이 있다는 주장을 해왔다고 변호한다. 책임의 이중적인 정의는 독자들에게 혼란을 주기에 충분하다. 그의 책임론은 일반대중을 호도하거나 비난을 면하기 위한 수사학적 장치처럼 여겨진다. 박 교수는 더욱 단호한 논조로 책임을 말해야 한다. 이 사태에서 법적 책임만이 관건이므로 '법적인 것'에 대한 충실한 이해를 피력해야만 한다. 그리하여 위안부 문제에 대해 일본정부의 법적 책임이 없다면 그도 책임문제에 대한 논의로 지면을 낭비할 필요가 없다. 더구나 박 교수가 양국의 경계를 넘나들며 '화해를 위해서' 외교 특사처럼 동분서주할 이유도 사라질 것이다.

소녀상과 가라유키상

박 교수는, 위안부제도는 매춘이고, 조선인 위안부는 '제국의 위안부'이며, 일본 군인과 조선인 위안부 사이에 '동지적 관계'가 있고, 위안부는 전쟁의 '협력자'이기도 하다고 주장하였다. 극단적 성폭력을 매개로 한 관계에서 저항과 협력의 회색지대를 발견하려는 시도를 높이 평가해야 할지는 의아하다. 박 교수는 위안부 동원이 일본이나 일본군의 '국가 범죄'가 아니며, 설혹 범죄라고 하더라도 그것이 주로 '업자의 범죄'라고 한다. 동시에 박 교수는 업자의 책임도 크지만 일본정부의 책임도 있다고 언급한다. 그런데 천황이나 일본정부가 성노예제에 대하여 법적 책임이 아닌 식민지배와 관련해서 상징적이고 구조적인 책임을 진다고 말한다. 책임에 관한 이러한 식의 복화술은 책임을 실제로 허구화한다.

일본군 위안부는 식민제국 일본이 침략과 전쟁을 수행하기 위해 기획한 제도이기 때문에 모든 위안부는 심각한 인권 침해의 희생자들이다. 위안부제

도가 일본제국이 관료적 체제를 통해 조선인 여성을 강제로 동원한 국가범
죄라는 구조적 시각을 거부한다면 위안부 제도는 어떻게 이해될까? 우선 위
안부 범죄와 관련한 주요 사실들이 산산이 분해될 것이다. 사태를 파편화한
다면 이른바 인도에 반한 죄나 성노예라는 관념을 불식시킬 수 있을 것이다.
이제 위안부를 돈 벌러 간 매춘부나 가부장이 팔아넘긴 매춘여성으로 규정
하고 위안부 제도의 불법적인 요소들을 슬슬 지워나간다면 위안부 문제는
저절로 해소될 것이다.

　일본군사령부의 위안부 모집 지시는 순전히 부탁이고, 업자의 사기적 모
집은 금지되지 않는 행위이고, 위안부를 국외로 이송한 군인은 교통편을 제
공한 친절한 아저씨이고, 위안소를 설치한 부대장은 다양한 편의를 제공하고
뒷배가 되어준 훈남이고, 위안소를 찾은 군인은 제국주의 전쟁에 끌려 나온
가련한 인간에 지나지 않는다. 이제 누가 범죄자로 처벌받아야 할까? 국가
범죄를 부인하는 쪽은 언제나 이와 같이 관료적이고 조직적인 범죄에 대해
파편화 전략을 추구하며 사태를 축소하고 왜곡한다.

　유대인의 절멸 과정에 관여한 독일인의 행위도 철저하게 분리해서 논죄했
다면 과연 누가 어떻게 처벌받을 수 있었을까! 박 교수도 책임을 말한다. 박
교수는 총체적으로 책임을 규정해야 할 때에는 사태를 쪼개서 책임을 희석
시키고, 낱낱이 책임을 추궁해야 할 때에 가해자를 피해자화하고, 조선인 군
인을, 착한 일본인 군인을 연이어 등장시켜 가해자와 피해자의 구도를 와해
시킨다. 박 교수는 일본 군인과 위안부의 애틋한 일상을 강조하고, 악마적
일본인 군인상은 잘못되었다고 지적한다.

　박 교수는 위안부 피해자가 20만에 이른다는 주장을 퍼뜨렸으며, 위안부
가 소녀뿐이었던 양 일본대사관 앞에 소녀상을 세웠다는 혐의로 정대협을
매몰차게 비판한다. 박 교수의 주장대로 기혼자들이 위안부로 갔다거나 위안
부가 3만 명 정도이면 일본제국의 국가범죄 심각성이 그만큼 줄어들지 궁금

하다.[3] 부대 안에 위안소를 설치하여 대규모 성노예를 군수품으로 확보한 군대는 인류사에서 찾기가 쉽지 않다. 그 피해자가 도대체 얼마인지를 신빙성 있게 확정하지 못하는 상태도 정대협이나 한국의 시민사회가 비난받아야 할 일이 아니라 일본정부의 책임이다. 그에 대한 자료를 제시할 의무는 통치주체이자 가해 권력

シンガポールのからゆきさん

■ 싱가포르의 가라유키상. 박유하 교수는 『제국의 위안부』에서 "'가라유키상의 후예.' '위안부'의 본질은 실은 바로 여기에 있다."(32쪽, 삭제)라고 썼다. 가라유키상은 일본의 해외 이송 매춘 여성이다.

인 일본정부에게 있기 때문이다. 오히려 한국을 포함하여 동아시아 각국은 진실에 대한 권리를 보유한다.

소녀상을 의식해서였던지 박 교수는 성노예제로서 위안부를 매춘의 이미지 속에서 성애화한다. 일찍이 일본에서 발전했다는 해외 이송 매춘여성에 관한 이야기인 '가라유키상'을 첫 장부터 상세하게 논하였다. 일본이 그러한 전통을 가졌더라도 문명개화를 표방하며 조선을 강점한 일본제국이 조선인 여성에게 야만을 자행하고 품위 없는 제도를 욱여넣을 수 있는 것인지 의문이다. 또한 일본의 전통에 기해 일본인 여성을 군위안부로 이송하는 것은 문제없다는 뜻인지 종잡을 수 없는 도입부다. 박 교수는 어쨌든 위안부를 매춘여성으로 확정할 수만 있다면 전쟁범죄나 인도에 반한 죄로 규정하려는 시도를 잠재울 수도 있다고 판단하는 것 같다.

---

3 박 교수가 소녀상이 과장되었다고 지적하지만 박 교수가 기반으로 삼은 증언집상의 조선인 피해 여성들이 대체로 10대에 강제연행되었음을 김부자는 통계적으로 증명한다. 그렇다면 소녀상은 조선인 위안부 피해자를 적절하게 재현하고 있는 셈이다. 이타가키 류타·김부자 엮음, 배영미·고영진 옮김, 『Q&A '위안부' 문제와 식민지 지배책임』, 삶창, 2016, 66~73쪽.

아마도 박 교수가 강조하는 양식 있는 일본인들은 일본정부가 그 정도까지 야만을 자행하지 않았으면 하는 '회고적이면서 소망적인 사고'에 빠져 있는 것 같다. 아무도 자신이 사랑한 나라의 과거가 야만으로 얼룩져 있기를 원하지 않기 때문이다. 그래서 일본 당국자들이나 리버럴들이 연행의 강제성을 부정하는 데에 혼신의 힘을 다하는 것 같다.

구조적 시선의 효능

박 교수는 일본 군대가 위안부를 강제로 끌고 갔다는 증거가 아직까지 발견되지 않았기 때문에 위안부 동원과 관련해서는 일본 군대에게 법적 책임이 존재하지 않는다고 주장한다. 그러나 강제로 끌려간 사실을 증언한 피해자들이 분명 적지 않다는 사정도 지적해야 하겠다. 그런데 그는 일본 정치인들과 똑같이 증거가 없다고 말한다. 참으로 놀라운 사고방식이다. 일본에서 공문서가 분명하게 남아있지 않다면 그것은 이른바 범죄 자료를 파기한 부인범죄에 지나지 않는다. 증거가 국가권력에 의해 파기된 것도 국가범죄의 본질이기 때문이다.

물론 필자는 일본 군대가 식민지 조선에서 위안부의 전부 또는 대다수를 물리적 폭력을 사용하여 끌고 갔다고 생각하지 않는다. 식민지 동원 체제를 통해 조선인 여성의 성을 용이하게 수탈할 수 있는 일본 군대가 굳이 물리적이고 직접적인 폭력을 행사할 까닭이 없다. 구조적으로 정비된 식민체제를 통해, 지배의 프리미엄을 이용해 무리 없이 성적 수요를 충족시킬 수 있는데 일본 당국이 왜 야수적인 폭력을 행사하겠는가!

조선이 식민지배체제에 통합되었기 때문에 일본 당국은 법외부의 자연적인 폭력에서 법내적인 제도적인 폭력으로 차원을 이동한 것이다. 전쟁 중에 동남아 여성에게는 자연적 폭력이 야수적으로 행사되었다면 조선인 여성에게 제도적 폭력이 '합법적으로' 행사되었던 것이다. 박 교수가 동남아 여성에 대한 일본군의 전시 강간과 위안소에서 조선인 여성에 대한 폭력 없는 섹스를 그

▌상하이에 처음 문을 연 일본군 위안소 정문 앞에서 기념사진 찍은 일본군과 간호사들.

토록 열심히 구별하는 것이 어떤 이론적 차이를 발생시킬 수 있는지가 궁금하다. 어느 경우이든 전쟁범죄나 인도에 반한 죄에 해당하기 때문이다.

조선인 위안부 연행에서 경찰, 행정공무원, 업자 등 3인이 대체로 한 조를 이루었다. 위안부 피해자들은 연행 주체를 군인, 경찰, 공무원(면장 또는 구장), 업자 등으로 증언하지만 절반 이상이 업자라고 말한다. 박 교수는 강제력을 행사한 자가 업자이므로 위안부 동원은 업자의 범죄라고 거침없이 규정한다. 박 교수는 '현실적 강제성'과 '구조적 강제성'이라는 구분을 통해서 위안부제도 동원의 폭력성을 업자에게 완전하게 전가한다.

그러나 업자가 현실적 강제성을 행사했다고 말하기보다는 위안부 동원과정의 말단에서 직접 실행자라고 규정하는 것이 옳다. 현실적 강제성은 그 자체로 독자적인 것이 아니라 식민지배구조의 권한 위임에서 비롯된 것이기 때문이다. 업자(업주)4의 폭력성을 과도하게 강조하다 보니 업자와 천황 사이에 촘촘하게 박힌 관료제와 통치구조의 행위주체들은 모조리 소거되고, 구조적인 강제성의 인격적 귀결점으로 일본정부나 천황이 등장할 뿐이다. 천황이

---

4 업자는 모집에 관여한 인사소개업자를 의미하고, 업주는 위안소 경영자를 의미한다.

무엇을 해서가 아니라 그 자리에 있기 때문에 책임을 진다는 것이다. 구조적 강제성에 입각한 박 교수의 구조적 책임론은 법적 책임을 인정하기 위한 논리가 아니라 법적 책임을 부정하기 위한 수단이다.

상징적 도의적 책임

박 교수는 한결같이 위안부 동원과 직결되지 않는 사정을 일본의 책임 요소라고 제시한다. 예컨대, 일본이 전쟁을 일으켰다는 점, 성적 서비스를 대규모로 필요로 하는 군대를 유지했다는 점, 조선을 식민지로 만들었다는 점, 업자들의 위안부 연행을 방관했다는 점에서 일본정부의 책임이 있다고 말하기 때문이다. 참으로 구조적인 통찰이다. 박 교수는 법적 책임과 직결된 사실들이 존재함에도 머나먼 사실들로 사태를 호도한다. 진실에 복종하는 사람이 아니라 그저 변호인으로서 말하고 있다고 생각한다. 박 교수가 일본의 직접적인 책임을 이와 같이 우회적 방식으로 부인하고 새로운 책임을 인수하는 것이 창의적인 시도로 보이지만 여전히 중대한 인권침해 행위에 대한 부인 행위에 해당한다.[5]

박 교수의 구조적 책임론은 책임을 강화하고 책임을 분명하게 귀속시키기 위한 장치로 사용되는 것이 아니라 말단(업자나 병사)에 책임을 전가하고 핵심적인 전쟁지휘부의 책임을 면제시키는 방편이다. 그렇게 헐렁하고 구조적이고 상징적인 책임만이 일본정부에게 존재한다면 위안부 문제를 한일 양국 간의 외교적 현안에서 제외했어야 옳다. 그렇다면 아시아 여성기금도 불필요

---

[5] 일본 정치인의 지속적인 위안부 동원 관련 주장이 이른바 부인 행위로서 실종범죄에 해당하므로 국제형사재판소에 고발할 사안이라는 견해는 김영석, 「일본군 성노예 (위안부) 범죄와 강제 실종에 의한 인도에 반한 죄」, 『법학논집』 17권 1호(2013), 153쪽 이하; 부인범죄에 대해서는 이재승, 『국가범죄』, 앨피, 2010, 541쪽 이하.

하고 과분한 것으로 매우 감사하게 받아들였어야 했다. 동시에 일본정부에게 식민지배의 책임자로서 위안부 동원에 '덤터기'를 씌우는 몰상식한 행동도 멈추어야 한다.

당시의 형법으로도 범죄행위

일본정부와 일본군 지휘부는 상징적이고 구조적인 책임이 아니라 공동실행자로 직접적인 법적 책임을 진다. 위안부제도는 통치의 하자(瑕疵)나 부작위가 아니라 통치의 작위행위이고 기획범죄이다. 직접적인 법적 책임이 존재하는데 상징적이고 구조적인 책임을 운운한다는 행태는 기만적이다. 당시 형법은 해외 이송을 목적으로 사람을 약취하거나 유괴하거나 금전을 대가로 사람을 매매하는 행위를 모두 범죄로 규정하였다(형법 제226조).[6] 문명국가에서 그러한 행위가 범죄로 규정되지 않을 까닭이 없다. 형법 규정이 약취(강제력을 사용한 연행)든 유괴(속임수를 사용한 연행)든 동일한 범죄로 처벌한다는 점은 특별히 주목해야 한다. 법적으로 양자 간에 심각한 의미 차이가 없이 다 같이 동일한 범죄에 해당하기 때문이다.

일본의 우파들은 일본군대의 강제연행(약취행위)이 없었다면 일본의 책임이 없다는 논리로 버텨왔다. '강제성의 소비자'로서 일본 우파들은 강제성 개념으로 대중 심리전을 벌였던 것이다. 그들은 강제성이 없으면 죄가 아니라는 거짓 판단을 퍼뜨려 일본의 책임을 희석시키고자 했다. 물리적 강제력을 일본군대가 직접 행사하지 않았다면 강제연행이 없고 위안부 범죄도 없다는

---

6 제226조(국외이송 유괴. 인신매매) ① 국외에 이송할 목적으로 사람을 약취 또는 유괴한 자는 2년 이상의 유기징역에 처한다. ② 국외에 이송할 목적으로 사람을 매매하거나 또는 피괴치자(유괴된 자) 혹은 피매자(인신매매된 자)를 국외로 이송한 자도 또한 같다.

희한한 논리가 횡행하였다. 이와 같이 참으로 애처로운 논리가 박 교수의 책에도 담겨 있다. 법은 한 번도 그렇게 무지한 적이 없다.

이들의 논리대로라면 북한 당국자가 강제력을 행사하여 일본인을 북한으로 데려가지 않았기 때문에 일본인 납치문제도 없다고 해야 한다. 어쨌든 형법은 약취(납치)든 유괴(취업사기)든 인신매매든 동일한 죄목으로 처벌하는 데서 보듯이 정신적으로 유치하지 않다. 법적으로 중요하지 않은 쟁점을 그토록 고수하는 데에는 일본의 독자들을 배려한 박 교수의 인도적 동기가 작용한 것 같다.

박 교수는 일본 군대가 위안부의 납치나 유괴를 지시한 증거가 없기 때문에 불법적인 동원의 책임은 위안부를 직접 모집한 업자들에게 있다고 주장하였다. 물론 업자는 책임을 반드시 져야 한다. 그러나 박 교수의 주장처럼 일본군부가 불법적인 동원을 지시한 적이 없다고 하더라도 일본군대가 부대 내에 군조직의 일부로서 위안소를 설치 운영한 점은 우선 형법 제227조의 범죄를 자행한 것임에는 변함이 없다. 형법 제227조는 제226조 범죄의 피해자들을 인수하는 자를 약취유괴의 방조범으로 처벌하고 있다.[7]

업자의 책임을 과도하게 강조하여 일본정부와 군대의 책임을 희석시키려는 시도는 여기서 다시 수포로 돌아간다. 위안소를 설치 운영하고 위안부를 인수한 부대의 지휘관은 바로 범죄의 주체가 되는 데 아무 문제가 없다. 그가 범죄의 결과를 수용하였기 때문이다. 여기서 법적으로 당시에 죄가 성립하지 않지만 어쩔 수 없이 일본정부가 구조적 책임을 진다는 주장은 옳지 않다. 박 교수는 이른바 관료적 조직범죄의 특성을 전혀 이해하지 못하는 것 같다.

---

7 제227조(약취방조.피괴치자수수) ① 전3조의 죄를 범한 자를 방조할 목적으로 피괴치자(유괴된 자) 또는 피매자(인신매매된 자)를 수수 혹은 장닉하거나 은피케 한 자는 3월 이상 5년 이하의 징역에 처한다. ② 영리 또는 외설의 목적으로 피괴치자 또는 피매자를 수수한 자는 6월 이상 7년 이하의 징역에 처한다.

통첩에 대한 해석

이제 일본군부가 위안부 동원을 지시했다면 어떻게 될까? 일본군의 지휘부는 형법 제226조의 공동정범이나 교사범에 해당한다. 박 교수는 불법적인 위안부 모집을 지시한 증거는 아직 나타나지 않았다고 주장한다. 나아가 1938년 위안부 모집에 관한 군대 내의 통첩인 '군위안소 종업부 등의 모집에 관한 건'[8]을 제시하며 이를 불법적인 위안부 모집을 금지한 군대의 조처로 파악하였다. 박 교수는 이 문제를 둘러싼 논쟁에서 아마도 고바야시의 입장을 따른 것 같다. 그러나 위안부 연행이 군의 명예를 실추시키지 않도록 교묘하고 신중한 방법을 활용하라는 취지로 해석하는 요시미 선생의 견해가 합당하다.[9]

실제로 이러한 통첩을 내리기 전에 일본에서는 군위안부 납치사건에 대한 재판이 한 건 있었다. 만주사변 직후인 1932년 봄에 나가사키 여성 15명이 상하이 해군 지정 위안소로 유괴되어 2년간 성노예 생활을 강요당했다. 1937년 대심원은 위안소 경영자와 중개인을 형법 제226조로 처벌하였다. 군국주의의 파도가 일본 전역을 휩쓸기 전이어서 사법부가 나름대로 인권보호의 기능을 수행하였다. 그러나 이 사건에서 법원은 부녀자 납치를 지시하고 의뢰한 군대와 그 지휘자의 책임을 불문에 부쳤다.[10] 이 사건을 배경으로

---

8 민간인이 군부의 명의를 대면서 유괴와 흡사한 방법으로 위안부를 모집한 것에 관해 군부가 군의 위신을 떨어뜨릴 뿐 아니라 사회문제를 일으키므로, 위안부의 모집에 임하는 사람의 인선에 철저하고 모집을 행할 때는 파견군 통제 하에 주도 적절하게 관계지방, 헌병 및 경찰 당국과 긴밀하게 연결해 문제가 생기지 않도록 하라는 내용이다.

9 요시미 요시아키/남상구(역), 『일본군 '위안부' 그 역사의 진실』, 역사공간, 2013, 52쪽 이하.

10 도츠카 에츠로/박홍규(역), 「전시 여성폭력에 대한 일본사법의 대응, 그 성과와 한계」, 『민주법학』 26호(2004), 364~381쪽.

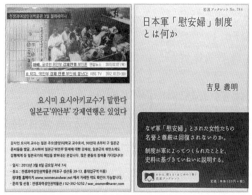

앞의 통첩이 발부되었다. 1937년 중일전쟁 직후 성적 서비스에 대한 일본군대의 엄청난 수요를 고려해볼 때 위안부의 대규모 조달이 필요한 시점에서 갑자기 일본군부가 '인권 강화'의 취지에서 절제명령을 내린다는 것은 상상하기 어렵다. 따라서 물의를 일으키지 말라는 지시는 중일전쟁 이후에 날카

■ 요시미 요시아키의 저서 『日本軍慰安婦制度とは何か』(한국어판 『일본군 '위안부' 그 역사의 진실』, 남상구 역, 역사공간, 2013). 이 책은 일본군 '위안부'의 역사적 진실을 부정하는 다섯 가지 의견(강제는 없었다. 조선총독부는 업자에 의한 유괴를 단속했다. 군에 의한 강제는 예외다. 군'위안부' 생존자의 증언은 신뢰할 수 없다. 여성들에 대한 대우는 좋았다.)을 반박한 책이다.12

로워진 국제사회의 이목, 인신매매를 금하는 국제조약의 시선을 의식해서 요령껏 할 것을 권장하는 정치적-법적 허위표시 또는 복화술이다.11

식민지 법통치의 이중성

군위안부 모집이 재판에 회부된 사례가 하나뿐이었다는 사실은 군위안부

---

11 김복동 할머니는 전쟁 막바지에 위안부를 동원한 사실이 알려질까 봐 일본군이 육군병원에 위안부들을 간호원으로 위장시켜 근무하게 했다고 증언하였다. 일본군대는 여기서도 위안부 동원을 전쟁범죄로 의식했다는 사정이 드러난다. 김복동 할머니 인터뷰 '우리 고통 알아주는 이들 많으니 행복해요'(「여성신문」, 2013년 8월 7일자),
https://www.womennews.co.kr/news/view.asp?num=59794#.Vmp_FLeweUk

12 요시미는 1992년 일본이 중국에서 치명적인 독가스를 사용했던 사실을 연구하던 중 일본 군부가 군대 내에 위안소의 설치를 지시하는 내용이 담긴 문서를 발견하고 필생의 주제로 삼았다.

연행이 형법상 범죄이지만 불처벌 관행이 확립되었다는 점을 보증해준다. 박 교수는 당시에 불법적 모집을 금지하였으나 실제로 단속하지 않았다는 점에서 일본정부의 책임이 있다고 주장한다. 일본정부가 업자의 위안부 동원을 묵인하였기 때문에 위안부 동원에 책임을 져야 한다면 우리가 이웃나라 정부에게 너무나 높은 수준의 책임을 추궁하는 것이다. 잘 알다시피 일본정부, 일본군사령부, 조선총독부, 조선군사령부는 팔짱끼고 불구경하는 조선 유람단이나 알바생이 아니었다. 조선총독부는 조선의 부녀자, 미성년자를 군위안부로 내몰기 위하여 형법상의 약취유괴죄를 유명무실하게 하는 직업소개법제를 도입하여 실제로 군위안부 동원을 포괄적으로 허용하였다.

일본제국은 이미 조선에서 군위안부 모집에 관해 사법당국이 개입하거나 통제할 수 없게 법제도를 구축하였다. 한혜인은 최근 논문에서 식민지 법통치의 이원성 내지 이중성을 논증하였다.[13] 민간업자를 통제하는 '소개영업취체(取締) 규칙'이 일본에서는 사기적 모집을 금지하는 방향으로 작동하였다면, 조선에서는 그러한 규칙이 편법적 방법을 사용할 수 있도록 소략하게 만들어진 것이다. 형법에서 위안부의 약취유괴를 범죄로 규정해놓고, 소개영업취체 규칙에서는 이와 같이 소개업자의 편법적 행위를 광범위하게 허용하였던 것이다.

일제는 조선식민지에서 이후 총동원 체제의 '조선직업소개령'(1940) 속에서 민간업자에 대한 허가와 통제 규칙을 정함으로써 조선총독부를 위시한 관이 개입한 위안부 동원 법제를 완비하였다. 따라서 위안부 동원은 업자들의 납치, 사기, 인신매매로만 이루어진 것은 아니다. 거국적으로 1,2,3,4차 '위안단'을 조직적으로 모집할 수 있었던 것도 이러한 국가적 동원체제 때문이었다. 동시에 이러한 업자들도 조선총독부에 의해 모집된 자들이므로

---

13 한혜인, 「총동원체제 하에서 직업소개령과 일본군 위안부 동원 -제국 일본과 식민지 조선의 차별적 제도운영을 중심으로」, 『사림』 46권(2013), 376쪽 이하.

이들의 행위도 국가의 행위이고, 바로 이점에서도 일본의 국가책임이 존재한다.

식민지배체제는 입법과 사법의 측면에서 조선인 부녀자를 군위안부로 동원할 수 있도록 완벽하게 지원하였다. 차별적이고 불법적인 이원적 법구조속에서 조선인 여성들은 조직적인 국가범죄의 희생물이 되었던 것이다. 관행상으로 인신매매를 단속하지 않아서 일본제국이 비난받아야 하지만 법으로는 금지했기 때문에 일본정부가 할 바를 다했다는 식의 평가는 사태에 맞지않다.

또한 일본과 조선이 동일한 조건 아래에 있었는데 가난과 비정한 조선의 가부장들의 인신매매로 조선인 여성들이 위안부 동원의 희생물이 되었다는 식의 박 교수의 주장도 상당히 불편하다. 조선인 위안부들은 식민지배체제, 차별적 동원법제의 희생물이라는 점을 주목해야 한다. 물론 조선인 위안부들은 가부장제, 전쟁권력, 식민지배권력의 희생자였던 것에 변함이 없다. 나아가 가부장제가 위안부문제의 근본이라고 하더라도 가부장제의 화살이 찌질한 조선인 아재비들에게만 머무는지 이해할 수 없다. 그들을 뚫고 지나 일본제국을 관통해야 하는 것이 아닌가! 박 교수가 조선의 가부장제를 비난하면서도 그 끝인 일본제국에 왜 무딘 칼을 건성으로 사용하는지 그 이유를 모르겠다.

조직범죄의 구성

박 교수는 군 당국의 위안부 모집 지시의 형법적 의미를 전혀 논의하지 않는다. 지시한 증거가 없다고 주장하다가, 군대의 지시가 있었다는 사실도 넌지시 거론하므로 요시미 선생의 주장을 완전히 부정하는 것 같지도 않다.

이런 식의 서술이 역사를 대하는 태도로서 옳은 것인지 의문이다. 어쨌든 박 교수는 군대의 지시를 무엇으로 이해하는지도 참으로 궁금하다. 위안부 모집지시를 복덕방에 좋은 집 좀 알아봐달라는 부탁으로 낮출 수는 없다. 박 교수는 계속해서 '조선인' 업자의 이윤추구욕을 비난하고 업자를 강제연행의 주범으로 몰아세우는데 심혈을 기울인다. 실제로 『제국의 위안부』의 기본 아이디어는 조선인 업자의 재발견이다. 업자들이 없었다면 일본제국이 설 수 없는 것 같은 인상을 준다. 업자를 호출함으로써 박 교수는 위안부에 대한 책임 논의의 판세를 전환시킬 수 있다고 생각하는 것 같다. 일본에게 과거사의 책임을 추궁하려면 한국이 먼저 조선인 업자를 처벌했어야 한다고 주장한다. 우리 모두의 얼굴에 협력자의 그림자가 있을지도 모른다. 그러나 박 교수가 '일제강점하 반민족행위 진상규명에 관한 특별법'이 "일본군을 위안할 목적으로 주도적으로 부녀자를 강제동원한 행위(제2조 12호)"를 국권을 팔아먹은 매국행위와 마찬가지로 반민족행위라고 규정한 사실을 파악하고 있는지 궁금하다. 친일진상규명위원회가 일부 조선인 위안소 업자들을 친일파로 규정했다는 사실도 지적하지 않을 수 없다.[14] 철학자 아렌트는 『예루살렘의 아이히만』에서 유대인들의 나치협력이라는 불편한 진실을 들춰내어 유명해졌다. 그런데 아렌트가 홀로코스트의 주범이 나치독일이라는 사실에 의문을 표하지는 않았다. 박 교수가 업자의 책임을 과도하게 강조하는 것은 마치 유대인 협력자나 카포(수용소에서 나치 간수들에게 협력한 유대인 수용자)를 홀로코스트의 주범이라 주장하는 것과 같다. 위안부 범죄에서는 주범을 확정한 연후에 종범이나 협력자의 책임을 논하는 것이 순서에 맞다.

---

14 친일진상규명위원회에서 친일파로서 조선인 업자 8인 정도를 조사했으며, 최종적으로 2~3인이 친일파로 규정되었다. 민족문제연구소가 발간한 『친일인명사전』은 이들 대부분을 친일파로 규정하였다.

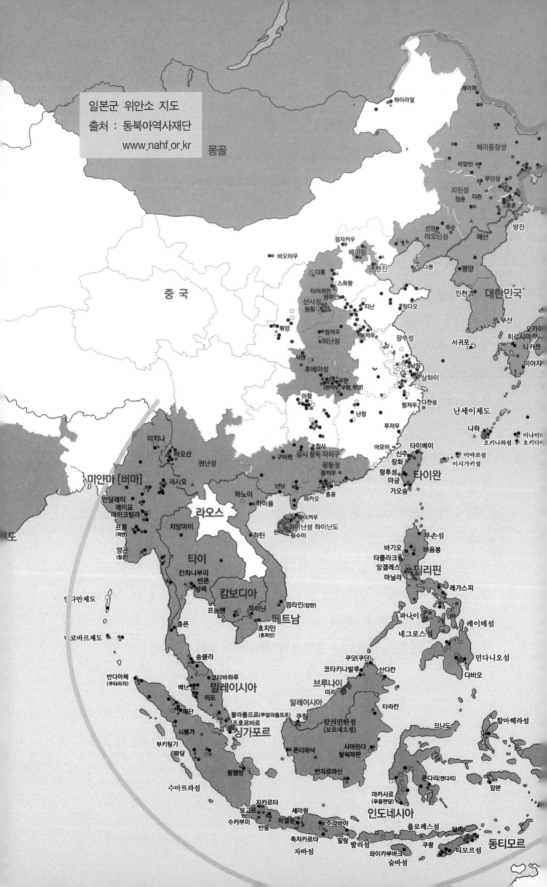

일본군 위안소 지도
출처 : 동북아역사재단
www.nahf.or.kr

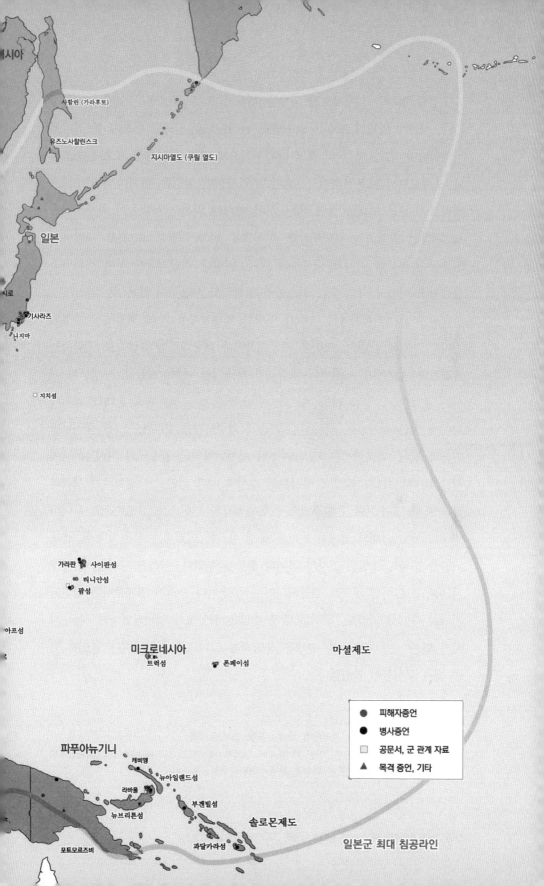

조선인 업자가 실행자로서 역할을 했다하더라도 주도권은 업자에게 있지 않다. 최근에 안병직 교수는 군위안소 관리인으로 지냈던 인물이 쓴 일기를 번역하였다. 그는 이 책의 해제에서 부록으로 추가한 연합군 포로 신문조서와 조사보고서를 분석하면서 "위안소 업자들이 영업을 위하여 위안부들을 데리고 일본군 부대를 쫓아 다닌 것이 아니라 일본군 부대들이 하부조직으로 편성된 위안소와 위안부들을 전선으로 끌고 다녔다"고 결론 내렸다.[15] 일본군 사령부의 지시가 군국주의 국가, 더구나 식민지에서 어떠한 의미를 갖는지에 대하여 박 교수는 최소한의 상상력도 사용하지 않은 것 같다.

군국주의 식민체제에서 지시가 어떠한 명령계통을 통해 현장에서 관철되는지를 유의해야 한다. 조선은 육군대장이나 해군대장이 총독으로 군림하는 특별점령 지대이며, 아감벤이 말하는바 항구적인 예외상태였다. 사령부의 지시는 부동산 소개의뢰와는 다르다. 위안소 설치는 철저하게 군대의 계획과 지시에 의한 것이었다. 중일전쟁 와중에 화중에서는 1937년 12월 중지나방면군의 지시, 화북에서는 1938년 6월 북지나방면군 참모장의 지시, 화남에서는 1938년 11월 제21 군사령부의 지시에 따라 위안소가 설치되기 시작하였다.[16] 박 교수처럼 운영주체로서 민간업자의 위안소를 강조한다고 하더라도 그조차도 군대의 철저한 관리와 통제 아래에 있었다는 점은 변함이 없다. 위안부 문제의 주범은 업자가 아니라 일본 군부였다. 이러한 지시를 박 교수가 아무것도 아닌 것으로 취급하더라도, 천황이나 총리의 결제문서가 발견되지 않는다고 하더라도, 군부대 내에 수많은 위안소가 설치되었다는 사실 자체가 일본 군부의 정책과 관행을 증명하는 것이므로 전쟁범죄나 인도에 반한 죄를 구성함이 틀림없다.

---

15 안병직, 『일본군 위안소 관리인의 일기』, 풀빛, 2013, 17쪽.

16 요시미 요시아키, 「일본군 '위안부' 문제의 강제성 재논의」, 한국정신대연구소(주관), 『강제성이란 무엇인가?-일본군 위안부 문제』, 2007 한일공동세미나, 29쪽.

국제규범의 위반

일본군의 위안부 연행은 인신매매 금지협약에 포괄적으로 위배된다. 부녀자를 추업에 이용하기 위해 납치하거나 유인하거나 매매하거나 수송하는 행위는 그 자체로 국제법적으로 불법이었다. 위안부 모집은 일본이 가입한 〈백인노예매매의 진압을 위한 국제협정(1904)〉[17]과 〈백인노예매매의 진압을 위한 국제협약(1910)〉, 〈여성 및 아동매매 진압을 위한 국제협약(1921)〉이 금지하는 인신매매에 해당한다.[18] 일본은 중요한 1910년의 협정을 식민지에 적용하는 것을 유보하였기 때문에 조선에서 이루어진 위안부 인신매매나 동원은 협약의 적용을 받지 않는다고 주장한다. 그러나 여기서도 식민지의 이중적이고 차별적인 법체제를 확인할 수 있다.

이러한 여건에도 불구하고 일본군 위안부를 제국의 시민으로, 동지적 협력자로, '제국의 위안부'로 묵묵히 규정하려는 것은 고도의 인내력이 필요한 일 같다. 조선인은 사회적으로 차별을 받은 것이 아니라 법적으로도 배제된 것이고, 이원적 통치방식을 통해 식민지 여성은 쉽게 성노예제의 먹잇감이 된 것이다. 조시현의 지적처럼, 조선인 위안부들이 일본 국적의 선박에 의해 중국이나 남양군도에 수송되었기 때문에 위안부 이송은 어쨌든 이 협정도 위반한 것이다.[19] 위안부제도는 강제노동금지에 관한 ILO규약을 위반한 것이기도 하다. 아울러 1930년대에는 노예제금지는 이미 관습국제법이 되어 있

---

17 '백인'은 협정 성립과정의 연혁적 배경을 설명한다. 부녀인신매매 철폐운동은 인신매매되는 백인부녀를 구출하는 운동으로 시작되었지만 이 협정이 백인여성만 보호하려는 것은 아니다.

18 이에 대해서는 조시현, 「일본군 '위안부' 문제 통해서 본 1904년 '백인노예매매'의 진압을 위한 협정」, 『법학논고(경북대학교 법학연구원)』 제47집(2014. 8.), 467-494쪽.

19 조시현, 「인신매매에 관한 국제법의 발달과정」, 『법과 사회』 제46호(2014), 233-266쪽.

었기 때문에 일본군 성노예제는 이러한 노예제금지규범에도 위반된 것이다.[20]

이제 법적 책임의 결론을 지어도 되겠다. 위안부 제도는 국가로서 일본이 파쇼적 동원 체제를 통해 부녀자를 위안소로 유인하여 일본 군인에게 성적 서비스를 제공하도록 강제한 성노예제(sexual slavery)다. 위안부 범죄는 〈극동 군사재판소 헌장〉에 따르면 전쟁범죄(war crime)나 인도에 반한 죄(crime against humanity)에 해당한다. 이것이 2000년 일본군 성노예 전범 여성 국제 법정의 결론이다.[21] 제2차 세계대전 후 위안소 운영과 관련하여 전범으로 처벌된 사례가 있지만 그러한 제도를 기획하고 운영한 일본정부와 군대지휘부의 조직적인 범죄는 제대로 단죄되지 않았던 것이다.[22] 성노예제도를 설계하고 동원을 지시한 국가권력의 핵심부, 즉, 천황과 내각, 일본군사령부, 조선총독부, 조선군사령부, 위안소를 설치한 단위부대장들은 바로 인도에 반한 죄의 주범들이라면, 위안부를 모집하고 수송하고 감금하고 관리하고 이용하는 업자와 개별군인들은 그 하급 범죄자들이다. 이것은 물론 국제법상의 결론이다. 참고로 제시한 윤명숙의 도해는 위안부 범죄의 국가체계도를 일목요연하게 보여주고 있다. 도해에서도 범죄조직으로서 식민제국 일본의 위용을 느낄 수 있다. 다음에 나오는 표 〈군위안소제도에 대한 일본정부와 군의 통제 감독 방식〉에서 업자의 위치는 어디인가?

---

20 McDougall, Gay J., Contemporary Forms of Slavery: Systematic rape, Sexual slavery and Slavery-like practices during Armed Conflict, Final Report submitted to the UN General Assembly UN Doc. E/CN.4/Sub.2/1998/13, 22 June 1998)., para.26~30.

21 한국정신대문제대책협의회, 『히로히토 유죄-2000년 일본군 성노예 전범 여성국제법정 판결문』, 2007 참조.

22 개별적인 사건 기록은, 일본의 전쟁책임 자료센터/강혜정(역), 일본의 군'위안부' 연구, 동북아역사재단, 2011, 492~534쪽.

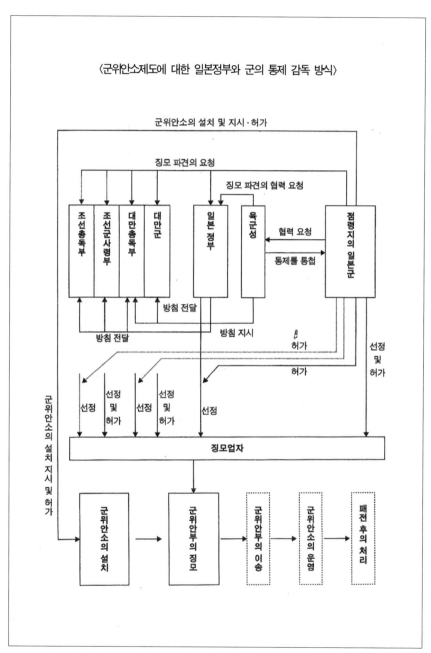

〈군위안소제도에 대한 일본정부와 군의 통제 감독 방식〉

군위안소의 설치 및 지시·허가

징모 파견의 요청

징모 파견의 협력 요청

| 조선총독부 | 조선군사령부 | 대만총독부 | 대만군 | 일본정부 | 육군성 | 점령지의 일본군 |

협력 요청

통제를 통첩

방침 전달

방침 전달 | 방침 지시 | 허가 | 선정 및 허가

허가

선정 | 선정 및 허가 | 선정 | 선정 및 허가 | 선정

군위안소의 설치 지시 및 허가

징모업자

군위안소의 설치 → 군위안부의 징모 → 군위안부의 이송 → 군위안소의 운영 → 패전 후의 처리

▌출처: 윤명숙/최민순(역), 『조선인 군위안부와 일본군위안소제도』, 이학사, 2015, 248쪽.

사이비 가족성

위안소 형태는 다양하다. 군대직영 위안소, 업자의 위안소, 혼합형 위안소가 있다. 어느 경우에도 위안소는 군대의 관리 감독하에 놓여있었다. 박 교수는 하루 수십 명을 상대로 혹사당하고 폭력에 시달리고 버림받는 위안부들을 거론하지만 그것을 강조하지 않고 위안부의 다른 측면에 주목한다. 위안소에서 꼭 강압적인 섹스만 있었던 것이 아니라 대화하고 위로를 받는 일도 적지 않았고, 위안부들과 일본 군인들의 사랑 놀음도, 결혼 사례도 있었다고 언급한다. 유사가족적인 분위기를 촘촘하게 제시한다. 희생자인 위안부에게는 긍정적이고 밝은 측면도 존재한다는 점을 강조한다.

『제국의 위안부』는 위안부 운동단체들이 채록한 위안부 피해자들의 증언집에서 다소 애매한 장면을 가위질해서 모아놓은 것 같다. 정대협은 박유하 교수에게 가장 유리한 자료를 제시한 집단인 셈이다. 그런데도 박 교수가 정대협을 다른 목소리를 억압하는 세력이라고 불평을 늘어놓았다. 박 교수가 위안소에서의 낭만적인 장면에 주목하는 것은 전체 논의구도에서 합당한 방식은 아니라고 생각한다. 인간은 지옥에서라도 꿈을 꾸어야만 살아가는 존재가 아닐까? 그래서 단순히 가해자와 피해자의 완전한 이분법으로만 환원시킬 수 없는 관계들이 생성된다. 살아남기 위해, 살아가기 위해 절망의 망망대해를 그렇게 지나가는 것이다. 그런데 이것을 제국을 위한 동지적 관계로 일반화할 수 있을까!

박 교수는 사회와 정대협이 만들어 놓은 '순결한' 위안부 소녀상이 보통의 위안부들로 하여금 아름다운 한때조차도 말하고 기억하는 것을 억압한다고 비판한다. "위안부들의 순수한 기쁨의 기억을 외부자들이 소거할 권리는 없다."며 이 아름다운 이면을 꼭 알아야 한다고 강조한다. 사람들은 보통 최악

▌난징에 있던 '고향'이란 이름의 병참지정 일본군 위안소. 위안소 형태는 군대 직영 위안소, 업자의 위안소, 혼합형 위안소로 분류되는데, 어느 경우라도 위안소는 군대의 관리 감독 아래 놓여있었다.

의 사례를 통해 사태를 기억하므로 상식적인 기억이 역사 자체는 아니라는 정도에서 박 교수가 그쳤으면 좋았겠지만 자신의 입론에 가장 유리하다고 판단한 사례(신경란 할머니)를 골라 위안부 제도가 성노예 제도가 아니라는 데로 돌진하였다. 신경란은 위안소에서 일본군 장교의 사랑과 보호를 받다가 그의 도움으로 위안소를 곧 벗어날 수 있었다. 이 귀향 사례는 결코 평균적인 사례가 아니다.[23]

박 교수가 생각하듯이 신경란의 귀국은 위안부에게 자유가 있었다는 점에 대한 증거가 아니라 일본군 장교가 작성한 특면장을 소지하지 않았더라면 그녀도 결코 위안소에서 벗어나지 못했을 것이라는 사실을 확증해줄 뿐이다. 그런데도 박 교수는 다른 피해자들의 다른 증언들은 배제하고 신경란의 사례만 줄기차게 암송한다. 박 교수의 해석 능력의 한계와 견강부회를 볼 수

---

23 한국정신대연구소, 『강제로 끌려간 조선인 군위안부들 5』, 풀빛, 2001, 21쪽 이하. (2005년 85세로 별세.)

있다. 자신이 믿고 싶은 몇 가지 사례들을, 더구나 자기가 믿고 싶은 방식대로 믿고 이를 사태의 전부로 일반화하고 나머지 사례를 모조리 증거가 없다고 하는 것이 수정주의자들의 행위공식이다.

박 교수는 성노예라는 용어가 위안부 여성의 주체성을 과도하게 박탈한다고 우려를 표명한다. 위안부의 인권을 위해서 성노예라고 부르는 것을 자제해야 한다는 것이다. 그러나 박 교수의 도덕적 우려가 성노예라는 표현이 함축하는 부담을 일본인에게서 덜어주려는 인도적 동기가 아닌지 의심스럽다. 국제인도법의 일반법인 〈국제형사재판소규정〉(1998)이 성노예제를 인도에 반한 죄와 전쟁범죄로 규정하고 있는 상황에서 참으로 끝도 없는 이견 제시이다. 이러한 용어정착에 일본군 위안부가 역사적으로 결정적인 기여를 했다는 점을 지적하지 않을 수 없다. 성노예제는 여성인권 침해의 극단적인 현상을 완연하게 표현하는 개념이다. 성노예제가 여성의 인권을 침해하는 용어라고 다그친다면 위안부가 매춘부라거나 일본군인과 동지적 관계를 유지했다고 말하는 것은 위안부의 인권과 명예에 기여하는지 궁금하다.

이 지점에 이르면 누가 위안부의 권리를 억압하는가? 일본 대사관 앞에 서 있는 위안부 소녀상인가 아니면 위안부를 가라유키상으로 잡도리하는 사람인가? 일본군인과 일본인 위안부의 관계를 동지로 상정하는 문학 작품에서 조선인 위안부에게까지 동지적 관계를 감염시키는 것이 합리적인지 의문이다. 동시에 일본군인과 일본인 위안부의 관계를 동지로 설명하는 것도 올바른 접근법인지도 의문이다. 평화주의나 여성주의의 관점에서는 위안부 범죄는 전쟁범죄나 인도에 반한 죄 이외의 것이 될 수 없기 때문이다. 박 교수는 근본적으로 침략과 전쟁을 억압받는 여성이나 주권을 박탈당한 민족의 관점이 아니라 제국의 시선에서 제국의 변호사로서 다루고 있다.

박 교수는 성노예라는 개념을 잠정적으로 받아들이지만 이상하게도 '식민지 백성은 노예'라는 논리적 과잉을 통해서 성노예 개념의 예봉을 꺾는다.

당연히 성노예는 이중삼중의
노예이다. 문제는 그들의 인권
침해상황을 정밀하게 규정할
논리를 학자로서 전개하고 있
는 지이다. 식민지 백성은 노
예라는 주장은 앞서 말한 구
조적 책임론과 유사하게 무책
임의 변주로 보인다.

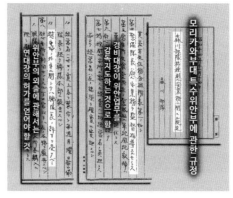

■ 모리카와부대 특수위안부에 관한 규정.
출처: http://fightforjustice.info/

변함없는 강간캠프

박 교수는 위안소에서 강압적 섹스도 있었다는 점을 인정하지만 위안소에서
성적 관계가 모두 강간은 아니라고 주장하려는 것 같다. 폭력성의 문제를 다
시 한 번 확인해야 하겠다. 박 교수는 위안소에서 성적 서비스를 전후하여 폭
력이 행사되지 않았다는 점을 지적한다. 위안부들이 시내에 외출할 수도 있었
고 군인들과 사진도 찍을 수 있었다고 강조한다. 2016년 한겨레신문과 대담에
서 요시미 선생은 부대장의 허가 없이는 외출이 불가능했다고 지적하였다.[24]

어쨌든 조선의 젊은 부녀자들을 의사에 반해 남중국이나 남양군도의 위안
소에 안치해 놓고 그 지역에서 외출을 허용했다고 하더라도 그들에게 자유가
있는가? 위안부들은 섹스를 거부할 권리가 없었고 위안소를 떠날 권리가 없
었다. 그들은 전체적으로 자유가 없는 상태에 놓여 있었다. 탈출의사와 능력

---

[24] 요시미 선생의 회견 내용은, 「일본의 위안부 연구 권위자 "한-일 위안부 합의 백지로 되
돌려야"」, 「한겨레」, 2106. 1. 8.
(http://www.hani.co.kr/arti/internationa l/japan/725347.html)

을 상실한 무방비의 위안부 여성들에게 폭력을 행사하여 성욕을 채울 군인이라면 미치광이라고 해야 할 것이다. 물론 위안소에 저질러진 폭력과 살인 등을 자세히 거론하여 박 교수의 주장을 공박하고 싶지만 용이하지 않

▌위안소는 일본제국의 치밀한 국가범죄이다. 위안부들은 자유가 없었으므로, 위안소는 강간캠프이고 성노예제도인 것이다. 중일전쟁 시기 난징에 세워진 일본군 위안소.

다. 이러한 중요한 사항들을 항상 '그럼에도 불구하고' 앞에 배치해 서술하는 그의 독특한 사고방식 때문이다.

어쨌든 박 교수가 위안소라는 거대한 폭력의 구조 안에 위안부들이 자유를 잃은 채 놓여있다는 점이 아니라 성적인 '서비스'의 장면에서 일본군인의 물리적 폭력이 없었다는 점에 관심을 갖는 것이 어떠한 학문의 방법론인지 참으로 의아하다. 박 교수가 아무리 위안소의 풍경이 인간적 공감의 장이나 유사가족처럼 설명하고자 하더라도 위안소에서 위안부들은 항거불능의 상태에 있었던 것이므로 그러한 상태에 있는 여성을 간음하는 병사는 최소한 준강간죄(일본 형법 제178조)에 해당한다. 위안소 안에서 자행된 성폭력에 대해서는 일본군인 전체가 강간범이거나 강간죄의 교사범 또는 방조범이다.

박 교수는 동남아 현지인들이 조선인 위안부를 일본군인과 동일하게 적으로 이해하였으며, 일본군인과 조선인 위안부는 제국의 시민으로서 '동지적 관계'라고 결론 내렸다. 여기서 동남아인들의 시선이 그렇게 결정적인 의미를 갖게 되는지 이해할 수 없다. 박 교수는 동지적 관계였기에 전쟁이 끝난 후에도 조선인 위안부들이 일본군 부상자를 간호하였다고 주장한다. 선택의 여지가 없는 상황에서 순응하는 여성을 제국의 위안부로, 동지로, 협력자로 묘사하고 일반화하는 것은 문학적 폭력이다. 더구나 위안소를 찾은 일본군인도 전쟁에 내몰린 피해자로 규정한 대목이나 조선인 군인도 위안소를 찾았다는 언급은 박 교수의 책임이론의 심각한 혼돈을 보여준다. 이런 식의 의도적 혼란을 통해서 위안부가 일본군의 성노예였다는 평가를 변경하거나 완화시킬 수 있다고 생각하는지 궁금하다. 그 전쟁이 누구의 전쟁인지를 고민하지 않기 때문에 생겨나는 주장들이다.

위안소는 일본제국의 치밀한 국가범죄이다. 소위 위안부는 일본제국의 위안부가 아니라 일본제국의 성노예이다. 일본군의 계획과 지시에 따라 모집되어 위안소로 이송된 후, 위안소에서 성의 제공을 강요당했으며, 위안소를 떠날 권리도 박탈당했다. 위안부들은 자유가 없었으므로, 위안소는 강간캠프이고 성노예제도인 것이다. 박 교수는 동남아 여성이나 네덜란드 여성을 상대로 일본군이 전쟁 상황에서 강간하고 위안소로 끌고 간 사례와 조선인 위안소를 구별하려고 애를 쓰지만 그것은 법적으로 중요한 사항이 아니다. 법적으로 중요하지 않은 내용을 지속적으로 구별하여 전자를 '전리품'으로 후자를 '군수품'으로 상투화하면서 사태를 역전시키려는 것은 강제연행의 강제성 논란의 반복에 지나지 않는다.

국제사회는 전시성폭력을 전쟁범죄나 인도에 반한 죄로 규정하고 있다. 과거 뉘른베르크재판소헌장, 극동군사재판소헌장, 연합국통제위원회 법률 제10호는 성폭력을 전쟁범죄와 인도에 반한 죄로 상정하면서 강간이나 비인도적 행위 정도로 규정하였다. 그러던 것이 최근 유고전범재판소규정이나 르완다전범재판소규정을 통해 강화되다가, 급기야 국제형사재판소규정을 통해 전쟁범죄와 인도에 반한 죄로서 '강간, 성적 노예화, 강제매춘, 강제임신, 강제불임, 심각한 성폭력' 등으로 구체화한다(제7조, 제8조 참조). 박 교수가 『제국의 위안부』를 통해 제아무리 언어적 마법을 구사한대도 위안부 범죄는 이 범주를 벗어날 수 없다.

▌한국의 시민단체는 아시아여성기금이 '법적 책임'을 이행하려는 방식이 아니라 거부했다. 정대협은 해외 인권 단체와 연대하여 일본정부의 공식 사죄와 법적 배상을 요구하는 1억인 서명 운동을 펼치고 있다.

아시아여성기금-거부해야 옳다

박 교수는 아시아여성기금(1997~2007)의 의의를 높이 평가하였다. 여성기금은 이른바 수상의 사과문과 일정한 위로금을 위안부들에게 제공하려는 재단이었다. 일본정부뿐만 아니라 많은 시민들, 정치인들, 지식인들이 이 기금에 참여하였다. 박 교수는 일본의 책임을 철저하게 부정하는 보수 세력과 일본의 책임을 이행하려는 양심세력 간의 불가피한 타협이었다고 평가한다. 그런데 그것을 왜 우리에게 구구절절 설명하는지 그 이유를 모르겠다. 박 교수는 일본의 상황을 배경으로 한국인들이 그 이상을 요구하는 것은 합리적이지 못하다고 비판한다. 필자도 여성기금이 위안부 문제에 대해 일본의 가장 발전적인 형태의 책임이행 시도였다고 본다.

그런데 한국의 정대협이 주축이 되어 위안부 피해자들에게 평화기금이 제공하는 돈을 수령하지 않도록 유도하였고, 한국과 타이완의 상당수 위안부들은 이 기금이 제공하는 돈을 거부하였다. 박 교수는 정대협의 거부 방침이 선량한 일본인들에게 상처를 주고 일본 내에 반한(反韓) 분위기를 초래하였다고 지적하고, 정대협이나 일부 일본 좌파들이 권리구제를 방해하여 희생자의 인권을 침해할 뿐만 아니라 희생자를 사회개혁의 도구로 삼았다고 비판하였다.

정대협의 문제제기가 박 교수의 비판대로 잘못일까? 여성기금은 법적 책임을 이행하려는 방식에 해당하지 않는다. 공식적으로 법적 책임의 이행을 요구하는 피해자들에게 위로금을 지급하겠다는 것은 무마와 회유이자 피해자에 대한 모욕이다. 박 교수의 주장처럼, 그 돈의 대부분이 정부에서 나왔다고 하더라도 그것은 공식적인 국가의 책임도 아니고 법적인 책임도 아니다. 거기에 수상의 사과문이 동봉되었다고 해서 달라지지 않는다. '국민기금'이라고 하더라도 사태는 달라지지 않는다. 호박에 줄 친다고 수박이 되지 않는 것과 같다.

피해자 중에는 곤궁하여 특별히 고민하지 않고 기금의 돈을 수령한 경우도, 그 돈과 수상의 사과문을 법적 책임의 이행으로 오해하여 수령한 경우도 있을 것이다. 선량한 일본인의 마음의 상처를 거론하지만 입장이 다른 위안부 피해자들에게 책임을 공식적으로 이행하는 대신에 각개 격파하는 방식으로 접근하는 것이 인권을 중시하는 사람들에게 지울 수 없는 상처를 주었다. 그러면서 위안부 문제가 피해자 개인의 인권문제인데 제삼자가 개입한다는 식의 주장은 당치 않은 인권 공세다. 인권의 실현과 올바른 구제를 위해서 연대가 필요하다는 사실을 재차 확인할 뿐이다. 그래서 일본정부에게 법적 책임이 있다고 판단하는 사람이라면 범죄의 진실과 법적 책임을 부정하면서 제공하는 돈이라면 마땅히 거부해야 옳다. 옳은 일은 서로 권면해야 한다.

책임 전가에서 내면화로

운동단체들이 위안부 피해자들을 방치하다가 뜬금없이 정치적 대의를 앞세워 피해자를 도구화했다는 비판은 지나치다. 여성기금을 거부하는 과정에서 한국정부가 위안부 피해자들의 생활지원에 나섰으며, 정대협은 정부에게 그러한 조치를 적절하게 촉구하였다. 한국과 타이완의 피해자들에게는 법적 책임의 인정은 돈의 문제라기보다는 이제는 자긍심의 문제가 되었다. 한국의 시민사회도 돈의 문제를 넘어가는 문제라고 보고 있는데 일본은 본질을 놓치고 낮은 수준의 처방을 제시하였던 것이다.

현재에도 여성기금을 신의 한수라고 생각하는 일본 지식인들이 적지 않다는 것은 참으로 유감이다.[25] 특히 오누마 교수는 일본 국내의 정치적 실패를 한국의 피해자들과 인권단체에 전가해왔다. 책임원칙에 충실하지 않은 여성기금의 발족이 정치적 실패인데도, 그에게는 위로금 수령을 거부한 것이 정치적 실패와 오기로 비치는 모양이다.

인권의 회복과정에서 인권과 민주주의에 철저하게 헌신하려는 사회적 대의를 수립하는 것이 중요하다. 박 교수의 생

■ 오누마 야스아키의 『일본은 사죄하고 싶다 : 일본군 '위안부' 문제와 아시아여성기금』. 오누마 교수는 이 책에서 아시아여성기금을 거부한 한국의 지원 단체를 '민족주의를 앞세운 반일주의'로 규정하면서, "민족적 정의에 피해자 개개인을 종속시키려 한다."고 비판했다. 박유하 교수의 논지도 이와 유사하다.

---

25 오누마 야스아키/정현숙(역), 『일본은 사죄하고 싶다』, 전략과 문화, 2007, 75쪽 이하.

각과 달리 피해자가 도구화되는 것이 아니라 공적인 의미에서 고양되는 것이다. 인권피해 구제의 주안점은 금전 제공에만 한정되는 것이 아니라 인권 존중의 사회를 형성하여 재발 방지의 보증을 마련하는 데 있다. 중대한 인권 침해 사건에서는 개인적 구제의 차원과 공적인 구제의 차원이 동시에 존재한다.

유엔 총회가 채택한 '피해자 권리장전'[26]은 이러한 두 가지 측면을 놓치지 않고 있다. 위안부 문제는 식민지배와 전쟁으로 얽혀 있기 때문에 피해회복과 정의는 현재에도 초국경적으로 실현되어야 한다. 그러한 인권침해가 다시는 발생하지 않는 사회구조를 만들고 나아가 인권을 존중하는 국제질서를 형성하는 것에 대해 우리는 집단적인 권리를 가진다. 법적 책임을 인정하기를 거부하는 국가의 부실한 처방을 거부하는 정대협의 방침은 피해자 권리장전의 취지에 부합한다.

일본이 법적 책임을 인정하고 공식적인 사과를 하는 순간이 언제 올지 알 수 없다. 그러나 일본이 인권과 민주주의에 더욱 철저한 나라로 고양되고 그 과정에서 자연스럽게 위안부 피해자들에게 법적 책임을 인정하고 공식적인 사죄를 하는 계기가 만들어질 것이다. 그 때 그 사죄는 일본의 빛나는 작품이 된다. 내부적인 변화 없이 외교적으로 던지는 사과는 어디에 쓸 것인가? 내면적 변화 없이 억지로 제공하는 사죄금은 그 자신에게 어떤 의미가 있을까? 내면화, 내적 성숙에 기초한 사과만이 일본뿐만 아니라 한국 나아가 동북아시아 전체의 평화에 기여할 것이다.

위안부 피해자들이 정대협의 사주를 받아 억지 투사가 되었다고 박 교수가 생각한다면 그것은 참으로 유치한 이해다. 사람들은 학식으로만 강화되는

---

26 Basic Principles and Guidelines on the Right to a Remedy and Reparation for Victims of Gross Violations of International Human Rights Law and Serious Violations of International Humanitarian Law. Adopted and proclaimed by General Assembly resolution 60/147 of 16 December 2005.

것이 아니라 깊은 경험을 통해서 무한히 강화된다. 그들이 항상 연약한 피해자이자 비주체로 남아있어야 한다는 편견을 버려야 한다. 그들도 누구나처럼 대의를 만들고 투쟁하고 사랑하고 나누면서 과거를 극복한다.[27] 실제로 위안부 문제가 한일 양국 간에 현안으로 떠오르기 시작하면서 성매매, 성폭력, 성희롱 등 성적인 주제들에 있어서 한국사회를 전반적으로 성찰하도록 만들었다.

얼마 전에도 일본공산당 의원들이 위안부 문제와 관련하여 새로운 특별 법안을 제출했다고 한다. 당장에 통과될 것이라고 기대하기는 어렵지만 진실규명, 공식사과, 법적 책임 이행, 교과서 수록과 시민교육 등을 담는 법안이었으면 한다. 그러한 조건 위에서 생존한 피해자들이 가해자로서 일본정부와 집단으로서 일본사회, 그리고 개별적인 가해자들까지도 용서할 수 있다면 좋겠다.

종합 판단

박유하의 『제국의 위안부』는 최근에 나온 저작 중에서 책임을 가장 많이 언급한 책이다. 그러나 책임의 기본은 법적 책임이자 행위 책임이라고 생각한다. 필자가 법학자여서가 아니다. 뭔가 과거의 잘못된 것(죄)을 밝히고 책임을 이행하자는 것과 그와 상관없이 현실을 더 좋은 방향으로 개선하자는 것(정치적 책임)은 차원이 다르다. 중대한 인권침해에서 법적 책임과 연결되지 않는 책임론은 진정성이 없다. 법적 책임을 배제한 논의는 실제로 책임을 모호하게 하거나 공허하게 만들기 때문이다.

---

[27] 2016년 1월 6일 국회에서 열린 '12·28한일외교장관합의 관련 토론회'에서 발언하게 된 위안부 피해자 이용수 할머니는 대중가요를 빗대어 80대 고령임에도 "사랑은 몰라도 운동하기 딱 좋은 나이"라고 발언하였다.

한일 관계의 과거사와 관련한 책임론은 특히 의심을 사기에 충분하다. 일본 학자들의 상당수가 법적 책임을 부정하고 그 바탕 위에서 도의적 책임이나 인도적 책임을 말한다. 법적 책임이 없으면 그만이지, 왜 인도적 책임을 이행하려고 하는지 모르겠다. 일본의 책임을 논하는데 박 교수는 조선인 업자, 조선인 군인을 언급했으며, 조선인 가부장의 인신매매를 비난하고, 가난, 계급을 한탄하고, 한국전쟁에서도 유지된 한국군 위

■ 2014년 11월 30일 터키에서 열린 국제 위안부 문제 세미나 포스터.

안부, 양공주, 한국의 성매매 관행을 질타하였다. 그의 지적이 모두 맞지만 그것이 일본군 위안부에 대한 일본정부의 책임을 인정하거나 부정하는데 관건이 되는지 궁금하다.

또 착한 일본인을 지속적으로 언급한다. 위안소에서 위안부에게 용돈을 주고 누이처럼 대하는 착한 일본군인, 위안부 할머니들이 머물고 있는 '나눔의 집'에서 자원 봉사하는 착한 일본인들, 아시아여성기금에 자발적으로 기부했던 선량한 일본인들, 그러한 기금을 만들기 위해 적극적으로 노력했던 양식 있는 일본인들을 언급했다. 그들은 칭찬할 만한 사람들이다. 일본인들이 악하다고 말할 수도 없고, 일본인 전체가 나쁘다고 말할 수도 없다. 그런 식으로 생각하는 사람도 별로 없다. 결국 이 모든 것들이 위안부 동원과 위안소 제도가 국가범죄이고, 그에 대한 책임이 일본에 있다는 사실에 아무런 영향이 없다. 위안부들은 그의 책 제목대로 '제국의 위안부', 더 정확하게 말하면 '일본제국의 국가범죄의 희생자들'이기 때문이다.

박 교수가 강조하는 다양한 사례와 측면을 합산해도 위안소가 인도에 반

한 죄로서 성노예제라는 종합 판단을 바꿀 수 없을 것 같다. 예외적인 것에 대한 천착과 형상화는 문학의 세계에서는 새로움과 기발함을 주므로 가치 있다. 작가는 더 높은 수준으로 책임을 끌어올림으로써 그의 문학은 인류에 봉사한다. 그러나 문학이 법적 결론으로서 국제인도법의 원칙을 부정하고 가해권력에 면죄부를 주고 피해자를 협력자로 몰아세울 때 문학은 죽음이다. 아마도 역사기술자라면 모든 것을 정직하게 기록함으로써 책임을 다한다. 그러나 중심적인 것과 주변적인 것을 분류하고 배치하고 종합하는데 감정의 동요가 들끓는다면 일단 멈추어야 한다. 지성의 오류는 고치기 쉬우나 한번 정해진 감성의 오류는 교정하기 어렵기 때문이다.

언질의 정치

주장의 진위에 대한 쟁점이 아니라면 타인의 글쓰기나 표현을 문제삼지 않는 것이 미덕이다. 그것은 각자의 개성과 인격을 존중하기 위한 의도적인 예법이라고 생각한다. 그래야만 온갖 개성들이 녹아들어 진실 발견에 기여할 것이기 때문이다. 그런데 박 교수의 개성이나 문체로 부를 수도 있겠지만 마음에 걸리는 표현들이 떠오른다. 이것은 일종의 언질의 정치로 부를만하다. 박 교수는 자신을 비판하는 사람들의 배경을 어떤 식으로든 고지하는 경향을 보인다. 경계를 넘나들기 시작하면서 나오는 어떤 보상기제나 방어기제라고 생각한다. 자신을 비판하던 학자를 "재일교포 지식인"으로 위험스럽게 규정한 것이 그 단적인 예이다. 언질은 팬덤과 관련해서 매우 중요한 정치행위이다. 언질은 피아를 구분하고 암시를 줌으로써 동조와 혐오를 촉발한다.

나는 나와 관련해서도 박 교수의 언질의 정치를 느꼈다. 일전에 작가 장정일과의 대담에서 박 교수는 "남성 역사학자와 법학자"의 비판을 받았다고 말했다. 그 "남성"은 시점이나 맥락상 아무래도 박노자 선생과 나를 포함하였다고 본다. 박노자 선생과 나처럼 대놓고 박 교수를 비판한 사람도 없었고 전공이 각각 맞아떨어지기 때문이다. 그 책의 서술맥락에서 "남성 역사학자와 법학자"라는 표현에서 나는 명백히 성차별적 혐오를 느꼈다. 그런데 지금까지 살아오면서 내가 글이나 책에서 비판의 대상으로 삼았던 사람들은 대부분 남성이었다. 그 때 나는 성체성에 혼란을 느껴 그 남성들을 비판한 것이 아니었듯이, 내가 이제 여성혐오주의자여서 박 교수를 비판한 것도 아니다. 더구나 위안부 피해여성이 식민지의 소녀라서, 또는 '소녀이어야만 반일민족주의의 각을 세울 수 있기 때문에' 찌질한 가부장으로서 비판하지도 않았다. 오로지 그의 주장이 학문적으로 틀렸기 때문에 비판했다. 자신을 비판하는 학자를 남성이라고 지칭하는 이 학문적 입장은 도대체 무엇인지 궁금하다. 나는 그런 페미니즘을 알지 못하기 때문이다.

식민지배를 겪은 집단으로서 대한국민(大韓國民)-한국헌법의 전문의 주어이자 헌법제정과 개정의 주체이다-에게 반일민족주의는 국가건설의 중요한 동력이었고, 근대사에서 지울 수 없는 상처인 식민지배에 대한 반응태였다. 그것은 상실을 만회하려는 정신이자 에너지이다. 물론 민족은 어떤 본질을 가진 실체가 아니라 만들어진다는 점을 인정한다. 그리고 일정한 관계와 조건 속에서 변화 발전하고 소멸할 수 있다는 것도 인정한다. 그러나 민족주의를 허깨비나 촌티로 취급하려는 태도는 수용하기 어렵다. 민족주의에 대해서라면 과거에 일본이 더했을 것이고, 미래에는 우리가 더할지도 모른다. 그것이 외국인이나 타민족에 대한 집단적 적대감이라면 당연히 극복되어야 한다. 우리 안에 그러한 위험스러운 경향이 존재한다는 점도 부정할 수 없다. 그러나 일본에 대한 정당한 요구까지 마구잡이로 '반일'민족주의로 몰아세우는 태도는 심각하게 부정의하다. 일본제국의 국가폭력의 피해자들이 여전히 회복되지 못하고 있는데 우리는 그 곁에서 지나간 역사라고 규정할 수 없다. 반일

민족주의는 불합리한 감정적 잔재가 아니라 현존하는 부정의에 대한 표징이다. 반일민족주의는 양국 간에 정의가 실현되는 때에야 사그라질 운명을 지녔다. 강화되든 약화되든 거기에는 다 이유가 있다.

이재승

건국대학교 법학전문대학원 교수로 재직하며 법철학, 법사상사, 인권법을 강의한다. 국가폭력을 연구하고 사회민주주의의 혁신을 추구한다. 『국가범죄』, 『법사상사』(공저), 『트라우마로 읽는 대한민국』(공저), 『양심적 병역거부와 대체복무제』(공저) 등을 지었고, 『주체의 각성』(웅거), 『죄의 문제』(야스퍼스)를 옮겼다. 『국가범죄』로 제5회 임종국 학술상(2011)을 받았다.

'법적 책임' 이해 못한 '뒤틀린 법 도그마'

김창록 경북대 법학전문대학원

일본의 '법적 책임'

일본군 '위안부' 문제의 핵심은, 한반도를 비롯한 아시아 지역의 수많은 여성을 강제로 끌고 가 '성노예'를 강요한 범죄에 대해 일본이 책임을 져야 한다는 것이다. 그 책임은 범죄에 대한 것이기에 법적 책임이며, 일본이라는 국가가 져야 하는 것이기에 국가책임이다. 일본은 그 책임을 다하기 위해 사실인정, 사죄, 배상, 진상규명, 위령, 역사교육, 책임자 처벌을 해야 한다. 이

것이 지난 사반세기 동안 거듭 확인되어온 상식이다.

1980년대 말부터 일본군 '위안부' 문제를 제기한 한국의 시민단체들이, 1990년대 초부터 스스로 나서서 피해자임을 밝힌 할머니들이, 거리에서 강연장에서 법정에서 호소한 것이 바로 그 법적 책임이다. 1994년의 국제법률가위원회 보고서, 1996년의 유엔 인권위 쿠마라스와미 보고서, 1998년의 유엔 인권소위 맥두걸 보고서, 2001년의 '2000년 일본군 성노예 전범 여성국제법정' 최종 판결문 등이 거듭 확인한 것이 바로 그 국가책임이다.

1990년대 초 일본 정부의 첫 반응은 "민간의 업자"가 한 일일 뿐이므로 책임이 없다는 것이었다. 하지만 1992년에 증거자료가 공개되자, 곧바로 정부 대변인인 가토 관방장관이 군의 관여를 인정하고 "사과와 반성의 마음"을 표명했다. 이후 실시한 자료 조사와 피해자 증언 청취를 토대로 1993년에는 고노 관방장관이 담화를 발표했다. '고노담화'는 "감언, 강압에 의하는 등 본인들의 의사에 반하여 모집"했고, "관헌 등이 직접 가담"했으며, "강제적인 상황에서의 가혹한" 생활을 강요했다고 밝혔다. 특히 한반도에 대해서는 일본의 "지배 아래에 있었기 때문에", 다시 말해 구조적인 강제성이 작동했기 때문에, "전체적으로 보아 본인들의 의사에 반하여" 강요했다고 명시했다. 이것은 일본의 법적 책임이 존재한다는 사실을 분명하게 인정한 것이다.

'법적 책임'을 둘러싼 한일 간의 분쟁

하지만 일본 정부는 법적 책임은 1965년의 한·일 '청구권협정'에 의해 해결되었다고 우겼다. 대신 '도의적 책임'을 지겠다며 '국민기금'을 만들어 피해자들에게 '배상금'이 아니라 '위로금'을 지급하겠다고 나섰다. 그러나 '국민기금'은 '도의적 책임은 지겠지만 법적 책임은 결코 질 수 없다'는 진정

■ 2015년 12·28 한일 합의 다음 날 경기도 광주 나눔의 집을 방문해 일본군 '위안부' 할머니에게 인사하는 외교부 조태열 차관. 할머니들은 정부가 피해자와 협의 없이 졸속 합의한 것에 강력 항의했다.

성 없는 태도 때문에 다수의 한국인 피해자들에 의해 거부되어 결국 실패로 끝나고 말았다.

게다가 한국 정부는 2005년에 한·일회담 관련 문서를 전면 공개하면서 일본 정부와는 정반대로 "일본군 위안부 문제 등, 일본 정부·군 등 국가권력이 관여한 반인도적 불법행위에 관해서는 청구권협정으로 해결된 것으로 볼 수 없고, 일본 정부의 법적 책임이 남아있"다는 입장을 분명히 했다. 2011년에 헌법재판소는 일본 정부의 '법적 책임'이 존재한다는 것을 전제로, 한국 정부가 일본 정부와의 해석상의 분쟁을 해결하지 않는 것은 위헌이라고 선언했다. 2012년에 대법원은 조약에 관한 최종해석권을 가진 기관으로서 "일본의 국가권력이 관여한 반인도적 불법행위"는 '청구권협정'의 적용 대상이 아니라고 다시 한 번 확인했다.

어느 쪽 주장이 타당한 것일까? 일본 정부의 주장은 애당초 무리였다.

한·일 양국 정부 모두가 인정하듯이, '청구권협정'은 영토의 분리에 따른, 다시 말해 하나였던 지역이 둘로 나뉜 데 따른 재정적·민사적 채권·채무관계를 해결하기 위한 것이었다. 예를 들면, 일제강점기에 한반도에 진출한 일본 은행에 조선인이 든 예금을 일제의 패망으로 그 은행이 일본으로 돌아가버린 상황에서 어떻게 할 것인가라는 일상적인 금전 문제를 처리하기 위한 것이었으며, 반인도적 불법행위를 대상으로 한 것이 아니었다. 무엇보다 일본 정부로서는 1992년에 이르러서야 비로소 일본군 '위안부' 문제를 인정했으므로 그 이전에는 문제 자체가 존재하지 않았던 것이다. 그러니 일본 정부의 주장은 결국 문제가 존재하지도 않았던 1965년에 문제가 해결되었다는 것이 된다. 이것은 애당초 논리적으로 성립될 수 없는 주장인 것이다.

'법적 책임'의 형해화 기도

일본은 결코 잘못한 나라가 아니라는 신념으로 뭉친 일본의 우익에게 그것은 매우 불쾌한 상황이었다. 그래서 그들은 '고노담화'를 형해화시켜 법적 책임의 존재 자체를 부정함으로써 그 상황을 벗어나려 했다. 그런 그들이 주목한 것이 바로 한반도의 경우 '강제연행'의 증거 문서가 발견되지 않았다는 것이다. 그들에게는 일제강점기의 한반도에는 구조적인 강제성이 작동하고 있었기 때문에 굳이 강제연행이 필요 없었고, 강제연행을 했다는 불법 사실을 기록한 공문서는 애당초 존재하기 어렵고, 게다가 일제의 수많은 공문서가 소각·폐기되었으며, 애당초 문제가 '연행'에 국한된 것이 아니라는 사실은 중요하지 않았다. '강제연행의 증거는 없다. 그래서 협의의 강제성이 없었다. 그러니 강제성이 없었다'라는 거듭된 논리 비약을 통해 범죄가 아니라고 우기면 그만이었다. "정부가 발견한 자료에서는 군이나 관헌에 의한 이른바 강제연행을 직접 드러내는 기술은 발견되지 않았다"는 2007년 아베 내각의 각의 결정은 그래서 나온 것이다.

지난해 12월 28일 박근혜 정부는 바로 그 아베 내각과 '최종적·불가역적 해결'에 합의해버렸다. 일본 정부가 인정한 사실은 기껏해야 20년 전의 '국민기금' 수준이고, 강제성이라는 면에서는 1993년의 '고노담화'보다 훨씬 후퇴한 것임에도 불구하고 되로 받고 말로 줘 버렸다. 그래서 가해국인 일본의 정부는 무대에서 내려와 '강제연행은 없었다'고 떠들며 돌아다니고 있는데도, 피해국인 한국의 정부는 그 도발에 대해 정면 대응은 하지 못한 채 오히려 자국의 피해자와 시민들이 반대하는 재단을 어떻게든 설립하겠다며 전에 없던 갈등을 만들어내는 참담한 광경이 우리 눈 앞에 펼쳐지고 있다. 법적 책임이 핵심이라는 사실, 아베의 일본이 그것을 형해화시키기 위해 집요하게 기도해왔다는 사실을 옳게 챙기지 못한 외교 참사의 결과이다.

『제국의 위안부』: '뒤틀린 법 도그마'

『제국의 위안부』는 일본군 '위안부' 문제에 관한 이러한 '법적 책임'을 뒤틀고 있다. 많은 이들에 의해 지적되었듯이, 부분의 전체화, 예외의 일반화, 자의적인 해석과 인용, 극단적인 난삽함, 근거 없는 가정에서 출발한 과도한 주장 등등, 수많은 문제점으로 가득 찬 『제국의 위안부』는 이미 학술서로서의 기본을 갖추고 있는지 의심스러운 책이다. 하지만 그 책의 가장 큰 문제점은 '뒤틀린 법 도그마'이다.

『제국의 위안부』는 '조선인 위안부는 적국의 여성과는 달리 일본군과 동지적 관계 속에서 애국을 한 것이다'라고 주장한다. 그 근거는 그들이 "제국의 일원" "국민" "일본인"이었기 때문이라고 한다. 다시 그 근거는 1910년의

朴 裕河 韓国・世宗大学校教授

講演会

朴 裕河（パク ユハ）
韓国・世宗大学校日本文学科教授、
ソウル生まれ。慶應義塾大学、
早稲田大学大学院博士科を卒業、東
京大学大学院研究所にすすむ。日本文
学専攻博士課程修了、『だ』なナショナ
リズムを越えて』で、日韓出版文化賞、
日韓文化交流基金賞を受賞。2007年
には『和解のために』で、第7回大佛
次郎論壇賞を受賞、戦争被期間日本
韓国が映る6観業期の草解を約れ、
2013年に出版した『帝国の慰安婦』
は、本年2月、ソウル地裁により本提
上の出版差し止めが必になっている。

Photographed by SHIMADA Satoshi

『帝国の慰安婦』著者が語る
慰安婦問題

コメンテーター: 原田 環（県立広島大学名誉教授）

2015年7月25日土曜日
13:30 開場 / 14:00 開演
東亜大学 13号館102教室
山口県下関市一の宮学園町2番1号

参加無料

主催: 東亜大学東アジア文化研究所
問合せ先: 083-256-1111(大学事務局)
dgpyc081@yahoo.co.jp (催研究室)

▋ 일본에서 열린 『제국의 위안부』 저자가 말하는 위안부 문제' 강연회 포스터. 부분의 전체화, 예외의 일반화, 자의적인 해석과 인용, 극단적인 난삽함, 근거 없는 가정에서 출발한 과도한 주장 등등, 수많은 문제점으로 가득 찬 『제국의 위안부』는 이미 학술서로서의 기본을 갖추고 있는지 의심스러운 책이지만, 이 책의 가장 큰 문제점은 '뒤틀린 법 도그마'라고 필자는 지적한다.

이른바 '병합조약'이 "양국 합의"에 의한 것이기 때문이라고 한다. 그 조약이 강박에 의해 체결된 것이기 때문에 애당초 무효라는 한국 정부의 공식 입장은 오불관언(吾不關焉)이다.

『제국의 위안부』는 '청구권협정을 통해 일본은 보상을 했고 한국은 권리를 소멸시켰다'고 주장한다. 하지만 일본 정부 스스로 보상을 한 적이 없다고 한다. 1965년에는 일본군 '위안부' 문제 자체를 인정하지도 않았다. 한국 정부가 일본군 '위안부'의 권리를 소멸시켰다는 증거는 어디에도 없다. 오히려 한국 정부와 헌법재판소와 대법원의 공식 입장은 일본 정부에 일본군 '위안부' 문제에 관한 법적 책임이 남아 있다는 것이다. 그런데도 명확한 근거는 제시하지 않은 채 한국의 행정부와 사법부가 "부정확한 정보"에 휘둘렸다고 주장한다.

그래서 『제국의 위안부』의 모든 길은 '업자'에게로 통한다. 『제국의 위안부』는 '업자의 책임'을 강조하기 위해 쓰인 책이라고 해도 과언이 아닐 정도로 '업자의 책임'에 매달린다. 하지만 과연 누가 업자에게 책임이 없다고 하는가! 책임의 본질은 일본의 국가책임이라고 하는 것뿐이다. 『제국의 위안부』는 그 본질을 부정하려다 보니 업자의 책임이 알파요 오메가라고 주장한다. 위안소를 기획하고 관리한 일제의 큰 불법에는 눈감고, 말단의 실행 행위에 가담한 업자의 작은 불법에만 매달린다. 심지어 '업자'가 '군속'이라고 하면서, 다시 말해 일제의 국가기관이라고 하면서, 책임은 일본이라는 국가가 아니라 개인에게만 물어야 한다고 우긴다. 이것은 일본군 '위안부' 문제의 본질이 일본의 국가책임임을 도무지 이해하지 못한, 애써 부인하려고 한 결과 이외의 그 무엇도 아니다.

줄기 부정하니 잎사귀만 둥둥 떠다녀

물론 『제국의 위안부』의 저자는 문학자일 뿐 법학자가 아니다. 그러니 법에 대한 이해가 불충분할 수 있다. 하지만 그렇다고 해서 잘못된 법 이해에 터 잡은 과도한 주장이 면책될 수 있는 것은 아니다. '1910년 조약은 강박에 의해 체결된 것이기에 애당초 무효이며, 1965년 '청구권협정'에도 불구하고 일본 정부에 일본군 '위안부' 문제에 관한 법적 책임이 남아 있다'는 것이 한국 정부의 공식 입장인데도, 이렇다 할 근거 제시 없이 일본 정부와 마찬가지의 주장을 펴는 것은 지나친 일이다. 일본 정부 스스로 보상한 적이 없다고 하는데, "보상을 한 것은 틀림없는 사실"이라고 우기니 일본 정부보다 한 걸음 더 나아간 셈이다.

저자는 "법적 책임의 도그마에서 벗어나야" 한다고 외치면서 자신은 끝없이 '뒤틀린 법 도그마'에 빠져들고 있다. 제국주의 국가가 강요한 조약을 내세워 '성노예' 피해자에게 "협력자" "가해자" "무의식적인 제국주의자"라는 지위를 강요한다. 일제가 식민지'법'에 따라 한 일이니 문제 삼을 수 없다고 주장한다. 식민 지배, 국가주의, 남성 중심주의, 근대자본주의, 가부장제가 문제라는, 이미 많은 학자가 제시한, 그 자체로서는 타당한 주장은 법적 책임에 이르러서는 오로지 '업자의 책임'으로 왜소화되어 버린다. 그렇게 잎사귀를 강조하느라 줄기를 부정하다 보니 잎사귀만 공중에 둥둥 떠다니는 괴이한 풍경을 만들어내고 있는 것이다.

범죄를 저질렀으면 인정하고, 사죄하고, 배상하고, 진상규명하고, 위령하고, 역사교육하고, 처벌해야 한다. 이것이 상식이다. 일본 정부는 그 상식의 토대를 허물려고 한다. 유감스럽게도 『제국의 위안부』는 일본 정부보다 한 걸음 더 나아간 위치에 서 있다. 법에 대한 잘못된 이해에서 출발한 '뒤틀린 법 도그마'에 사로잡혀서.

『제국의 위안부』가 만들어낸 불필요한 소란, 이제 그만 끝내는 것이 옳다.

＊ 2016년 2월 20일 자 「한겨레」에 「국가책임 이해 못 하는 '뒤틀린 법 논리'」라는 제목으로 실린 글을 필자가 수정·보완하여 다시 실었다.

▌참고문헌

김창록, 「일본군 '위안부' 문제에 관한 법적 검토 재고」, 『법제연구』 39, 2010
김창록, 「한일 과거청산의 법적 구조」, 『법사학연구』 47, 2013
김창록, 「한일 「청구권협정」에 의해 '해결'된 '권리'」, 『법학논고』(경북대) 49, 2015
김창록, 「법적 관점에서 본 「2015 한일 외교장관 합의」」, 『민주법학』 60, 2016

김창록

1994년 서울대학교 대학원 법학과 박사과정 졸업, 1991~1993년 토오쿄오 대학 대학원 법학정치학연구과에서 수학. 현재 경북대학교 법학전문대학원 교수, 일본군 '위안부' 연구회 회장,(2016년 1월 창립) 여성가족부 일본군위안부 피해자 생활안정지원 및 기념사업 심의위원회 위원, 경북대학교 법학연구원 원장, 법학전문대학원 교수협의회 공동대표, 한국법사학회 부회장.

페미니스트 관점에서 본
일본군 '위안부' 운동의 의미

이나영 중앙대 사회학과 교수

1. 들어가며

지난 2015년 12월 28일, 우리는 환원 불가능한 역사적 부정의가 되풀이되는 현장을 목격했다. 죽은 세대의 과오가 다시 우리 자신의 역사로, 미래 세대의 짐으로 이어지는 참담한 현실을 목도했다. 과거를 일방 서술하고자 하는 측과 역사를 외면하고 왜곡하고자 하는 이들은 기실 오랜 동지였음을 만방에 공표하고, 형식적으로 죄를 추궁했던 책임마저 땅에 내팽개쳤다. 쌍방 간 적이라 자처했던 그들은 이제 가면을 벗어 던지고 동맹관계를 과시하며, "최종적" "불가역적" 해결로 '법적 책임'이 이미 끝났다고 기만하면서 우리의 미래를 다시 식민화하려 한다.

일본군 '위안부' 운동은 애초에 시민들의 의식과 열정, 헌신으로 출발했고 진행되었으니, 마무리도 선조들의 역사적 과오에 대한 도덕적 책임을 다하고자 하는 시민들의 손에 맡겨진 것인가. 너무 무책임하고 가혹하다는 생각에 마음이 무너져 내렸지만, 한편으로 우리는 일본군 '위안부' 운동의 정신을 환기하는 작업을 통해 12 · 28 '한일합의'의 실체를 분명히 하면서 미래를 약속해야 한다.

이 글은 포스트식민국가의 맥락에서 구성된 일본군 '위안부' 운동의 '현재'적 의미와 미래적 전망을 외부자/내부자의 입장에서 짚어 보는데 목적을 둔다. 필자는 특정한 '운동'을 평가하는 작업은 운동의 내부 역동에 너무 매몰되지 않으면서 외부의 평가에 열려 있어야 하는 내부자이자 외부자의 위치

▌2015년 12월 9일 오전 서울 참여연대에서 일본군 위안부 피해자들의 아픔에 공감하고 위안부 문제의 정의로운 해결을 위해 활동하는 연구자와 활동가 주최로 열린 『제국의 위안부』 사태에 대한 입장 발표 기자회견에서 이나영 중앙대 교수가 발언하고 있다.

성에 기반해야 하며, 운동이 기반한 실천적 어젠다와 행위뿐만 아니라 담론적 효과에 주목하는 것이라고 본다. 다시 말해 운동의 주체인 활동가들이 개별적으로 지닌 믿음과 이에 근거한 개별 언어와 행위들에 대한 물음이라기보다는 운동의 집합적, 이론적, 정치적 효과에 주목하겠다는 의미이다. 이는 운동을 구성하고 재현하며 효과를 산출하는 중요한 주체로서 학자들의 지식생산 양식에도 주목해야 한다는 의미이기도 하다.

'위안부' 운동을 구성하는 주체들은 단순히 특정 민간단체들의 활동가만은 아니다. 다양한 단체에서 활동하는 페미니스트들과 진보활동가들, 수요시위에 참석하고 국민 성금에 참여해 온 수많은 한국국민과 일본인을 비롯한 외국인들, 위안부 문제와 운동을 조명하는 언론들, 정책과 정치에 개입하는 정치인들, 공무원들, 그리고 당사자들인 위안부 '할머니들'은 상호관계를 맺으며 역동적으로 '위안부' 운동을 구성하고 재배치시킨다. 특히 학자들로 대변되는 이론가 집단은 지식생산을 통해 '위안부' 문제를 조명하거나 구성하고, '위안부'의 '존재'를 (재)구성하거나 연관된 사회적 인식을 변화시키기도 하면서 '위안부' 담론을 유통시킨다는 점에서 중요한 주체로 기능한다. 이들 중 상당수는 실제로 운동과 긴밀한 관계를 맺고 실천적 어젠다 설정과 방향 조정에 영향을 미치기도 한다.

따라서 특정한 맥락에서 '위안부' 운동과 연관된 새로운 이론적 쟁점들이 제기되고 구성되는 과정은 '위안부 문제'와 '위안부' 운동에 관한 지식/오해를 (재)생산하고 유포하는 연구자들과 깊은 연관을 가진다. 소위 '박유하 사태'로 촉발된 지식인들의 성명과 일본군 '위안부' 운동에 대한 안팎의 오해와 비난들-대표적인 것이 '민족주의,' '강제/자발의 이분법적 논리,' '성매매 문제와의 분리' 등이다-이에 기반한 적극적 지식생산의 양태들 또한 일본군 '위안부' 문제와 운동을 구성하는 적극적 주체들이다.

필자는 연구자 스스로의 위치성을 먼저 성찰하고 연구 결과물이 야기하는

▌2016년 4월 7일 중앙대에서 열린 일본군 '위안부' 문제 한일공동심포지움. 도쿄외국어대 김부자 교수가 발표하고 있다.

역사적 효과를 신중하게 고려하는 책임감 있는 비평이야말로 운동이 터하고 있는 지형에 긍정적인 영향을 미치고, 역사를 새롭게 쓰고자 하는 수많은 활동가에게 '활용' 가능한 도구를 제공하며, 종국에는 세상을 바꾸는데 기여한다고 믿는다. 그러므로 '위안부' '운동'에 대한 적절한 평가는 연구자의 책임성과 무관할 수 없다. 누가, 무엇을 위해, 어떠한 지식을 생산하는가, 그리고 그 효과는 무엇인가라는 성찰이야말로 '위안부' 문제를 보다 정의롭게 해결하는 첫걸음이기 때문이다. 그러므로 이 글은 의도했든 하지 않았든 '표현의 자유'라는 명목으로 '위안부' 문제 해결에 부정적 영향을 미치고 있는 무책임한 지식인들에 던지는 질문과도 연관된다.

2. 일본군 '위안부' 운동의 의의

일본군 '위안부' 운동의 역사는 일제시기 식민지 조선 소녀들의 처참한 경험에서 출발한다. 혹자는 운이 좋아, 더러는 집안이 살만하여 악운을 피했지만 수많은 여성들은 "단지 조선에 태어났다는 죄"만으로(이용수, 2015년 12월 마지막 수요집회에서 한 발언 중) 씻을 수 없는 고통을 감내해야 했다. 그러나 그들의 비명은 오랫동안 들리지 않았고 감추어진 채 역사 속에 묻혀 있었다. '유령들'의 비명이 공적인 장에 들리기 시작한 것은 1980년대 중반 이후부터다.

자신이 직접 행하지는 않았지만 공동체의 일원으로서 타인의 고통에 책임이 있다고 느낀 이화여대 윤정옥 교수의 오랜 고민과 개별적 호기심을 출발점으로 이를 정치적 어젠더로 확대시킨 이화여대 사회학과 이효재 교수, 1970년대부터 원폭 피해자 문제, 일본 관광객들의 기생관광 문제를 꾸준히 제기해 온 교회여성연합회(이하, 교회연)의 조직적 뒷받침에 힘입어 한국의 '위안부' 운동은 비로소 발아했다.

일제강점기 '위안부'로 끌려가는 것을 피할 수 있었다는 것에 대해 개인적으로 양심의 '가책'을 느끼고 있던 윤정옥 교수는 해방 후 일본군 '위안부'가 되었던 여성들의 행방을 찾기 시작했다고 한다. 일제에 의해 강제 연행된 남성들이 속속 귀환하던 당시, 여성들의 귀환 소식을 찾을 수 없었던 윤정옥은 스스로 일본군 '위안부' 문제에 대한 연구 조사를 시작하게 되고, 이후 거의 평생을 일본군 '위안부' 문제를 해결하는 운동에 재산과 시간과 노력을 다하다. 그리고 이들의 만남이 집단적 운동으로 성장한 배경에는 1970~80년대 민주화운동 과정에서 성장한 진보적인 여성운동단체들의 실천적 동력과 적극적 연대가 있었다.

마침내 1990년 11월 16일, 37개 여성운동단체들과 시민, 종교, 학생 단체들이 결집되어 정신대문제대책협의회(이하, 정대협)가 결성된다. 1991년 8월 14일, 고 김학순 씨가 피해 사실을 최초로 세상에 공개하였으며, 미국과 일본에서 각각 정신대 관련 자료가 발굴되어 공개되었고, 아시아 피해 각국의 여성단체들이 조직화되기 시작했다. 1992년 1월 8일, 정대협 주도하에 정부의 공식 사과와 만행에 대한 역사교육 실시 등을 요구하며 일본 대사관 앞에서 집회를 처음 열면서 시작된 수요시위는, 2011년 12월 14일 1,000차 기념 평화비(일명, '소녀상') 건립으로 이어졌으며, 2016년 3월 현재 세계인들의 관심 속에 지속되고 있다.

이러한 '위안부' 운동은 민간단체들이 역사 속에 파묻혀 있던 문제를 수면 위로 끌어올려 사회·정치적으로 쟁점화하고 세계적인 공론의 장으로 끌어냈다는 점에서 한국(여성)운동사에 주요한 획을 그었다고 평가된다(정진성 1995). 특히 여성의 경험에서 나온 분노와 집단적 저항, 이를 뒷받침하기 위한 자료 수집과 축적, 운동의 조직화 경험이 이론화를 촉발한 사례로 '개인적인 것이 정치적인 것'이라는 페미니스트 슬로건을 극명하게 부각시킨 사례가 되었다.

이글에서 필자는 시공간을 관통하면서 '위안부' 운동이 제기했던 핵심적 쟁점들 중, 식민주의 및 민족주의와 젠더 간의 관계, 서브알턴(subaltern : 하위 주체라는 말로 지배집단에 의해 종속된 집단을 뜻함)의 역사 다시쓰기, 그리고 초국적 운동(연대)의 가능성을 중심으로 논의를 전개하고자 한다. 대한민국이라는 국민국가의 과거 및 현재의 위치성, 미래적 전망이 일본군 '위안부' 문제를 바라보는 우리의 시각과 연결된다고 보기 때문에 탈식민주의 페미니스트 입장에 전제됨을 미리 밝힌다.

1) 민족주의, 식민주의, 가부장제의 적대적 공존관계에 대한 도전

오랫동안 한국의 페미니스트들은 민족과 민족주의가 젠더와 맺는 모순적 관계에 대해 숙고하고 논쟁해 왔다. 민족은 자존과 독립, 역사를 구성하는 과거와 운명을 같이 할 미래가 보장되지 않는다면 존재할 수가 없다. 페미니스트들의 딜레마는 독립적 국가에 대한 보장 안에서만 여성의 지위가 보장되며, 국가라는 경계선을 침해하지 않는 한도 내에서만 정치적 행동의 범위를 결정할 수밖에 없다는데 있다(이나영, 2008). 특히 한국에서의 민족주의는 반(탈)식민, 반독재, 반제에 대한 실질적 저항담론으로 기능해 왔으며 자주와 통일을 위한 한민족이라는 언설에 동원되어 왔기 때문에 페미니스트들이 그 모순을 소리 내어 지적하기란 쉽지 않은 지점이 있었다. 그러나 문제는 민족독립, 민족통일과 분단극복, 민주화 쟁취라는 거대한 역사적 '목표' 속에 젠더는 늘 상징적으로 차용되어 왔으나 여성은 부재했다는 점이다.

따라서 페미니스트들은 민족주의가 끊임없이 젠더 이데올로기와의 경합 속에 (재)생산되어 왔음을 인식하면서도, 여성 스스로 민족주의 운동에 복무하거나 연대하면서 사회적 지위 향상과 변화를 꾀할 수밖에 없는 현실의 문제 또한 인지해 왔다. 민족의 존재를 부인하는 것이 아니라, '민족'이라는 명목 하에 감춰질 수밖에 없었던, 혹은 애써 외면해야 했던 수많은 여성들의 목소리를 드러내고, 이들의 경험이 다시 민족의 이름으로 전유되거나 지배적 젠더질서와 성역할에 대한 고정관념 재생산에 활용하는 방식에 도전해 왔던 것이다.

이러한 과정은 식민주의, 혹은 식민지배에 대한 역사적 인식과 분리될 수 없다. 민족주의가 '우리'라는 단일 주체 구성을 위해 외부에 대한 배타성과 내부에 대한 단일화를 지향하듯, 식민주의 또한 식민구조에서 식민지배자/피식민지자 간 권력의 비대칭성과 헤게모니 장악을 위해 형성된 위계적이고 이항 대립적 이데올로기를 내재하고 있기 때문이다. 페미니스트들은 그러한 배타적 타자를 구성하는 준거점으로 젠더가 동원되는 과정에 대한 통찰력을 제공해 왔다. 식민지배자는 절대적 타자로서 피식민지자를 구성하는 듯하지만, 제국의 남성과 식민지 남성은 또 다른 타자인 여성을 중심축으로 상보적인 남성 주체로 재구성된다. 식민지 주체 및 민족주의의 주체 구성 방식은 묘하게도 '배타적 이분법'의 원칙, '부정적 개념화,' 상호 의존적이고 관계적이지만 위계적 권력관계에 근거한 가부장제의 젠더관계 (재)생산 양식과 상동성을 지닌다(이나영 2008). 젠더가 근대의 산물이라는 점을 고려한다면 당연한 이야기다.

이 지점에서 볼 때, 일본군 '위안부' 운동을 아류 페미니즘의 이름으로 민족주의 운동이라고 비판한 박유하 같은 연구자들은-무지와 게으름의 소치인지는 알 수 없으나-처음부터 잘못된 테제에서 출발함을 알 수 있다. 초창기 정대협의 공동대표를 역임한 이효재의 지적처럼, 정대협은 "식민지 지배와 분단으로 인한 민족수난사 속에 당한 여성의 피해와 고통에 대한 관심"에서 기생관광과 '정신대' 문제의 유사성에 주목하고, "자주적·민주적 정부를 수립하고 민족분단을 극복하려는 민족민주운동의 과정에서 여성운동을 주도해온 교회여성연합과 여성단체연합이 주축"을 이루어 결성되었다(이효재 1992, 10-11). 교회여성단체연합은 1970년대부터 일본인에 의한 '기생관광'에 반대하는 운동을 펼쳐왔으며, 1980년대 중반에는 외국인에 의한 한국여성의 성적 착취구조에 문제제기하면서 '위안부' 운동을 결성하는 주요한 동인이 되었다. 이렇듯 애초부터 '위안부' 운동은 위안부, 양공주, 기생관광 문제를 관통하는 식민주의, 민족, 젠더, 섹슈얼리티, 계급의 교차지점에 주목하는 여성학자들과 활동가들이 남성의 얼굴을 한 국가의 필요에 의해 여성의 성이 동원된 방식에 저항하면서 출발했다.

이들은 아무도 국가, 민족, 식민주의와 여성의 경험 간의 관계에 관심을 가지지 않았던 1980년대부터, 민족의 수치로 감추어져 온 피해자들의 경험에 주목하고 식민주의와 민족주의 담론에 '여성'이 철저히 배제되어 온 과정을 공론화해 왔다. 식민지 종속과 전시하 여성들이 실질적으로 당하는 고통에 대한 직접적인 문제제기와 더불어 민족정체성 (재)구성을 위해 '위안부' 문제가 다시 포섭되는 방식 또한 적나라하게 폭로해 왔다. 동아시아라는 지정학적 공간과 분리될 수 없는 '위안부' 문제의 위치성을 우리로 하여금 직

면하게 함으로써, 식민지 구축과 민족 공동체 구성, 남성-국가 간 관계의 표식으로서 젠더가 작동하는 방식을 깨닫게 했던 것이다.

그러기에 일본군 '위안부' 운동은 민족주의와 젠더간의 관계, 민족주의'들' 간의 경합과 갈등의 지점을 보여줄 뿐만 아니라, 젠더를 축으로 한 민족주의와 식민주의, 가부장제의 상보적 관계를 드러낸다는 점에서 페미니스트 이론의 현현이라 평가받아야 한다. 양현아는 일본군 '위안부' 제도가 일본의 공창 제도의 모형에 입각해 있지만 전시 식민지 국가의 광범위한 개입에 의해 이루어져 왔다고 주장하고, 조선 여성들은 식민지라는 정치적 상황 하에서 이 체계에 포섭되었다고 주장한 바 있다(양현아 2001, 69).

"반자발적으로 몸 파는 여자들을 만들어내는""식민지적 강간 체계"인 일본군 '위안부' 제도는 한국인 피해자 여성들에게는 설명하기 어려운 죄의식과 모호한 가해자에 대한 인식을 남겼지만, 식민지 유재와 무의식적 식민성이 청산되지 않은 포스트식민 가부장 국가에 의해 더욱 조장되어 왔던 것이다. "동아시아의 식민주의와 가부장제가 만나는 초유의 장"으로서(같은 글, 70) 일본군 위안소 제도는 끈질긴 '위안부' 운동으로 인해 비로소 우리 앞에 얼굴을 드러낼 수 있었던 것이다.

2) 포스트 식민국가의 식민성 재고

식민지배체제 및 식민성(coloniality)에 대한 성찰과 극복, 즉 제도와 구조뿐만 아니라 의식과 무의식의 탈식민화(decolonization)가 탈식민국가의 조건이라고 볼 때(이나영 2006), 필자는 '위안부' 운동이 대한민국이 진정 '탈식민' 국가인가에 대한 질문을 제기했다고 본다. '위안부 문제'가 오랫동안 해결되지 못하고 있는 현실은 2차 세계대전의 종식 이후, 일본의 공식적 식민지배에서 벗어났지만, 다시 미군정에 의해 지배를 받고 독재개발 시대를 경유해 지금도 여전히 두 강대국의 힘의 논리에서 자유롭지 못한 대한민국의 종속적 위치성을 역설적으로 보여주고 있기 때문이다.

주지하다시피 일본군 '위안부' 문제가 2차 세계대전 직후 해결되지 못한 배경에는 냉전체제 구축을 위해 일본을 군사적 동맹국으로 선택한 미국의 정치적 판단이 있었고, 이에 따라 위안소 구조의 가장 큰 책임자인 일본 천황과 관계자들이 면죄부를 받았다는 점이다. 미청산된 식민주의는 독재체제 속에 고스란히 녹아들어 1965년 민중의 고통과 욕구를 철저히 외면한 한일협정으로 이어졌다. 식민지배와 여성에 대한 폭력, 착취, 이를 용인한 국제법과 국제질서체계, 그리고 식민지민의 협력, 이 모든 관계들은 역설적으로 감춰진 일본군 '위안부'의 역사 속에 배태되어 있었으며, 운동의 발아와 더불어 폭발적으로 드러나게 되었다.

이효재는 운동의 초창기부터 식민지배 당시 자행된 "반인도적 범죄에 대한 책임이 청산되지 못한 데서 나타나는 가장 상징적 문제"로 '위안부' 문제를 지목하고, 일본정부의 책임뿐만 아니라 "친일 세력을 청산"하지 못한 우리 민족에 그 근본적인 책임을 먼저 묻고 있다(이효재 1992, 8). 그의 깨달음은 구조적 부정의로써 식민주의를 응시하면서 동시에 우리 안에 숨겨진 종족 민족주의의 비굴함과 제국주의, 식민주의의 불온한 그림자에 대한 것이었다. 그러기에 일본군 '위안부' 운동은 대한민국에 잔존하는 식민주의와 식민성을 재고하게 하고, 국민 성원권에 대한 문제의식을 놓치지 않았다.

캐더린 루(2010)가 지적했듯, 한국과 일본처럼 식민자와 피식민자로 식민주의의 과거를 공유하고 있는 사회가 상호존중과 신뢰의 정치를 기반으로 미래로 전진하려면 "구조적 부정의로써 식민주의를 이해하는 과정에서 드러나는 불편하고 복잡한 사회적, 도덕적 진실과 직면하고, 자신들의 조상을 부인하며 자위적 서사를 거부하는 고통스러운 작업"이 전제되어야 한다(52). 일본군 '위안부' 운동은 발아기부터 일본정부에 대한 요구와 별도로, 한국정부의 각성과 행동을 촉구하며 우리의 역사인식을 변화시키고자 하는 고통스러운 작업을 병행해 왔다.

〈참고1〉 1990년 10월 17일 기자회견을 통해 발표된 일본정부에 대한 공개서한에서 발표된 여섯 가지 요구와 이후 한국정부에 보낸 공개서한에 포함된 다섯 가지 요구사항

〈37개 여성단체가 일본정부에 제기한 여섯 가지 요구〉
① 조선인 여성들을 종군위안부로서 강제 연행한 사실을 인정할 것
② 그것에 대해 공식적으로 사죄할 것
③ 만행의 전모를 스스로 밝힐 것
④ 희생자들을 위해 위령비를 세울 것
⑤ 생존자와 유족들에게 보상할 것
⑥ 이러한 잘못을 되풀이하지 않기 위해 역사교육을 통해 이 사실을 가르칠 것

〈한국정부에 제시한 다섯 가지 요구 사항〉
① 일본으로부터 '정신대' 문제에 대해 사죄를 받아야 한다.
② 한국정부도 진상규명을 적극적으로 해야 한다
③ 한국 내에 위령비를 건립하고 일본으로부터 정신대로 인한 피해 보상을 받아내도록 최선을 다해야 한다.
④ 한일 외교관계를 자주평등 외교로 전환해야 한다.
⑤ 일본의 역사왜곡을 정정하게 하고, 한국도 '정신대'를 역사에 명기해야 한다.

『역사와 책임』에서 국내외 학자들도 지적했듯, '위안부' 운동은 과거의 문제를 현재에 위치지우고 '책임' 소재의 일방성을 따지는 제국주의와 민족 국가를 향해 동시에 물음표를 던져왔다. 식민지와 전쟁의 상흔은 이미 끝난 과거사가 아니라 '우리'를 구성하고 있는 '나'의 몸과 정신에 각인된 것이자 현재적 실천양식이다. 그러므로 가해자/피해자, 적/동지, 타자/주체의 이분 법적 구도에서 포섭되지 못하는 책임의 문제는 '나' 자신에 내재한 식민성 에 대한 질문이 된다. 이렇듯 '위안부' 운동은 식민지배 국가의 책임과 배타 적 '그들'에 대한 질문뿐만 아니라, '우리'들의 책임과 '내' 안의 '그들'에 대 한 문제제기를 통해, '탈'식민을 향한 새로운 상상의 디딤돌이 되어 왔던 것 이다.

3) 말할 수 있는 '서브알턴'의 가능성: 여성의 기억으로 역사 다시쓰기

일본군 '위안부' 운동의 가장 중요한 결실 중 하나는 보이지 않는 남성 주 체의 대문자 '역사'에 문제제기하고 여성의 경험과 목소리로 역사 다시 쓰기 의 중요성을 환기했다는 점이다. 주지하다시피 '위안부'의 존재는 한일 간 철저히 외면당하거나 무시당해 왔으며, 당사자의 커밍아웃 이후에도 일본의 부인과 왜곡이 지속되어 왔다. 이러한 배경에는 역사적 사실을 입증할 만한 '사료'의 부족, 더 나아가 역사적 진실에 대한 전통적 인식이 깔려 있다. 실 제 군 '위안부' 관련 상당수의 문서들은 일본군의 상부 명령에 의해 파괴되 었으므로, 문서자료만으로 역사적 사실을 파악하기는 힘들다는 현실이 있었 지만, 그렇다고 역사적 실재가 사라지는 것은 아니다.

따라서 '위안부' 운동을 주도한 정대협은 피해자의 증언 채록에 많은 힘을 기울여 왔으며, 정신대연구소와 함께 6권의 증언집을 출판하였다(한국정신대연 구소 1993; 1997; 1999; 2001; 한국정신대문제대책협의회 2001; 2004). 증언의 법적 증

거력에 대한 논란에도
불구하고, 활동가들과
연구자들은 2백 여 명
에 달하는 피해자로부
터 강제동원의 유형과
동원자의 국적과 직업,
피해자 나이, 동원되어
간 곳 등에 관한 통계
를 산출하고, 한국의
피해자들과 다른 아시
아 나라들의 피해자들
의 증언에서 거의 유사

■ 한국정신대문제대책협의회와 정신대연구소가 함께 펴낸 '위안부' 할머니들의 증언집 『강제로 끌려간 조선인 군위안부들』(1~6권).

한 피해 형태를 발견하기도 하는 등, 증언을 통한 사실 규명에 노력해 왔다 (정대협 2002; 정진성 2004; 2007).

『기억으로 다시 쓰는 역사』의 서론에서 밝히고 있듯, 증언은 식민주의 경험을 가진 사회의 "역사적 지식을 복원, 생산, 확장하고자 하는" 작업이 된다. 이는 과거에 대한 단순한 불완전한 기록으로서의 역사에 대한 비판이나 보충작업을 넘어, "여성 배제와 종속을 정당화하는 지식생산에 참여해 온 역사에 대한 비판"(Scott 1999, 26)이자, 젠더를 중심으로 역사를 다시 쓰는 작업이다. 일본군 '위안부' 운동은 공식적·제도적 기록이 사실상 여성들의 경험을 배제할 수 있음을 드러내면서, 공식문서가 아닌 여성의 경험이 중심이 된 글들이 대항적 담론 생산에 기여할 수 있음을 보여 주었다. '역사'에 대한 새로운 이해와 대안적 역사쓰기의 가능성을 제시했을 뿐 아니라 '여성'이라는 범주 혹은 집단이 역사적 분석의 대상이 됨을 증명함으로써, 여성사 및 역사학 전반에 커다란 변혁을 초래했던 것이다.

더 나아가 일본군 '위안부' 운동에 진지하게 관여해 온 학자와 활동가들은 단순히 생애사를 통한 증거 수집에만 그치지 않고 구술자 개인의 표현이나 주관적 경험 자체를 사회·문화 간 상호작용의 과정이자 결과로 인지하고 이들의 경험이 구술되는 '장' 자체를 맥락화하고자 노력해 왔다. 양현아가 지적했듯, 피해 생존자로서 침묵을 깬다는 것은 침묵의 구조인 가부장적이고 식민주의적 사회 조건을 벗어나기 위한 목소리와 언어, 그리고 입장을 찾아가는 여정을 의미한다(양현아 2001, 70). 피해자 스스로 침묵을 깨는 행위는 사적인 내러티브를 공적인 장에 재위치시키는 것이자, "고통과 동시에 자기해석과 노력을 통한"(양현아 2006, 140) 자기 극복의 과정이 되는 것이다.

그러므로 경험이 언어화되는 장은 스스로를 이해하고 정체성을 재구성하는 자기치유의 과정이 된다. 구술과 증언활동을 통해 생존자들은 '유령' 또는 '감추어야 할 부끄러운 몸'에서 '피해 생존자'로, 다시 운동에 참가하는 '활동가'로 자기 정체성을 변화시키게 된다. 한때 '몸버린' '조선의 처녀'는 스스로를 '인권운동가'로 정체화하며, 일본과 한국정부를 비판하고 세계평화를 위한 후세대의 역할을 주문하게 된 것이다. 특히 2012년 3월, '세계여성의날'에 발족된 '나비기금'은 김복동, 길원옥 생존 당사자들이 주도하여 다른 분쟁지역 피해여성들을 지원하기 위해 만들어졌다는 점에서 큰 의미를 갖는다.

이러한 변화의 또 다른 배경에는 본인 스스로의 적극적인 운동 참여 경험과 정대협의 헌신적인 노력이 있었다. 활동가들은 일본군 '위안부' 피해자들의 자존감 및 인권회복을 위해 노력하는 한편, '위안부'가 우리사회에서 생존하고 '말할 수 있는' 역사적 조건을 마련하고자 오랫동안 쟁투해 왔다. 피해여성들이 다시 상처받지 않고 과거로 화석화되지 않게 하기 위해 '위안부' 운동의 활동가들은 미시적으로는 생존자들의 생활을 직접 돌보는 일을 하면서, 거시적으로는 동아시아 식민지와 전쟁 중 여성에 가해진 성적 폭력에 대한 공식적인 인정과 사죄, 보상이라는 외적 조건의 마련과 더불어 우리 사회의 내부적 각성을 동반한 의식고양을 위해 애써왔던 것이다. 필자는 이것이야말로 피해자들이 저마다 안고 있는 상흔에 대한 내적 치유와 정체성 변화를 위

2015년 3월 12일 미국 뉴욕에 있는 유엔본부에서 열린 '전시 성폭력 근절을 위한 국제사회역할 토론회'. 좌측이 유엔 인권위 특별보고관 게이 맥두걸. ⓒ여성가족부

한 필요조건이 되었으며, 포스트식민 한국 사회에서 우리 모두가 부분적으로 앓고 있는 식민지 외상의 치유가능성을 제기한 것이라고 본다.

4) 초국적 여성운동의 가능성

운동이 변하듯, 운동을 구성하는 주체들의 정체성 또한 동일하지 않으며, 운동을 견인하는 피해자 개인의 정체성도 특정 맥락에서 새롭게 부각되거나 재구성된다.

"1980년대와 90년대 초반에 진보적 활동가들과 지식인들 중 (지금 기준으로 보면) 좌파 아닌 사람이 몇 되었나? 그때는 민주주의와 민족문제가 가장 급박한 과제였다."라는 윤미향 대표의 말(2007년 가을, 중앙대학교 특강에서)에서 드러나듯이 사회가 변화하듯, 활동가의 인식과 운동의 내용도 변화한다. 그러나 운동에는 시기적으로 급박한 문제의 우선순위라는 것이 존재하고, 상상하고 받아들여질 수 있는 언어적 조건의 한계가 있으며, 구체적 행위나 부정의

■ 일본정부와 히로히토 천황을 비롯한 고위직 책임자들의 유죄 판결을 이끌어 낸 '일본군성노예전범 여성국제법정'(2000년 12월, 동경) 10주년 환영 세미나를 알리는 포스터. 포스터에 들어간 그림은 일본군 '위안부' 고 강덕경 할머니의 그림 「내가 살던 위안소」.

한 조건에 대한 대항적 행위(counter action)와 저항 담론 구성을 긴급히 실행해야 한다. 개별 주체들의 변화, 이의 배경이 되는 사회적 변화와 연관해서 운동의 구성과 방향, 내용을 읽어내야 '위안부' 운동을 이해할 수 있음을 의미한다.

이러한 맥락에서 필자가 강조하고 싶은 것은 일본군 '위안부' 운동의 중요한 의의 중 하나는 운동의 방향과 내용이 깊어지고 넓어지면서 지역적 특수성을 기반으로 지구적 보편성을 추구하는 초국적 페미니스트 운동으로 확대되었다는 점이다.

1990년대 초반부터 정대협은 아시아연대회의를 구성해 다양한 국적의 피해자들과 연대하고, 매년 세 번씩 제네바의 UN인권위원회, 소위원회, 실무회의에 '위안부' 문제를 제기해 왔으며(정진성 1995, 183), UN인권위원회에 위안소와 연관된 일제의 "만행을 알리는 문서들"과 조사를 위한 '호소문'을 보내는 한편, 인권위원회에 참가하는 국제적인 민간단체들을 직접 방문하거나 우편으로 "심각성을 알리고 지지를 호소"해 왔다(이효재 1992, 14). 이효재는 '과거 회귀적' '자민족 중심적' 사고에 기반하여 일본의 책임을 일방적으로 물으며 비난하고자 하는 것이 아니라, 과거의 잘못에 대한 직시를 통해서만이 전향적 한일관계의 구축뿐만 아니라 더불어 살아갈 수 있는 미래 공동체로서 동아시아의 평화가 상상가능하게 된다고 믿었던 것이다.

지난한 활동의 결과, 마침내 유엔여성지위위원회(CSW), 유엔여성차별철폐위원회(CEDAW), 유엔인권위원회 및 인권소위원회 등 유엔의 여성관련 기구들이 '위안부' 문제를 국제적 이슈로 다루게 되었으며, 유엔인권위원회의 특별조사를 통해 일명 '쿠마라스와미 1996년 보고서'와 1998년 인권소위원회의 '게이 맥두걸 보고서'가 나오게 되었고 일본정부에 대한 권고가 이루어질 수 있었다. 일본을 비롯한 피해국 여성단체들과 연대하고 각 국의 법률가들의 도움을 얻어 2000년 12월, 동경에서 개최한 '일본군성노예전범 여성국제법정'(이하 2000년 법정)은 일본정부와 히로히토 천황을 비롯한 고위직 책임자들의 유죄 판결을 이끌어 내기도 하였다(정진성 2007, 38).

무엇보다 초국적 운동으로서의 가능성은 2000년 법정 이후 역설적으로 드러난 '여성공통의 경험'에 기반한 국제 연대의 '불가능성'에 대한 깨달음, 이에 여성들 간의 '차이'를 인정하고 포섭하고자 한 정대협 활동 방향의 전환과도 연관된다. 실제 2000년 이후 정대협은 '위안부' 문제를 '전시 성폭력,' '전쟁과 여성인권'의 핵심 아젠더 안에 자리매김하고, 2001년 7월, '전쟁과여성인권센터'를 발족하며, 무력갈등 아래의 여성폭력 문제 연구, 국제적 관련 단체와의 연대, 학술 단체 등과 결합하는 활동 등을 펼치게 된다. 2012년 5월 개관한 '전쟁과여성인권박물관'은 일본군 '위안부' 문제에 대한 국내외적 관심의 확대를 지속적으로 꾀하면서 젊은 세대를 위한 인권교육 및 역사교육의 상으로 활용되고 있다.

이러한 인식의 전환은 기실 유기적 연대에 기반한 초국적 페미니스트 정치학의 전형을 보여준다. 초국적 페미니스트 정치학이란 자본주의와 군사주의에 기반한 전 지구적 일방적 헤게모니의 확산을 우려하면서 아래로부터의 저항과 연대를 의미한다. 가부장제와 같은 여성 공통의 체험에 기반한 연대가 아니라, 여성들 간의 차이를 신중하게 고려하면서 이들의 경험을 (재)생산하는 구조적인 조건들을 구체적인 삶의 맥락 안에서 읽어내는 노력에 터한다. 이러한 점에서 '위안부' 운동은 보편적 여성의 이해, 보편적 민족의 이해

등 동질성에 기반한 운동이 아니라, 맥락에 따라 여성들 간의 다양한 차이들이 구성되고 드러나는 방식에 대한 이해를 기반으로 억압의 공유지점에서 만나 잠정적으로 연대하는 초국적 페미니스트 운동의 가능성을 보여주었다고 평가받을 만하다.

3. 나가며

이 글을 통해 필자는 운동이 특정한 역사적 시점에 화석화된 단일한 실체가 아니라, 변화하는 사회와 인식의 공간 속에서 끊임없이 유동하며 구성되는 과정이라는 관점에서 출발하여 일본군 '위안부' 운동을 분석하고, 궁극적으로 페미니스트 운동의 일환으로 자리매김하고자 하였다.

일본군 '위안부' 문제를 둘러싼 운동은 포스트식민국가인 대한민국뿐만 아니라 동아시아의 식민주의와 민족주의, 가부장제의 양면적 얼굴을 직시하고 이에 저항하고자 하는 탈식민주의 페미니스트 기획이다. 특히 '위안부' 운동은 피해 여성들의 경험 듣기, 대신 말해주기에서 출발하여, 젠더와 섹슈얼리티, 인종과 민족 등이 교차하는 지점에서 특정 집단이 타자화되는 과정에 대한 문제제기로 나아갔으며, '말걸기'와 권한부여(empowerment)를 통해 피해자 스스로 정체성을 재구성하는데 기여해 왔다. 역사 속에 묻혀 있던 여성의 경험을 가시화함으로 가부장제, 식민주의, 민족주의의 공모 체제에 균열을 냈을 뿐만 아니라 여성의 관점에서 거대 역사에 질문하고 이를 재구성하는 작업을 수행하고 있는 것이다. 무엇보다 '위안부' 문제를 둘러싼 연대는 여성에 대한 전시 폭력이라는 거대한 부정의에 대한 저항이라는 맥락에서 형성된 것이자 투쟁의 경험을 공유하면서 확대, 유지되고 있는 초국적 페미니스트 정치학에 근거한다. 이는 젠더, 민족, 인종, 계급, 섹슈얼리티 등의 축이 교차하는 접점에서의 수많은 차이와 경계를 넘어 보다 나은 세상에 대한 열망과 실천의 의지로 연결된 연대다(이나영 2009, 506).

　결론적으로 일본군 '위안부' 운동의 비전은 역사의 장막 속에 가려진 다양한 주체들이 세상의 터부와 장벽을 깨고 나와 숨겨진 '진실들'을 말할 수 있는 장을 마련한 것, 그리하여 서브알턴들이 다양한 경계를 넘어 만날 수 있는 연대의 가능성을 보여 준 것이라 할 수 있다. 그것이야말로 일본군 '위안부' 문제를 진지하게 고민하고 정의로운 방식으로 해결하고자 하는 활동가와 학자들에게 이 운동이 던지는 의미다. 이러한 통찰은 '위안부'라는 담론 생산에 개입하고 있는 다양한 주체들의 역사적 '책임성'이 얼마나 무거운지를 역설적으로 보여준다.

이나영

미국 메릴랜드대학 여성학 석·박사. 현재 중앙대학교 사회학과 교수.
탈식민주의, 민족주의, 섹슈얼리티를 젠더 관점에서 연구하고 있다.
저서 『젠더와 사회』(공저), 『다시 보는 미디어와 젠더』(공저), 『여성주의 역사쓰기: 구술사 연구방법』(공저), 최근 논문 「민족주의와 젠더: 도전과 변형을 위한 이론적 지형도 그리기」(『한국여성학』 제31권 2호, 2015).

참고문헌

나카노 도시오·김부자 편저. 2008. 『역사와 책임-'위안부' 문제와 1990년대』, 서울: 선인.

라이너 촐, 최성환 역(2008). 『오늘날 연대란 무엇인가: 연대의 역사적 기원, 변천 그리고 전망』, 서울: 한울.

양현아. 2001. "증언과 역사쓰기: 한국인 '군 위안부'의 주체성 재현" 『사회와 역사』 제60권, pp. 60-96.

_____. 2006. "증언을 통해 본 한국인 '군위안부'들의 포스트식민의 상흔" 『한국여성학』 제22권 3호, pp. 133-167.

윤미향. 2006. "아직도 해결되지 않은 문제, 일본군 '위안부'" 『황해문화』 제50호, pp. 9-112.

_____. 2009. "역사와 책임에서 적극적으로 다룰 수 없었던 정대협 운동" 인팩션.

윤정옥. 1997. "조선식민정책의 일환으로서 일본군 '위안부'" 한국정신대문제대책협의회 편. 『일본군 '위안부' 문제의 진상』. 서울: 역사비평사.

이나영. 2006. "초/국적 페미니즘: 탈식민주의 페미니스트 정치학의 확장" 『경제와 사회』 제70호, pp. 63-87.

_____. 2008. "탈식민주의 페미니스트 읽기: 기지촌 성매매 여성과 성별화된 민족주의, 재현의 정치학" 『한국여성학』 제24권 3호, pp. 77-109.

_____. 2009. "현재 속의 '역사,' 역사 속의 진실'들'" 『역사비평』 제86호, pp. 503-507.

이효재. 1992. "한일관계 정상화와 정신대 문제: 민족·여성사적 과제를 중심으로" pp. 8-16.

정진성. 1995. "전후처리와 정신대 문제" 『근현대사강좌』 제7호, pp. 176-191.

_____. 2007. "여성인권운동으로서의 정대협운동" 「정대협 발족 17주년 기념 정책토론회 자료집」, pp. 28-42.

캐더린 루. 2010. "구조적 부정의로써 식민주의와 보상의 책임에 대한 함의" 『아세아연구』 제53권 2호, pp. 33-54.

한국정신대문제대책협의회 편. 2001. 『기억으로 다시 쓰는 역사 4(증언집)』. 서울: 풀빛.

_____. 2004. 『역사를 만드는 이야기 6(증언집)』. 서울: 풀빛.

_____. 2007. 「2007년 사업보고서」. 미간행.

_____. 2007. 「2008년 사업보고서」. 미간행.

_____. 2007. 「2008년도 정대협 사업방향 및 중점 사업」. 미간행.

한국정신대연구소. 1993. 『강제로 끌려간 조선인 군위안부들 1(증언집)』. 서울: 한울.

_____. 1997. 『강제로 끌려간 조선인 군위안부들 2(증언집)』. 서울: 한울.

_____. 1999. 『강제로 끌려간 조선인 군위안부들 3(증언집)』. 서울: 한울.

_____. 2001. 『강제로 끌려간 조선인 군위안부들 5(증언집)』. 서울: 한울.

'제국의 위안부' 도서출판 등 금지 및 접근금지 가처분 결정 (2015년 2월 17일)

○○○ 『제국의 위안부』

█ 목차

주문

신청 취지

이유
1. 기초 사실
2 .당사자의 주장
3. 이 사건 도서의 출판 금지 등을 구하는 부분에 관한 판단(채무자들에 대하여)
 가. 관련 법리
 나. 일본군 위안부의 '성노예'이자 '피해자'로서의 지위
 다. 채권자들 등 일본군 위안부에 대한 일본국의 법적 책임
 라. 이 사건 도서 중 채권자들의 인격권을 중대하게 침해하는 내용으로서 삭제를 명
   하는 부분
 마. 이 사건 도서 중 나머지 부분의 출판금지 등을 구하는 신청에 관한 판단
4. 결론

별지2 인용 목록

서울동부지방법원 제21민사부 결정

사건 2014카합10095 도서출판등금지 및 접근금지 가처분

채권자 : 1. 이옥선 2. 김군자 3. 김순옥 4. 유희남 5. 강일출 6. 정복수 7. 박옥선
　　　　8. 김외한 9. 김정분
　　　　채권자들 소송대리인 법무법인 율 담당변호사 양승봉, 홍장미
　　　　소송대리인 법무법인 지향 담당변호사 이상희, 박갑주, 김수정, 정연순, 백승헌
　　　　소송대리인 법무법인 해마루 담당변호사 김진국, 장완익
　　　　소송대리인 법무법인 소명 담당변호사 정재훈, 박민정
채무자 : 1. ○○○ 2. ○○○ 채무자들 소송대리인 변호사 ○○○

주문

1. 채무자들은 별지 1 '도서목록' 기재 도서 중 별지 2 '인용목록'의 밑줄 친 부분을
　 삭제하지 아니하고서는 위 도서를 출판, 발행, 인쇄, 복제, 판매, 배포 및 광고를
　 하여서는 아니 된다.
2. 채권자들의 나머지 신청을 기각한다.
3. 소송비용 중 1/10은 채권자들이, 나머지는 채무자들이 각 부담한다.

신청취지

[주위적 신청취지]
1. 채무자들은 별지 1 '도서목록' 기재 도서(이하 '이 사건 도서'라 한다)의 출판, 발
　 행, 인쇄, 복제, 판매, 배포, 광고를 하여서는 아니 되고,
2. 채무자 ○○○는 채권자들과 채권자들 외 일본군 위안부 피해자들에게 접근 및 취
　 재를 하여서는 아니 된다.
[예비적 신청취지1]

1. 채무자들은 이 사건 도서 중 별지 3 '신청목록'의 밑줄 친 부분을 삭제하지 아니하
   고는 출판, 발행, 인쇄, 복제, 판매, 배포 및 광고를 하여서는 아니 되고,
2. 채무자 ○○○는 채권자들과 채권자들 외 일본군 위안부 피해자들에게 접근 및 취
   재를 하여서는 아니 된다.

이유

1. 기초사실

기록 및 심문 전체의 취지를 종합하면 다음과 같은 사실들이 소명된다.
가. 채권자들은 1932년경부터 1945년경까지 중국, 동남아시아 등지에 설치된 일본군
위안소에서 일본군 병사 등을 위하여 강제로 성행위를 종용당한 사람들이고[2], 채무자
○○○는 이 사건 도서의 저자이며, 채무자 정종주는 자신이 운영하는 도서출판 뿌리
와 이파리를 통해 2013. 8. 12. 이 사건 도서를 출판하였다.
나. 이 사건 도서에는 별지 3 '신청목록' 기재와 같은 내용이 포함되어 있다.

2. 당사자들의 주장

가. 채권자들의 주장 요지
① 채무자들은 이 사건 도서에서 ㉠ 일본군 위안부는 모집에 응하여 자발적으로 성을

---

[1] 채권자들이 추가한 예비적 신청취지 제1항은 주위적 신청취지 제1항을 질적으로 일부
  감축하여 하는 신청에 지나지 아니하고 (더욱이 접근 및 취재 금지를 구하는 제2항 부분은
  주위적 신청취지와 예비적 신청취지가 완전히 동일하다), 민사집행법 제305조에 의하면 법
  원은 채권자가 신청한 범위 안에서 신청목적을 이루는 데 필요한 가처분의 정도나 방
  법을 직권으로 정할 수 있는 것이어서 위 예비적 신청을 소송상의 예비적 신청이라고
  볼 수 없으므로, 이하에서는 이를 따로 나누어 판단하지 아니한다.
[2] 채권자들에 대하여 '일본군성노예'라는 명칭을 사용하여야 한다는 의견이 있으나, 일
  제하 일본군위안부 피해자에 대한 생활안정지원 및 기념사업 등에 관한 법률 제2조
  제1호가 "일본군위안부 피해자"란 일제에 의하여 강제로 동원되어 성적(性的) 학대를
  받으며 위안부로서의 생활을 강요당한 피해자를 말한다고 정의하고 있는 점, 이 사건
  에서 당사자들이 사용하고 있는 표현 등을 고려하여, 이하에서는 '일본군 위안부'라는
  용어를 사용하기로 한다.

제공한 매춘을 하였다거나, 일본군 위안부를 일본군의 '동지'이자 전쟁의 '협력자'로 표현하였으며, ⓒ 일본군에 의한 위안부 강제동원 사실을 부정하고, 일본군 위안부들에 대하여 일본국이 직접적인 법적 책임을 부담하지 않는다고 주장하는 등 공연히 허위사실을 적시하여 채권자들의 명예를 훼손하고 인격권을 침해하였으며, ② 채무자 ○○○는 채권자들을 비롯한 일본군 위안부 피해자들에게 지속적으로 접근하여 의도된 질문에 대한 답변을 청취한 다음 이를 자의적으로 해석하여 자신의 주장을 뒷받침하기 위한 근거로 왜곡하여 사용할 개연성이 있으므로, 회복하기 어려운 손해를 막고자 신청취지 기재와 같은 가처분을 구한다.

나. 채무자들의 주장 요지

1) 이 사건 도서의 출판·배포 등의 금지를 구하는 부분에 관하여
가) 표현의 자유에 대한 제한은 엄격한 요건 하에서 제한적으로 허용되는데, 이 사건 도서는 학술 서적으로서 표현의 자유 및 학문의 자유의 영역에 속하므로 원칙적으로 출판 금지 등과 같은 사전억제가 이루어져서는 아니 되며, 이 사건 도서는 채무자 ○○○의 학술적인 의견을 담고 있어 채권자들이 문제 삼는 표현들은 사실의 적시에 해당하지도 않는다.
나) 일본군 위안부는 최소한 수만 명에 이르고, 개별적인 피해의 정도가 같지 않으므로, 이 사건 도서로 인해 채권자들 개개인의 명예가 훼손되지 아니한다.
다) 설령 이 사건 도서의 내용이 채권자들의 명예를 훼손한다고 하더라도, 채무자들은 일본군 위안부 문제의 해결방안을 제시하기 위하여 이 사건 도서를 집필·출판한 것이고, 그 내용이 진실한 사실로서 그 목적이 오로지 공공의 이익을 위한 것에 해당하여 위법성이 조각된다.

2) 접근 및 취재 금지를 구하는 부분에 관하여
채무자 ○○○는 채권자들의 의사에 반하여 채권자들에게 접근한 바 없고, 채권자들 이외에도 접근금지를 구하는 대상인 일본군 위안부 피해자가 특정되지 아니하였으며, 채권자들이 타인에 대한 접근금지를 구할 권원이 없다.

3. 이 사건 도서의 출판 금지 등을 구하는 부분에 관한 판단(채무자들에 대하여)

가. 관련 법리

1) 명예는 생명, 신체와 함께 매우 중대한 보호법익이고 인격권으로서의 명예권은물권
의 경우와 마찬가지로 배타성을 가지는 권리라고 할 것이므로 사람의 품성, 덕행,
명성, 신용 등의 인격적 가치에 관하여 사회로부터 받는 객관적인 평가인 명예를
위법하게 침해당한 자는 손해배상 또는 명예회복을 위한 처분을 구할 수 있는 이
외에 인격권으로서 명예권에 기초하여 가해자에 대하여 현재 이루어지고 있는 침
해행위를 배제하거나 장래에 생길 침해를 예방하기 위하여 침해행위의 금지를 구
할 수도 있다. 다만, 표현행위에 대한 사전억제는 표현의 자유를 보장하고 검열을
금지하는 헌법 제21조 제2항의 취지에 비추어 엄격하고 명확한 요건을 갖춘 경우
에만 허용된다고 할 것인 바, 출판물에 대한 발행·판매 등의 금지는 위와 같은 표
현행위에 대한 사전억제에 해당하므로 원칙적으로 허용되어서는 안 될 것이지만,
다만 그와 같은 경우에도 그 표현 내용이 진실이 아니거나 그것이 공공의 이해에
관한 사항으로서 그 목적이 오로지공공의 이익을 위한 것이 아니며, 또한 피해자에
게 중대하고 현저하게 회복하기 어려운 손해를 입힐 우려가 있는 경우에는 그와
같은 표현행위는 그 가치가 피해자의 명예에 우월하지 아니하는 것이 명백하고, 또
그에 대한 유효적절한 구제수단으로서 금지의 필요성도 인정되므로 이러한 실체적
인 요건을 갖춘 때에 한하여 예외적으로 사전금지가 허용된다(대법원 2005. 1.
17.자 2003마1477 결정 등 참조). 한편, 표현행위의 사전금지는 위와 같이 예외적
으로 엄격한 요건 아래 인정되어야 한다는 점에서 위 각 요건에 대한 소명책임은
피해자라고 주장하는 채권자들에게 있다고 봄이 상당하다(대법원 2005. 1. 17.자
2003마1477 결정, 대법원 2013. 3. 28. 선고 2010다60950 판결 등 참조).

2) 학문의 연구는 기존의 사상 및 가치에 대하여 의문을 제기하고 비판을 가함으로써
이를 개선하거나 새로운 것을 창출하려는 노력이므로 그 연구의 자료가 사회에서
현재 받아들여지고 있는 기존의 사상 및 가치체계와 상반되거나 저촉된다고 하여
도 용인되어야 할 것이다(대법원 2007. 5. 31. 선고 2004도254 판결 등 참조).
또한 양심의 자유, 언론·출판의 자유, 학문의 자유 등은 우리 헌법이 보장하는 기
본적인 권리이기는 하지만 아무런 제한이 없는 것은 아니며, 헌법 제37조 제2항에
의하여 국가의 안전보장, 질서유지 또는 공공복리를 위하여 필요한 경우에는 그 자
유와 권리의 본질적인내용을 침해하지 아니하는 범위 내에서 제한할 수 있는 것이

고(대법원 2010. 12. 9.선고 2007도10121 판결 등 참조), 인격권으로서의 개인이
나 단체의 명예 보호라는 법익과 학문의 자유의 보장이라는 법익이 충돌하였을 때
그 조정을 어떻게 할 것인지는 구체적인 경우에 사회적인 여러 가지 이익을 비교
하여 학문의 자유로 얻어지는 이익·가치와 인격권의 보호에 의하여 달성되는 가치
를 형량하여 그 규제의 폭과 방법을 정하여야 할 것이고, 공적인 관심사가 된 역사
적인 사실에 관한 표현에 대하여서는 피해자의 명예 못지않게 역사적 사실에 대한
탐구 또는 표현의 자유 역시 보호되어야 하며, 또 진실 여부를 확인할 수 있는 객
관적 자료에도 한계가 있어 진실 여부를 확인하는 것이 용이하지 아니한 점도 고
려하여야 한다(대법원 1998. 2. 27. 선고 97다19038판결 등 참조).

3) 타인에 대한 명예훼손은 사실을 적시하는 방법으로 행해질 수도 있고, 의견을 표명
하는 방법으로 행해질 수도 있는바, 어떤 의견의 표현이 그 전제로서 사실을 직접
적으로 표현한 경우는 물론 간접적이고 우회적인 방법에 의하더라도 그 표현의 전
취지에 비추어 어떤 사실의 존재를 암시하고 또 이로써 특정인의 사회적 가치 내
지 평가를 침해할 가능성이 있으면 명예훼손으로 되는 것이다(대법원 2002. 1.
22. 선고 2000다37524 판결 등 참조). 그리고 여기서 어떤 표현이 사실을 적시하
는 것인가, 아니면 단순히 의견 또는 논평을 표명하는 것인가, 또는 의견 또는 논
평을 표명하는 것이라면 그와 동시에 묵시적으로라도 그 전제가 되는 사실을 적시
하고 있는 것인가 그렇지 아니한가의 구별은 당해 표현의 객관적인 내용과 아울러
일반인이 보통의 주의로 그 표현을 접하는 방법을 전제로 거기에 사용된 어휘의
통상적인 의미, 전체적인 흐름, 문구의 연결 방법 등을 기준으로 판단하여야 하고,
여기에다가 당해 표현이 게재된 보다 넓은 문맥이나 배경이 되는 사회적 흐름 등
도 함께 고려하여야 한다(대법원 1999. 2. 9. 선고 98다31356 판결, 대법원
2008. 1. 24. 선고 2005다58823 판결 등 참조).

나. 일본군 위안부의 '성노예'이자 '피해자'로서의 지위

1) 소명사실
   기록 및 심문 전체의 취지를 종합하면, 다음과 같은 사실이 소명된다.

가) 일본군은 1932년 상해사변 당시 일본군 병사에 의해 강간사건이 빈번하면서 현지

인들의 반발과 성병 등의 문제로 이어지자 그 방지책으로서 이른바 '위안소'를 최초로 설치하여 위안부를 두기 시작하였고, 1937. 7.부터 중일전쟁으로 병력을 중국으로 다수 송출하면서 점령지에 군 위안소를 설치했는데, 1937. 12. 남경대학살 이후 그 수가 증가되었다. 일본군은 1941년부터 아시아태평양전쟁 중 동남아시아, 태평양지역의 점령지역에서도 군 위안소를 설치했다. 일본군 위안부의 수는 8만 명에서 10만 명 또는 20만 명 정도로 추정되고 있으며, 그 중 80%는 조선 여성이었고, 나머지는 필리핀, 중국, 대만, 네덜란드 등지의 여성들이다.

나) 1992. 1. 일본방위청 방위연구소 도서관에서 일본군이 일본군 위안부 징집에 직접 관여한 관계 공문서가 발견되고, 피해자가 출현함에 따라, 일본국 정부는 진상조사에 착수하였다. 1993. 8. 4. 일본국 정부는 위안소의 설치, 관리 및 일본군 위안부의 이송에 관하여 일본군이 직접 또는 간접으로 관여하였으며, 일본군 위안부의 모집에 관하여 군의 요청을 받은 업자가 주로 이를 담당하였으나, 이 경우에도 감언이나, 강압 등에 의해 본인의 의사에 반하여 모집된 사례가 다수 있고, 더욱이 관헌 등이 직접 가담한 경우도 있으며, 위안소에서의 생활은 강제적인 상태 하에서의 참혹한 것이었음을 인정하며, 문제의 본질이 중대한 인권 침해였음을 승인하며 사죄하는 내용의 고노 요헤이 관방장관의 담화를 발표하였다.

다) 유엔 인권소위원회는 일본군 위안부 문제에 대하여 지속적인 연구 활동을 수행하여 왔는데, 유엔 인권위원회의 결의문 1994/45에 의거하여 1994. 3. 4. '여성에 대한 폭력 특별보고관'으로 임명된 라디카 쿠마라스와미(Radhica Coomaraswamy)이 1996. 1. 4. 작성한 보고서에서는, 제2차 세계대전 때 일본군이 위안소 제도를 설치한 것은 국제법 위반으로서 일본국 정부가 법적인 책임을 져야 한다는 점을 확인하고, 국가 차원의 손해배상, 보관 중인 관련 자료의 공개, 서면을 통한 공식사죄, 교과서 개정, 책임자 처벌 등을 권고하는 6개 항의 권고안을 제시하였으며, 1996. 4. 19. 제52차 유엔 인권위원회에서 위 보고서의 채택결의가 있었다.
또한, 1998. 8. 12. 유엔 인권소위원회에서는 게이 맥두걸(Gay J. McDougall) 특별보고관의 보고서가 채택되었는데, 위 보고서에서는, '강간센터(rape center, rape camp)'라 할 수 있는 위안소에서 강제로 성적 노예 상태에 빠뜨려진 일본군 위안부에 대하여 일본국 정부의 법적 배상책임을 인정하고 위안소 설치에 책임이 있는 자들의 처벌문제와 일본국 정부의 배상이 신속하게 이루어져야 한다는 점이 강조되었다.

한편 유엔인권이사회는 2008. 6. 12. 일본군 위안부 문제에 대해 각국의 권고와 질의를 담은 실무그룹보고서를 정식으로 채택하였으며, 유엔 B규약인권위원회는 2008. 10. 30. 제네바에서 일본국의 인권과 관련된 심사보고서를 발표하고, 일본국 정부에 대해 일본군 위안부 문제의 법적 책임을 인정하고 피해자 다수가 수용할 수 있는 형태로 사죄할 것을 권고했다.

라) 우리 헌법재판소는 일본군 위안부들이 일본국과 일본군에 의해 강제로 동원되고 그 감시 아래 일본군의 '성노예'를 강요당한 반인도적 범죄행위에 대해 일본국에 대하여 가지는 배상청구권은 헌법상 재산권 문제에 국한되지 않고 근원적인 인간으로서의 존엄과 가치의 침해와 직접 관련이 있는데, 이와 같은 배상청구권이 '대한민국과 일본국 간의 재산 및 청구권에 관한 문제의 해결과 경제협력에 관한 협정'으로 소멸되었는지에 관한 양국 간 해석상 분쟁을 위 협정이 정한 절차에 따라 해결하지 아니하고 있는 대한민국 정부의 부작위가 위 피해자들의 중대한 헌법상 기본권을 침해하고 있어 위헌이라고 판단하였다(헌법재판소 2011. 8. 30. 선고 2006헌마788 결정).

마) 채권자들은 일제에 의하여 강제로 동원되어 성적(性的) 학대를 받으며 위안부로서의 생활을 강요당한 피해자(일제하 일본군위안부 피해자에 대한 생활안정지원 및 기념사업 등에 관한 법률 제2조 제1호)로서의 지위를 인정받아 정부에 '일본군 위안부피해자 생활안정지원대상자'로 등록된 사람들이고, 위안부로 동원될 당시의 상황 및 위안소에서의 생활에 대하여 아래와 같이 진술한다.

(1) 채권자 이옥선은 "15살이던 1942. 7. 경 조선인 남자 2명이 '잔말 말고 가자'며 입을 막고 트럭에 실어 납치당하였고, 중국 연길의 일본군 부대 내 막사에서 강간을 당하였다. 평일엔 적을 땐 1~2명, 보통 10명 정도를, 주말에는 30~40명의 군인을 받았다. 위안부들이 말을 듣지 않으면 주인은 군인(헌병)을 불러 폭행하였고, 입는 것과 먹는 것 역시 처참한 수준이어서 군인들이 밥을 남기면 위안부들은 그것을 먹었고, 군인들이 그마저도 남기지 않으면 굶었다."고 진술한다.

(2) 채권자 박옥선은 "18살이던 1941년 공장에 취직시켜 준다는 말에 군대천막 같은

것이 씌워진 기차를 타고 중국으로 가게 되었는데, 기차에서 내려서는 군대차를 타고 일본군 부대와는 좀 떨어진 곳에 위치한 위안소에서 하루에 10~15명 이상의 일본 군인들을 상대하였으며, 군인 병원에서 신체검사를 받기도 하였다. 빨래를 하러 나갈 때도 군인들이 감시했다."고 진술한다.

(3) 채권자 강일출은 "16살이던 1943년 가을경 보국대를 뽑는다는 일본순사에게 강제로 끌려 고향 상주에서 중국 심양을 거쳐 목단강까지 가게 되었고, 목단강에 내려서는 군대차를 타고 군부대 안으로 들어가 군의관으로부터 부인과 검사를 받았다. 몸이 아플 때도 군인들을 상대해야 했다. 장티푸스를 앓게 되자 군인들은 나를 태워 죽이려고 산에 데려가기도 했다."고 진술한다.

(4) 채권자 김군자는 "17살이던 1942년 군복을 입은 남자에 의해 중국 훈춘으로 강제로 끌려갔다. 많게는 하루에 40명 정도의 군인을 상대했고, 매주 금요일 군의관이 성병검사 등을 하였다. 생리를 해도 쉬지 못했고, 군인들이 많이 오는 날에는 하루에도 40명을 받았다. 일본말을 못 알아들었다가 일본군 장교에게 맞아 고막이 터지기도 했다."고 진술한다.

(5) 채권자 김순옥은 "20살이던 1942년경 공장에 가면 돈을 벌 수 있다는 한 조선 남자의 말에 어디 가는지도 알지 못한 채 중국 목단강으로 가게 되었다. 도망치다 잡히면 죽기 때문에 도망칠 생각을 하지 못했고, 같이 있던 위안부 중에는 자살한 여자도 있다."고 진술한다.

2) 판단

일본군 위안부의 '강제동원'과 관련하여서는, 위에서 본 것과 같이 일본군의 직접적인 폭력, 납치 등으로 인해 10대 중후반의 나이에 위안부로 강제연행 되었으며, 위안부 수송과정에서 일본군이 직접 개입하였거나 군의관이 직접 이들의 건강상태를 검진하였다고 밝히고 있는 증언이 다수 존재한다. 또한 채무자들이 이 사건 도서에서 서술하고 있는 것처럼 일본군 위안부를 모집함에 있어 민간 업자 등이 기망, 인신매매 등과 같은 구체적 모집행위를 담당한 경우가 많았다고 하더라도, 일본군 위안부들이 군부대 등에 부속된 위안소에 끌려와서야 비로소 자신이 처한 상황을 알게 되어 저항을 하게 되면 일본군 등이 폭력·협박 등을 통하여 이를 제압하였을 뿐만 아니라, 일본군이 직접 위안소를 설치·운영하고 이를 통제하였으며, 식민체제 하에서 헌병 및 경찰등과의 연계를 통해 수만 명 이상의 위안부를 효율적으로 동원하였고, 그 수송과정에서도 깊이 개입하였다는 점에서 일본국 및 일본군의 위안부 강제동원 사실을 부정할 수는 없으며, 이는 앞서 본 것과 같은 유엔 인권소위원회의 각종 보고서나 고노 요헤이 관방장관의 담화 등에서도 인정된 역사적 사실에 해당한다. 또한 일본군 위안부들은 제대로 된 의식주를 보장받거나 휴식시간을 가지지도 못한 채 하루에도 많게는20~30명의 군인을 상대해야 했으며, 이를 거부하면 매를 맞거나 심한 경우는 죽임을 당하기도 하였다.

이와 같은 사실들에 비추어 보면, 채권자들과 같은 일본군 위안부들은 일본의 매춘부와는 질적으로 달리, 대부분이 10대 내지 20대 초반의 여성들로서 본인의 의사와 관계없이 일본국과 일본군에 의해 위안부로 강제동원 되어 그 감시 아래 전시상황의 중국, 동남아시아 등지에 설치된 위안소에 갇혀 최소한의 인간다운 생활도 보장받지 못한 채 하루에 수십 명의 군인들을 상대하며 성적 쾌락의 제공을 강요당한 '성노예'에 다름없는 '피해자'로서의 본질을 가지고 있다.

다. 채권자들 등 일본군 위안부에 대한 일본국의 법적 책임

앞서 살펴본 것과 같이 일본군은 채권자들 등 일본군 위안부에 대한 강제연행, 위안소의 설치·운영 등에 직·간접적으로 광범위하게 개입하였는데, 위안부 동원과정에서의 강제성, 동원된 위안부의 규모, 위안소에서의 '성노예' 생활 실태 등에 비추어 볼 때, 일본군에 의한 일본군 위안부 강제동원, 위안소 설치·운영 등은 노예제를 금지하는 국제관습법과 1930년 체결되어 일본국이 1932년 비준한 강제노동 폐지를 규정한 국제노동기구(ILO) 제29호 조약 등에 위반될 뿐만 아니라, 뉘른베르크 국제군사재판소 조례 및 당해 재판소의 판결에 의해 승인된 국제법의 제 원칙, 즉 인도에 대한 죄에 해당하는 그 유례를 찾기 힘든 반인도적인 불법행위(범죄행위)라 할 것이다. 또한 민간업자들이 기망, 인신매매 등을 통해 위안부를 직접 모집한 경우에 있어서도, 일본군은 위안소를 설치·운영하고, 위안부를 국외 송출하는 과정에 광범위하게 개입하는 등의 행위를 통해 민간 업자들의 위와 같은 약취, 유인행위에 대하여도 형법상 공범으로서의 책임을 부담한다. 따라서 일본국은 국가기관인 일본군의 위와 같은 불법행위로 인해 채권자들 등과 같은 일본군 위안부들이 겪은 신체적·정신적 고통에 대하여 이를 배상할 책임이 있으며, 이는 근원적인 인간으로서의 존엄과 가치의 침해와 직접 관련

이 있다고 할 것이다.

한편 대한민국 정부와 일본국 정부 사이에 체결된 1965. 6. 22. '국교정상화를 위한 대한민국과 일본국 간의 기본관계에 관한 조약'과 그 부속협정의 하나인 '대한민국과 일본국간의 재산 및 청구권에 관한 문제의 해결과 경제협력에 관한 협정'(이하 '청구권협정'이라 한다)은 일본의 식민지배 배상을 청구하기 위한 협상이 아니라 샌프란시스코조약 제4조에 근거하여 한일 양국 간의 재정적·민사적 채권·채무관계를 정치적 합의에 의하여 해결하기 위한 것으로서, 청구권협정의 협상과정에서 일본 정부는 식민지배의 불법성을 인정하지 않은 채, 강제동원 피해의 법적 배상을 원천적으로 부인하였고, 이에 따라 한일 양국 정부는 일제의 한반도 지배의 성격에 관하여 합의에 이르지 못하였는데, 이러한 상황에서 일본의 국가권력이 관여한 반인도적 불법행위나 식민지배와 직결된 불법행위로 인한 손해배상청구권이 청구권협정의 적용대상에 포함되었다고 보기는 어려운 점 등에 비추어 보면, 일본의 국가권력이 관여한 반인도적 불법행위나 식민지배와 직결된 불법행위로 인한 손해배상청구권이 청구권협정의 적용대상에 포함되었다고 보기는 어렵다. 나아가 설령 일본군 위안부들의 청구권이 청구권협정의 적용대상에 포함된다고 하더라도 국가와는 별개의 법인격을 가진 국민 개인의 동의 없이 국민의 개인청구권을 직접적으로 소멸시킬 수 있다고 보는 것은 근대법의 원리와 상충되는 점 등을 고려하면, 일본군 위안부들의 개인청구권 자체가 청구권협정만으로 당연히 소멸한다고 볼 수도 없다(대법원 2012. 5. 24. 선고 2009다22549 판결, 헌법재판소 2011. 8. 30. 선고 2006헌마788 결정 참조).

라. 이 사건 도서 중 채권자들의 인격권을 중대하게 침해하는 내용으로서 삭제를 명하는 부분

1) 채무자들은 이 사건 도서에서 일본군 위안부를 유괴하거나 강제 연행한 사례가 있다고 하더라도 이는 민간 업자들에 의해 일어난 일로서, 공적으로 일본국이나 일본군이 '강제연행'의 주체가 아니었고, 위안소 운영 과정에서의 감금, 억압 역시 민간 업자들에 의한 것이었으며, 일본군 위안부 중에는 원래 매춘업에 종사하던 사람도 있었을 뿐만 아니라 위안부로서의 생활은 기본적으로 대가가 예상되는 것이었으므로, '강제적 매춘'의 본질을 가진다고 주장하며, 당시 일본군 위안부들은 일본군의 사기를 진작하기 위해 동원되어 '애국'한 존재로서 일본군에 대하여 '협력자' 혹은 '동지적 관계'에 있었다고 서술한다.

즉, 채무자들이 집필하였거나 출판한 이 사건 도서 중 별지 2 '인용목록'의 밑줄

친 부분(이하 '이 사건 인용부분'이라 한다)은 일본군에 의한 위안부 강제동원 사실을 부정함으로써 일본군 위안부 모집에 있어서 영리성이나 비강제성을 강조하거나, 일본군 위안부들이 본인의 의사에 반하여 강제적으로 동원되어 성행위를 강요당한 '성노예'에 다름없는 '피해자'라는 본질은 외면한 채 일본군 위안부를 19세기 후반 해외 성매매에 종사한 일본국 여성들을 가리키는 '가라유키상의 후예'라고 하거나 일본군 위안부의 고통이 일본인 창기의 고통과 다르지 않고, 일본군 위안부의 본질이 '매춘'에 있으며, 일본군 위안부들은 모집에 응하여 '자발적으로 간 매춘부'라고 표현하고 있으며, 일본군 위안부들이 일본제국의 일원으로서 일본국에 대한 '애국심' 또는 위안부로서의 '자긍심'을 가지고 일본인 병사들을 정신적으로 위안하여 주는 위안부로서의 생활을 하였고, 이를 통해 일본군과 함께 전쟁을 수행하는 '동지'의 관계에 있었으며, '일본인'으로서 일본군에 '협력'하였다는 등의 내용이다.

그러나 앞서 본 위안부 강제동원 및 위안소 운영 등에 있어서의 일본국의 광범위한 관여사실, 일본군 위안부의 '성노예'이자 '피해자'로서의 지위 등에 비추어 보면, 이와 같은 내용은 채권자들의 사회적 가치 내지 평가를 현저하고 중대하게 저해하는 사실의 적시이거나 적어도 묵시적으로 그 전제가 되는 사실적시를 통해 채권자들의 인격권 및 명예권을 중대하게 침해한다고 할 것이다. 또한 위와 같은 내용은 진실이 아니거나 그것이 공공의 이해에 관한 사항으로서 그 목적이 오로지 공공의 이익을 위한 것이 아니며, 또한 피해자에게 중대하고 현저하게 회복하기 어려운 손해를 입힐 우려가 있는 경우라고 할 것이므로, 채무자들이 가지는 표현의 자유, 학문의 자유 등을 비교·형량하여 보더라도, 채권자들은 채무자들을 상대로 이 사건 인용부분을 삭제하지 아니하고서는 이 사건 도서의 출판, 배포 등의 금지를 구할 피보전권리가 있고, 이 사건 인용부분을 삭제하지 않은 채 이 사건 도서가 계속하여 판매·배포되는 경우 채권자들의 명예나 인격권에 회복하기 어려운 손해가 발생할 우려가 있으므로, 그 보전의 필요성도 인정된다.

2) 이에 대하여 채무자들은, 이 사건 도서로 인해 채권자들 개개인의 사회적 평가가 저해되지 않으므로 채권자들이 직접 채무자들에 대하여 이 사건 도서의 출판금지 등을 구할 피보전권리가 없다고 주장한다. 이른바 집단표시에 의한 명예훼손은, 명예훼손의 내용이 그 집단에 속한 특정인에 대한 것이라고는 해석되기 힘들고 집단표시에 의한 비난이 개별구성원에 이르러서는 비난의 정도가 희석되어 구성원 개

개인의 사회적 평가에 영향을 미칠 정도에 이르지 않는 것으로 평가되는 경우에는 구성원 개개인에 대한 명예훼손이 성립되지 않는다고 할 것이지만, 구성원 개개인에 대한 것으로 여겨질 정도로 구성원 수가 적거나 당시의 주위 정황 등으로 보아 집단 내 개별구성원을 지칭하는 것으로 여겨질 수 있는 때에는 집단 내 개별구성원이 피해자로서 특정된다고 보아야 하고, 그 구체적 기준으로는 집단의 크기, 집단의 성격과 집단 내에서의 피해자의 지위 등을 들 수 있다(대법원 2006. 5. 12. 선고 2004다35199 판결 등 참조).이 사건에 관하여 보건대, 일본군 위안부 문제가 본격적으로 논의된 것은 1990. 11. 16. 한국정신대문제대책협의회의 발족과 1991. 8. 일본군 위안부 피해자인 김학순의 공개기자회견 이후부터인데, 대한민국 정부는 1993. 6. 11. '일제하일본군위안부에대한 생활안정지원법'을 제정하여 '일본군위안부 피해자' 등록을 통한 지원사업을 시작하였고, 그때부터 현재까지 '일본군위안부 피해자'로 정부에 등록한 일본군 위안부는 238명 정도에 불과하며, 현재 생존하여 있는 '일본군위안부 피해자'는 53명인 점, 우리사회의 일본군 위안부 개개인에 대한 관심도 등을 고려하면, 채권자들을 포함한 일본군 위안부 개개인이 명예훼손의 피해자로 특정되었다고 보아야 한다. 따라서 이에 반하는 채무자들의 주장은 받아들이지 아니한다.

마. 이 사건 도서 중 나머지 부분의 출판금지 등을 구하는 신청에 관한 판단

기록 및 심문 전체의 취지를 종합하여 인정되는 다음과 같은 사정들을 종합하여 채권자들의 인격권(명예권)과 채무자들이 가지는 표현의 자유, 학문의 자유를 비교·형량하여 보면, 채권자들이 현재까지 제출한 자료만으로는 채무자들에 대하여 별지 3 '신청목록' 중 이 사건 인용부분을 제외한 나머지 각 부분을 포함하여 이 사건 도서 전체의 출판, 배포 등의 금지와 같은 표현행위의 사전금지가 예외적으로 허용될 수 있는 요건을 충족하였는지에 관한 소명이 충분히 이루어졌다고 단정하기 어렵고, 달리 이를 소명할 자료가 없다.

1) 이 사건 도서 중에는 한국 및 일본 등지에서 이루어지고 있는 일본군 위안부 문제 해결을 위한 운동의 전개 등과 같은 채권자들의 인격권(명예권)과 무관한 내용들이 포함되어 있을 뿐만 아니라(특히 이 사건 도서 중 제3부), 그 내용이나 전후의 문맥, 글의 취지 등에 비추어 볼 때, 채무자 ㅇㅇㅇ의 단순한 의견의 표명으로 보

일 뿐, 채권자들의 명예를 훼손하는 구체적인 사실을 적시한 것으로 보기 어렵거나 비유적 표현에 불과한 것들이 다수 존재한다.

2) 이 사건 도서는 채무자 ○○○의 일본군 위안부 문제에 대한 연구내용을 그 주된 내용으로 하고 있고, 표현의 자유를 보장하고 검열을 금지하는 헌법 제21조 제2항 및 학문의 자유를 보장하는 헌법 제22조의 취지 등에 비추어 보면, 이러한 출판물에 대한 발행·판매 등의 사전금지는 매우 엄격한 요건 하에서만 이루어져야 한다.

3) 채권자들을 비롯한 일본군 위안부에 대한 사회적 관심도, 일본군 위안부 문제가 가진 역사적 의미 등에 비추어 볼 때 이 사건 도서에 담긴 내용은 채권자들과 같은 일본군 위안부 피해자들의 명예를 훼손하는가의 문제에 그치지 아니하고, 자유로운 토론과 비판을 통해 사회적 논의가 이루어져야 할 영역에 해당하고, 채무자들이 이 사건 도서를 집필·발행한 주된 목적이나 동기는 채권자들을 직접적으로 비방하기 위한 것이라기보다는 한일 양국 사이의 일본군 위안부 문제 해결을 위한 나름의 방안을 제시하기 위한 것으로 보인다.

4) 한편, 채무자들이 일본군 위안부 강제동원 및 위안소의 설치·운영 등에 대한 일본국의 법적 책임을 부정하고, 일본국의 한반도와 한국인에 대한 식민지배가 합법적이었다고 서술하는 부분에 관하여 본다.

앞서 다.항에서 살펴본 것과 같이 일본국은 채권자들 등과 같은 일본군 위안부들이 입은 신체적, 정신적 손해에 대해 이를 직접 배상할 책임을 부담한다고 할 것이고, 대한민국 제헌헌법은 그 전문(前文)에서 "유구한 역사와 전통에 빛나는 우리들 대한국민은 기미삼일운동으로 대한민국을 건립하여 세상에 선포한 위대한 독립정신을 계승하여 이제 민주독립국가를 재건함에 있어서"라고 하고, 부칙 제100조에서는 "현행 법령은 이 헌법에 저촉되지 아니하는 한 효력을 가진다."고 하며, 부칙 제101조는 "이 헌법을 제정한 국회는 단기 4278년 8월 15일 이전의 악질적인 반민족행위를 처벌하는 특별법을 제정할 수 있다."고 규정하였다. 또한 현행헌법도 그 전문에 "유구한 역사와 전통에 빛나는 우리 대한국민은 3·1운동으로 건립된 대한민국임시정부의 법통과 불의에 항거한 4·19 민주이념을 계승하고"라고 규정하고 있는바, 이러한 대한민국 헌법의 규정에 비추어 볼 때, 일제강점기 일본의 한반도 지배는 규범적인 관점에서 불법적인 강점

(强占)에 지나지 않고, 일본의 불법적인 지배로 인한 법률관계 중 대한민국의 헌법정신과 양립할 수 없는 것은 그 효력이 배제된다고 보아야 한다(대법원 2012. 5. 24. 선고2009다22549 판결 등 참조).

그럼에도 불구하고, 채무자들은 이 사건 도서에서 일본군 위안부 모집에 있어 민간 업자들의 책임을 강조하면서 일본국이 채권자들 등과 같은 일본군 위안부들에게 직접적인 '국가책임'을 부담하지 아니하고, 설사 그 책임이 있다고 하더라도 청구권협정을 통해 소멸하였으며, 일본국의 한반도에 대한 식민지배는 법적으로 유효하다는 서술을 하고 있다.

그러나 앞서 본 법리에 비추어 보면, 위와 같은 서술은 구체적 사실의 적시라기보다는 법률전문가가 아닌 채무자 ○○○의 단순한 의견 표명으로서 헌법상 보장되는 학문의 자유 또는 표현의 자유의 보호영역 내에 있다고 보이고, 이러한 견해에 대해 법원이 사전적으로 그 표현을 금지하기 보다는, 자유로운 토론과 비판 등을 통하여 시민사회가 스스로 문제를 제기하고 이를 건전하게 해소하는 것이 바람직하며, 우리 사회의 시민의식은 충분히 이러한 해결이 가능할 정도로 성숙한 것으로 보인다. 또한 채무자들이 주관적으로 일본국의 채권자들에 대한 '국가책임'을 부정한다고 하여 채권자들에 대한 사회적 가치 내지 평가가 객관적으로 저하된다고 단정하기도 어렵다.

5) 또한 앞서 라.항에서 살펴 본 것과 같이 이 사건 도서 중 채권자들의 명예 및 인격권을 현저하게 침해하는 일부 내용을 삭제하지 아니하고는 이 사건 도서의 출판, 배포 등을 금지하는 가처분을 명하고 있고, 이와 같은 가처분으로도 채권자들은 가처분 신청의 목적을 어느 정도 달성할 수 있을 것으로 보인다.

3. 접근 및 취재 금지를 구하는 부분에 관한 판단(채무자 ○○○에 대하여)

먼저 채권자들에 대한 접근 및 취재 금지를 구하는 부분에 관하여 보건대, 채권자들이 현재까지 제출한 자료만으로는 채무자 ○○○가 채권자들의 의사에 반하여 채권자들에게 접근하거나 취재를 한다는 점을 소명하기에 부족하고, 달리 이를 소명할 자료가 없으므로, 채권자들의 이 부분 신청은 받아들이지 아니한다.

또한 채권자들 이외의 일본군 위안부 피해자들에 대한 접근 및 취재 금지를 구하는 부분에 관하여 보건대, 채권자들이 이 부분 신청에서 접근 및 취재 금지를 구하는 대상은 정부에 등록된 '일본군위안부 피해자' 중 채권자들을 제외한 나머지 피해자들을 의미하는 것으로 보이므로, 그 대상은 특정되었다고 할 것이나, 설령 채무자 ○○○가 위 나머지 일본군 위안부 피해자들의 의사에 반하여 이들에게 접근 또는 취재를 하고 있다고 가정하더라도, 이는 채권자들을 제외한 나머지 일본군 위안부 피해자들에게 전속되는 권리이므로, 채권자들이 자신의 권리에 기하여 임의로 그 침해금지를 구할 수는 없다고 할 것이어서, 채권자들의 이 부분 신청은 이유 없다.

4. 결론

그렇다면 채권자들의 채무자들에 대한 출판금지 등 가처분신청은 위 인정범위 내에서 이유 있어 이를 인용하고, 나머지 신청은 이유 없으므로 이를 기각하며, 채권자들의 채무자 ○○○에 대한 접근금지 등 가처분신청은 이유 없으므로 이를 기각하기로 하여 주문과 같이 결정한다.

2015. 2. 17.
재판장 판사 고충정
판사 황병호
판사 최윤영

별지1 도서목록

제목 : 제국의 위안부
저자 : ○○○
출판사 : 뿌리와이파리
ISBN : 9788964620304

순번	쪽	내용
1	19쪽	센다는 '위안부'를, '군인'과 마찬가지로, 군인의 전쟁 수행을 자신의 몸을 희생해가며 도운 '애국'한 존재라고 이해하고 있다. 국가를 위한 군인들의 희생에 대한 보상은 있는데 왜 위안부에게는 없느냐는 것이 이 책의 관심사이자 주장이기도 하다. 그리고 결론부터 말하자면 그런 센다의 시각은 이후에 나온 그 어떤 책보다도 위안부의 본질을 정확히 짚어낸 것이었다.
2	32쪽	'가라유키상의 후예.' '위안부'의 본질은 실은 바로 여기에 있다.
3	33쪽	'위안부'의 본질을 보기 위해서는 '조선인 위안부'의 고통이 일본인 창기의 고통과 기본적으로는 다르지 않다는 점을 먼저 알 필요가 있다.
4	38쪽	그에 따라 업자에게 의뢰하는 경우도 있었겠지만, 일반적인 '위안부'의 대다수는 '가라유키상'같은 이중성을 지닌 존재로 보아야 한다.
5	38쪽	그러나 '위안부'들을 '유괴'하고 '강제연행'한 것은 최소한 조선 땅에서는, 그리고 공적으로는 일본군이 아니었다. 말하자면 수요를 만든 것이 곧 강제연행의 증거가 되는 것은 아니다.
6	61쪽	그녀들이 '황국신민서사'를 외우고 무슨 날이면 '국방부인회'의 옷을 갈아입고 기모노 위에 띠를 두르고 참여한 것은 그래서였다. 그것은 국가가 멋대로 부과한 역할이었지만, 그러한 정신적 '위안자로서의 역할'-자기 존재에 대한 (다소 무리한) 긍지가 그녀들이 처한 가혹한 생활을 견뎌낼 수 있는 힘이 될 수도 있었으리라는 것은 충분히 상상할 수 있는 일이다.
7	62쪽	"응모했을 때도 그랬지만, 이런 몸이 된 나도 군인들을 위해 일할 수 있다, 나라를 위해 몸 바칠 수 있다고 생각하고 그녀들은 기뻐하고 있었습니다. 그랬기 때문에, 자유로워져서 내지에 돌아가도 다시 몸 파는 일을 할 수밖에 없다는 것을 알고 있었기 때문에, 여성들은 군인들을 위해 온 힘을 다할 수 있었던 것입니다. 물론 돈도 벌고 싶었겠지만요.(26쪽)" 물론 이것은 일본인 위안부의 경우다. 그러나 조선인 위안부 역시 '일본제국'의 위안부'였던 이상 기본적인 관계는 같다고 해야 한다.
8	65쪽	가족과 고향을 떠나 머나먼 전쟁터에서 내일이면 죽을지도 모르는 군인들을 정신적 · 신체적으로 위로하고 용기를 북돋아주는 역할. 그 기본적인 역할은 수없는 예외를 낳았지만, '일본 제국'의 일원으로서 요구된 '조선인 위안부'의 역할은 그런 것이었고, 그랬기 때문에 사랑도 싹틀 수 있었다.
9	67쪽	그렇다고 하더라도 그곳에 이런 식의 사랑과 평화가 가능했던 것은 사실이고, 그것은 조선인 위안부와 일본군의 관계가 기본적으로는 동지적인 관계였기 때문이었다. 문제는 그녀들에게는 소중했을 기억의 흔적들을 그녀들 자신이 "다 내삐렸"다는 점이다. "그거 놔두면 문제될까 봐"라는 말은, 그런 사실을 은폐하려 한 것이 그녀들 자신이었다는 것을 보여주는 말이기도 하다.

순번	쪽	내용
10	99쪽	버마의 양곤(랑군)에 있다가 전쟁 막바지에 폭격을 피해 태국으로 피신했던 이 위안부 역시 일본군의 안내로 일본까지 왔다가 귀국한 경우다. 이들이 '전쟁범인', 즉 전범들이 있는 곳으로 가게 된 이유는 이들이 '일본군'과 함께 행동하며 '전쟁'을 수행한 이들이었기 때문이다. 그건 설사 그들이 가혹한 성노동을 강요당했던 '피해자'라고 해도 '제국의 일원'이었던 이상 피할 수 없는 운명이었다.
11	112쪽	조선인 여성이 위안부가 된 것은 오늘날에도 여전히, 다른 경제활동이 가능한 문화자본을 갖지 못한 가난한 여성들이 매춘업에 종사하게 되는 것과 같은 구조 속의 일이다.
12	120쪽	위안부 문제를 부정하는 이들은 '위안'을 '매춘'으로만 생각했고 우리는 '강간'으로만 이해했지만, '위안'이란 기본적으로는 그 두 요소를 다 포함한 것이었다. 다시 말해 '위안'은 가혹한 먹이사슬 구조 속에서 실제로 돈을 버는 이들은 적었지만 기본적으로는 수입이 예상되는 노동이었고, 그런 의미에서는 '강간적 매춘'이었다. 혹은 '매춘적 강간'이었다.
13	130쪽	아편은 하루하루의 고통을 잊기 위한 수단이었을 것이다. 그러나 증언에 의하면 대부분은 '주인'이나 상인들을 통한 직접사용이었다. **군인과 함께 사용한 경우는 오히려 즐기기 위한 것으로 보아야 한다.**
14	137쪽	일본인·조선인·대만인 '위안부'의 경우 '노예'적이긴 했어도 기본적으로는 군인과 '동지'적인 관계를 맺고 있었다. 다시 말해 같은 '제국일본'의 여성으로서 군인을 '위안'하는 것이 그녀들에게 부여된 공적인 역할이었다. 그들의 성의 제공은 기본적으로는 일본 제국에 대한 '애국'의 의미를 지니고 있었다.
15	158쪽	그런 의미에서 봤을 때 "그런 유의 업무에 종사하던 여성이 스스로 희망해서 전쟁터로 위문하러 갔다"든가 "여성이 본인의 의사에 반해서 위안부를 하게 되는 경우는 없었다"(기무라 사이조)고 보는 견해는 '사실'로는 옳을 수도 있다.
16	160쪽	오히려 그녀들의 '미소'는 매춘부로서의 미소가 아니라 병사를 '위안'하는 역할을 부여받은 '애국처녀'로서의 미소로 보아야 한다(『화해를 위해서』).
17	160쪽	식민지인으로서, 그리고 '국가를 위해' 싸운다는 대의명분을 가지고 있는 **남성들을 위해 최선을 다해야 할 '민간인' '여자'로서, 그녀들에게 허용된 긍지 -자기 존재의 의의, 승인-는 "국가를 위해 싸우는 병사들을 위로해주고 있다"(기무라 사이조)는 역할을 긍정적으로 내면화하는 애국심뿐이었을 수 있다.**

순번	쪽	내용
18	190쪽	한 개인으로서의 '위안부'의 또 다른 기억이 억압되고 봉쇄되어온 이유도 거기에 있다. 일본 군인과 '연애'도 하고 '위안'을 '애국'하는 일로 생각하기도 했던 위안부들의 기억이 은폐된 이유는 그녀들이 언제까지고 일본에 대해 한국이 '피해민족'임을 증명해주는 이로 존재해주어야 했기 때문이다. '위안부'들에게 개인으로서의 기억이 허용되지 않았던 것도 그 때문이다. 그녀들은 마치 해방 이후의 삶을 건너뛰기라도 한 것처럼, 언제까지고 '15살 소녀 피해자'이거나 '싸우는 투사 할머니'로 머물러 있어야했다.
19	191쪽	그러나 국가가 군대를 위한 성노동을 당연시한 것은 사실이지만, 당시에 법적으로 금지되어 있지 않았던 이상 그것에 대해 '법적인 책임'을 묻는 것은 어려운 일이다. 또 강제연행과 강제노동 자체를 국가와 군이 지시하지 않는 이상(일본군의 공식 규율이 강간이나 무상노동, 폭행을 제어하는 입장이었던 이상) 강제연행에 대한 법적 책임을 일본국가에 있다고는 말하기 어려운 일이다. 다시 말해 위안부들에게 행해진 폭행이나 강제적인 무상노동에 관한 피해는 1차적으로는 업자와 군인 개인의 문제로 물을 수밖에 없다.
20	205쪽	그러나 실제 조선인 위안부는 '국가'를 위해서 동원되었고 일본군과 함께 전쟁에 이기고자 그들을 보살피고 사기를 진작한 이들이기도 했다. 대사관 앞 소녀상은 그녀들의 그런 모습을 은폐한다.
21	206쪽	그녀들이 해방 후 돌아오지 못했던 것은 일본뿐 아니라 우리 자신 때문이기도 했다. 즉 '더럽혀진' 여성을 배척하는 순결주의와 가부장적인식도 오랫동안 그들을 고향으로 돌아오지 못하게 한 원인이었다. 그러나 거기에 있는 것은 단지 성적으로 더럽혀진 기억만이 아니다. 일본에게 협력한 기억, 그것 역시 그녀들을 돌아오지 못하도록 만든 것이 아니었을까. 말하자면 '더럽혀진' 식민지의 기억은 '해방된 한국'에는 필요하지 않았다.
22	206쪽	그런 한, '피해자' 소녀에게 목도리를 둘러주고 양말을 신겨주고 우산을 받쳐주던 사람들이, 그녀들이 일본옷을 입고 일본이름을 가진 '일본인'으로서 '일본군'에 협력했다는 사실을 알게 된다면 똑같은 손으로 그녀들을 손가락질할지도 모른다.
23	207쪽	협력의 기억을 거세하고 하나의 이미지, 저항하고 투쟁하는 이미지만을 표현하는 소녀상은 협력해야 했던 위안부의 슬픔은 표현하지 못한다.
24	208쪽	홀로코스트에는 '조선인 위안부'가 갖는 모순, 즉 피해자이자 협력자라는 이중적인 구도는 없다.

순번	쪽	내용
25	215쪽	그러나 일본 정부는 사죄했고 2012년 봄에도 다시 사죄를 제안했다. 그리고 앞으로도 정대협이 주장하는 국회입법이 이루어질 가능성은 없다. 그 이유는 1965년의 조약, 그리고 적어도 '강제연행'이라는 국가폭력이 조선인 위안부에 관해서 행해진 적은 없다는 점, 있다고 한다면 어디까지나 예외적인 사례여서 개인의 범죄로 볼 수밖에 없고 그런 한 '국가범죄'라고 말할 수는 없다는 점에 있다.
26	246쪽	1996년 시점에 '위안부'란 근본적으로 '매춘'의 틀 안에 있던 여성들이라는 것을 알고 있었던 것이다.
27	265쪽	조선인 위안부는 같은 일본인 여성으로서의 동지적 관계였다.
28	265쪽	그 이유는 '조선인 위안부'가 '전쟁'을 매개로 한, 명확히 피해자와 가해자의 관계로 나눌 수 있는 존재가 아니라, 식민지배하에서 동원된 '제국의 피해자'이면서, 구조적으로는 함께 국가 협력(전쟁 수행)을 하게 된 '동지'의 측면을 띤 복잡한 존재였기 때문이었다.
29	291쪽	'조선인 위안부'란 "이렇게 해서 조선이나 중국의 여성들이 일본의 공창제도의 최하층에 편입되었고, 아시아 태평양전쟁기의 '위안소'의 최대 공급원"(110쪽)이 되면서 생긴 존재였다.
30	294쪽	그들이 그렇게 전쟁터에까지 함께 가게 된 건 똑같이 '일본 제국'의 구성원, '낭자군'으로 불리는 '준군인' 같은 존재였기 때문이다.
31	294쪽	그녀들이 '낭자군'이라고 불렸던 것은 그녀들이 국가의 세력을 확장하는 '군대'의 보조 역할을 했기 때문이다.
32	294쪽	'조선인 위안부'는 피해자였지만 식민지인으로서의 협력자이기도 했다.
33	296쪽	그리고 '자발적으로 간 매춘부'라는 이미지를 우리가 부정해온 것 역시 그런 욕망, 기억과 무관하지 않다.
34	306쪽	중국이나 네덜란드와 같은 일본의 적국 여성들의 '완벽한 피해'의 기억을 빌려와 덧씌우고, 조선 여성들의 '협력'의 기억을 벗겨낸 소녀상을 통해 그들을 '민족의 딸'로 만드는 것은, 가부장제와 국가의 희생자였던 '위안부'를 또 다시 국가를 위해 희생시키는 일일 뿐이다.

＊『제국의 위안부』 저자 ○○○ 교수는 법원의 도서출판금지 가처분 판결에 이의를 제기했다. ○○○ 측은 이의를 신청하면서 "해당 서적은 (위안부 할머니들의) 명예를 훼손한 바가 없다", "공공이익에 관한 목적으로 출판됐고, 책의 내용이 진실이라는 증거도 있다"고 주장했다.

『제국의 위안부』 사태에 대한 입장

"우리는, 명예훼손에 대한 손해배상 청구와 고소라는 법적인 수단에까지 호소하시게 된 일본군'위안부' 피해자들의 아픔을 깊이 되새기며, 일본군 '위안부' 피해자들에게 거듭 상처를 주는 이러한 사태에 이르게 되기까지 우리의 고민과 노력이 과연 충분했는지 깊이 반성합니다."

일본군'위안부' 문제에 대해 깊이 고민하며 그 정의로운 해결을 위해 노력해온 우리는, 박유하 교수의 『제국의 위안부』와 관련한 일련의 사태에 대해 참으로 안타깝게 생각합니다.

2013년에 출간된 『제국의 위안부』와 관련하여, 2014년 6월에 일본군'위안부' 피해자 9명이 박유하 교수를 명예훼손 혐의로 한국 검찰에 고소했고, 지난 11월 18일에 박유하 교수가 불구속 기소되었습니다. 이에 대해 한국의 일부 학계와 언론계로부터 학문과 표현의 자유에 대한 억압이라는 우려의 목소리가 나오고 있고, 지난 11월 26일에는 일본과 미국의 지식인 54명이 항의성명을 발표하기도 했습니다.

우리는 원칙적으로 연구자의 저작에 대해 법정에서 형사책임을 묻는 방식으로 단죄하는 것은 적절하지 않다고 생각합니다. 그러나 이번 검찰 기소가 『제국의 위안부』로 인해 심대한 마음의 상처를 입은 일본군'위안부' 피해자들에 의해 이루어진 것이라는 점을 고려할 때, 지금 이 시점에서 그 기소를 평가하는 데는 매우 신중해야 한다고 생각합니다.

우리가 더욱 우려하는 것은 이 일련의 사태가 문제의 본질을 떠나 학문과 표현의 자유로 초점이 옮겨지고 있다는 점입니다. 일본군'위안부' 문제가 일본 국가기관의 관여 아래 본인의 의사에 반하여 연행된 여성들에게 '성노예'를 강요한, 극히 반인도적이고 추악한 범죄행위에 관한 것이라는 사실, 그 범죄행위로 인해 참으로 심각한 인권 침해를 당한 피해자들이 지금 이 순간에도 커다란 아픔을 견디며 삶을 이어가고 있다는 사실이야말로 무엇보다 중요하게 인식되어야 합니다. 그 범죄행위에 대해 일본은 지금 국가적 차원에서 사죄와 배상을 하고 역사교육을 하지 않으면 안 된다는 것이 국제사회의 법적 상식입니다. 하지만 일본 정부는 1965년에는 그 존재 자체를 인정하지 않았고 그래서 논의조차 되지 않았던 문제가 1965년에 해결되었다고 강변하는 부조리를 고집하고 있습니다. 일본군'위안부' 피해자들은 그 부조리에 맞서 1,200회 이상 매주 '수요시위'를 개최하고 있고, 지친 노구를 이끌고 전 세계를 돌며 '정의로운 해결'을 간절하게 호소하고 있습니다. 우리는 이 엄중한 사실들을 도외시한 연구는 결코 학문적일 수 없다고 믿습니다.

우리는 『제국의 위안부』가 사실 관계, 논점의 이해, 논거의 제시, 서술의 균형, 논리의 일관성 등 여러 측면에서 많은 문제를 안고 있는 책이라고 봅니다. 기존의 연구 성과와 국제사회의 법적 상식에 의해 확인된 것처럼, 일본군'위안부' 문제의 핵심은 일본이라는 국가의 책임입니다. 그럼에도 불구하고 『제국의 위안부』는 책임의 주체가 '업자'라는 전제에서 출발합니다. 법적인 쟁점들에 대한 이해의 수준은 매우 낮은 데 반해 주장의 수위는 지나치게 높습니다. 충분한 논거의 제시 없이 일본군'위안부' 피해자들이 "일본제국에 대한 '애국'"을 위해 "군인과 '동지'적인 관계"에 있었다고 규정하는 것은, '피해의 구제'를 간절하게 호소하고 있는 피해자들에게 또 하나의 커다란 아픔을 주는 일이 아닐 수 없습니다. 이렇게 우리는 『제국의 위안부』가 충분한 학문적 뒷받침 없는 서술로 피해자들에게 아픔을 주는 책이라고 판단합니다. 그래서 우리는 일본의 지식사회가 '다양성'을 전면에 내세워 『제국의 위안부』를 적극적으로 평가하고 있다는 사실에 접하면서, 과연 그러한 평가가 엄밀한 학문적 검토를 거친 것인지 커다란 의문을 가지지 않을 수 없습니다.

우리는 이 사태를 무엇보다 학문적인 논의 속에서 해결해야 한다고 봅니다. 한국과 일본과 세계의 연구자들이 문제에 대해 함께 논의하고, 그 논의 속에서 문제의 실체를 확인하고 해결방안을 마련하기 위해 함께 지혜를 모으는 것이 필요하다고 봅니다. 그래서 우리는 연구자들이 주체가 되는 장기적이고도 지속적인 논의의 장을 마련할 것을 제안합니다. 그리고 그 일환으로 우선 박유하 교수와 『제국의 위안부』를 지지하는 연구자들에게 가능한 한 가까운 시일 내에 공개토론을 개최할 것을 제안합니다.

끝으로 우리는, 명예훼손에 대한 손해배상 청구와 고소라는 법적인 수단에까지 호소하시게 된 일본군'위안부' 피해자들의 아픔을 깊이 되새기며, 일본군'위안부' 피해자들에게 거듭 상처를 주는 이러한 사태에 이르게 되기까지 우리의 고민과 노력이 과연 충분했는지 깊이 반성합니다. 그리고 외교적·정치적·사회적 현실에 의해서가 아니라, 정의의 여신의 저울이 진정 수평을 이루게 하는 그런 방식으로 일본군'위안부' 문제가 해결될 수 있도록 더욱 열심히 노력할 것을 다짐합니다.

2015. 12. 9.

일본군'위안부' 피해자들의 아픔에 깊이 공감하고, '위안부' 문제의 정의로운 해결을 위해 활동하는 연구자와 활동가 일동(2차 성명)

국내 - 김창록(경북대) 등 258명
국외 - 마에다 아키라(前田朗, 도쿄조케이대학) 등 122명

『제국의 위안부』 너머의 역사수정주의가 문제다

편집부

『제국의 위안부-식민지지배와 기억의 투쟁』표지에는 석 장의 그림이 있다. 처음에는 단순한 장식으로 보이지만 책을 다 읽고 나면 이 석장의 그림 속에 저자 박유하와 출판사가 전하려는 메시지가 함축적으로 담겨 있음을 느낄 수 있다.[1]

---

1 '후기'를 쓴 뒤『제국의 변호인 박유하에게 묻다』 '신간안내'를 작성하기 위해 인터넷서점을 검색하다, 우연히 뿌리와 이파리 출판사에서 『제국의 위안부』 책 소개를 하면서 표지 이미지를 언급한 것을 보았다. 출판사가 밝힌 일본옷 기모노 입은 여성의 의미는 다음과 같다. "책표지의 기모노 여성이 '반쪽'으로 나뉘어 있는 것은 일본인의 모습을 해야 했으되 결코 일본인일 수 없었던 조선인 위안부를 상징하는 듯하다. 나아가 현대에 이르러서도 조선인 위안부들의 체험이 온전히 전달되지 못하고 반쪽만 전달되었다는 상황을 보여주는 듯도 하다. 어떻든 그렇게 각각 다른 반쪽만 보는 한 어떤 관계도 접점을 찾을 수 없다는 건 분명하다. 해방 68년, 고령의 위안부 할머니들을 위해서도, 제국과 냉전이 남긴 문제들을 넘어 새로운 동아시아를 만들어가기 위해서도, 이제 '위안부 문제'를 온전하게 바라보아야 할 때이다."

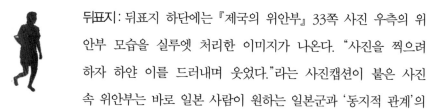

앞표지: 제목 '제국의 위안부' 한 가운데에는 반쪽으로 자른 인물의 이미지가 있다. 이 인물은 기모노를 입은 일본 여성의 실루엣이다. 이 그림은 이 책에서 삭제된 "'가라유키상의 후예.' '위안부'의 본질은 실은 바로 여기에 있다."(32쪽), "일반적인 '위안부'의 대다수는 '가라유키상' 같은 이중성을 지닌 존재로 보아야 한다."(38쪽) 라는 말과 연관이 있어 보인다. 가라유키상은 해외로 나가 매춘하는 일본의 창기이다.

일본옷 입은 여성 그림은 또 이 책의 문제적 표현인 '자발적으로 간 매춘부'라는 말이 떠오르게 한다. 조선인 위안부 성격의 반쪽은 매춘부라는 메시지를 전하고 있는 것으로 보이기도 한다. 그리고 또 한편으로 반쪽의 그림은 일본인 위안부와 함께 조선인 위안부는 제국의 위안부에 속한다는 저자의 주장을 떠올리게 한다.

뒤표지: 뒤표지 하단에는 『제국의 위안부』 33쪽 사진 우측의 위안부 모습을 실루엣 처리한 이미지가 나온다. "사진을 찍으려 하자 하얀 이를 드러내며 웃었다."라는 사진캡션이 붙은 사진 속 위안부는 바로 일본 사람이 원하는 일본군과 '동지적 관계'의 조신인 위안부를 상징한다. 이 그림을 뒤표지에 배치한 의도를 상상해본다.

책등: 일본옷 입은 여성의 전체 모습이 실려 있다. 여기에는 왜 반쪽이 아닌 전체의 모습을 다 실었을까. 저자가 의도하는 것은 '일본군 위안부'가 아닌 '제국의 위안부'라는 온전한 위안부 상을 복원하자는 것이 아닐까. '기억의 투쟁'을 통해. 이 그림은 206쪽의 "그런 한, '피해자' 소녀에게 목도리를 둘러주고 양말을 신겨주고 우산을 받쳐주던 사람들이, 그녀들이 일본옷을 입고 일본이름을 가진 '일본인'으

로서 '일본군'에 협력했다는 사실을 알게 된다면 똑같은 손으로 그녀들을 손가락질할지도 모른다."라는 글을 떠올리게 한다.

　이 그림 석 장에서 『제국의 위안부』를 통해 저자(출판사)가 전하려는 메시지가 상징적으로 읽혀진다. 박유하가 '기억의 투쟁'을 통해 복원하려는 위안부의 상이 구체적으로 연상된다. 박유하가 그리려는 제국의 위안부는 "피해자이자 협력자라는 이중적인 구도"(208쪽), "동원된 '제국의 피해자'이면서, 구조적으로는 함께 국가 협력(전쟁 수행)을 하게 된 '동지'의 측면을 띤 복잡한 존재"(265쪽)이다. 『제국의 위안부』 앞표지에 적힌 "실은 그 옛날의 '강제로 끌려간 소녀'도 지금의 투사도 '위안부'의 전부는 아니다"라는 문구를 상징으로 보여준 것이 표지의 위안부 사진이라 하겠다.
　360쪽에 달하는 『제국의 위안부』에 나열된 온갖 수식어와 장식물을 다 빼고 나면, 그 핵심 주장은 일본 우익의 위안부 주장과 크게 다르지 않다. 일본 우익의 핵심 슬로건은 "성노예는 거짓말이다", "강제연행은 거짓말이다.", "종군위안부는 자발적 매춘부다"라 할 수 있다.

　『제국의 위안부』가 전하는 메시지는 일본의 우익뿐만 아니라 역사수정주의 성향을 보이는 지식인의 욕망, 요구와 딱 맞아떨어진다고 한다. 『제국의 위안부』를 심도 깊게 비판해온 정영환 준교수(메이지가쿠인대학)는 "일본의 논단이 (박유하의) 『제국의 위안부』를 예찬하는 현상은 1990년대 이후 일본의 '지적 퇴락'의 종착점이다."라고 비판하기도 한다.

　　"이 책이 일본 언론계에서 이토록 폭넓게 예찬 받은 것은 박유하 씨가 일본사회의
　　지식인의 욕망을 민감하게 감지하여 전전의 대일본제국의 책임 부정과 전후사의
　　수정이라는 두 가지 역사수정주의에 호소했기 때문이 아닐까. 이러한 의미에서 '제

국의 위안부' 현상이라는 것은 일본의 지식인, 언론계의 문제인 것이다."(정영환)

이런 판단에 근거해 볼 때 일본의 '제국의 위안부 현상'은 의도적이고 전략적으로 조장된 것이라고 볼 수 있다. 단지 박유하라는 여류작가, 여성교수 한 명의 독특한 해석에 지지를 보내는 게 아니라, 일본 내 역사수정주의와 맥을 같이 하기에 극찬해마지 않는 것이다.

일본에서 성행하는 역사수정주의는 위안부 문제에 관해서는 "증언과 자료를 제멋대로 짜깁기해서 조선인 '위안부' 상을 조작함으로써 '위안부' 문제에 대한 일본군과 정부의 책임, 나아가 일본의 식민지 지배 책임까지 부정, 왜곡"하는 방식으로 전개된다고 한다(『Q&A '위안부' 문제와 식민지 지배 책임』 서문 참조).

식민지근대화론, 국정교과서로 한국의 역사를 왜곡하는 입장과 일본의 역사수정주의 흐름은 동전의 양면이라는 생각이 든다. 대한민국 상해임시정부(1919년) 법통성을 부정하고 새롭게 건국절(1948년)을 추진하는 세력과 전쟁범죄, 식민지 지배 책임을 회피하고 일본의 군국주의 부활을 꾀하는 세력은 이미 내용적인 '화해'를 끝냈는지도 모른다. 어쩌면 그들은 조만간 한일군사동맹을 위해 어깨동무를 나란히 할 '동지적 관계'인지도 모른다.

이것이 우리가 『제국의 위안부』를 경계해야 할 주요한 이유이고 '소모적' 논쟁을 감내하는 까닭이다.2 '화해'의 담론으로 포장하고, 표현의 자유로 띠

---

2 2016년 4월 18일 서울동부지법에서 명예훼손혐의로 재판을 받은 뒤 박유하 교수는 자신이 법정에 선 것에 대해 '국고 낭비'라고 말했다. 그리고 『제국의 위안부』에서는 "정대협의 '운동'을 거대한 '국가적 소모'라고까지" 느낀다고 했다.
박유하 교수가 '국고 낭비'라 여기는 법정에 서게 된 것은 명예를 훼손당했다는 '위안부' 할머니들에게 사과를 하지 않았기 때문이다. 그는 지인들 중에 그런 "소모보다는 사과하고 끝내라"고 조언하는 사람이 있지만, "잘못한 것이 없는데 사과하는 건 옳지도 않거니와 자신을 부정하는 일이기 때문에 그렇게는 하지 않을 생각"이라고 했고, 그래서 민·형사 재판까지 받게 된 것이다. 그리고 일본 정부가 진심어린 사죄와 법적 배상을 했다면 할머니와 정대협이 '국가적 소모'를 할 이유도 없었을 것이다. 누가 국가적 낭비와 소모의 책임자인가? 박유하는 『제국의 위안부』 서문에서 "우리 안의 분열을 극복하기 위한 작은 디딤돌"이 되고, "화해를 지향하는 균열"을 내기 위해 글을 썼다고 말한다. 하지만 그의 작업이 결과적

429

를 두르고, 사상 검열 당한 피해자 흉내를 내지만 '제국의 위안부'는 진실과는 거리가 멀어 보인다. '제국의 위안부'의 결정적 문제는 식민지 지배의 문제를 식민지 피해자가 아니고 제국의 눈, 가해자의 입장에서 바라보려 한다는 것이다.

당신은 누구 편인가? 엄연히 전쟁범죄 피해자가 실재하는 문제에서 '당신은 누구편인가'라는 질문은 단지 민족주의적이고 국가주의적인 질문은 아니다. 한국과 일본의 테두리를 넘어서는 보편적 가치의 문제, 인권의 문제다. 이 책에 실린 글「제국의 변호인」에서 손종업 교수가 박유하 교수에게 던진 말을 되새겨 본다.

"박유하가 어느 민족이나 국가의 편익을 추구하는가는 중요하지 않다. 다만 그녀의 책이 어떤 보편적인 가치를 추구하는가가 문제일 따름이다. 학문은 '해결책'이 아니라 '진실' 또는 '사실'을 통해 기존의 패러다임과 맞서야 한다."

으로는 일본 정부의 이익을 위해 우리 안의 분열을 조장하고, 균열을 내지 않았는지 돌이켜 볼 일이다. 진심으로 '국가적 소모'에 관심이 있다면.

제국의 변호인 박유하에게 묻다

– 제국의 거짓말과 '위안부'의 진실

발행일 | 2016년 5월 1일 초판 1쇄 발행

글쓴이 | 손종업 양징자 황진미 고은광순 이나영 외 14인
기 획 | 독립무크 말+
편 집 | 플랜디자인
펴낸이 | 최진섭
펴낸곳 | 도서출판 말

출판신고 | 2012년 3월 22일 제 2013-000403호
주소 | 서울시 마포구 토정로 222(신수동 448-6) 한국출판콘텐츠센터 316호
전화 | 070-7165-7510
전자우편 | dreamstarjs@gmail.com

신고번호 | 제2013-000403호
ISBN | 979-11-951906-0-7